U0804481

“十三五”国家重点图书出版规划项目

国家出版基金项目

用友基金会“商的长城”重点项目“近代海关贸易数据库
及传统农商向现代工商转型研究”(2018-Z07)阶段性成果

国家出版基金项目
NATIONAL PUBLICATION FOUNDATION

“十三五”国家重点图书
出版规划项目

“港口—腹地与近代中国经济转型研究”丛书

吴松弟 樊如森 主编

经济区的形成与绩效：长三角与珠三角的比较

（1842—1937）

方书生 著

齊鲁書社

图书在版编目(CIP)数据

经济区的形成与绩效：长三角与珠三角的比较：1842—1937 / 方书生著. -- 济南：齐鲁书社，2020.6
(“港口—腹地与近代中国经济转型研究”丛书/吴松弟，樊如森主编)
ISBN 978-7-5333-4321-7

Ⅰ.①经… Ⅱ.①方… Ⅲ.①长江三角洲—区域经济发展—研究—1842—1937②珠江三角洲—区域经济发展—研究—1842—1937 Ⅳ.①F127.5②F127.65

中国版本图书馆 CIP 数据核字(2020)第 036004 号

策划编辑/赵发国
责任编辑/班文冲　王小倩
装帧设计/郭　觐　李　生

经济区的形成与绩效：长三角与珠三角的比较(1842—1937)
JINGJIQU DE XINGCHENG YU JIXIAO CHANGSANJIAO YU ZHUSANJIAO DE BIJIAO(1842—1937)
方书生 著

主管单位	山东出版传媒股份有限公司
出版发行	齊魯書社
社　　址	济南市英雄山路 189 号
邮　　编	250002
网　　址	www.qlss.com.cn
电子邮箱	qilupress@126.com
营销中心	(0531)82098521　82098519　82098517
印　　刷	山东新华印务有限公司
开　　本	710mm×1000mm　1/16
印　　张	22
插　　页	3
字　　数	359 千
版　　次	2020 年 6 月第 1 版
印　　次	2020 年 6 月第 1 次印刷
印　　数	1—1000
标准书号	ISBN 978-7-5333-4321-7
审 图 号	GS(2019)6369 号
定　　价	90.00 元

总 序

近代是中国由传统社会向现代社会转型的时期，经济上的转型是其中的重要方面。尽管经历了艰难曲折的过程，而且近代经济的发育总体水平不高，但毕竟改变了中国几千年的传统经济面貌，成为后世发展的基础。

近代经济转型的动力，来自外来因素和本国内在因素的共同作用，空间上则表现为“港口—腹地”的双向互动作用。“港口”，指位于我国东部的大连、营口、丹东、天津、烟台、青岛、连云港、上海、宁波、福州、厦门、高雄、基隆、广州、香港等沿海主要港口城市，以及汉口、重庆等长江沿岸的主要港口城市。而且，它并非仅指承担客货运输任务的港口部门，而是包括港口部门和它所在的城市。广而推之，凡通过航空、铁路、公路等交通枢纽而成为一片较大区域的交通中心，均具有“港口”的作用，只不过人们常用“交通中心”“口岸”来代替“港口”一词而已。

“腹地”指位于港口城市背后的吞吐货物和集散旅客，以及大机场、铁路和公路交通中心所及的空间范围。在通常情况下，这一范围内的客货经由该港、机场和公路、铁路枢纽进出，在人和物的运输方面比较经济与便捷。港口城市的对内联系范围与海港、机场、公路和铁路的腹地范围空间上十分接近，因此，港口、机场、公路和铁路枢纽进出的腹地范围几乎都可视为港口所在城市的腹地范围。

我国是一个幅员辽阔的大国，河流多自西向东流，注入大海，在现代交通兴起以前，东西向的河谷往往又成为新式交通发达之区。近代外来的先进生产力在沿海口岸登陆，之后再顺着东西向的水路或陆路往西拓展。在边疆地区，内陆口岸也扮演了沿海口岸的角色，只是影响力基本集中在边疆地区，受其影响的空间范围较小而已。来自沿海和沿边口岸往自己腹地的经济辐射，推动了腹地经济变迁，改变了中国的交通格局、城市分布和区域经济差异，并促使新型经济区形成。

本人长期研究近代经济地理，所提出的“港口—腹地和中国现代化的空间进程”观点，已被学界认为是从空间角度分析近代经济不平衡发展的很好的解释，所指导的硕士、博士研究生一直是国内近代经济地理研究的主要力量。由我主编、戴鞍钢副主编，来自全国的25位学者联合撰写的九卷本《中国近代经济地理》，填补了近代经济地理研究的长期空白，一定程度上满足了学术界和各地政府的需要，2018年获上海市第十四届哲学社会科学优秀成果奖著作类一等奖，2020年获教育部第八届高等学校科学研究优秀成果奖（人文社会科学）一等奖。这次出版的“港口—腹地与近代中国经济转型研究”丛书，抓住经济转型这一重大课题，从空间角度深入论述区域经济变迁的过程，具有重要的学术价值，获得了学术界和出版界的广泛认可，被列入“十三五”国家重点图书出版规划并获得国家出版基金资助。

本丛书的九位作者中，樊如森、方书生、张永帅三人都是九卷本《中国近代经济地理》的作者，陈为忠、张珊珊、徐智、毛立坤、王哲、杨敬敏等人在区域、城市、贸易等方面都发表了有影响的学术论文。各位作者在自己博士学位论文的基础上加以时空拓展，以全面展现一批主要港口城市及其经济腹地，描绘近代时期所发生的宏大经济变迁画卷。本丛书的出版，不仅可以进一步丰富近代中国历史地理研究的学术成果，也能为中国今天的经济建设实践提供扎实的实证基础和智力支持。值此丛书出版之际，谨对齐鲁书社的大力支持表示衷心的感谢！欢迎读者对本丛书提出宝贵的修改意见。

吴松弟

草于2020年4月5日

目　录

总　序 …………………………………………………………… 吴松弟（1）

绪论　经济空间与增长的理论 …………………………………………（1）
第一节　经济史的新视角：空间的力量 ……………………………（1）
一、第三只“眼睛”的出现……………………………………………（1）
二、空间与经济的合流：历程与论点 ……………………………（3）
三、发展地理学中的空间经济分析 ………………………………（9）
第二节　学术史、选题缘起、思路、框架 ………………………（14）
一、学术史上的近代经济空间研究 ……………………………（14）
二、已有的研究基础及其评论 …………………………………（20）
三、选题的缘起与新的思路 ……………………………………（26）
四、方法、资料、说明、结构 …………………………………（32）
第一章　两宋以降中国南方外贸港口的偏移与趋向 ………………（41）
引言：地理、市场、规制下的长时段经济趋势 ………………（41）
第一节　地理优先：宋元时沿海散布的外贸港 ………………（42）
一、自然散布和新的调整 ………………………………………（43）
二、新外贸港口兴起的含义 ……………………………………（44）
第二节　规制主导：明清时官私贸易港的分离 ………………（47）
一、官方选定与私下安排 ………………………………………（47）
二、规制的极限与突变 …………………………………………（49）

第三节　市场原则：近代外贸港口体系的形成 ……………………（52）
一、背景变化及港口体系的形成 ……………………（52）
二、市场配置的微观基础 ……………………（54）
简评：长时段外贸港口偏移的逻辑 ……………………（56）
第二章　口岸贸易与三角洲地区的经济增长 ……………………（58）
第一节　地域经济的新生：口岸开放后的珠三角地区 ……………（59）
一、珠三角地区的自然与人文特征 ……………………（60）
二、口岸开放：从粤港澳到三水、江门 ……………………（62）
三、广州贸易地位弱化与珠三角经济中心位移 ……………（67）
四、珠三角地区新的经济空间 ……………………（70）
第二节　江南地区经济的重建：以上海为中心 ……………………（74）
一、长三角的经济区位与上海的契机 ……………………（74）
二、上海中心的形成：从广州、苏州到上海 ……………………（77）
三、以上海为中心的长三角地区经济网络 ……………………（81）
第三节　比较：相同的回应与不同的路径 ……………………（85）
一、相同的趋向与相异的形态 ……………………（85）
二、差异的背后：不同的基础与发展路径 ……………………（86）
简评：口岸贸易与经济增长 ……………………（90）
第三章　新经济区的轮廓：三个空间尺度的衡量 ……………………（92）
第一节　小尺度上的考察：中心城市及其近郊 ……………………（92）
一、新建的现代都市：以上海为例 ……………………（93）
二、传统的中心城市：以广州等为例 ……………………（102）
三、中心城市的引领：现代性空间生产之源 ……………………（120）
第二节　中尺度上的考察：口岸与周边地区 ……………………（121）
一、长三角地区口岸与邻近市镇的联动 ……………………（122）
二、珠三角地区口岸与市镇的演化 ……………………（129）
第三节　大尺度的考察：市场网络中的经济空间 ……………………（143）

一、与上海中心的空间距离及联系 …………………………………………（143）
二、珠三角地区市场网络的空间层次 ……………………………………（148）
第四节　地理变迁中的“经济距离” ……………………………………（151）
一、经济“密度”增加中的空间属性……………………………………（153）
二、经济“联系”与“分割”的测度 ……………………………………（155）
简评：经济地理变迁中的“空间效用” …………………………………（162）
第四章　近代经济区的图景：空间与增长 ……………………………（164）
引言：关于近代经济区的标准与划定 ……………………………………（164）
第一节　长三角经济区的形成 ……………………………………………（169）
一、长三角新图像的浮现：从自然区转向经济区 ………………………（169）
二、四至八到：长三角经济区的空间尺度 ………………………………（171）
三、长三角经济区的空间分异 ……………………………………………（175）
第二节　珠三角经济区的萌生 ……………………………………………（188）
一、珠三角口岸与腹地的空间形态 ………………………………………（188）
二、珠三角口岸与腹地的经济互动 ………………………………………（202）
三、口岸腹地与珠三角经济区的萌芽 ……………………………………（209）
第三节　空间经济增长的比较与讨论 ……………………………………（210）
一、长三角与珠三角的比较 ………………………………………………（210）
二、学界对于近代经济发展的讨论 ………………………………………（213）
三、外向型蚕桑业发展的验证 ……………………………………………（216）
第五章　近代经济区的机理：地理与制度 ……………………………（226）
第一节　基于经济地理上的取向 …………………………………………（226）
一、区位与循环因素 ………………………………………………………（226）
二、空间经济演化：口岸腹地模式 ………………………………………（238）
第二节　市场与规制下的经济区演化 ……………………………………（244）
一、要素流动：交通与经济区的通道 ……………………………………（245）
二、交易费用：不完全市场下经济区的边界 ……………………………（250）

第三节 自然与规范之间的产业选择 ……………………（254）
一、资源配置：产业发展的社会政治空间 ……………………（254）
二、有限理性的选择：民众的产业空间 ……………………（259）
简评：地理、市场与制度间的经济区 ……………………（265）
第六章 近代中国经济增长及其空间效应 ……………………（268）
第一节 经济史变迁中的地理发现 ……………………（268）
一、发展的内涵与空间的优化 ……………………（269）
二、空间过程中的“发展” ……………………（271）
三、腹地经济变革的绩效 ……………………（277）
第二节 空间与经济增长 ……………………（281）
一、重新寻找经济增长的证据 ……………………（281）
二、市场化与流通空间 ……………………（283）
三、工业化与生产空间 ……………………（289）
四、经济增长的路径与源泉 ……………………（294）
第三节 “地域化经济”及其机制 ……………………（296）
一、近代经济增长中的一个空间现象 ……………………（296）
二、地域化流通秩序的形成 ……………………（297）
三、地域化生产系统的成长 ……………………（301）
四、地域化经济的动力与模式 ……………………（305）
简评：经济增长及其空间回应 ……………………（307）

主要参考文献 ……………………（314）
后 记 ……………………（340）

图目录

图 0.1 空间经济与区域演化示意……………………（12）
图 0.2 本书的框架……………………（40）

图 1.1　人口增长与新工厂设立 ……………………………………………… (46)
图 1.2　港口与运输中心 …………………………………………………… (46)
图 1.3　斧形分岔点 ………………………………………………………… (51)
图 1.4　近代中国南方港口体系示意 ……………………………………… (54)
图 1.5　多港口与运输中心 ………………………………………………… (56)
图 2.1　口岸开放后区域经济空间的转向 ………………………………… (71)
图 2.2　不同意义上的长江三角洲 ………………………………………… (75)
图 3.1　上海华界与租界空间形势示意 …………………………………… (95)
图 3.2　广州城区空间格局（1905 年左右） …………………………… (105)
图 3.3　苏州城区空间格局（民国初年） ……………………………… (107)
图 3.4　广州城市空间格局（1932 年） ………………………………… (110)
图 3.5　镇江城区空间格局（民国中期） ……………………………… (116)
图 3.6　珠三角地区市镇与口岸的空间关系 …………………………… (134)
图 3.7　珠三角地区城镇网络模拟示意 ………………………………… (150)
图 3.8　长三角地区分府人口密度（1851 年、1910 年） ……… (154)
图 3.9　长三角地区市县人口密度（1932 年） ………………………… (155)
图 3.10　长三角地区要素流动轴线的演化（晚清时期） ……… (156)
图 3.11　长三角地区各口岸间物流系数（晚清时期） ………… (157)
图 3.12　长三角地区口岸间物流系数（民国时期） …………… (158)
图 4.1　长三角经济区空间示意 ………………………………………… (172)
图 4.2　长三角经济区的六亚区示意 …………………………………… (177)
图 4.3　华南口岸核心腹地（晚清时期） ……………………………… (195)
图 4.4　粤港澳腹地边界（1888—1904 年） ………………………… (198)
图 4.5　广州港核心腹地与过渡线（1888 年前后） ………………… (200)
图 4.6　香港核心腹地与过渡线（1888 年前后） …………………… (201)
图 5.1　需求增长变化及供给 …………………………………………… (227)
图 5.2　珠三角地区口岸区位与腹地土货出口来源地 ……………… (240)

图5.3 空间双核结构（基于进出口商品流）（1904年） ……… （242）
图5.4 空间双核结构（基于要素流动）（1920年） ……………（243）
图6.1 长三角地区各口岸间物流系数（晚清时期） ……………（286）
图6.2 长三角地区各口岸间物流系数（民国时期） ……………（288）
图6.3 长三角地区工业分布（1933年） ……………………（291）
图6.4 华南口岸间要素流动（1894—1904年） ………………（300）
图6.5 华南口岸间要素流动（1937年） ……………………（300）
图6.6 近代产业分工中的曲线 ………………………………（311）
图6.7 近代产业创新中的曲线 ………………………………（311）
图6.8 近代中国经济区位示意 ………………………………（312）

表目录

表1.1 近代中国地理、产业及其相互关系…………………………（53）
表1.2 两宋以降中国南方外贸港口的演进…………………………（56）
表3.1 青浦县船舶路线（光绪年间） …………………………（123）
表3.2 上海郊区宝山、川沙中小饲养场（1884—1928年） ……（125）
表3.3 珠三角地区墟市发展情况（清中叶至民国时期） ………（130）
表3.4 市镇航线运行船只表（高要县） ………………………（138）
表3.5 部分县镇从九龙海关进口洋货情况（单位：海关两）
………………………………………………………………（140）
表3.6 经济联系中的"距离"模式示意 ………………………（160）
表4.1 长三角地区（苏浙皖）各县市工业（1933年）
（单位：元） ………………………………………………（182）
表4.2 珠三角地区口岸与腹地（1888年前） …………………（190）
表4.3 九龙海关进口洋货销售地与出口土货来源地
比例（%）（1888—1904年） ………………………………（191）
表4.4 拱北海关进口洋货销售地与出口土货来源地

比例（%）（1888—1904 年） ………………………………（191）
表4.5 江门港洋货、土货来源及销售地（单位：万元） ………（193）
表4.6 珠三角地区口岸与腹地（1888—1904 年） ……………（194）
表4.7 香山县大宗输入品来源地和输出品销售地
（民国时期） ………………………………………………（196）
表4.8 广东省桑地面积和从事养蚕业人口
（20 世纪 20 年代） ………………………………………（222）
表6.1 长三角地区口岸商品中转国内外比例（%）
（晚清时期） ………………………………………………（284）
表6.2 长三角地区内联系通道的物流系数（晚清时期） ………（285）
表6.3 长三角地区内联系通道的物流系数（1936 年） …………（287）
表6.4 粤海关土货出口结构（1904—1928 年）（%） …………（302）
表6.5 粤桂两省主要县市工业统计（1933 年） ………………（303）
表6.6 要素流动空间模式示意 ……………………………………（305）

绪论　经济空间与增长的理论

学术发现犹如艺海拾贝，因缘就巧偶有所得，琢磨打造以求再彰显其光芒。在展开相关的分析与讨论之前，有必要先交代与解释一下相关知识的基础、背景、因缘，以便展示在学术历史的长河中，重新发现的这枚熠熠生辉的“小贝”缘何如此光彩夺目。

第一节　经济史的新视角：空间的力量

经济空间与增长是古典经济学以来学者持续关注的重要问题之一，随着经济实践的发展与学术研究的深入，目前，相关的理论与实证研究逐渐扩展到更多学术分支领域，并成为经济史分析中重要的工具与视角。

一、第三只“眼睛”的出现

（一）经济史研究的新视角

在一般意义上，经济史研究的两扇窗分别是产业经济与数量分析、制度演化与经济增长。其中，学界最著名的代表性成果当属安格斯·麦迪逊与道格拉斯·诺斯的工作，这也是长久以来经济史研究的基本思路，有关中国经济史的研究也概莫如是，并依然被广泛地遵守与拓展。

随着近十年来国际经济史研究的发展，及至今日，通过关注大跨度、长时段、大区域的变化，来认识中国社会经济长期变迁的特点、规律及内在原因，正成为学界的一种趋势性研究。时间自然是一个关键性的因素，围绕“人”或其群体的产出、组织方式的变化，以及其中的经济演变，一直是数量计算或制度分析的中心议题。然而，在长时段、大范围的研究中，我们愈来愈强烈地感受到似乎遗漏了什么，即人活动的舞台，也即场所、位置，相关的度量计算、制度解析均遗忘了活动人群的位置（Location），这与经济学分析中当初对运输过程中“距离的成本被融化”的令人惊讶的发现是如此相似。故而，空间的变化与经济发展的关系，逐渐成为经济史学界关注的重要问题之一，进而成为一个新的理解长时段经济增长的视角，尤其是在“新经济地理学”的相关理论与工具被发掘之后。

中国经济史的研究有两大显著的特征，曾经隐而不显，而今正趋于明朗，将来会被广泛地理解。（1）中国是一个大国，大国经济必然具有特色鲜明的地方性。一般而言，研究需要先观察局部“区域”，以求透彻明晰，进而获取更完整的图景，从空间的角度进行分解，这无疑是一种战术上可行的策略。（2）现代经济空间的首要特征——流动性，大约从1840年开始，近代中国工商业文明的形成，即在经济流动中被塑造，其间有过停滞、倒退、加速，进而形成今天看到的中国经济地图，这已经是全球社会科学界的共识。关注中国经济演化的历史，空间无疑是一个良好的视角，有助于从另外一个角度验证经济史上最为关注的绩效问题。

（二）“空间”意识与视角的兴起

空间与发展是古典经济学以来一个持续讨论的议题，现在已经逐渐成为学术界（经济地理学、发展经济学）、国际组织、政府与学者共同关注的领域。主流经济学对区域经济的研究，通常以“均质空间”为逻辑前提，主要探索均质空间上要素的分布规律及经济主体的空间行为；地理学对于区域经济的研究，则以“空间差异”为逻辑前提，主要分析非均质空间上要素与经济活动的分布。藤田昌久、保罗·R. 克鲁格曼等从垄断竞争和收益递增的基本假定出发，构建了空间结构变化的模型，试图探索空间结构变化的一般规律（Fujita，1999；Krugman，2003）。世界银行（2003）发展报告提出了通过“空间资产”组合实现可持续发展的战略思维，并在一些发展中国家进行了引导城乡空间发展的实验项目。世界银行（2009）发展报告提出利用密度、距离、分割三要素，实证分析全球国家与地区经济地理变迁的脉络，将经济空间形态与发展概念融合。在关注不同地区的生产、专业化、创新模式的差异上，Morretti 和 Storper 发现，空间尺度更是理解产业经济演变的一个重要视角（Morretti，2012；Storper，2013）。在关注创新地理模式的形成时，Storper（2013）认为需要关注 7 个“C”的力量：Codes and Communication；Channels；Clustering；Communities；Context；Coordination；Competition。

简而言之，“新经济地理学”的研究路径一般有两种：（1）从时间的角度来看，关注空间的本质是关注真实经济世界中时间上的“节约”，即通过运输成本来计量时间绩效；（2）从空间的角度来看，如何实现资源配置“最优”（即节约），即如何发挥空间相互作用、网络结构的效用。就具体的研究工具而言，学者们在相关的研究方法中各取所需，例如网络数据模型、空间相互作用与重力模型、图论等，从而获得关于空间变化与经济发展的新认识。

二、空间与经济的合流：历程与论点

（一）古典经济学：空间与经济发展研究的开端

亚当·斯密（Adam Smith）生在工业革命即将开始的时代，虽然 1776 年的《国民财富的性质和原因的研究》主要关注的是经济发展问题，但在很多方面均涉及空间与经济发展的相互关系。例如，“论分工”“论分工的原由”“论分工受市场范围的限制”，均涉及空间与空间结构问题，他的分析至今仍常被引用。例如，在“论分工”中，斯密分析了分工的优点、分工对经济发展与生活水平提高的促进意义，虽然没有直接涉及空间问题，但是分工理论本身就具有一定程度上的空间意义；在“论分工受市场范围的限制”中提出了著名的斯密定理，即“分工起因于交换能力。分工的程度，因此总要受交换能力大小的限制，换言之，要受市场广狭的限制”。“市场广狭”既是一个购买力的概念，也具有市场空间的含义，包括购买力的空间密度和空间范围。从这个层面上说，斯密定理是空间与发展问题研究的基础之一。

大卫·李嘉图（David Ricardo）生在工业革命后全球贸易时代，他对区域空间与经济发展的影响源于他的“比较优势”（1817）理论。比较优势理论实际上所关注的是不同区域空间之间贸易发生的机理，但对区域空间与经济发展有重要的影响。①

显然，古典经济学家并没有系统地关注空间与经济发展的关系，没有把“空间”作为经济学研究的核心内容之一，也没有解析经济发展过程中的空间变化。但古典经济学家对经济活动中的空间问题并非视而不见，在解析经济发展过程中的重大理论与实际问题时也涉及多方面的空间含义，这成为空间经济学的重要思想源头，可以称为空间与经济发展研究的萌芽阶段。

（二）古典区位论：空间与经济发展研究框架的形成

区位选择与区域经济发展是西方区域经济理论的两大主题，微观经济活动主体理性的区位选择导致经济活动在某一优势区位的聚集和扩散，在宏观上则表现为区域经济增长。

杜能（Tunen，1826）探寻农业时代的企业型合理农业生产方式，从区域地租出发探索因地价不同而引起的农业分带现象，发现了农业时代的区域空间结构配置原则——农业区位论，开创了空间与经济发展的系统研究。

20世纪初进入垄断资本主义时代，韦伯（Weber，1909）提出了工业区位论，他的指向理论超越了原有的工业区位的范围而发展为经济区位布局的一般理论。20世纪30年代初，克里斯塔勒（Christaller，1933）根据村落和市场区位提出中心地理论。稍后，勒什（Losch，1940）利用克里斯塔勒的理论框架，把中心地理论发展为产业的市场区位论。1943年，高兹（E. A. Kautz）提出海港区位论。20世纪60年代，塔夫（E. J. Taaffe）针对海港空间结构提出了演化模型，塔夫—莫里尔—顾尔德模型（Taaffe -

① 李嘉图还在马尔萨斯的基础上发展了级差地租理论，认为地租是根据地块的肥沃程度来决定的。他在研究农业问题时关注土地肥力，忽视了土地区位对生产力的影响。学者们据此认为经济学家对空间问题的轻视来自李嘉图。

Morrill－Gould model）开创了现代港城发展动力模型的研究。

农业区位论和工业区位论立足于单个厂商的区位选择，着眼于最低的成本和运费。中心地理论和市场区位论立足于一定的区域或市场，着眼于市场的扩大和优化。它们均采用新古典经济学的静态局部均衡分析方法，以完全竞争市场结构下的价格理论为基础来研究单个厂商的最优区位决策。

（三）现代区位论与区域空间发展：新古典经济学框架下的空间分析

1. 空间与经济发展的实证研究

1890年，马歇尔（A. Marshall）在对谢菲尔德与兰开夏郡的研究中，发现区域内存在有密切联系的小公司的聚集现象和专业化生产特征，将之称为“产业区”。他在对新产业区的研究中认识到“外部经济”的存在，称之为“马歇尔外部性”，旨在解释集群形成的相关利益，由此形成了产业区与企业网络的研究，推动了对区域经济发展与空间结构优化的关注度。

从地理的视角来看，其中较为著名的有罗森斯坦·罗丹（Rosenstein Rodan）的“大推进理论”，他在《东欧与东南欧的工业化问题》（1943）中提出了在有限的空间内全面发展各种相关产业的观点，这不仅涉及企业之间的市场关联，还关系到企业之间的空间关联和“空间布局”问题，隐含着空间外部经济概念。

“二战”以后，空间相互作用模式、网络和扩散理论、系统论及运筹学思想与方法的应用，促进了区位论的发展。对区域经济运行的动态性、总体性研究，形成了地域空间结构理论、现代区位论。

2. 现代区位论

沃尔特·艾萨德（Walter Isard，1956，1975）把古典区位论进行动态化、综合化，根据区域经济与社会综合发展要求，把研究重点由部门的区位决策转向区域综合分析，研究了区域总体均衡问题及各种要素对区域总体均衡的影响。现代区位论一方面将区位研究从单个厂商的区位决策，发展到区域总体经济结构及其模型的研究，着眼于地域空间经济活动的最优组织；另一方面借用新古典经济学的逻辑、理论及方法，并加入地理学的空间因素。现代区位论的整个理论框架的前提是新古典经济学的完全竞争和规模报酬不变假设，这影响了现代区位论对现实区域经济问题和区域运行的解释力。

3. 新古典空间发展理论的困境

在现代经济学发展史上，一般均衡理论的提出及其证明具有重大的学术价值，能融入这一模型的要素成为经济学家关注的核心和学术主流。在以一般均衡为主要理论基础的主流经济学中，空间要素成为一个被忽略的因素。采用新古典经济学静态局部均衡分析方法，以完全竞争市场结构下的价格理论为基础来研究单个厂商的最优区位决策，有着严格的假设条件：完全信息、完全竞争、规模报酬不变、生产要素同质等，使得区位选择的影响要素仅仅限于经济范围。在阿罗—德布鲁（Arrow-Debreu）体系中，空间经济的两个最重要的特征即运输成本和规模递增收益被抽象掉。经济地理学的研究更多地依附于经济学（例如增长极理论、极化—涓滴理论、中心—外围模式等），利用经济学方法来解释区域经济的空间变革，空间问题演变为一个次要问题。

在新古典经济学的基本假定下，在生产要素自由流动与开放区域经济的假设下，索罗—斯旺（Solow - Swan）增长模型认为，随着区域经济增长，各国或一国内不同区域之间的差距会缩小，区域经济增长在地域空间上趋同，呈收敛之势。威廉姆森（Williamson，1956）在要素具有完全流动性的假设下，提出区域收入水平随着经济的增长最终可以趋同的假说。这些共同构成了新古典经济学的空间均衡论。但是，20 世纪 50 年代后世界发达国家与发展中国家发展不平衡，大量资源与要素被集中投入到经济发展条件较好的区域，经济高速增长的结果反而加剧了区域之间的不平衡。

（四）区域发展理论与新经济地理

1. 区域发展理论

现代区位论与发展经济学相结合，从纯粹的单一经济主体区位选择理论，演变为集区位选择、区域经济增长与发展等为一体的综合区域经济理论，例如发展极理论、地理二元经济理论、中心—外围理论等。同时，在研究欠发达国家的经济发展问题时，发展经济学家对空间结构的不合理现象和空间演化问题进行过相应的研究。为了解释空间均衡增长的不足，改变新古典经济发展理论的静态均衡分析方法，学界形成了循环因果理论、核心边缘不平衡增长理论等。

佩鲁（Perroux，1950）提出的“增长极理论”的主要思想是：在经济增长中，由于某些主导部门或具有创新能力的企业或行业在某一些地方或大城市聚集，形成资本与技术高度集中、具有规模经济效益、自生增长迅速并能对邻近地区形成强大辐射作用的“发展极”，通过具有“发展极”的地区优先增长，可以带动相邻地区的共同发展。“增长极理论”完成了从产业空间向地理空间的跨越，其空间结构方面的含义超出了其原来的理论范畴。

缪尔达尔（Myrdal，1957）提出“循环累积因果理论”，并由此导出“地理二元经济”。他认为不发达国家的经济存在一种地理上的二元性，即经济发达地区与经济不发达地区并存的二元结构，与刘易斯的“二元经济”① 是有区别的，是根据地区之间经济发展的差别与不平衡进行划分的。在经济发展的初期，各地区人均收入、工资水平与理论率都大致相等，而且生产要素可以自由流动，但如果某个地区受到外部因素的作用，经济增长就会加快形成区域不平衡，当不平衡达到一定的程度，这就会形成地区间收入、工资水平、利润的差距，并引发累积性因果循环，进一步拉大区域之间的差距，形成地区性的二元经济结构。

赫希曼（Hirschman，1958）提出“核心—边缘理论”，形成了区域经济不平衡增长理论。20 世纪 60 年代，发展经济学家弗里德曼（Friedman，1966）从国家角度提出“中心边缘理论”，讨论区域之间的增长与传递。

① 刘易斯是将经济分为现代工业部门与传统农业部门，而且假定农村剩余劳动力的边际生产率为零。

2. 新经济地理学

（1）垄断竞争下的经济地理学

在张伯伦（E. Chamberlin）的垄断竞争理论基础上，迪克西特—斯蒂格利茨（Dixit-Stiglitz）模型将空间因素纳入西方主流经济学的分析框架，形成了经济地理垄断竞争学派，其基础理论核心在于解释不同区域经济发展的路径与地理因素及空间竞争之间的相互关系。此后，很多经济学家专注于空间与增长的研究，基于垄断竞争模型和收益递增的基本假设，建立了一系列空间变化模型，用经济学的思维分析空间结构与经济发展问题。

（2）“新”经济地理学

进入20世纪90年代以后，全球化与区域联系密切，交通与运输成本下降，但是，区域之间的差别在增大。人们在追问“城市与区域发展的秘密”是什么。人们寄希望于从地理视角来揭示经济分析难以解释的现象（Brakman，Garretsen & Marrewijk，2001）。以Krugman和Fujita等为代表的工作可以被视为区域科学的深入研究，将空间外部性纳入研究的视野，基于收益递增、运输成本、贸易相互依赖的分析，形成了“新”经济地理学，将区域、区位、距离等概念带进经济学，解释国家与区域经济发展的竞争优势，代表了从地理思维角度研究传统的经济空间布局与均衡的突破。主要采用的是迪克西特—斯蒂格茨（D－S）模型、冰山成本、动态演化、计算机等更精细的数学模型，解释经济现象的空间性。其中，关于区域的模型是“中心—外围模式”，关于城市的模型是“城市层次体系的演化”。

新经济地理学吸收了经济区位关于空间聚集和运输成本理论，强调规模经济与运费相互作用产生的内在聚集力，以及由某些生产要素的不可移动性带来的与聚集相反的分散力，及其对空间经济活动的影响。用规模递增来解释极化区位，用规模报酬不变解释同质区域。他们主要采用迪克西特—斯蒂格茨（D－S）不完全竞争模型表示空间差异性，用数学方式表示空间差异性。通过不完全竞争假设、规模收益递增、路径依赖、累积因果关系，来解释产业的空间聚集问题。

经济地理学家与地理经济学家曾争论，经济地理应该更接近经济学，还是更接近社会、政治与文化科学。实际上经济与社会本身并不是二元对立的。同时，大约在20世纪90年代后，经济地理学正在经历“关系转向”①，借鉴演化与制度经济学、新经济社会学与管理学等知识，关注各行为主体及其关系导致的变化与发展的动态过程，超越了以往对这些要素的简单二分法，从而可以更明确地关注资本主义空间经济构建过程中，各种行为者（人类或非人类的）在空间经济形成中的作用、演化机制。

三、发展地理学中的空间经济分析

（一）发展经济学与经济地理学的结合

传统经济学大厦的主要基石之一是由劳动时间决定的价值观，从亚当·斯密到卡尔·马克思都是如此，认为经济的节约归根到底是劳动时间的节约，因而一般的经济平衡也只有抽象的价值平衡和实物平衡。② 然而，经济的运行是以物质的运行为基础的，而任何物质实体的存在都有时间和空间两种形式，因此，经济运行的条件及其表现既离不开时间，也离不开空间。经济的联系归根到底不仅在于劳动时间的节约，也在于劳动空间的节约和组合的优化；经济运行中的价值平衡和实物平衡如果不与空间平衡相结合将是难以实现的。③ 显然，新的发展目标和发展观要求发展经济学家将空间结构纳入研究的视野。

区域空间结构与经济发展的切入点是空间稀缺性，空间稀缺性是经济活动空间需求的数量与质量的提高和空间供给的有限性之间的矛盾。（1）

---

① 可参见李小建、罗庆《经济地理学的关系转向评述》，载《世界地理研究》2007年第4期。

② 马歇尔在《经济学原理》中明确提出：相对于空间而言，时间因素对于区域变化与市场扩展的周期而言更为重要。但同时，他在“外部性”与“产业区位”的分析中，又特别强调了“位置的价值”取决于人口的增长、运输效率的提高、与现有市场交流的增强等，强调产业区位与运输成本、市场区位之间的关系。

③ 饶会林、苗丽静：《关于经济学的几个理论问题——兼论城市经济学的地位和作用》，载《东北财经大学学报》2000年第4期。

空间稀缺性是形成区域空间结构最基本的因素，政府、企业与民众依据空间稀缺性选择不同的空间资源利用方式，由此导致了空间聚散行为，引发了区域发展过程中的空间变化。（2）空间稀缺性的存在，要求在区域范围内尽可能地优化各种要素的空间组合，在达到总体配置优化的基础上优化区域发展的空间环境，否则就会产生空间不经济，不利于区域的发展。因此，关注区域空间结构的演变，优化地域结构的配置，能够促进空间资产配置的最优化。

发展经济学研究的侧重点是“最佳（经济）发展”，地理学家则潜心于研究“最佳（空间）结构”。一个国家或区域的空间经济政策的目标是追求最佳（空间）结构和最佳（经济）发展。从学科研究的路径依赖来看，地理学家擅长研究“最佳（空间）结构”问题，而经济学家则擅长研究“最佳（经济）发展”问题。但经济发展的实践要求把二者结合起来，片面的“最佳（空间）结构”和“最佳（经济）发展”不可能是最优的。经济地理学家已经在研究“如何通过区域的最佳组织使其达到最佳效果，回答有没有最佳组织及由此形成的最佳空间结构”之类的问题，并提出“判定一种空间组织是不是区域发展必然出现的，是不是可以导致区域的最佳发展，标准是使区域发展中的人流、物流和能量流最为经济，生产和流通过程的支出最小化，城乡居民点的关联达到一体化，区域从不平衡发展到平衡发展等”（陆大道，2001）。显而易见，地理学家是把空间组织与结构作为切入点的。但一个国家或区域的最佳结构不可能自动形成，它要通过长期的经济建设及与之相适应的经济政策才可能实现，显然，这是地理学和经济学共同面临的重大研究课题。

对一个区域而言，如何在有限的空间供给的条件下，产生最优化的城市化空间，是一个重要的实践课题。其实质是提高稀缺性空间资源的利用效率。

总体而论，对空间经济问题的研究不仅是以一般均衡为特征的主流经济学的薄弱环节，也是发展经济学所忽视的问题。传统的发展经济学关注的是从贫穷落后到富裕发达的变化过程，因此，发展经济学家将更多的注意力放在收入的增长、人口从低收入的农村向高收入的城镇转移以及发展的不均衡等问题，更加关注贫困人口的个人决策与个人福利状况的改善，更加关注研究如何开出“从贫困到富裕”的处方。

当发展进入到一个新的阶段时，发展已经不是基于摆脱贫困的单一目标，而是从属于复合性的发展目标。因此，发展经济学在研究的范围方面应有一个新的拓展。在群体竞争特征日益显明的今天，发展经济学应关注影响群体竞争力的关键要素。就区域竞争（一种以空间为界限的群体竞争力）而言，空间结构是一种能影响个体（或私人）经济绩效的地方性公共物品，也是影响集体经济发展的重要变量，还能成为经济发展状态或阶段的一种测度标准。

（二）区域空间经济的分析

《大不列颠百科全书》中采用“内聚性”来划分区域，每个区域由核心和有向心倾向的边缘组成。地理学上认为，经济区域是由不同种类、不同等级、具有较强自组织能力、相对独立却高度开放的经济功能区，彼此之间交互作用，形成的一种具有网络特征的经济空间。克鲁格曼的定义是：区域就是一定的经济空间，具有各种收益递增与不同类型的流动成本相互平衡作用的结果（Fujita，P. Krugman，1999）。新古典经济学侧重于区域产生的专业化分工，从专业化经济与交易费用出发，认为专业化与市场交换是产生区域差异的基础。杨小凯的定义是：区域是一种经济组织，随着城市的出现而出现，出现这种组织是市场选择的结果（杨小凯，2003）。

两者的主要差别在于：经济学中强调均质空间，而不考虑现实空间（区域）中的种种差异，无法解释真实的经济现象；地理学中强调的空间是非均质性的，又难以解释经济区域的形成路径与逻辑。

一般认为经济增长的重要要素是土地、劳动、资本积累、知识积累、技术进步、经济体制。但是，在空间经济的视角下，空间场具有较强的空间外部性和网络效应，具有报酬递增的效果。空间的外部性不仅仅是空间的地理位置，而且是空间所承载的经济活动所带来的影响。在阿罗—德布鲁的一般均衡框架中，由于无法包容运输成本与收益递增，经济空间被视为一个均质体而被抽象化。区位要素具有报酬递增的外部性特征，由于区位差异与空间非均质性、资源禀赋与预期的差异而形成经济聚集，并产生新的经济功能区，出现一种主要要素的空间聚集，就形成一个特色的空间区域（图 0.1）。其中，空间聚集推动力的基本要素：运输成本、收益递增、知识溢出；市场要素：地方市场需求、产品差异性（消费者偏好）、市场（垂直）关联与贸易成本（梁琦，2004）。

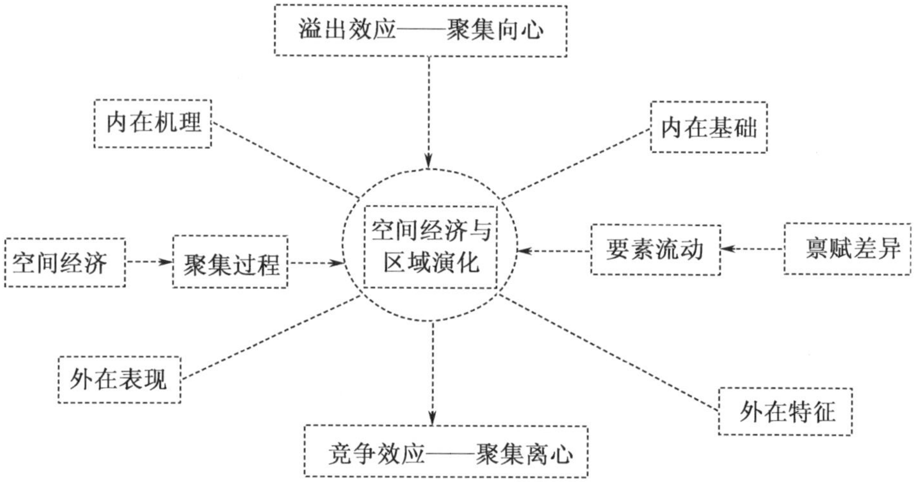

图 0.1　空间经济与区域演化示意

（三）扩大空间经济分析的内涵

张培刚（1949）在其博士学位论文中已经涉及若干区域空间结构与经济发展问题，如农作物定向与农村发展，基要生产函数的变化对区域空间发展的重大影响等。2007 年他对中国的宏观空间结构与经济发展问题的关注有两个重要的特点：一是重视历史因素的影响，二是重视制度分析。

近年来，地区差异多样化强化，人文社会科学快速发展，使得地理经济的研究从制度经济学中获得新的营养，研究者开始强调把区域发展的分析置于具体的历史和地理环境之中，讨论特定政治制度与社会文化中的地理经济现象（曹亮，2006），经济地理研究重新回归地理学的传统，探讨人地关系范畴内的空间经济活动（Clark，Feldman，Gertler，2003）。

此外，20 世纪 80 年代以来，新古典经济理论危机下，借用了现代生物学的进化隐喻创建了演化经济学，演化经济学成为新古典经济学之外的一个重要流派。它专注于经济系统的动态过程，从“有限理性”出发，解释、描述人类的创造力在地理空间上的变异和多样性，以及经济现象的空间演化。《经济地理学伴侣》（*Eric Sheppard & Trevor Barnes*，2000）认为，当前经济学家与区域科学家大都放弃依赖全面的数学模型来分析，诸如区域经济发展中的知识、创新、学习等话题，转而用演化的方法来探索经济增长。同一经济增长形式间的转变被淡化，经济地理中的演化过程被重视。演化经济地理学表明了区域与城市经济演变中社会与因素的重要性，可以从一个长期的宏观机制来讨论区域经济的变迁。通过分析区域历史地理与城市塑造过程，我们可以更好地理解区域演变的路径与空间依赖。

假设区域研究中一般的路径依赖：

条件：资源禀赋确定

产出投入水平以及产出投入要素组合不变

生产技术确定

市场分布，价值确定(*修改为不确定*)

市场结构，完全竞争(*修改为不完全竞争*)

不考虑行为主体个别的行为选择(*修改为考虑个别行为选择*)

不考虑政治制度、社会要素等(*修改为考虑制度、社会因素*)

在此基础上，建立一个空间价值度量等式

$$Q = F(l) + G(k) + \sum F \qquad (1-1)$$

其中，$F = F_{out} + F_{in}$，同时，$F = a \cdot k \cdot e^{-bxy}$

l——自然资源禀赋价值

$F(l)$——自然禀赋带来的成本节约

k——追加要素资本所带来的价值

$G(k)$——追加要素资本所带来的成本节约

F——与外部性密切相关的经济空间的价值

F_{out}——影响价值

F_{in}——获益价值

b——斜率因子

x——半径长度

y——市场开放度（不完全竞争）

主流经济理论特别强调理性预期与策略博弈的意义，同时，强调微观经济主体行为在总量上形成空间聚集的一般均衡分析。高进田（2007）在分析区位的经济内涵时，尝试进行了区域主体与空间经济自组织的分析，吸收了新经济地理与公共选择理论，从区域主体与主体行为的角度，探讨了区域经济学的微观基础。

第二节　学术史、选题缘起、思路、框架

一、学术史上的近代经济空间研究

口岸与商埠是了解近代中国的窗口之一，20 世纪五六十年代，学者们开始观察口岸与内地之间的关系，20 世纪 70—90 年代，上升到从区域的角度解释近代中国经济的变迁。

（一）观察中国：口岸之于中国、口岸对于腹地有何意义

1953 年，墨菲（Rhoads Murphey）的《上海：近代中国的钥匙》① 出版，标志着口岸城市成为透析近代中国的一个窗口。不过，同时他又认为口岸与近代中国是二元的，口岸贸易的繁荣是分离而不是整合了区域经济的发展，近代口岸是游离在大陆边缘的一条“装饰品”。1956 年，费正清（J. K. Fairbank）在《中国沿海的贸易与外交》② 中，从沿海条约口岸的外力冲击角度来把握近代中国初期的适应。不过，他们均过度关注沿海贸

① Rhoads Murphey, *Shanghai*, *Key to Modern China* (Cambridge: Harvard University Press, 1953).

② John King Fairbank, *Trade and Diplomacy on the China Coast: The Opening of the Treaty Ports*, *1842 - 1854* (Cambridge: Harvard University Press, 1953).

易，忽略对中国其他地区，尤其是对内陆的考察。20 世纪 60 年代后，“费正清模式”与“冲击—反应”概念的政治性思维取向受到了质疑。侯继明对外国投资与中国经济发展的论述，德恩伯格（Robert F. Dernberger）对于外资与口岸的解释，费维恺（Albert Feuerwerker）对近代以来经济的整体把握，都促成了研究的深入，开始探讨口岸城市与中国内陆之间的关系。①

早在 20 世纪 30 年代，就有学者针对当时农村出现的土地问题、产业危机、经济下滑等状况，采用经济调查的方式，来检讨近代以来的帝国主义与资本主义入侵问题，例如陈翰笙、薛暮桥、冯和法、王亚南等对开埠通商以来贸易的破坏性和城市对农村掠夺的研究。② 1949 年以后，该学派的研究基本上是 30 年代以来农村破产与帝国主义论的延续，这是从另一个角度解释沿海口岸对近代中国的影响。同时，波特（Jack M. Potter）从口岸及其毗邻区域的角度，对贸易和区域的影响进行了初步考察，他认为 20 世纪 30 年代农村研究所采用的“选粹法”和简单化都是对事实的莫大歪曲，同时他认为近代乡村危机的出现不能归罪于口岸开放，局部的负面作用是存在的，但至少在 20 世纪 30 年代以前口岸与腹地是相互依存的，口岸开放为邻近区域带来了正面的积极的影响。③

（二）识别中国：从口岸解释近代中国区域经济的变迁

20 世纪 60—70 年代，历史人类学与其他学科的综合研究有了新的进展，刘翠溶的博士学位论文中，就已经不再把口岸城市简单地作为透视的

---

① Chi－ming Hou, *Foreign Investment and Economic Development in China, 1840－1937* (Cambridge, Mass.: Harvard University Press, 1965); Robert F. Dernberger, “The Role of Foreign in China's Economic Development, 1840－1949,” in *China's Modern Economy in Historical Perspective*, ed. Dwignht H. Perkins; Albert Feuerwerker, *The Chinese Economy, 1870－1911; 1912－1949* (Michigan: Michigan University Press, 1968).

② Han－seng Chen: *Landlord and Peasant in China: A Study of the Agrarian Crisis in South China* (New York: International Publishers, 1936)；方显廷：《天津织布工业》，南开大学学院 1931 年版；薛暮桥：《贫困现象的基本原因》，载《中国农村》1936 年第 6 期；《旧中国的农村经济》，农业出版社 1980 年版；王亚南：《中国经济原论》，经济科学出版社 1946 年版。

③ Jack M. Potter, *Capitalism and the Chinese Peasant: Social and Economic Change in a Hong Kong Village* (Berkeley: University of California Press, 1968).

窗口，对于贸易进程、商品流通、市场结构、贸易影响诸问题，第一次进行了详细的实证研究。[①] 1973—1983 年间，我国台湾学者对口岸贸易的研究一时蔚然成风，除了台湾三港外，包括大陆的汕头、九江、烟台、天津、东北诸港在内，对于区域贸易港口的贸易分析、贸易影响、腹地经济变迁等方面的研究具有开创性的贡献。林满红曾回顾台湾学术界这方面的全面成果，并且把它放在中国近代经济史的大格局中予以总结、讨论。[②] 至此，已经大大超越了墨菲、侯继明、德恩伯格等一般的经验性认识和波特等人根据有限调查所作的推论。

1984 年，柯文提出需要提升中国研究的"精度"，即将中国"横向"分解为区域、省、县、城市。他采取这种做法的主要依据是中国的地方性变异幅度很大，"要想对整体有一个轮廓更加分明，特点更加突出的了解——而不满足于平淡无味地反映各组成部分间的最小公分母——就必须标出这些变异的内容和程度"[③]。其时，在"中国现代化的区域研究"的框架下，李国祁、张朋园、苏云峰、张玉法、王树槐、谢国兴、朱浤源等人，分别研究闽浙台、湖南、湖北、山东、江苏、安徽、广西等地区，试图探讨 19 世纪 60 年代至 20 世纪 30 年代中国沿海沿江地区，受西方冲击以后发生的经济、政治、社会现代化变迁的过程，及其成败的原因。[④]

这一系列研究表明，学界已经超越了口岸与区域的一般性讨论，关于口岸贸易、区域变迁、对外贸易和传统商业的关系，都已得到全面的实证研究。

在 20 世纪 90 年代，大陆学者在近代口岸贸易和区域经济成长及其

---

① Liu Ts'ui-Jung, *Trade on the Han River and Its Impact on Economic Development, 1800 - 1911* (Taipei, 1980).

② 林满红：《口岸贸易与近代中国——台湾最近有关研究之回顾》，见《近代中国区域史研讨会论文集》，"中研院"近代史研究所，1986 年。

③ ［美］柯文著，林同奇译：《在中国发现历史——中国中心观在美国的兴起》，中华书局 2002 年版，第 178 页。

④ 张玉法：《中国现代化的区域研究：山东省（1860—1916）》，"中研院"近代史研究所，1982 年。

他相关问题的研究上取得了显著的进展，尽管在学术积累与方法论上都相对滞后，但是在时空拓展和议题深化方面都取得了长足的进步①，尤其在相关的水运与港口史、城市史方面②。大约同时，台湾学者的相关研究也获得了拓展，例如，刘素芬对晚清至民国时期渤海湾地区口岸贸易，王良行对清末对外贸易条件与贸易绩效，林满红对大区域之间关系的研究。③

20 世纪下半叶的口岸贸易与近代中国研究，对相关的学术问题进行了多维考察，赢得了更宽广的学术空间。但同时，这些研究基本上是从历史经济或社会变迁的角度来讨论近代经济的变革，暂时未能形成革命性的突破，一度陷入困境。

20 世纪 90 年代至 21 世纪初，现代经济地理学的知识、工具、理念进入近代口岸与区域研究之中，空间作为舞台出现，历史剧可以在其间尽情演绎。具有历史与地理知识背景的学者，将时间与空间分析相结合，开启

---

① 叶显恩主编：《清代区域社会经济研究》，中华书局 1992 年版；张洪祥：《近代中国通商口岸与租界》，天津人民出版社 1993 年版；杨天宏：《口岸开放与社会变革——近代中国自开商埠研究》，中华书局 2002 年版；徐永志：《开埠通商与津冀社会变迁》，中央民族大学出版社 2000 年版。

② 中国航海史研究会组织编写并出版了中国水运史丛书，综合性的如《中国海港史》《中国内河航运史》《中国运河史》等；内河航运史有各省、市、自治区的《内河航运史》和《长江航运史》；各海港史如上海、广州、天津、厦门、宁波、大连、营口、秦皇岛、烟台、连云港、青岛港史等。张仲礼主编：《东南沿海城市与中国近代化》，上海人民出版社 1996 年版；《中国近代城市企业·社会·空间》，上海社会科学院出版社 1998 年版；隗瀛涛主编：《近代重庆城市史》，四川大学出版社 1991 年版；皮明庥主编：《近代武汉城市史》，中国社会科学出版社 1993 年版；罗澍伟主编：《近代天津城市史》，中国社会科学出版社 1993 年版；曲晓范：《近代东北城市的历史变迁》，东北师范大学出版社 2001 年版，等等。

③ 刘素芬：《渤海湾地区口岸贸易之经济探讨（1871—1931）》，台湾大学 1991 年博士学位论文。王良行：《上海贸易条件研究（1867—1931）》，载《近代史研究》1996 年第 3 期。《清末对外贸易的关联效果（1860 ~ 1911）》，见张炎宪主编《中国海洋发展史论文集》（第六辑），“中研院”中山人文社会科学研究所，1997 年，第281 ~ 347 页。林满红：《台湾与东北间的贸易（1932—1941）》，载《“中研院”近代史研究所集刊》1995 年第 24 期。

了中国经济地理“近代时段”的研究，萌生于彭慕兰、戴鞍钢、吴松弟等人的工作，并逐渐蔚为壮观。①

（三）解释中国：从口岸贸易转向经济地理

彭慕兰选择了黄河运河交汇处南北迥异的两个地区为个案，讨论了晚清以来国家转型与国家对不同地区服务的重新配置，以及其对区域的社会、经济、生态的影响，从核心、边缘等区域视角，观察了近代不同“区域”的塑造过程，从某种意义上看，是对上述柯文所提出的理念的实践。②

戴鞍钢从上海港口建设历程、城市崛起、港口对长江三角洲经济变迁的影响、上海和长江流域市场网络的建构这四个方面，关注港口、城市、腹地这三个密切相关的要素，解读了上海成长为长江流域经济中心的意义。③ 与前述台湾学者、彭氏的工作相比，关于口岸与区域的研究提升到了新的中观层面。此外，他还比较全面地探讨了近代东西部经济差异的成因与表现，有助于从空间角度分析近代中国的经济差异。④ 大约同期，吴松弟讨论港口城市对近代交通和贸易体系、城市格局、经济区域，以及现代化的区域差异等方面产生的重要影响，从地理格局改变的角度关注近代经济变迁。⑤ 该文认为近代的“港口—腹地”格局及其引发的各区域现代经济发展速度和水平的趋势，实际上反映了中国现代化的空间进程，初步将“口岸—腹地”研究与中国近代经济地理研究衔接起来。而后，吴松弟、戴鞍钢、林满红等从实证的角度，从经济地理的视角讨论了

① 由于议题的特征，与当代中国经济地理的研究相比，其史学色彩更浓一些而已。

② Kenneth Pomeranz, *The Making of a Hinterland: State, Society, and Economy in Inland North China, 1853 - 1937* (Berkeley: University of California Press, 1993).

③ 戴鞍钢：《港口·城市·腹地——上海与长江流域经济关系的历史考察（1843—1913）》，复旦大学出版社1998年版。

④ 戴鞍钢：《发展与落差——近代中国东西部经济发展进程比较研究（1840—1949）》，复旦大学出版社2006年版。

⑤ 吴松弟：《港口—腹地与中国现代化的空间进程》，载《河北学刊》2004年第3期。

中国现代经济的空间展开过程，总结了近代以来口岸与腹地的空间演变及其经济含义。①

近年来，在见证改革开放以来我国经济地理巨大变革的同时，学界对中国经济地理“近代时段”的相关研究工作，可以分为两个递进式的过程。第一，从经济史意义上的口岸与近代中国研究过渡到经济地理的研究。例如，历史、经济、地理三个学科的方法与思路进一步融合，相关的学术研究更多地采用历史学的资料与文献、经济学的问题意识、地理学的方法与工具，所解决的议题越来越靠近经济地理学研究中的一些关键性的话题，也获得了地理学界更多的关注。第二，将经济地理学研究中的问题，延伸到中国近代时期进行验证。例如，采用中国旧海关统计中的贸易统计与“源—汇”数据，对近代中国贸易网络、城镇体系、空间经济增长等议题进行验证，探寻其在中国“近代时段”经济地理的特征与表现②，有些类似于格雷戈（D. Gregory）对约克郡工业革命的研究③。

在上述研究的基础上，特别是受益于经济地理学理论与方法的应用以及近代时期数据文献与地图的开发，近代中国经济地理研究到了可以总结也必须进行总结的时候。于是，比较全面地探索第一次全球化时代中国经济地理的格局与特征的研究应运而起，其中代表性著作当属2014—2016年吴松弟主

① 吴松弟主编：《中国百年经济拼图：港口城市及其腹地与中国现代化》，山东画报出版社2006年版；戴鞍钢：《港口·城市·腹地：上海与长江流域经济关系的历史考察（1843—1937）》，上海社会科学院出版社2019年版。

② 例如，王哲、吴松弟：《中国近代港口贸易网络的空间结构——基于旧海关对外—埠际贸易数据的分析（1877—1947）》，载《地理学报》2010年第10期；王茂军等：《民国时期山东城镇体系的空间组织——基于洋货空间流通的分析》，载《地理研究》2007年第6期；方书生：《近代中国的经济增长：基于长江三角洲地区的验证》，载《上海经济研究》2012年第9期。

③ 该文通过详尽的历史时期的地理信息，获得动态性的企业区位选择数据，解释了从旧有的工业区向下一阶段的演化。Derek Gregory, *Regional Transformation and Industrial Revolution: Geography of the Yorkshire Woolen Industry* (London: Macmillan Publishers Limited, 1982).

编的九卷本《中国近代经济地理》①。这是学界近十年以至数十年专题研究基础上的一项综合性研究，也是国内外第一部全面系统有序地阐述近代时期（1840—1949）中国经济地理的多卷本综合性著作。九卷本的第一卷《绪论和全国概况》为总论卷，第二卷至第九卷为大区域卷。② 总论卷中提出中国近代经济地理的核心议题，并以“港口—腹地”与近代化空间进程作为线索，在时间演化与空间格局的二维视角下从全国空间尺度展开分析。

由此看来，就在地理学界对中国经济地理“近代时段”的研究搁置之时，20 世纪末 21 世纪初以来，从历史经济地理学的角度，开启了“口岸—腹地”及其空间形态的研究，着手从经济地理的视角，讨论近代经济变迁的空间过程。就其实践而言，运用现代经济地理学的原理和方法，研究近代中国的经济变迁，探讨港口—腹地的双向经济联系、互动作用和动力机制，更好地认识主要由港口—腹地塑造而成的中国近代生产力的空间分布状况及其原因，从而对中国近代经济变迁的空间进程进行全面透视。

二、已有的研究基础及其评论

现有的研究成果中，早期主要着眼于区域经济变迁的分析，然后拓展到对经济空间（区）的分析与论述。

（一）关于历史时期长三角区域经济变革的研究

由于涉及论著颇多，这里评论一些代表性的论述与观点。

（1）关于前近代“江南”区域经济的研究。约翰·琳达对近代早期江南的城市进行过研究。③ 龙登高考察了 11—19 世纪江南区域市场的历史变

① 吴松弟主编：《中国近代经济地理》（九卷本），华东师范大学出版社 2014—2016 年版。

② 分为江浙沪、华中、西南、华南、闽台、华北与蒙古高原、西北、东北九大地区。

③ Linda Cooke Johnson, *Cities of Jiangnan in Late Imperial China* (New York: State University New York Press, 1993).

迁与不同阶段的特征、江南市场体系构成、资本与商品流通，以及以江南为中心的区域互动与市场整合。① 单强讨论了江南区域市场的起源与变迁、江南区域市场体系、江南区域市场空间布局。② 张海英也讨论了清代江南地区的市场结构。③ 其他有关的代表性工作有：刘石吉分析了长三角地区棉花和棉织、蚕桑和丝织、米粮专业市镇形成和发展的条件及原因④，李伯重先后讨论了前近代江南的产业发展⑤。此外，范金民对江南地区农业、手工业、商业贸易、市镇等方面进行了研究。⑥ 这些论述大多从一个侧面讨论了前近代江南在经济、产业、城市等方面的发展，已经获得一些初步的成果，但对经济地理的分析都还比较欠缺，忽略了其时尚隐而不现，但已经比较重要的空间经济现象。

（2）关于近代前后上海经济的研究。例如，墨菲对上海现代经济增长及其意义的研究⑦，白吉尔对近代以来上海经济现代发展与上海城市的研究⑧。张仲礼等对长江沿岸城市的贸易经济、社会变迁等方面都有所论述。⑨ 樊卫国运用经济分析解释明清以来的经济内向化到现代上海经济的兴起，通过经济要素的变迁说明现代经济的特征，揭示了上海“半边缘

① 龙登高：《江南市场史——十一至十九世纪的变迁》，清华大学出版社 2003 年版。

② 单强：《江南区域市场研究》，人民出版社 1999 年版。

③ 张海英：《明清江南商品流通与市场体系》，华东师范大学出版社 2002 年版。

④ 刘石吉：《明清时代江南市镇研究》，中国社会科学出版社 1987 年版。

⑤ 李伯重：《江南的早期工业化（1550～1850 年）》，社会科学文献出版社 2000 年版；《多视角看江南经济史（1250—1850）》，生活·读书·新知三联书店 2003 年版。

⑥ 范金民：《赋税甲天下：明清江南社会经济探析》，生活·读书·新知三联书店 2013 年版；《明清江南商业的发展》，南京大学出版社 1998 年版。

⑦ Rhoads Murphy, *Shanghai*, *Key to Modern China* (Cambridge: Harvard University Press, 1953).

⑧ ［法］白吉尔著，王菊、赵念国译：《上海史：走向现代之路》，上海社会科学院出版社 2005 年版。

⑨ 张仲礼、熊月之、沈祖炜主编：《长江沿江城市与中国近代化》，上海人民出版社 2002 年版；张仲礼主编：《近代上海城市研究（1840—1949 年）》，上海文艺出版社 2008 年版。

化”经济形态的形成和运行特征。① 熊月之等对上海经济及上海城市做了比较详细完整的研究。② 约翰·琳达研究了1074—1858年上海从市镇到通商口岸的经济变革，并论证了太平天国起义以后，商业中心苏州的跌落，以及上海外贸中心迅速崛起的过程。③ 张忠民在研究对象、资料使用上，与琳达的研究比较接近，但旨趣不一，张著意在论述上海在开埠以前及之后发展、演变的详细过程与特点，论述更深入细致。④

（3）对长三角地区经济史的研究。马德斌对长三角地区近代经济增长的研究，计算其增长率，并与朝鲜半岛、中国台湾进行比较。⑤ 这方面的研究还有徐新吾、黄汉民对近代上海工业发展史的研究⑥，虞晓波对近代南通与无锡经济发展模式的研究⑦，马俊亚对长三角地区传统经济的现代演变方式及其表现的研究⑧，黄宗智对长三角地区农村经济发展、效率及其演变的研究⑨，林刚对长三角地区农业与现代工业以及彼此形成的结构关系的研究⑩。周克瑜对行政区经济和近现代长江三角洲地缘经济关系演变的

---

① 樊卫国：《激活与生长——上海现代经济兴起之若干分析（1870—1941）》，上海人民出版社2002年版。

② 熊月之主编，陈正书著：《上海通史》第4卷《晚清经济》，上海人民出版社1999年版；熊月之、周武主编：《上海：一座现代化都市的编年史》，上海书店出版社2007年版。

③ Linda Cooke Johnson, “The Decline of Soochow and Rise of Shanghai: A Study in the Economic Morphology of Urban Change, 1756 - 1894,” Ph. D. diss (Santa Cruz: University of California, Santa Cruz, 1986). Linda Cooke Johnson, *Shanghai: From Market Town to Treaty Port, 1074 - 1858* (Stanford: Stanford University Press, 1995).

④ 张忠民：《经济历史成长》，上海社会科学院出版社1999年版；《上海：从开发走向开放（1368—1842）（修订版）》，上海社会科学院出版社2016年版。

⑤ Ma Debin, “Economic Growth in the Lower Yangzi Region of China in 1911 - 1937: A Quantitative and Historical Analysis,” *The Journal of Economic History* 68, no. 2 (June 2008).

⑥ 徐新吾、黄汉民主编：《上海近代工业史》，上海社会科学院出版社1998年版。

⑦ 虞晓波：《比较与审视——“南通模式”与“无锡模式”研究》，安徽教育出版社2001年版。

⑧ 马俊亚：《混合与发展——江南地区传统社会经济的现代演变（1900～1950）》，社会科学文献出版社2003年版。

⑨ ［美］黄宗智：《长江三角洲小农家庭与乡村发展》，中华书局1992年版。

⑩ 林刚：《长江三角洲近代大工业与小农经济》，安徽教育出版社2000年版。

分析视角和方法较有新意，特别是对长江三角洲的产业比重等数据的运用。①

（4）空间视角的研究。例如前述戴鞍钢对上海港、上海城市崛起，以及上海与长三角、长江流域经济关系的研究。吴松弟结合港口区位的分析，从私人贸易的角度解释了自明代以来沿海贸易港由南向北位移的趋势。② 吴松弟等从地理经济的视角讨论了现代经济的空间过程，总结了近代以来口岸与腹地的空间演变及其经济含义，该专著的第二章专门论述了上海与长三角的空间关系。该书从地理学角度研究港口—腹地及其空间形态，讨论了经济的空间进程与地域的发展。③ 戴鞍钢从上海口岸城市与长江三角洲农村经济互动的角度，讨论了城市贸易、工商业、交通运输与乡村的生产内容、技术手段、经营方式之间的关系，说明了上海与长三角经济关系日益密切的过程。④

（二）近代珠三角地区经济研究的主要方面

（1）关于经济与空间的研究。梁钊、陈甲优主编的《珠江流域经济社会发展概论》⑤，从珠江流域经济发展的历史特点、现状着手，分析流域经济结构与工农业、交通、旅游、服务、文化教育等方面的情况，讨论了流域内部经济发展中的分工与合作关系，从流域的角度纵论了古今经济发展的形势。司徒尚纪将珠江三角洲的经济网络分为四个阶段⑥，从宏观面上

---

① 舒庆、周克瑜编著：《从封闭走向开放——中国行政区经济透视》，华东师范大学出版社2003年版。

② 吴松弟：《明清时期我国最大沿海贸易港的北移趋势与上海港的崛起》，载《复旦学报（社会科学版）》2001年第6期。

③ 吴松弟主编：《中国百年经济拼图：港口城市及其腹地与中国现代化》，山东画报出版社2006年版。

④ 戴鞍钢：《江浙沪近代经济地理》，华东师范大学出版社2014年版。

⑤ 梁钊、陈甲优主编：《珠江流域经济社会发展概论》，广东人民出版社1997年版。

⑥ 分别为：广州单中心放射性网络（秦至元）；广州、澳门双中心“T”形网络（1840年前的明清）；港澳易位和“T”形网络（1840—1949）；穗港独立发展和网络运行的困扰（1849—1978）；穗港澳三中心梯形网络（1978年后）。

对此进行了梳理。[1] 此外，邓开颂、陆晓敏等人对粤港澳关系史的研究，大致勾勒出三地之间的政治、经济与文化关系[2]，关其学等则梳理了近代广州如何演变为一个区域的中心城市[3]。

（2）关于口岸与城市的研究。王尔敏的《广州对外通商港埠地区之演变》[4] 交代了宋明以来广州城的发展，详细讨论了清代的十三行以及鸦片战争后的扩界和租界的形成。[5] 倪俊明的论文大体上勾勒了不同时期广州城的空间扩张过程，试图进行总结，不过主要还是限于并不完整的资料罗列；于永明则从城市建设与政治参与的视角讨论了这座省城的变迁，但又失之于变迁过程的空间透析。[6]

（3）关于经济史的研究。叶显恩对华南市场、宗族与近代化有过细致深入的研究，例如，珠江三角洲的宗族和地方社会、农业生产和外贸、粤省航运业的近代化。其中，《明清珠江三角洲土地制度、宗族与商业化》[7] 一文，以广州的核心腹地珠江三角洲为中心讨论近代以来土地制度、宗族和商业化问题及其相互关系；《移民与珠江三角洲海洋经济化》[8] 讨论了自宋代以来移民和珠江三角洲外向型经济的发展。《粤商与广东的航运业近

---

① 司徒尚纪：《珠江三角洲经济地理网络的嬗变》，载《中山大学学报论丛》1990 年第 4 期。

② 邓开颂、吴志良、陆晓敏主编：《粤澳关系史》，中国书店 1999 年版；邓开颂、陆晓敏主编：《粤港澳近代关系史》，广东人民出版社 1996 年版。

③ 关其学、刘光璞主编：《论经济中心——广州》，广东高等教育出版社 1987 年版。

④ 王尔敏：《广州对外通商港埠地区之演变》，载《汉学研究》1985 年第 2 期。

⑤ 不过，作者夸大了商埠因素对于近代广州城市的直接意义，似乎过犹不及。[“其（按：指广州）商埠地区，则依旧日基础，逐渐扩张，终而演变为近代西化的都市。”] 实际上，商埠因素对于近代广州城市的直接意义并不是特别明显，这一点不同于上海、天津，甚至汉口、九江。

⑥ 倪俊明：《广州城市空间的历史拓展及其特点》，载《广东史志》1996 年第 3 期；Yeung Wing Yu Hans, *Guangzhou, 1800—1925: The Urban Evolution of A Chinese Provincial Capital.* 香港大学 1999 年博士学位论文。

⑦ 叶显恩：《明清珠江三角洲土地制度、宗族与商业化》，载香港中文大学《中国文化研究所学报》（30 周年纪念专号）1997 年第 6 期。

⑧ 叶显恩：《移民与珠江三角洲海洋经济化》，见朱德兰主编《中国海洋发展论文集》（第八辑），“中研院”中山人文社会科学研究所，2002 年。

代化：1842—1911》[1] 论述了晚清从买办到民族资本经营的航运业的兴起，认为已基本实现了近代化。[2] 张晓辉对近现代广东与粤港澳经济历史素有研究且著述丰富[3]，举凡社会经济史的各个方面，例如近代广东社会经济史、香港华商史、近代香港对外贸易、香港与内地经济关系、香港与内地联号企业、广东对外经济关系、近代广东财政政策等，均留下了一系列富有意义的论文与专著。科大卫在承认1931年后大危机的困苦事实之后，通过论证1870—1930年的经济成长，反驳了陈翰笙、章有义等分配学派的悲观解释，从交通与货币、进出口价格、市场与技术的角度，解释近代时期民众受益的增加与经济的发展。[4] Alfred H. Y. lin 重点剖析近代广东的农业成长历程，以及20世纪30年代农村危机的根源。[5] 方志钦、蒋祖缘主

---

① 叶显恩：《粤商与广东的航运业近代化：1842—1911》，见张伟保、黎华标主编《近代中国经济史研讨会1999年论文集》，香港新亚研究所，1999年。

② 不过，无论从船只数量还是吨位来看，实际也许更多显示的是一种近代化的迹象，传统与近代的融会再生。

③ 《香港华商史》，香港明报出版社1998年版；《香港与近代中国对外贸易》，中国华侨出版社2000年版；《香港近代经济史（1840—1949）》，广东人民出版社2001年版；《民国时期广东社会经济史》，广东人民出版社2005年版；《民国时期广东的对外经济关系》，社会科学文献出版社2011年版；《近代香港与内地华资联号研究》，广西师范大学出版社2011年版；张晓辉主编：《民国时期广东财政政策变迁》，经济科学出版社2011年版。

④ David Faure, *the Rural Economy of Pre - Liberation China*: *Trade Expansion and Peasant Livelihood in Jiangsu and Guangdong*, *1870 to 1937* (East Asian Historical Monographs) (Oxford: Oxford University Press, 1989).

⑤ Alfred H. Y. lin, *The Rural Economy of Guangdong*, *1870—1937*: *A Study of the Agrarian Crisis and Its Origins in Southernmost China* (London: Macmillan Press Ltd. 1997). 作者通过对土地占有率、稻作的生长和大米的短缺、贸易和乡村经济的转变、税费与额外摊派、地主和农民之间的关系、贷款来源和侨汇等六个方面的分析，希望在技术学派和分配学派之间寻找到一个契合点，以便更准确地反映近代广东乡村经济的状况，在这一点上，超越了以往对单一部门或宏观的贸易研究的不足。但是本书在资料的选择甚至解释上存在着让人难以接受的混乱，例如，在论证广东人口与粮食比率时忽略了占1/4的杂粮；在解释贸易时以广州与汕头来说明全省的贸易与收益，在统计上缩小，在结论上却夸大；在列举一系列地税增加后戛然而止，不做任何解释说明。本书从一个侧面反证了经济史研究中基础工作的重要性，不做好这一项工作，其他工作或许都是无稽之谈。

编的《广东通史》的近代经济部分，论述了贸易、航运、金融、民族工业、农业手工业商业等方面的发展，涉及面较广，但各个方面都比较简略。① 吴建新讨论了民国时期广东的农业与环境、传统农业的延续与转型。② 香港经济史方面的著作，通论性的读物当属卢受采编写的《香港经济史（公元前约4000—公元2000年）》③，以及刘蜀永编写的《20世纪的香港经济》④、弗兰克·韦尔什的《香港史》⑤，专论性的学术著作则推前述张晓辉所著的《香港近代经济史（1840—1949）》。

如前所述，百年来口岸贸易与近代中国的研究，已经对相关的学术问题做了比较多维的考察。关于近代长三角、珠三角地区经济空间的研究，积累了丰富的研究成果，举凡贸易变迁、产业发展、城市经济等方面，为下一步的研究提供了比较富赡的前提。通过以上梳理可以发现，长三角地区经济地理的空间过程，已经为众多的论著所涉及，相关工作取得的进展尤为显著，如果能够系统地讨论这一议题，或许我们能获得更多的认知与发现。这些研究的一个共同局限是，基本上从历史或经济或社会变迁的角度来讨论区域的近代变革，如果三者结合起来，形成一个可以容纳其他要素的空间分析框架，构建一个相对成形的讨论平台，可以初步摆脱长期以来关于区域经济变革分析的困境。

三、选题的缘起与新的思路

（一）一个疑问：经济变迁中的“空间”属性在哪里？

关于区域空间结构与经济发展协同关系的讨论，实质上是为实现区域

---

① 方志钦、廖伟章主编：《广东通史　近代上册》，广东高等教育出版社2010年版。

② 吴建新：《民国广东的农业与环境》，中国农业出版社2011年版。

③ 卢受采、卢冬青：《香港经济史（公元前约4000—公元2000年）》，人民出版社2004年版。

④ 系统论述第二次世界大战后香港对外贸易、航运、工业、商业、金融和财政的发展状况。

⑤ Frank Welsh, *A History of Hong Kong* (Nashville: HarperCollins, 1997).

“最佳（空间）结构”与“最佳（经济）发展”，探索理论基石和政策路径。在《2003年世界发展报告》中，世界银行前行长沃尔芬森在序言中指出：“经济、社会、环境的问题与机遇的互动主要体现在空间上——人们生活的地方。”在这一基本思想的指导下，世界银行发展报告按照生态脆弱地区、农村和城市的空间序列，分别讨论了不同地区的经济与空间发展问题，提出了“管理更为广泛的空间资产”（Managing a Broader Portfolio of Assets）的观点（World Bank，2003）。

《2009年世界发展报告》认为：经济增长是不平衡的，试图在空间上均衡分配经济活动的意图只会阻碍经济增长，但是通过经济一体化，可使远离经济机会的人口获得更多的财富，同时实现不平衡增长与相对平等的发展。该报告还提出了经济地理分析框架，将密度、距离、分割视为经济地理的三个基本特征。密度是指每单位面积的经济总量，反映经济的集中程度，一般而言，经济越集中的地方越富裕；距离是指商品、服务、劳务、成本、信息与观念等的空间距离，落后地区属于远离经济集聚区的偏远地区，不仅是指空间距离，更重要的是指基于基础设施落后与制度障碍造成的经济距离；分割是指区域之间商品、资本、人员、知识、信息等流动的限制因素，也就是阻碍经济一体化的有形或无形的障碍（World Bank，2009）。不断增长的城市、人口迁移、专业化生产有助于提高密度、缩短距离、减少分割（削减各经济边界壁垒，得以进入世界市场获取规模与专业化收益）。

新经济地理范式给我们提供了一个将地理空间纳入新古典经济分析的框架，但由于其假设前提比较苛刻而备受指责。《空间经济学》一书讨论的范围局限于可以精确地进行数学建模的部分，同时克鲁格曼也承认需要“扩张理论菜单、寻求实证研究、讨论空间经济的福利与政策含义”。

这里出现一个问题：如何在关注空间经济、分析有关经济活动的空间性的同时，建立一个个更加实证的案例，讨论现有的解释框架怎样既丰富空间维度上的展示，又深化经济维度上的解释。关于空间经济分析的意义，经过十多年来的探索与深化，尤其是对模型外延的扩大与内涵的深化，越来越多的实证研究证明了空间经济的意义以及空间经济的现实解释力。因此，空间经济与区域发展之间存在着一种内在的关联，那么如何将这种关联用细致实证的方式表达出来呢?

（二）一个新主题：经济空间演化与绩效

城市与区域的研究一直是国内外人文地理研究的重要领域。20 世纪 50 年代后兴起了艾萨德领导的区域科学运动，他们的研究借用新古典主义经济学的逻辑、理论及方法，并加入地理学的空间因素。但是，其时经济地理学的研究更多地依附于经济学（例如增长极理论、极化—涓滴理论、中心—外围模式、区域发展阶段论、依附论等），利用经济学方法来解释区域经济的空间变革。

20 世纪 90 年代以来，全球化与区域联系日益密切，交通与运输成本下降，但是，区域之间的差别在增大。人们在追问“城市与区域发展的秘密”是什么，寄希望于地理学家来揭示经济分析难以解释的现象。

同时，空间的作用特别是空间外部性，在主流经济学中逐渐引起了极大的关注。克鲁格曼等人的工作可以被视为区域科学的深入研究，将空间外部性纳入研究的视野，形成了“新”经济地理学，将区域、区位、距离等概念带进经济学，用规模收益递增、外部经济、不完全竞争、空间集聚等观念，解释国家与区域经济发展的竞争优势，代表着用地理思维研究经济空间的突破。但是，有评论认为“新经济地理学”本质上仍未超越新古典经济学的范畴，因为它几乎完全忽视经济活动中社会及文化因素所扮演的重要角色。①

近年来，随着人文社会科学的快速发展，经济地理的研究从制度经济学中获得新的营养，研究者开始强调把区域发展的分析置于具体的历史和地理环境之中，讨论特定政治制度与社会文化②中的经济地理现象，经济

① 刘志高、尹贻梅：《经济地理学与经济学关系的历史考察》，载《经济地理》2006 年第 3 期。

② 引进了“制度环境”（包括各种正式的非正式的社会、经济、文化、政治系统特征）和“制度安排”（指组织形态、市场、公司商号、工会、议会、政府单位及国家福利制度等）的概念。

地理研究重新回归地理学的传统，探讨人地关系范畴内的空间经济活动。随后，关注的视野更拓展到“文化”，将地方的经济现象与该地的制度和文化因素联系起来，强调区域与地方的经济活动是嵌入当地的社会、政治、文化之中且与之密不可分的。

此外，20 世纪 80 年代以来，伴随着新古典经济理论危机，借用现代生物学的进化隐喻萌生了演化经济学，它成为新古典经济学之外的一个重要流派。它专注于经济系统的动态过程，从“有限理性”出发，解释、描述人类的创造力在地理空间上的变异和多样性，以及经济现象的空间演化。《牛津经济地理学手册》和《经济地理学伴侣》① 认为，当前经济学家与区域科学家大都放弃依赖全面的数学模型来分析诸如区域经济发展中的知识、创新、学习等话题，转而用演化的方法来探索经济增长。同一经济增长形式间的转变被淡化，经济地理中的演化过程被重视。演化经济地理学表明区域与城市经济演变中社会因素的重要性，可以从一个长期的宏观机制来讨论区域经济的变迁，通过区域历史地理与城市塑造过程，我们可以更好地理解区域演变的路径与空间依赖。

如果将这一研究视角与近代长三角地区、珠三角地区的研究相结合，沿着演化经济学的思路，引入制度与文化的解释，从一个较长的时段来探讨近代区域经济向现代转变的过程，寻找其来源与演变规律，这无疑很有启发意义。至此，一种结合地理、历史与经济分析的框架、思路与解释工具，正在不断地酝酿形成之中。这一思路将承接 20 世纪 80 年代以来台湾学者的口岸与区域关系研究传统，不同之处在于将口岸与腹地的研究从一般的社会经济史研究中解放出来，形成相对独立的分析视角与框架。

（三）新的切入点：以口岸与腹地形成的经济区

经过以上对百年来学术视野中口岸与腹地研究的梳理，已经基本可以理清口岸与近代中国研究的发展脉络和五十多年来学术研究旨趣的迁移。

---

① Gordon L. Clark, Maryann P. Feldman, and Meric S. Gertler, *The Oxford Handbook of Economic Geography* (Oxford: Oxford University Press, 2003); Eric Sheppard and Trevor Barnes, *A Companion of Economic Geography* (Malden: Blackwell Publishing, 2000).

在最早阶段，人们是通过口岸来认识近代中国，当时关注的重点是：口岸究竟是近代中国的窗口还是钥匙？条约口岸给近代中国带来的究竟是一条新的花边，还是一个新的中国？后来关于口岸的研究转向口岸对内陆腹地绩效的争论，不论是促进论还是阻碍论，抑或二元结构说，都在试图将复杂的问题简单化、模式化。20 世纪 70 年代末以来，伴随着区域研究意识的兴起，学者们开始全面地实证各贸易口岸的变迁以及贸易对腹地的影响，从经济分析拓展到社会变迁。同时，伴随着柯文理念的引入，在中国内部寻找变化原因的观点流行，人们不再热情地关注具有外部特征的贸易成长，以及贸易与区域的经济发展、社会变迁的关系。例如，20 世纪 90 年代初，彭慕兰在修订关于腹地变革的博士学位论文时，特地增加了章节，从社会经济以至生态等多重角度讨论腹地的构建。

这也表明口岸研究不能局限于贸易本身，不能停留在口岸对腹地的影响上，必须重新反思这种具有外来色彩的因素究竟给近代中国内部带来了什么。从这里出发，研究口岸贸易与近代区域经济的成长，更多的是一种思维路径，而非终极目标，以口岸势力代表的外来因素与本土经济发展的传统之间的融合、冲突和新生才是近代经济的本原之所在。一味地拔高口岸贸易对近代经济成长的决定作用，与沿海和内地、城市和乡村存在明显差异这一事实不符，也不符合作为后发依附性国家在外部新兴贸易和内部传统经济两极之间摇摆不定这一特征。

随着晚清以来一系列口岸的开放，沿海的现代经济生产方式以商业贸易等形式为载体，通过港口城市向内陆腹地扩散，形成了一幅区域经济变革的空间进程图，改变了千年来经济发展的空间格局，实现了区域经济由传统向近代的新陈代谢，形成了一个个具有现代意义的经济区，形成了一个中国式的城市与乡村、沿海与内地的发展范式。以往有关区域经济史或区域经济地理的研究，大多没有注意或深入讨论这一议题，事实上，探讨这一现代经济变革的空间过程，有助于深化有关空间与发展之间关系的一些基本认识，还可以为当前不同的区域规划之间的争论提供镜鉴。

本书的研究建立在之前对长三角、珠三角地区相关研究的基础上，提出从“口岸—腹地”到“经济区”这一理念，以经济空间为骨架，以区域经济为主线，尽可能地吸收地理学的思路和传统历史学的分析，致力于对口岸与腹地之间空间形态与地域发展的考察。从方法论上，首次尝试建立起以“经济区形成与绩效”为平台的相对独立的学术分析思路，以经济空间为横向维度，以地域发展为纵向尺度，从经济发展的内生变量与社会环境的外在关联角度，建立起一个具有时空特征的分析工具，将已有的社会经济解释方法纳入这样一个新的诠释平台之中，从空间切入但又具有一定的全息关照。

这一思路的展开基本上需要经历这样两个阶段：（1）实证地复原近代以来口岸与腹地详细的地域形态，并讨论这种地域的互动关系，在此基础上拓宽港口和贸易这种单一的思路，从“口岸—腹地”系统过渡到“经济区”概念；（2）从一般性的经济区的形成与运作过程，上升到区域经济变革规律与解释框架。

长三角与珠三角地区的自然基础与经济区位都极具特色，富庶的经济、优良的港口、独特的区位，以三角洲为核心区域构成了一个完整的经济生态环境。以长三角、珠三角为中心形成的地域经济与产业圈，通过便捷的水运交通联系背后腹地，并在上海、港粤这样的龙头带动下，呈现出一种明显的空间经济进程。对这两个区域进行个案比较，有助于深化对近代经济空间变革的认识。秉承上述思路，本书将以长三角、珠三角口岸与腹地系统为中心，对近代以来经济演变的空间过程与地域的发展进行较为详细的透视。拟从近代口岸的开放入手，寻找口岸开放后的区域应对关系，沿着“经济空间的转变—经济区形成的背景—经济区的形成—经济区的运作机制—区域经济变迁史的地理发现”这样一个路径，从经济区的形成与运行过程来梳理区域经济变革的脉络。

计划在前述最新研究思路的基础上，尽可能精确到长三角、珠三角县级政区的内部，采用全息的而非选萃的方法，把近代以来该地区经济变革的空间过程、运行机制结合起来，以上海、广州等中心口岸与内陆腹地之间的互动关系为载体，总结近代长三角、珠三角地区经济演变的历史形态与过程。试图从空间着手解释经济变迁，从中寻找近代以来经济变革的空间轨迹，这样有助于找回一个与中国其他地区相异的，也与东西方其他地区相异的区域经济变革方式，恢复其历史地理的本原。

四、方法、资料、说明、结构

这里主要是简单地补充解释所采用的方法与文献、文本写作结构等问题，以便说明其聚焦点，有助于读者明了并评判即将展开的讨论。

（一）研究方法

新经济地理学有两种研究路径：（1）从时间的角度来看，关注空间的本质是关注时间的“节约”，亦即其可达性、运输成本；（2）从空间的角度来看，实现资源配置“最优”（即节约），反过来是关注空间相互作用、网络结构。故而，学者们在相关的研究方法中各取所需，例如可达性计算、基尼系数、网络数据模型、空间相互作用与重力模型、图论等。

（1）利用历史学的实证方法，查找、甄别、解析相关的资料和数据，尤其是系统地整理近代各港口进出口数据库、民国政府地方调查资料，再结合相关的地方文献，完成空间经济分析数据库的建立。此方法为空间经济分析提供时间序列上的对比，总结不同经济环境下空间经济的制约要素。

（2）运用空间经济分析工具与方法，配合 GIS 技术、地理计算软件，分析经济地理过程、运作形态、区域差异。为空间经济与区域演变的过程提供一系列精细的实证，结合空间分析模型方案，展示空间经济的特征，并利用 GIS 技术实现空间展示。

（3）在空间经济的模型之外，加入分工理论、交易成本分析，关注经济、制度与文化的互动，并运用经济地理学原理，寻找长三角与珠三角地区经济地理的运行机制。

（4）结合以上三个方面，通过细致的分析，得出时间序列上连续空间范围上完整的数据，综合比较不同区域不同部门经济地理的差异，希望为空间经济与区域构建之间提供一种解释路径，也就是说希望通过空间经济的过程度量区域的形成，用区域的演化度量空间经济的变化。考察空间经济视角下，长三角地区、珠三角地区经济地理变革的连续性与变异，归纳总结经济地理的演变规律。

简而言之，它们包括：（1）文献考证法：利用历史学的实证方法，查找、甄别、解析相关的历史资料和数据，系统地整理各口岸的海关数据、地方实业建设数据、地方物产数据、农工商统计数据，建立空间经济分析数据库。（2）数理方法：数理统计方法、区域空间相互作用法、分形方法。（3）运用地理信息系统进行数据处理，表现区域的空间结构特征。（4）时间地理学方法：用时空间轴或路径图等方法展示区域经济差异及其演变过程。在实际的研究中，以经济地理学的理论和视角、历史学的实证方法为基础，尽可能采用空间结构分析、计量经济学的数理统计等思路与工具，并与文字载录的文献进行对比，数据分析需要经得起文献的验证；同时还将运用经济史的制度变迁分析，梳理近代长三角、珠三角经济区的形成与绩效。

（二）写作方法

在实际研究中，将以历史学的实证方法为基础，尽可能采用经济地理学的空间结构分析、计量经济学的数理统计等思路与工具，同时运用经济史的制度变迁分析。本书实证地梳理近代以来珠三角与长三角地区传统经济的成长，透视纷繁复杂的变革背后的政治规范与价值追求，并进行经济变迁的空间结构与空间过程分析，进而从口岸与腹地变迁的角度，揭示珠三角与长三角地区经济的形成与变革过程。

在遵循传统经济地理学的基本原理的基础上，笔者引入新经济地理学、新经济学，以及当前经济地理方面一些较新的概念进行讨论。以下简略介绍新经济地理学地理经济的视角与方法，以及从亚当·斯密到道格拉斯·诺斯相关的经济学分析工具。前者仅仅是一个思维工具，后者则与本书讨论时段的经济活动背后的学术主张或解释方式有关。

（1）新经济地理学或地理经济学

2001 年，藤田昌久、克鲁格曼等人的《空间经济学》① 出版，“新经济地理学”第一次完整全面地展示出来。它的初衷是复兴经济地理，使新经济地理学成为经济学中的一个主要领域。其两大基本支柱是规模收益递增与不完全竞争，主要涵盖了国际经济学产业的空间聚集和经济增长理论区域经济的长期收敛问题。2001 年，布雷克曼等人在此基础上，从俄林的模型上推导出“地理经济学”②，地理经济学的视角是从经济、贸易与发展之中，寻找经济活动的地址选择。实际上布雷克曼似乎更加关注经济的空间要素，但没有克鲁格曼那样富有理论雄心。

新经济地理学更多是运用主流经济学的观点来解释区域经济问题，他们所借用的基础理论又直接来源于德国传统的区位理论、社会物理学、聚集模型、土地使用和土地租金模型、地方外部经济理论等。它的局限主要在于忽略了真实的社会、历史、文化等要素，即便其中的要素被纳入作为一个变量，新经济地理学更多是用某些经过筛选的要素来验证模型的“合理性”。

前引的《经济地理学伴侣》与《牛津经济地理学手册》，分别从地理学与经济学的角度对空间经济与地理经济进行了必要的修正。

（2）经济学分析工具：从亚当·斯密、道格拉斯·诺斯到历史制度分析

亚当·斯密是市场经济理论的开山者，他亲历了英国工业革命的早期变革，以利己心、比较优势、自然秩序为枢纽，从分工与市场的角度解释财富与经济的增长，开创性地提出了自由主义的市场经济，此理论反映了工业革命时代的经济解释方式。但是到 1848 年穆勒出版《政治经济学原

---

① Masahisa Fujita, Paul Krugman, and Anthony J. Venables, *The Spatial Economy: Cities, Regions, and International Trade* (Cambridge: The MIT Press, 2001)；[日] 藤田昌久、[美] 保罗·克鲁格曼、[英] 安东尼·J. 维纳布尔斯著，梁琦主译：《空间经济学——城市、区域与国际贸易》，中国人民大学出版社 2005 年版。

② Steven Brakman, Harry Carretsen, and Charles van Marrewijk, *An Introduction to Geographical Economics: Trade, Location and Growth* (Cambridge: Cambridge University Press, 2001).

理》时就一反传统，在基本上维持亚当·斯密“看不见的手”的原理的同时，还对自由放任的资本主义制度大胆地提出了“改善”的政策主张。随着19世纪70年代企业经营的发展，产生了边际效用学说。

进入19世纪90年代，垄断资本主义出现以后，斯密型的经济指导原则受到怀疑，最终形成了20世纪30年代的凯恩斯经济理论，这使得自斯密以来的市场的自发作用与国家的宏观调控相结合，扩张性财政政策成为经济政策的主要取向，并且带来了战后相当长时期的经济持续发展。

第二次世界大战以后，对于第三世界国家发展与经济增长问题的关注，形成了发展经济学，揭示发展中国家的经济发展之源，二元经济、经济起飞成为发展学说的关键词。例如罗斯托依据经济发展程度，将社会划分为传统社会、“起飞”的前期积累、“起飞”阶段、社会正常成长、高度成熟五个阶段。

不过，经济成长理论同样遭遇到现实困境，斯密型的成长方式是西方甚至是英国特有的。科斯和诺斯举起新制度经济学的旗帜，认为制度是经济学发展的内生变量，有效率的经济组织是经济增长的关键，率先进行制度创新可以得到超过平均利润的社会回报。新制度经济学认为制定规划者及制定制度者本身，倒是符合新古典经济学中具有稳定偏好、理性、寻求最大化行为的假设。

新制度经济分析重视制度结构在经济变革中的意义，经济增长所必需的资本积累和技术创新等因素有赖于制度提供。所以，回溯前现代社会，经济的运营与某些非经济因素诸如政治、宗教和传统习俗的关系密切。

这样看来，基于发达市场价格理论的新古典经济分析，基于产权为核心的由国家界定并实施制度的新制度经济分析，无法回答制度不健全的时代市场是如何运作的问题。对此，日本学者采用历史制度分析方法，应用博弈理论，对作为新古典经济学前提的市场制度的形成以及在缺乏监督条件下交易仍可进行的机理在理论上予以阐明。在历史制度分析和与其有密切关系的比较制度分析理论中，制度作为一个重要的概念，被定义为一种博弈均衡，是自我实施的对行为的非技术决定的约束。自我实施制度与国家强制实施的制度不同，它是自发且自我实施的，它是参与各方经过谈判协商、讨价还价，自愿达成一致的结果。自我实施制度产生的过程，就是博弈者各方在特定的对局中，根据各自不同的目标，随机选择最优战略，最后求得均衡的过程。①

（三）资料文献

关于近代长三角、珠三角地区的经济数据比较丰富，中国旧海关留存的海关报告，是近百年社会经济史研究中最为完整、系统的统计数据和文字资料，提供了一系列长时段连续的数据。另外，20 世纪二三十年代，国民政府进行了一系列的经济调查。基本资料的来源可分为 4 个系统：

（1）海关统计报告、贸易报告（1859—1939）② 与领事商务报告：1883 年以前统计报告相对简单，主要由 6 个表格组成③。1883 年以后，统计报告的分类逐渐详细、科学。1905—1931 年为海关贸易统计的统一时期，统计更为完备、精确、系统。就贸易报告的内容而言，1919 年以前比较详细，涉及政治、经济、社会等方面对当年贸易盛衰状况的影响。1919 年后较为简单，不过此时可以凭借的地方调查资料很多，可以弥补这一不足。另外，海关总署编有 5 份十年报告（1882—1931），详细叙述了各关所在省区十年来的经济社会变迁状况。《中国旧海关史料（1859—1948）》（京华出版社 2001 年版）根据海关总署对各关贸易统计和报告汇总本，收

---

① Avner Greif, "Contract Enforceability and Economic Institutions in Early Trade: The Maghribi Traders' Coalition," *The American Economic Review* 83, no. 3 (1993). Avner Greif, "Microtheory and Recent Developments in the Study of Economic Institutions through Economic History," in *Advances in Economics and Econometrics: Theory and Applications: Seventh World Congress*, Vol. 2 ed. David M. Kreps and Kenneth F. Wallis (Cambridge: Cambridge University Press, 1993).

② 有关近代海关出版物的文本结构与利用价值，可参考吴松弟、方书生《一座尚未充分利用的近代史资料宝库——中国旧海关系列出版物评述》，载《史学月刊》2005 年第 3 期；有关海关统计的利用问题，可参考吴松弟、方书生《中国旧海关统计的认知与利用》，载《史学月刊》2007 年第 7 期。

③ 外洋轮船贸易、年度贸易总表、年度进口洋货分类表、年度进口土货分类表、年度出口土货分类表、特货进出口分类表（鸦片、糖等）。

集了1859—1939年各关的贸易统计和贸易报告以及5份十年报告，为利用这些资料提供了便利。此书没有收集的其他的海关报告和统计、税务司来往电文等，上海市和广东省档案馆都多有收藏。①

关于领事商务报告，1872年伦敦大学远东史教授W. G. Beasley指导编辑英国议会文书中国与日本系列（常略称为B. P. P.）②，领事报告（Embassy and consular commercial reports）是其中的主要部分之一，卷6~20为1854—1899年各关的商务报告。

（2）清末和民国时期的农商实地调查、报告及其汇总资料；这是有关城市腹地经济状况的一些详细资料。进入民国以后有关农村、实业、商业方面的统计和调查非常丰富，基本可以形成一个时空序列。这些调查、报告、记载，可以分为这样几个方面：a. 地方农商经济纪要（包括农业与农村的生产、商贸、税捐的专项调查）；b. 地方交通建设、地方商贸往来；c. 地方实业建设；d. 地方财经税收；e. 省、市的年鉴（包括经济年鉴和商业年鉴）；f. 时人的笔记、实录。

（3）地方志书和文史资料：涉及整个近代，留存有大量的地方社会经济史料，多为当时的记录或后来的追述。这里分为地域和产业两大片，主要包括三个方面：a. 晚清、民国的地方志；b. 晚清、民国地方区域的专项调查；c. 政协文史资料系统有关商贸农经、地方建设之类回忆资料的辑录。

（4）后来辑录的非原始资料，例如《清实录经济资料辑要》,《近代中国史料丛刊》,《中华民国商业档案资料汇编》,《中国农村经济资料》初编、续编，及民国政府时期有关产业（农业、手工业、工业）、航运、商贸等的文献资料汇编。

---

① 可资补充前期海关报告不足的期刊有：《北华捷报》（North China Herald）、《中国丛报》（Chinese Repository，1832—1851）。可以和海关报告相参照、补充的是驻华领事商务报告，该报告部分取材于海关的记录，部分来自领事的访谈和报刊文稿的摘录。

② *British Parliamentary Papers*（Shannon：Irish University Press，1972）.

本书的资料主要依赖海关贸易统计和报告（另有早期外人的商业纪录）、清末和民国时期大量的商业统计和调查报告、地方志和文史资料。尽管在时间和空间的分布上还有相当一些缺失（尤其是精确到县一级时），但这些资料可以彼此参照（另外还选用一些间接材料），基本足敷所用。

（四）相关说明

本书首先将沿着港口、商埠、城市、腹地这一中心边缘空间结构系统，初步描绘出这个空间地域系统；同时，依据数理统计与经验分析，把腹地划分为核心、边缘与中间地带这三个级别，并对腹地进行效益和贡献评判，考察腹地的广泛性成长（空间范围）和集约性成长（对口岸的贡献率）。其次，口岸与腹地之间的关系表现复杂，这是传统和现代的交汇点，即便仅仅涉及彼此之间的经济关系，就存在着内部和外部、新式商业和传统经济、经济发展与国家政策等诸多关系，这为研究增添了很多头绪。

或许，历史时期时空二维长时段分析构成了一个优势，沿着城市和腹地变迁的基本思路，虽然不能精确地复原腹地的分野，但是在定性和定量的基础上对这些相关问题进行综合分析，可以得出以往历史视角和现代地理分析忽视的城市、腹地和区域经济成长之间的互动关系和互动过程，有助于对问题的深入讨论，从而得出一些富有启发性的解释。

在具体的操作过程中，还有三个需要慎重对待的问题。（1）近代海关的商业贸易统计，成为拟定腹地边界、界定互动关系强度的基本指标，但是在长三角和珠三角的外围地区，资料的精度与完备程度严重下降，需要插入经验上的判断，使得边缘腹地的界定比较模糊。（2）在探索空间与发展的关系时，讨论与认定不具有空间性的经济活动、经济变迁，比如茶叶、蔗糖，以及其他原料型初级出口品，对于产地的资源依存性很高，在技术尚未获得质的改良以前，很难出现产业的空间迁移。（3）在讨论区域经济变革的动力机制时，对相关因素的分析，如果不能深入到计量分析的层次，仅停留在描述层面的认知，对结论的把握又会产生多大的偏差？由于历史时期文献的不足，只能达到有限的精确，辅以制度的、空间的分析；对于非空间性的经济要素只能进行补充性的间接佐证与解析。

最后，本书在时间上的界定是1842—1937年，空间范围以经济地理上的长三角、珠三角地区为中心，在讨论腹地分野、两者关系时延伸到苏皖浙赣与华南地区，甚至湘赣南部、贵州部分地区。

（五）创新与文本结构

1. 特色与创新之处

（1）研究话题的拓展：试图从一个时间序列的层面，探索长三角地区、珠三角地区近代经济空间演变的来源与异同，可以丰富当前现有研究的不足，并提供更精细的分析；（2）研究方法的更新：结合多学科的优势，切实开展一项近代中国区域经济地理的研究；（3）研究视角的推陈出新：多维度观察一个经济区域的变革，在经济地理与历史学界不同的研究旨趣之间，架设一座桥梁，推进精准的实证研究，总结近代中国长三角地区、珠三角地区发展路径的历史基因。

2. 文本结构

绪论，在经济空间与经济增长的理论之下，在发展地理学的范围中，为经济史的相关研究提出一个新的空间视角，从空间的角度关注经济史的变迁及其绩效。

第一章，理解两宋以来中国南方外贸港口向长江三角洲、珠江三角洲位移的过程、内在特征及其方向，从长时段的背景理解近代变革的源头。

第二章，讨论口岸开放以后长三角地区、珠三角地区空间经济的回应，以及其中的演变路径、特征，讨论近代口岸贸易下的空间变化及经济增长。

第三章，从三个空间尺度讨论近代新经济区的轮廓，试图探索地理变迁中的经济密度、经济联系、经济距离，以理解经济变迁史上的“空间效用”。

第四章，从口岸与腹地系统的构建，描绘近代长三角地区、珠三角地区新经济区的萌生与发展，讨论近代经济史上的空间经济增长现象与特征。

第五章，从地理、市场、制度三个方面讨论近代经济区的运行及其效益，试图理解经济区流动与演化中多重合力的影响及其制约机制。

第六章，试图讨论经济史变迁中的空间特征与现象，讨论近代中国经济增长中的空间因素，分析近代中国“地域化经济”的来源，希望有助于理解近代中国经济增长及其空间回应。

研究框架如图 0.2：

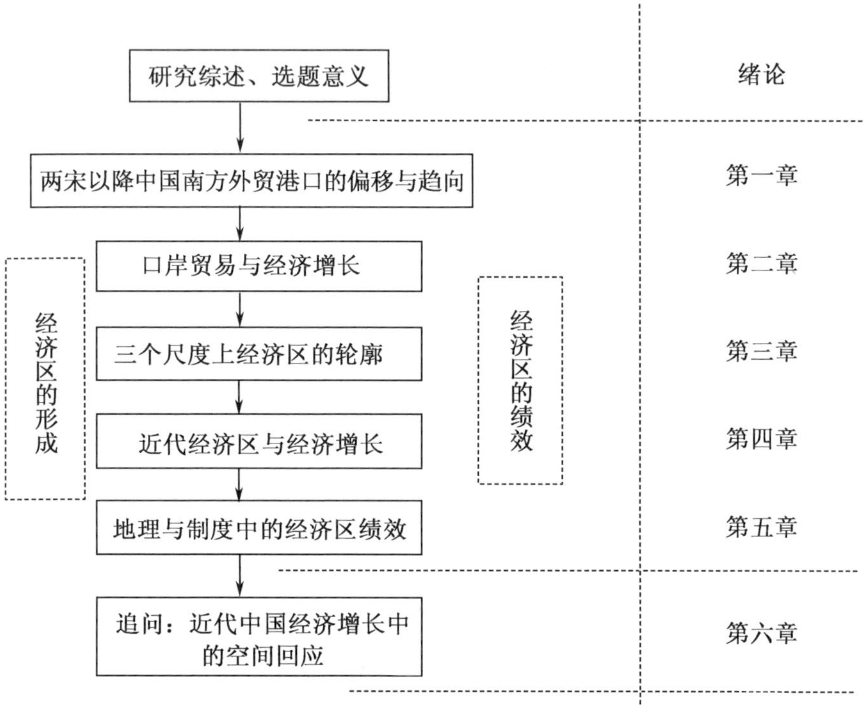

图 0.2　**本书的框架**

第一章　两宋以降中国南方外贸港口的偏移与趋向

两宋以降，海上丝绸之路渐次勃兴，东南“海洋中国”浮现，在宋元、明至清中叶、晚清民国三个不同阶段，中国南方沿海外贸港口的选址、功能、贸易方式、空间形态等均持续变动。其中，地理、规制、市场三大驱动因子的权重此消彼长，因此，中国南方外贸港口成为观测中古以来中国长期经济变革趋向的一个窗口。这里通过对两宋以来中国南方外贸港口偏移中三个关键因素的追踪与分析，探讨10世纪以来，贸易经济下东南“海洋中国”的演进轨迹、趋势性方向、动力来源，探寻中国经济长期表现的历史轨迹与内在的必然趋向，寻找两宋以来中国南方外向型经济区位的偏移与趋向。

引言：地理、市场、规制下的长时段经济趋势

从长时段、大跨度视角关注中国沿海地带经济长期变迁的特点，正成为学界的一种趋势性研究，例如近年来学者围绕东亚海域的讨论①，均涉

① 例如，法国国家科学研究中心联合中国、日本、韩国及欧美诸国学者，2013—2016年对前近代以来东亚的商业网络、经济制度演变的大跨度研究（https：//umr－ccj. ehess. fr/）。此类中较有代表性的有：［法］弗朗索瓦·吉普鲁著，龚华燕、龙雪飞译：《亚洲的地中海：13—21世纪中国、日本、东南亚商埠与贸易圈》，新世纪出版社2014年版；［日］滨下武志著，王玉茹等译：《中国、东亚与全球经济——区域和历史的视角》，社会科学文献出版社2009年版。

及中国南方沿海港口贸易及相关问题。虽然已有的讨论颇多①，但从长时段、大跨度分析外贸港口的偏移与兴替依旧阙如，这是古代以来中国长期经济内生的趋势，还是外部力量赋予的？具有既定的方向，还是处在变幻调整之中？这些依然不甚清晰。这不仅关乎外贸港口变迁，更关系到中古以来中国南方沿海丝路经济发展的动力源与趋势。

一般而言，就外贸港口的偏移与兴替而言，首先看到的是一个空间现象，因为经济资源的配置一定与地理环境、经济区位密切相关。我们知道，两宋时期中国的经济重心自陆徂海、由西北向东南的位移初步完成，于是海上丝绸之路渐次勃兴、东南“海洋中国”浮现，及至19世纪末晚清沿海新月形经济增长带的雏形出现，这是一种空间经济上的趋势。如果加入时间、制度等因素，就经济增长的动力来源而言，自由市场与政府规制都不可或缺。② 它们之间以及与地理空间又存在什么关系？两宋以来中国南方外贸港口的偏移提供了一个要素齐备的案例，有助于在长时段、大范围的时空框架中，探寻中古以来外贸港口偏移的轨迹，以及自然地理、经济区位、市场范围、市场配置、官方规制等要素的相互关系。这不仅有助于揭示中古以来中国南方沿海外向性经济发展的动力来源与趋向，也有助于重新评估沿海丝绸之路经济发展的绩效。

第一节　地理优先：宋元时沿海散布的外贸港

入宋以后，西北陆上丝绸之路完全被阻隔，出于扩大财政收入、获取海外奢侈品等动因，朝廷开始注重“市舶之利”。对于那些能招徕外国商船、增加市舶收入的市舶官吏与番舶纲首“补官有差”，一时间“风樯鳞集，舶计骤增”，于是中国南方沿海涌现出更多的外贸港口。

---

① 例如下文依次引用的全汉昇、苏基朗、H. Clark、王日根、吴松弟、张忠民、黄纯艳、陈支平等的论著。

② G. L. Clark, M. P. Feldman, M. S. Gertler 汇编了经济与地理学界代表性讨论，见 *The Oxford Handbook of Economic Geography*（Oxford: Oxford University Press, 2003）。

一、自然散布和新的调整

中古史上的“港口”有些不同于近现代意义上的概念，一般是基于地方私人贸易而形成的，大多是一个时盛时衰、此起彼伏的港口群，而后在官府介入、规制下，逐渐转向公共性的大中型港口与口岸。① 北宋时在广州、杭州、明州设立市舶司，南宋时在华亭、泉州、密州、秀州、温州等州以及江阴设置。宋元期间中国南方主要的外贸港口是广州、泉州、明州②，呈现自然散布的状态。

广州：江南与长江中下游的外贸物资可以通过水路、陆路运抵广州，南洋进口的各类奢侈品可以从广州流通到全国各地③，例如：（1）海南、广州、福建间的“香药—粮食—丝绸”贸易三角；（2）广州与杭州的“竹、布—丝绸”贸易，并转运至明州、江宁、镇江、密州等地；（3）广州与四川的“香药—丝绸”贸易。④ 广州港在外贸中的优势地位一直维持到南宋中后期。

明州：在上海兴起以前，明州（元时称为“庆元”）港溯浙东运河至杭州与江南运河相连，成为大运河的南端延伸。此外，明州是对高丽、日本外贸的重要港口，且在相当长的时间内是唯一口岸，于是，明州成为当时进出口贸易的一个重要中转港。不过，明州的腹地经济与外向市场相关度不高，与闽南、潮汕等地的出口瓷器情形不同。⑤

泉州：随着青瓷的制造中心由明州、越州一带转移到龙泉，瓷器主要

---

① 陈支平：《明清港口变迁史的重新解读——以泉州沿海港口为例》，载《中国经济史研究》2012 年第 2 期。

② 黄纯艳：《宋代海外贸易》，社会科学文献出版社 2003 年版；胡沧泽：《宋代福建海外贸易的管理》，载《福建师范大学学报（哲学社会科学版）》1995 年第 1 期。

③ 全汉昇：《中国经济史研究》，台湾稻乡出版社 1991 年版，第 477 ~ 550 页。

④ 许秀娟：《宋元时期广东与海外的丝绸贸易》，载《五邑大学学报（社会科学版）》2002 年第 4 期。

⑤ 苏基朗：《两宋闽南、广东、浙东外贸瓷产业空间模式的一个比较分析》，见李伯重、周生春主编《江南的城市工业与地方文化（960—1850）》，清华大学出版社 2004 年版，第 142 页。

通过南面泉州出海①，而且，长沙与景德镇的瓷器通过湘赣与长江水运到泉州，比通过陆路到广州要便利。随着瓷器取代丝绸成为最大宗的外贸出口商品，泉州港兴起。此外，在宋元时期，东南地区外贸经济的形式从一般的辅助性的商品化形式，转变为普遍性的外向化形式。泉州港的腹地经济形态由农耕转向陶瓷、纺织、金属制作等手工业，且其经济腹地从潮汕平原一直延伸到长江流域，于是，泉州港成为亚洲海域远洋贸易的一个商品集散中心。② 根据克拉克与苏基朗的估计，12 世纪初泉州港的海上贸易量大约与广州港媲美。

宋元年间，东南沿海外贸港口的调整中，最为人瞩目的是11 世纪末泉州的脱颖而出。如果说明州是当时东洋贸易的专港，广州是存在已久的国际性商港，泉州则是后来居上的南北洋外贸港。在东南沿海自然散布的港口队列中，不仅港口密度增加，位序也出现微调。

二、新外贸港口兴起的含义

在宋元时期东南沿海外贸港口的微调中，泉州港的涌现有何缘由与新的含义？

一般认为“中世纪经济变革”主要表现为农业、手工业的新技术应用、经济产量的增加、国内外贸易规模与范围的扩大、商业化与城市化程度的提高，泉州港的兴起也与此相契合。10—11 世纪之交引入的占城稻，大幅度地提高了东南地区米谷的供应量及其稳定性，于是，农业盈余流入其他经济部门，经济作物的广泛出现，增强了农业与手工业的交易属性，促成了生产与内外贸的一体化。

克拉克（H. Clark）认为泉州港的贸易属于“转运”性质，外来奢侈

---

① 本可通过瓯江运至温州港，但该港市舶司存续时间短。虞浩旭：《试论唐宋元时期明州港的瓷器外销及地位》，载《景德镇陶瓷》1999 年第 4 期。

② 苏基朗著，李润强译：《刺桐梦华录：近世前期闽南的市场经济（946—1368）》，浙江大学出版社 2012 年版；李东华：《泉州与我国中古的海上交通》，台湾学生书局 1986 年版。

品在本地鲜有市场，大部分转向长江下游、华北和朝鲜、日本等地，但他同时也认为，海上贸易的进一步发展，形成了劳动力的区域分工与专业化发展。① 苏基朗考察了闽南各地的瓷器、窑址的考古发现，论证了外来因素刺激下当地的劳动力分工，以及闽南地区贸易与出口工业之间的相互促进作用，“这样的贸易规模给区域经济内的行业整合带来了巨大动力，这是南宋时期中国的其他地方根本无法比拟的”②，证明泉州不仅仅是一个“转运”港口。这些论点看起来似乎自相矛盾，但实际上是一脉相承的，这也是泉州不同于广州、明州，并能快速崛起之缘由。

如果参考藤田昌久（Masahisa Fujita）等对新城市在何地出现的理论推导（图 1.1、1.2）③，可以更好地解释其时泉州港的出现。图 1.1 首先假设在 s 到 S 这一段农民是均匀分布，人口密度为 d，所有的制造厂商都集中在区域的中心（O 位置）。假设农业人口密度不变的前提下人口开始增长，必然使得农业区边界外移，为了减少工业品运往农业区腹地的成本，应该在哪里新建工厂？本来城市东面 O 到 S 间的农村市场全部由现存的工厂提供，如果选择在 s 处新建工厂，那么 $s/2$ 至 S 之间则由新工厂供给，如此，新工厂东边（$S-s$）的农民距离工厂的平均距离为（$S-s$）/2，依据市场潜力函数的最大值，运输成本最小化的工厂应该设在 $s=2S/3$ 处。④

---

① H. Clark, *Community, Trade, and Network: Southern Fujian Province from the Third to Thirteenth Century* (Cambridge: Cambridge University Press, 1991).

② 苏基朗：《两宋闽南广东外贸瓷产业的空间模式：一个比较分析》，见张炎宪主编《中国海洋发展史论文集》（第六辑），“中研院”中山人文社科研究所，1997 年，第 125 ~ 172 页。

③ 苏基朗著，李润强译：《刺桐梦华录：近世前期闽南的市场经济（946—1368）》，浙江大学出版社 2012 年版，第 221 页；［日］藤田昌久、［美］保罗·R. 克鲁格曼、［英］安东尼·J. 维纳布尔斯著，梁琦主译：《空间经济学——城市、区域与国际贸易》，中国人民大学出版社 2013 年版。

④ ［日］藤田昌久、［美］保罗·克鲁格曼、［英］安东尼·J. 维纳布尔斯著，梁琦主译：《空间经济学——城市、区域与国际贸易》，中国人民大学出版社 2005 年版，第 147 ~ 150 页。

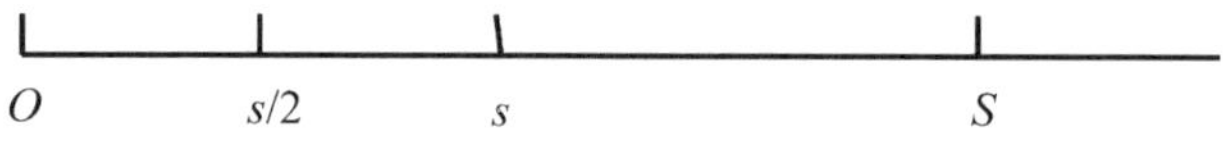

图 1.1　人口增长与新工厂设立

如图 1.2 所示，假设经济体就是一条直线，该直线在 b 点出现分岔，S_1 到 O 点与 S_2 到 O 点的距离相等，假设 O 点已经有一个城市，那么当人口增加时，新的城市会出现在哪里？类似于图 1.1 的推导，当由 O 点向东位移时，将商品运往 O 点西部的成本上升，而运往东部的成本在下降，当工厂在分岔点 b 时，总运输成本最低。根据运输成本函数，如果分岔点与城市的距离小于从城市到边界距离的 80%，那么在分岔点建立工厂将会成本最小化。①

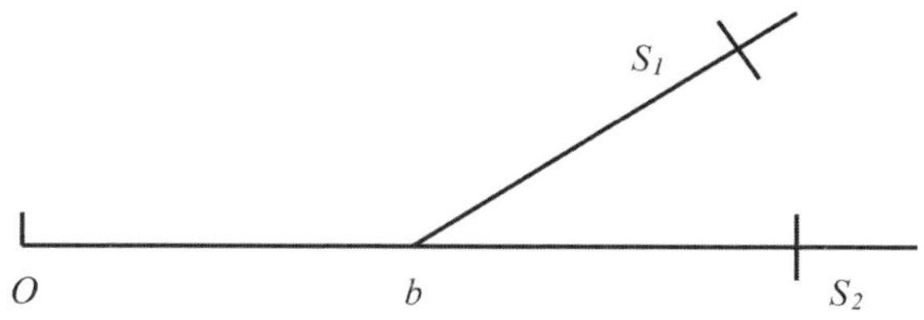

图 1.2　港口与运输中心

如果将经济体其他参数设为常数，仅考虑一个变量，即分岔点 b 的区位，理论上存在三种情况：第一，b 点出现新的港口（城市或枢纽）；第二，b 点没有出现新的港口；第三，其他地方出现新的港口，但 b 点可能没有。市场潜力函数总是在城市集聚处取得最大值，图 1.1 与图 1.2 的 $2S/3$ 处与 b 点，如果出现新的区位（常常是运输枢纽或中心），那么将出现新的港口。在地理因素的作用下，处在广州与明州之间的泉州，在 11 世

① 除非分岔点位于已经开发区域的边缘，或者除非分岔点非常接近 S，该点才失去成本最小优势。

纪迅速成长为一个新的转口贸易口岸，并逐渐占据重要位置，一直持续到14世纪初。泉州港的兴起是宋元时期中国南方沿海外贸港口演化的显著特征，也是其时外向市场经济成长在空间上的一个回应。

第二节　规制主导：明清时官私贸易港的分离

中国南方沿海地带与亚洲南北各地国家间的经济联系，不同于一国之内地域之间基于经济上的联系，这种经济联系常常成为国家规制的对象，尤其是当贸易数量与规模足够显著之时。宋元时期国家已经介入外贸规制，进入明代以后规制逐渐强化，并产生逆转性的结果，暂时抑制并改变了宋元时期中国南方外贸港口的偏移方向。

一、官方选定与私下安排

简而言之，15世纪以后，当以东南沿海为据点的海商逐渐控制了中国海上贸易活动之时，明清中央朝廷的策略是实行有限度、低强度、可控制的对外贸易。

明初原本计划在太仓黄渡设市舶司，后来出于政治军事安全考虑，改在广州、泉州、宁波等地，并分工如下："在广东者，专为占城、暹罗诸番而设；在福建者，专为琉球而设；在浙江者，专为日本而设。其来也，许带方物，官设牙行，与民贸易，谓之互市。"① 实行招徕海外诸国免税贡贸易的制度，旨在加强朝廷对海外贸易的规制与垄断，即"惟不通商而只通贡"，并且在人数、日期、船数等方面做了严格的规定。后来，闽浙各港因受到倭寇战祸的影响，实行海禁政策，独留广州一口。清初大体继承了明后期的限制海外贸易策略，虽然康熙年间一度开放漳州、澳门、宁波等港口，但嘉庆年间又重新将海外贸易限于广州一隅。官府制定了一整套管理内商与外商贸易的措施，实行官设行商垄断外贸，并通过行商管理外

① 〔明〕郑若曾撰，李致忠点校：《筹海图编》，中华书局2007年版，第852页。

商的公行制度，严禁外商与中国人私相交接。①

同时，我们知道，明中期以后，随着国内工商业的发展，开拓海外市场日益成为不可遏制的客观需求，东南沿海部分岛屿、港口已经被卷入葡萄牙等欧洲人主导的世界贸易体系。在沿海商民引发严重的“倭患”的情况下，朝廷实行闭关禁海政策，使之最终演化为更大规模的走私贩海活动。在贸易规制的条件下，私人从事贸易的权利被国家剥夺，私人总是会利用监管的漏洞获取贸易权利，这使得正式制度在边际上被实际调整。②闽粤商人私下积极与澳门的葡萄牙人串通，源源不断地从中国贩卖商品至海外。③ 隆庆年间，朝廷选择自然条件并不优越的漳州月港作为商人出洋贸易港，本意在于实现有限度的开放。④ 清初，民间海商潜往澳门出洋贸易，往来于澳门与沿海各地的私人贸易时有发生，及至中叶，在官府的监督之下，澳门逐渐成为广州的外港、各国商人对华贸易的桥头堡。⑤ 当时的对外贸易有两种形式：一种是通过市舶司进行的贡舶贸易，一种是不经过市舶司的私人海上贸易。明清的对外贸易时断时续，以禁为主的海外贸易规制政策，抑制了东南沿海港口的外贸，促成了官方之外群众性的走私贸易，形成了东南沿海地区的海洋经济模式。⑥

在官府“逆选择”禁止了正常的海外贸易之后，民间性的走私暗潮渐

① 黄纯艳：《中国古代朝贡体系研究的回顾与前瞻》，载《中国史研究动态》2013 年第 1 期。

② 郭艳茹：《明代海外贸易管制中的寻租、暴力冲突与国家权力流失：一个产权经济学的视角》，载《世界经济》2008 年第 2 期。

③ 李金明：《十六世纪中国海外贸易的发展与漳州月港的崛起》，载《南洋问题研究》1999 年第 4 期。

④ 嘉靖四十五年（1566）在月港所在地设立海澄县（寓意“海疆澄静”），以为规制。双屿、浯屿、南澳等地，也一度成为对外贸易据点。郑有国、苏文菁：《明代中后期中国东南沿海与世界贸易体系——兼论月港“准贩东西洋”的意义》，载《福州大学学报（哲学社会科学版）》2009 年第 1 期。

⑤ 聂德宁：《明末清初澳门的海外贸易》，载《厦门大学学报（哲学社会科学版）》1994 年第 3 期。

⑥ 王日根、李娜：《试论明清东南沿海海洋经济模式的演迁》，载《社会科学辑刊》2001 年第 6 期。

次成为主流。由于江南地区是明清时出口商品的主要来源地和进口商品的主要销售地，并有着发展对外贸易良好的港口条件、经济区位，明代以来中国最主要的外贸港口，开始出现由福建向浙江沿海转移的趋势。从双屿港的繁盛，到隆庆以后福建的月港—江南港口—日本或南洋的三角贸易，都显示出中国沿海贸易港向江南北移的趋势。① 近代前夜的江南已成为全国最富庶的地区，江南的丝织品与棉织品发展起来，得益于家庭手工棉纺织业与沙船运输业两大支柱产业，上海逐渐成为东部沿海的内贸枢纽港口。此外，明清以来珠江三角洲地区，也已经完成了早期的经济开发，在广州的官方贸易之外，华南同样存在一个有效的民间贸易网络。其时，广州的三个同业公会中，除了从事西洋贸易的十三公行之外，从事南洋（东南亚）贸易的本港行，与福州潮州贸易的福潮行，以广州、厦门、福州、潮州为中心，一方面与南洋贸易，另一方面从事广东至天津的南北沿海贸易。②

如上所述，明清时期，在名义上海外贸易的重心从宋元时期的泉州、广州完全移到广州，一个显而易见的事实是对外贸易限于广州港，但在实际上，隐性存在一个向江南偏移的过程，只是不显著而已。如果从宋元以来外贸港口偏移的历史来看，更多地表现为规制的失效，以及中国南方沿海港口的内贸超过外贸，在内外贸一体化的推动下，外贸港口的重心从沿海丘陵地区向南北二个河口三角洲偏移，尤其是向长江三角洲地区移动。

二、规制的极限与突变

一般而言，规制包括正式的法律以及约定的规范，规制的存在可能会降低交易成本，也可能会提高交易成本，有效的制度一般会降低成本，促

① 吴松弟：《明清时期我国最大沿海贸易港的北移趋势与上海港的崛起》，载《复旦学报（社会科学版）》2001 年第 6 期。

② ［日］滨下武志：《海域亚洲与港口网络的历史变迁：15—19 世纪》，见海洋史丛书编辑委员会编《港口城市与贸易网络》，“中研院”人文社会科学研究中心，2012 年。

成人力、资源流向具有增长潜力的经济部门，推动经济增长。但是，在15世纪以后，当国内工商业特别是沿海地区工商业逐步有所发展，海商逐渐控制了以东南沿海为据点的海上活动，明清朝廷试图通过规制性的对外贸易政策锁定沿海地区的对外贸易，并维持在一个远远低下的水准，这样的规制注定效率低下且起反作用。

即便在规制的朝贡贸易体系下，互惠贸易也具有内在动力，鸦片战争之前，清廷的贸易政策已经部分转向重商主义，例如嘉庆、道光年间中英贸易关系呈现紧张局面之际，清廷最关心的问题是英国贸易所提供的税收占粤海关税收的比例，以及停止英国贸易所出现的经济困难。不过，其时的贸易政策依然是将商业利益置于国家政治利益之下。①

由于规制的锁定效应只能在一定的范围内发挥作用，超出这个范围，参数的改变将会引起突变产生断续均衡。承接图1.2的推导，当出现斧形分岔时（一般是中心与外围的分岔），在向心力与离心力的平衡中会出现两个临界点，在突变点对称均衡是不稳定的，打破均衡的离心力比维持不对称均衡的向心力更强，实际情形倾向于发生变化，产生非连续的变化（图1.3）。明清时期中国南方沿海港口的经验事实也支持这一推导。

承前所述，明清时期中国南方沿海贸易港口出现实际上的向北偏移，上海开始显示其潜在的能量。清康熙二十四年（1685），江海关在上海成立，“帆船从沿海各地开到上海来，不仅来自南方各省，而且还有从山东和北直隶来的；每年还有相当数量的帆船，从新加坡和马来群岛开来此地”②。类

① 陈国栋：《东亚海域一千年：历史上的海洋中国与对外贸易》，山东画报出版社2006年版，第199～210页；［日］滨下武志著，王玉茹等译：《中国、东亚与全球经济——区域和历史的视角》，社会科学文献出版社2009年版，第111页；［法］弗朗索瓦·吉普鲁著，龚华燕、龙雪飞译：《亚洲的地中海：13—21世纪中国、日本、东南亚商埠与贸易圈》，新世纪出版社2014年版，第114页。

② Robert Fortune, *Three Years Wanderings in the Northern Provinces of China*, p. 112，转引自姚贤镐编《中国近代对外贸易史资料》（第一册），中华书局1962年版，第561～562页。

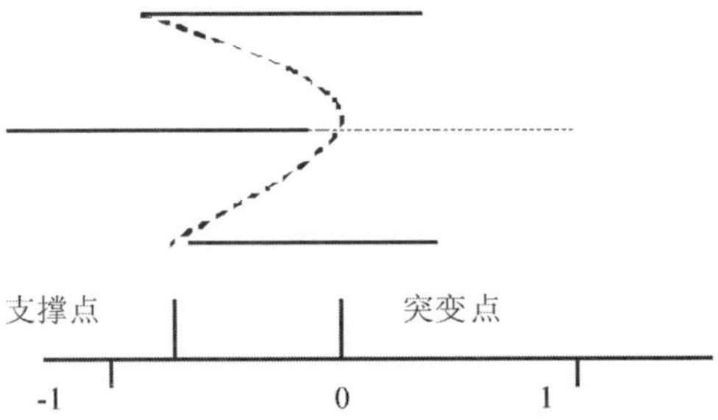

图1.3　斧形分岔点

似记述在五口通商之前就已经显著可见，不仅在国人的方志、文集、日记中多有显现，也出现在西人东来的调查中，故而有人认为“近代前夕的中国，如果以对外贸易而言，广州绝对还是当时中国最大和最重要的对外贸易口岸，但是，如果以国内贸易而言，近代之前的上海实际上已经成为当时中国最重要的国内贸易口岸”，不仅仅是南北洋贸易的枢纽、长江流域的门户，也是江南地区与东亚重要的商业贸易中心之一。① 类似的情形也出现在华南地区，在1842年广州开埠以前，珠江三角洲地区生产的手工业品约占整个岭南市场主要产品产值的33.4%，逐渐压倒了过去占首位的岭北入粤的中原产品，以大庾岭道为标志的南北官运，实际上已经不是最主要的商业路线。② 前近代岭南市场的主要商品中，粮食类占比28.7%，经济作物（棉、丝、茶、糖）占比38%，手工业品（布、盐、丝织品、铁器、瓦瓷器）占比33.3%（其中布、盐类19%）。③ 经济类作物商品化趋势快速上升，手工商品的种类与产值增加，表明单纯的农业经济格局发生微调，市场分工与容量、商品结构正在变化，传统的农耕与商业的均衡状

① 张忠民：《鸦片战争前夕的上海口岸》，见上海中国航海博物馆主办《国家航海》（第三辑），上海古籍出版社2012年。

② 梁钊、陈甲优主编：《珠江流域经济社会发展概论》，广东人民出版社1997年版。

③ 罗一星：《清代前期岭南市场的商品流通》，见明清广东省社会经济研究会编《十四世纪以来广东社会经济的发展》，广东高等教育出版社1992年版。

态趋向于失衡。

明清时期的经验表明，官府严格规制、非经济性的低水平、可控制的对外贸易，已经失去支撑点，由于其时国内大区域的分工与长距离内贸，以及东南沿海民间性的私人海外贸易的活跃，突破点已然出现，国内外贸易已经融合并一体化，沿海对外贸易港口向长江、珠江三角洲地区的偏移已经基本完成，只待规制的解除。

第三节　市场原则：近代外贸港口体系的形成

与朝贡贸易时代不同，在1842年后条约通商口岸话语中，晚清朝廷的规制式微，外贸大体上遵循市场交换的一些基本逻辑。以上海与香港为中心，包括宁波、温州、福州、厦门、汕头、广州等条约口岸所组成的外贸网络，大体上继承了明清体制外的海上私人贸易的基本遗产。在相对自由的贸易框架之内，中国南部两大河口三角洲（长江、珠江）的资源与区位优势初步凸显，沿海外贸港口体系快速形成。

一、背景变化及港口体系的形成

通过口岸贸易，近代中国逐渐融入全球化经济，这与前近代有限度的中外经济接触有着质的区别，同时，中国南方在全球经济中的位序也发生了变化。从两宋到晚清，在国际经济秩序中，东南沿海地区经历了从中心位置到边陲的互换；在外贸结构中，也从进口天然产品（香料、硫黄、珍珠、犀角等奢侈品）、出口制成品（瓷器、漆器、五金、布帛），转换为进口机器棉布等制成品，出口丝、茶等原材料。① 下面从两个方面考察变化的过程以及其中所展示出来的图景。

1. 市场容量扩大与地方成长、经济集聚

① ［美］郝延平：《中国三大商业革命与海洋》，见张炎宪主编《中国海洋发展史论文集》（第六辑），“中研院”中山人文社科研究所，1997年，第9～44页。

第一次全球化以来，随着全球分工的深入与扩大，全世界范围内的商品、资金、技术、信息等流动范围扩大，流动强度提升，厂商在全世界范围内寻找最佳的产品生产点与销售点，越来越多的地方逐渐融入超越本地、本区域，甚至国家尺度的经济过程之中。

表 1.1　近代中国地理、产业及其相互关系

区域	主导产业	主要交通方式	活动半径（千米）	制约要素				
				习惯	知识	技术	信息	资本
乡村	传统农业、手工业	步行—马车—木船	15～25	*	*	−	+	−
市镇	外向化农业、手工业、低端服务业	马车—电船—小轮	25～100	−	+	*	*	+
城市	制造业、服务业	轮船—汽车—火车	100～1000	−	+	+	*	*

注：*代表强，+代表较强，−代表弱。

表 1.1 解析了近代中国三种空间尺度上的产业分布，由于习惯、知识、技术、信息、资本等要素在不同空间尺度上准入度、作用力的差异，全球化的地方性生产通过层级式传递，形成了近代中国的地方经济成长，推动了城市经济集聚，同时再次扩大市场容量，推动外贸港口迅速成长。

2. 外贸港口体系的形成

随着沿海港口之间、与内陆腹地间、与国际间的交通线向纵深延伸，原先两点之间单一的交通线，开始相互连接起来，形成了回路网络。20 世纪 30 年代，张其昀、黄秉维等在关注当时中国经济地理格局的变化中，已经强烈感受到晚清以来港口城市突出发展的现象。① 一系列具有良好区位

① 张其昀：《中国地理大纲》，商务印书馆 1930 年版。

的开放口岸，从沿海到内陆，通过海运、内河、铁路等交通线，以腹地为依托，以国内农畜产品、手工业产品和国外工业制成品对流为内容，形成了近代外贸港口体系。

图 1.4 标识了近代中国南方的贸易港口体系，以及港口的贸易集聚度，大体上形成了以上海与香港为中心的南北两大“T”字形贸易港口圈，形成了近代中国沿海新月弧形发展地带，并具有从东南沿海向内地的推进趋势。这正是前述明清以来，沿海外贸港口向长江、珠江三角洲地区偏移演进的表现与延展。

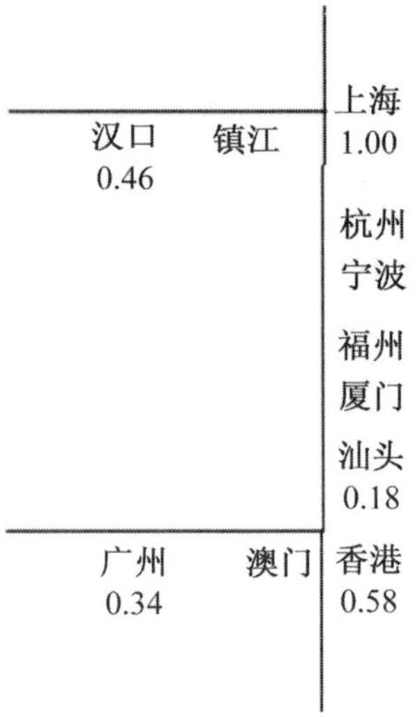

图 1.4　近代中国南方港口体系示意

在近代外贸港口体系中，长三角、珠三角地区之间，尤其是厦门与杭州之间的一系列港口，则成为反例。例如，在日本占据琉球、台湾后，福州失去了历史上与海洋亚洲联结的关键点，港口的外向功能与南北中转功能大大弱化，由主要参与近海贸易港口变为普通港口。① 泉州于 12 世纪达到极盛，明代开始转移到漳州，明末清初转到厦门，但转口贸易已不再显著。

二、市场配置的微观基础

前近代中国南方沿海的外贸港口，从功能上而言多以转运为主，对港口毗邻腹地的依存度相对不高，这是受限于其时的市场与分工条件。亚当·斯密认为市场范围的大小决定分工与专业化的程度，阿林·杨格进一步认定分工与专业化制约市场范围的大小、分工强度与市场范围之间存在

① 水海刚：《中国近代通商口岸城市的外部市场研究——以近代福州为例》，载《厦门大学学报（哲学社会科学版）》2011 年第 2 期。

显著的正相关。随着近代分工、技术进步和中国南方沿海市场容量的扩大，这一情况产生了一系列新的变化。

从资本的形成而言，随着市场容量的扩大，商业资本开始向产业资本转化。商业资本具有两种次级形态：商品经营资本与货币经营资本。彼此之间是可以相互转换的，商人不生产商品，经由货币资本在市场上转化为商品，进而实现资本循环，在流通中获得增值。前近代传统商业资本是独立于生产之外的，用于交换与流通环节，局限于流通流域，但在近代准资本主义的生产方式下，商业资本的位置发生改变，逐渐从属于生产资本，成为产业资本再生产的一个职能资本与组成部分。①

从产业的成长而言，随着市场容量的扩大，产业地方化与地方经济成长逐渐形成。马歇尔认为产业区源自三种力量：知识溢出、为专业技能创造固定市场的优势、与巨大的本地市场相关的前后向关联。生产者希望选择接近大的需求市场，以及大的生产资料与消费品供给市场。这一区位优势一旦形成就很容易延续下去，如果两个地区除了最初的经济规模有微小差别外，其他地方完全相同，那么这种差别也会在这些关联作用下，随着时间的推移而不断增大。

根据前述模型的推导可以看到，如果一个厂商能够从国外市场获得大部分投入品，并将其大部分产品销往国外，那么它就没有必要将企业建在国内的中心地区，此时，向本国中心地区集聚的成本大于关联效应所带来的收益。故此，近代中国南方外贸港口的集聚，以及重心向“海洋中国”的偏移，直至近代港口体系的形成，也就是理所当然的。从图 1.2 单一港口线性关系，可以推导出图 1.5 多港口集聚情形下的空间关系图。当 b''点、b'点、b 点均形成新的港口后，从点 S_1、S_2、S_3、S'_1到分岔点 b''、b'、b 的运输成本，直接影响到各枢纽点的集聚力。如果代入上述案例，即与图 1.5 相合。

---

① ［德］马克思著，郭大力、王亚南译：《资本论》（第三卷），人民出版社 1975 年版，第 297～303、366～367 页。

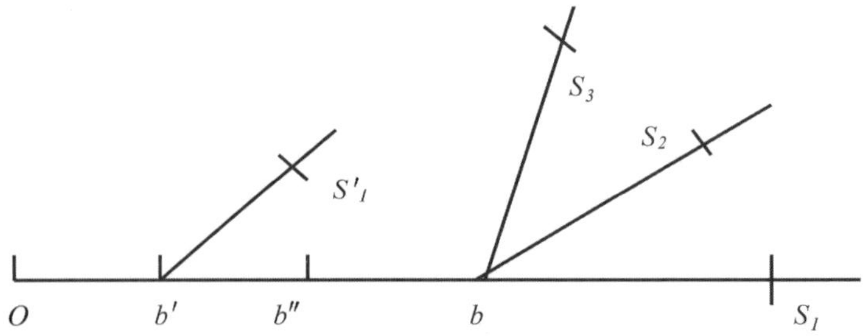

图 1.5　多港口与运输中心

简评：长时段外贸港口偏移的逻辑

从立国形势而言，“唐宋之际我国发展路向出现了由‘头枕三河、面向草原’到‘头枕东南，面向海洋’的历史性转折”①，这一转变启动了一个长期的趋势性进程。通过以上对两宋以降中国南方沿海地区外贸港口偏移的分析，可以归纳出表 1.2，在宋元、明至清中叶、晚清民国三个不同的时段，在局部开放或封闭的经济环境下，在产业由传统向现代的演进中，港口的功能从原始形态演化到近代形态，其间出现转口、经销、加工等不同的贸易形式以及线性、离散、集聚等空间形态，并在地理区位、政府规制、市场原则等不同主导因子的制约下，组成了一幅完整的演进路线图。②

表 1.2　两宋以降中国南方外贸港口的演进

时段	经济环境	贸易形式	港口功能	空间形态	主导因子
宋元时期	开放优先	转口贸易	原始	线性	地理区位
明至清中叶	封闭优先	转口 + 经销贸易	原始 + 商业	离散	规制与分工
晚清民国时期	开放优先	经销 + 加工贸易	商业 + 工业	集聚	市场配置

① 葛金芳：《两宋社会经济研究》，天津古籍出版社 2010 年版，第 280 页。

② 如果将历史延续到当前，将需要增加两个时段：1953—1978 年与 1979 年以来，尽管有明显的差异，但更多的是某种程度类似的循环。

就港口功能演进而言，存在三个阶段：（1）初始形态——货物装卸与转运；（2）商业贸易——通过货物的集散、存储、转运，形成商品流通与内外贸易，“以港兴市”；（3）生产服务——随着市场的发展，在港口临近区域，形成临港工业，进口工业原料，出口制成品。① 两宋以降，广州、泉州、明州、上海、香港分别在原始转运港口的基础上逐渐增加商业功能，特别是产业功能。凡是具有快速的商业与产业成长能力的外贸港口，则会迅速成长为其时中国南方沿海重要的外贸港口，广州、泉州、上海、香港莫不如此，尤其是在市场原则支配下表现更为明显，例如，近代上海曾一度占有全国半数的外贸额，香港紧随其后。

从这个层面看，中世纪以来中国南方外贸港口的成长有其内在的规律性，在宋元、明至清中叶、晚清民国这三个阶段，中国南方外贸港口的偏移、重组、集聚，是一个层层递进的演化过程：单一外贸港口—内外贸一体化下的外贸港口—贸易中心港口。但同时也需要看到，在明清相对封闭的外部经济环境下，在相对非经济性的规制下，中国南方沿海外贸港口的离散化及其效用的丧失，表明即便该港口拥有良好的区位、有效的市场，其应有的潜能也可能无法释放出来，前近代的上海就是一个典型案例。

因此，在地理、市场、规制的多元测度下，两宋以降中国南方沿海外贸港口的偏移过程，一方面表明了中世纪以来中国南方外贸港口历史演进中的一般性经济规律，实现了港口从原始到现代的新陈代谢，即从单一外贸到内外贸一体以及贸易驱动下的经济集聚，从而显示出古代近代以来中国沿海经济成长与演化的内在衔接性，以及历史上中国经济长期表现之必然趋向；另一方面，反向阶段性的暗流也表明，不适宜的规制一度延缓了经济发展的内在进程。近代以来以至当前，正在拓展中的海上丝绸之路，也是对中国南方海上经济走廊长期趋势的一个回应。

---

① 如果论及现代港口，尚需要增加一种：（4）资源配置功能——占据产业链高端，通过平台经济、流量经济，成为创新型、知识枢纽型港口。

第二章　口岸贸易与三角洲地区的经济增长

口岸开放既是历史趋势性的方向，更是近代中国经济变革的起点，谓为千年变革之一端。学界纵论纷纭，有关近代口岸（例如上海）与所在区域的论著迭出有加（如绪论中所言），例如上海港与腹地经济关系的论述，即抓住了港口—腹地的线索，厘清了上海与长江流域的关系，同时论述了上海与长三角地区的经济联系以及江浙沪地区经济地理。① 王家范先生在论述上海与苏州时提出了一个意味深长的问题：开埠后上海的发展与江南腹地间究竟有什么关联，彼此怎样相互影响？② 尽管已有的论述均或多或少地提及并给与相关说明，但是，上海开埠究竟是如何改变“江南”区域的经济地理景观的呢？前近代以来江南就奠定了经济繁荣、人文荟萃的社会基础，后来发生了哪些变迁？口岸贸易又是如何改变该区域经济增长的方式与路径的？在阐释近代长三角地区的变迁时，如果需要寻找参照物的话，前近代以来与其同为耀眼的双子星座的珠三角地区无疑是相对最为合

---

① 戴鞍钢：《港口·城市·腹地：上海与长江流域经济关系的历史考察(1843—1937)》，上海社会科学院出版社 2019 年版；《口岸城市与周边地区近代交通邮电业的架构——以上海和长江三角洲为中心》，载《复旦学报（社会科学版）》2007 年第 1 期；《内河航运与上海城市发展》，载《史林》2004 年第 4 期；《晚清上海农村社会的变动》，载《探索与争鸣》2002 年第 10 期；《租界与晚清上海农村》，载《学术月刊》2002 年第 5 期；《近代上海与苏南浙北农村经济变迁》，载《中国农史》1997 年第 2 期；《论近代上海港崛起的历史地理底蕴》，载《中国历史地理论丛》1996 年第 3 期；《江浙沪近代经济地理》，华东师范大学出版社 2014 年版。

② 王家范：《从苏州到上海：区域整体研究的视界》，载《档案与史学》2000 年第 5 期。

适的参照系。这里，首先从最早通商的广州论起，以期获得一个完整的印象，并简约地比较两个典型地区的异同，弥补以往近代区域经济研究忽略的这一情景。

第一节 地域经济的新生：口岸开放后的珠三角地区

近代以降，伴随着国际贸易和海运交通的发展，沿海港口城市快速成长，尤其是河口三角洲地区，往往成为现代经济生长的中心，拉动了流域经济的持续发展。珠三角地区与珠江流域也不例外，以港口城市为指向的经济发展成为近代以来区域变革最显著的特征。从这一意义而言，正是珠三角地区一系列口岸的开放与市场体系的重建，引发了华南地区经济空间的重塑；内外力量的相生，重新塑造了珠三角地域经济圈，并引发了华南地区经济地理格局的调整。① 关于广州开埠后的经济变迁以及粤港经济中心的变化，张晓辉、邓开颂、司徒尚纪等的论著②，以及其他广东近代经济史③中均有讨论，但基本上是基于经济史、历史空间或城市结构方面，尚未从经济

① 方书生：《口岸开放与晚清经济区的形成——岭南经验以及全国尺度》，载《云南大学学报（社会科学版）》2006年第4期；方书生：《华南近代经济地理》，华东师范大学出版社2015年版。

② 张晓辉：《香港近代经济史（1840—1949）》，广东人民出版社2001年版；邓开颂、吴志良、陆晓敏主编：《粤澳关系史》，中国书店1999年版；邓开颂、陆晓敏主编：《粤港澳近代关系史》，广东人民出版社1996年版；司徒尚纪：《珠江三角洲经济地理网络的嬗变》，载郑天祥等《以穗港澳为中心的珠江三角洲经济地理网络》，《中山大学学报》编辑部，1991年。

③ 主要有陈柏坚主编：《广州外贸两千年》（广州文化出版社1989年版）；关其学、刘光璞主编：《论经济中心——广州》（广东高等教育出版社1987年版）；广州市社会科学研究所编：《近代广州外贸研究》（科学普及出版社广州分社1987年版）；廖建祥、关其学主编：《广东对外经济关系》（广东高等教育出版社1988年版）；杨万秀主编：《广州外贸史》（广东高等教育出版社1996年版）；明清广东省社会经济研究会编：《十四世纪以来广东社会经济的发展》（广东高等教育出版社1992年版）；陈柏坚、黄启臣编著：《广州外贸史》（广州出版社1995年版）；丘传英主编：《广州近代经济史》（广东人民出版社1998年版）。

地理的角度解释其趋势性的特征。

一、珠三角地区的自然与人文特征

在一般概念上，珠三角有狭义和广义两重指向：狭义是指地理上的珠三角（小珠三角）；广义是指经济上的珠三角（大珠三角）。小珠三角大致局限于“三水—广州—石龙”一线以南的冲积平原，面积为 8601 平方千米，包括三水、番禺、南海、顺德、东莞、新会、新安、香山、新宁等县。大珠三角①则以西江高要、北江清远、东江惠州为界，大致在小珠三角的基础上，增加花县、从化、增城、高明、开平、鹤山、恩平、惠阳、博罗、高要、四会、清远、新安、广宁等地，总面积 41596 平方千米。

珠三角地区之所以自明清以来，成长为人口、城镇密集，经济、文化繁荣的地区，首先是基于优越的自然条件，为区域经济的变革形态预设了自然地理的背景。

（1）气候温和，水热丰沛；平原广阔，土壤肥沃。三江及其支流带来的泥沙冲积而成的岭南最大的平原，耕地集中连片，土壤肥沃，耕作层深厚。在长期的生产实践中，珠三角地区形成了高效的农业生产与土地利用方式，精耕细作，生产力高。南海、顺德一带，水网密布，基堤纵横，除种植水稻以外，还有称之为桑基、蔗基、果基的三基鱼塘，尤其是桑基鱼田。

（2）河流纵横，航运便利；岸线漫长，口岸林立。三角洲水网密布，河流纵横，水量丰富，含沙量小，南海潮汐可上达梧州，常年均可通航。珠江水系分八个口门出海，其中虎门是一条能通航万吨巨轮的深水航道。珠三角沿海岸线长达 1059 千米（不含岛屿岸线），海岸绵延，港湾众多，便于泊船，具有良好的建港条件，有利于发展外向化贸易经济。

---

① 根据 1985 年国家沿海经济开放区的划定，包括广州、深圳、珠海、佛山等市区，以及番禺、增城、花都等县级市和斗门等县，一共 28 个市县。（广东省计划委员会、珠江三角洲经济区规划办公室编：《珠江三角洲经济区规划研究》（上卷），广东经济出版社 1995 年版。）

在作为自然概念的同时，珠三角又是一个政治经济地理术语。自然条件、产业基础、商业制度，共同形成了一个资源环境结构，广府人借助珠三角的自然条件，形成了重商的传统，创造了多元化的综合经济体。

1775年议定一口开放，使得广州成为朝贡贸易体制下的清廷对外贸易的总汇、“天子南库”。举国的外贸物资便由三条交通干线①汇集于广州，使其在全国的对外贸易中长期处于垄断且出超的有利位置。由广州北上的大庾岭与骑田岭商路，成为当时最令人瞩目的贸易通道。在华中、华北各地，百货店被称为“广货店”，因为“过去所售用品，很多来自广东”②。

广州外贸经济中心的背后，存在着一条顺畅的商业流通路径。处于西、北江之交的佛山，自清初以来，以其优越的地理环境和发达的手工业基础，从一个村庄而迅速崛起为具有“天下四聚”之誉的手工业巨市。广州、佛山近在咫尺，在朝贡与国内长距离贸易体制的支配下，共同组成了岭南区域经济与帝国外贸的中心。这一中心以政治中心（广州）、经济中心（佛山）、外贸关口（澳门）为主体，以韶关、梧州、桂林等次中心为辅助，以南北商路与西江黄金水道为大动脉，再以澳门为对外商务交割的窗口。此外，广州也是上海、宁波等地转运东北的豆石杂粮的主要目的港之一；同时，广州已成为东南沿海走私贸易的重要据点和东南沿海帆船航运的重心所在。

不过，明清以来随着岭南地域开发的基本完成，岭南区域内部产业经济与商品贸易的发展，已经初步形成国家外贸之外的本地市场体系。随着西江航运与贸易潜能的激发，西江东西向物资流动的频繁，广西的经济中心开始东移，不过，地方经济潜在能量的激活与区域经济的变革，还有待于全面的开埠通商与新一轮的近代式的地方经济增长。

---

① 三条交通干线：广州—北江—韶关—大庾岭—赣江；广州—北江—韶关、乐昌—骑田岭—宜章—郴州、衡阳—长沙、岳阳；广州—高要—德庆—西江—桂江。

② 罗伯华、邓广彪：《从苏杭到百货——解放前广州的百货业》，见中国人民政治协商会议广东省广州市委员会文史资料研究委员会编《广州文史资料选辑》（第二十辑），广东人民出版社1980年版。

二、口岸开放：从粤港澳到三水、江门

（一）广州条约开埠的实践

在1842年前后，广州的对外贸易存在着质的差别，在《南京条约》签订以前，对外贸易必须经过十三行行商，散商贩卖的货物只有经过行商抽一笔手续费后，才能运出中国。① 在外人的印象中，“有可为广东贸易之特色者，即中国官宪施于外人之苛刻的束缚与诛求是也。……惟遇与外人发生争论时，则极端厉行规则，以为压制外人之武器而已”②。尽管当时广州行商大多时候是友好的，但是行商制度已经不适应当时的贸易需要。大约自1834年东印度公司专卖权被废以后，“港脚”私人贸易兴起，英印对华贸易出现一定程度的混乱，缺乏约束的自由贸易主义者，越来越不认同十三行的交易方式，停泊在伶仃洋上外国趸船上的走私鸦片越来越严重③，最终酿成鸦片战争。1842年城下之盟的中英《南京条约》迫使清廷将广州等五个口岸开埠通商，并协定关税，同年7月广州开埠。

无论是广州制度曾经的受益者，还是有着中西之别的保守主义者，都无法接受这样的条约。他们总是在不合法的前提下寻找合理的理由，竭力维护往日的“广州商馆”方式，无视条约规定的广州通商和外人入境的许可。

1854年的修约主要是为了落实《南京条约》关于通商、税率，以及外人在华自由的规定，但遭到拒绝。在1857年英法联军占领广州以后，城内开始混乱，海关和领事馆一度迁往香港，珠江的江轮公开走私，当时的海

---

① Jules Davids, *Amercian Diplomatic and Public Papers: The United States and China*, Series I The Treaty System and the Taiping Rebellion, 1842－1860, volume 18, Trade, Currency, and the Opium Traffic. pp. 38～41.

② ［日］高柳松一郎著，李达译：《中国关税制度论》，见沈云龙主编《近代中国史料丛刊第七十四辑》，文海出版社1973年版，第22～23页。

③ 1839年3月18日林则徐谕洋商文，引自 *Decennial Reports on the Trade, Industries, etc., of the Ports Open to Foreign Commerce and the Condition and Development of the Treaty Port Provinces* (Shanghai: Statistical Department of the Inspectorate General of Customs, 1933)。

关由英国公使额尔金全权处理，为英商规避关税大开方便之门。[①] 1858 年《天津条约》附约《通商章程善后条约：海关税则》就“邀请”洋人“帮办税务”、设立整齐划一的海关、严防偷漏等，做出了一些原则性的规定。1859 年江海关外籍税务司监督制度的设计者——英国领事阿礼国，从上海调到广州，乘机建议仿照上海设立新关，同年 10 月李泰国到广州后着手设立粤海新关。

第二次鸦片战争开启了广州海关贸易机制，初步形成了开埠通商的基本原则。广州贸易与对外融入机制，以及地方民众的心态，还有作为中国南方政治中心的位置这些因素，一直深深地影响了广州未来地位的变迁与区域经济的走向。

（二）海关设立：从广州到九龙、拱北

1859 年，阿礼国、柏贵、广州海关监督恒祺专门就抑制走私的问题[②]进行了会谈，而新任两关总督劳崇光则从制止走私、扩大关税着眼，支持新关。[③] 1859 年，粤海关开办成功[④]，粤海新关的开设和外籍税务司的管理，表明广州开埠的实际规定即将有希望得到有效的监督与执行。同时，珠江口外存有两个自由港——香港与澳门，这是一种殖民地型的口岸，粤港澳毗邻相关的地缘关系，使得三地的关系一度颇为微妙。

1. 香港的自由港化过程与鸦片贸易

1841 年，英国占领香港岛后不久，就借鉴英属直布罗陀、马耳他的经验，宣布香港为自由港。[⑤] 开埠通商后的初期，中英贸易主要为茶叶、生丝和鸦片的交换，据估计 2/3 以上为走私的鸦片。1858 年，清廷迫于太平天国运动以来的财政压力，准许鸦片贸易合法化，广州海关的贸易统计显

---

① 陈诗启：《中国近代海关史》，人民出版社 2002 年版，第 58 页。

② 恒祺建议成立一个十二个行商的协会，由这个协会专理贸易，防止走私，但遭到阿礼国的否定。

③ 咸丰九年十一月二十八日劳崇光又奏，《筹办夷务始末》（咸丰朝）五，第 1725 页。

④ 原来的粤海关更名为粤海常关，转而管理民船事务。

⑤ T. B. Banister, *A History of the External Trade of China, 1834 – 1981*, p. 46.

示，一般情况下 80% 的鸦片经过走私进入广东。①

2. 广州当局与英人对于鸦片收益的纷争

1868 年，两广总督瑞麟因辖区内变乱频仍、军需膨胀、财政拮据，组织了一支快速小型汽船巡逻队，在香港外围中国洋面的三条要道上，截查往来香港与广东沿海的民船，征收厘金。“关心香港前途”的鸦片商人否认鸦片走私的存在，认为这是对香港的“无耻封锁”。估计当时从香港运往北江、西江各地的洋药，只征收到 1/10 的关税，每年有一万多（或近一万五千）箱洋药运抵澳门，几乎全部走私到粤省西海岸各埠。既然查禁走私难以奏效，官方便力图置诸合法地位，以便管辖。② 鉴于中英间长期无法就鸦片征税问题达成共识，1876 年《烟台条约》确定了“总期于中国课饷有益，于香港地方事宜无损”③ 的原则，推动了问题的最终解决。

3. 九龙、拱北开关与粤港澳关系的调整

1886 年的《香港鸦片贸易协定》，在解决了香港鸦片问题后，决定于 1887 年 4 月 2 日在九龙设关征税。由于澳门鸦片走私问题和香港相似，“澳门在对华贸易上地理的关系，其为密输根据地不下于香港，故澳门贸易当有与香港贸易同时取缔之必要”④。1887 年的《中葡会议草约》及附件决定在九龙开关征税后，将作为番禺与澳门贸易门户的拱北也一并设关征税，同年 4 月 2 日正式在拱北设关征税。

九龙、拱北关“名义上是海关，在实际上和厘进税局、常关性质相似，它的征税职权仅限于广九铁路的货物，对于民船与汽船贸易，则用特别的章程管理……直到 1931 年中央政府实施裁厘征税后……进出口货物才

---

① “1866 年广州口岸贸易报告”，见广州市地方志编纂委员会办公室等编译《近代广州口岸经济社会概况——粤海关报告汇集》，暨南大学出版社 1995 年版，第 24 页。

② “1887 年至 1891 年拱北关贸易报告”，见莫世祥、虞和平、陈奕平编译《近代拱北海关报告汇编》，澳门基金会 1998 年版，第 2 页。

③ 王铁崖编：《中外旧约章汇编》（第一册），生活·读书·新知三联书店 1957 年版，第 350 页。

④ ［日］高柳松一郎著，李达译：《中国关税制度论》，见沈云龙主编《近代中国史料丛刊第七十四辑》，文海出版社 1973 年版，第 57 页。

按海关进出口税则征收，和其他各关一样”①。

1887 年、1888 年九龙、拱北的设关征税，规范了民船贸易，多少带有一些设埠开关的意味，某种意义上具有香港、澳门自由港型商埠的海关性质，“由海关制度观之，是为九龙及拱北特殊税关之创设，为扩张海关权限于帆船贸易之权舆；又由关税上观之，是于帆船对外贸易上已设立一种差别关税”②。但从实际的缘起来看，则是对港澳和广州在向内地市场开拓过程中所产生冲突的一次调节与和解，暂时初步理顺了粤港澳之间的经济关系。

（三）三水与江门的加入：一个初具规模的口岸体系

当沿海的主要口岸开放通商之后，开埠的重点渐渐延伸到内地重要的河港。1886 年的《中英缅甸条约》宣布开放三水和梧州、西江③，以及粤省的四个站——江门、甘竹、肇庆和德庆。1897 年 6 月 4 日三水正式开埠，实际是西江四埠的合称。梧州和三水以及相应的寄泊地的开放，掀开了西江中下游地区全线对外贸易的序幕。

1902 年的《续议通商行船条约》“并将容奇、马宁、九江、古劳、永安、后沥、禄步、悦城、陆都、封川等十处作为上下搭客之处”④。西江沿岸的十余个寄泊口、停泊地的开放，实际形成了一系列贸易港口，初步改变并塑造了区域内商埠贸易的新布局。

三水是位于北江、西江与绥江汇流外的小镇，区位优越，成为西北两江货物的转运口。⑤ 光绪二十九年（1903）广三铁路通车，直抵河口，

---

① A. S. Canpbell, *Decennial Report*, *1922—1931*，见中国第二历史档案馆、中国海关总署办公厅编《中国旧海关史料（1859—1948）》（第 160 册），京华出版社 2001 年版，第 339 页。以下简称《中国旧海关史料（1859—1948）》。

② ［日］高柳松一郎著，李达译：《中国关税制度论》，见沈云龙主编《近代中国史料丛刊第七十四辑》，文海出版社 1973 年版，第 57 页。

③ A. J. Sargent, *Anglo－Chinese Commerce and Diplomacy*, p. 233，见聂宝璋编《中国近代航运史资料》（第一辑·上册），上海人民出版社 1983 年版，第 382 页。

④ 王铁崖编：《中外旧约章汇编》（第二册），生活·读书·新知三联书店 1959 年版，第 108 页。

⑤ “1902—1911 年三水海关十年报告”，广州省地方志办公室辑本（以下简称《辑本》），第 2 页。

“三水口岸所有省、港、梧州商轮和西、北两江各路拖带轮渡，咸可与逐日火车递次转拨，互相接应”①。三水的腹地主要在北江下游和四邑（开平、新宁、恩平、新会）地区。

1902 年准许各国商船驶入西江，在三水地区内的三个趸船分卡，或称停靠站的白土口、罗定及都城等地方进行贸易。内河航行开放，将珠三角地区以至整个珠江流域的商埠口岸连接起来，构成了一个组合的口岸体系。

1904 年江门的正式开埠预示着西江开放的全线启动。江门是广州与“下四府”（琼州、廉州、雷州、高州）的帆船交通中心，水路北上连接西江，南下可达雷、琼，毗邻粤港澳，经济区位良好：“右扼高、雷、琼、阳、恩、开、宁、鹤各属之要，左扼江海之冲，故能与省港鼎立而为大市场，且北街辟为万国商埠，又逐渐兴盛。”②

1843—1908 年，在珠三角地区这一相对比较狭窄的地域开放了 6 个商埠、10 余个停泊地，初步形成了一个有等级的口岸贸易网络。地理学上对于“港口地域群体”（又称港口地域组合）的定义是：“指规模不等、作用与类型各异的一些港口，大体上受同一混合腹地影响，在地域上彼此接近，在发展规模与方向上形成既相互制约、又有一定分工与各有侧重的港口群体。”③ 其中一个基本的要求就是，在同一区域单元中的各港口的腹地不断扩大，彼此会相互交叉重叠起来，相关港口之间既有分工又有竞争。④

这种组合港口的定义同样适用于近代珠三角地区形成的口岸体系。随着沿海港口的密集涌现和港口内陆腹地交通线的不断纵深延伸，原先某港口与腹地相通的单一交通线，开始相互连接起来，有的地区形成了简单的交通回

① “光绪三十三年三水口华洋贸易情形论略”（光绪三十一年呈报），见中国第二历史档案馆、中国海关总署办公厅编《中国旧海关史料（1859—1948）》（第 40 册），京华出版社 2001 年版，第 819 页。

② 谭镳等编：《新会乡土志》卷十三，光绪三十四年本。

③ 左大康主编：《现代地理学辞典》，商务印书馆 1990 年版，第 641 页。

④ 陈航：《论海港地域组合的形成机制与发展过程》，载《地理学报》1996 年第 6 期。

路网络。这样各相邻港口的腹地不仅都得到了扩大，而且彼此相互交叉重叠，成为这些港口的混合腹地，初步形成相对较为有序、分工竞合的口岸体系，开启了珠三角地区外向化经济的起飞，以及区域经济增长方式的改变、经济增长路径的调整，更影响到经济地理格局及其经济增长效率。

三、广州贸易地位弱化与珠三角经济中心位移

以粤港为中心的新口岸体系的建立，逐步改变了1859年前的区域经济地理格局，区域性经济中心的转移意味着经济空间的重建，李伯重认为1840年后国内市场格局性的变迁为：从统一走向分裂、从全国走向区域。[①] 在华南地区首先表现为区域中心的变动——广州的弱化与香港的崛起；其次表现为中心背后的市场网络与区域经济空间的转变；再次为以沿海与内陆为主体的两个世界的空间差异逐渐显现出来。

开埠前的半个多世纪，广州持续发展的茶叶与丝织业出口，主要依赖闽浙、湖广、长江三角洲地区的资源，维系着广东省与岭外地区的经济联系。在一口通商的广州制度下，来自江浙、闽赣，以及鄂、晋、陕、川等省的茶叶和生丝，主要通过梅岭商道运到广州出口外洋。自从上海、厦门等商埠开放后，通过梅岭的货物开始减少，尤其是太平天国运动兴起，横扫长江中下游地区，南北陆上长途商道被阻隔。开埠以来行商一直在极力维护的广州出口机制彻底失效，市场流通的理性诉求显现出来，因为对于岭外的长江中下游地区而言，从广州出口西洋大多是不经济的。广州作为全国外贸市场中心的位置是建立在政治规定与大区域物资互补的基础上，而不是完善的区域市场经济分工与发展的基础上，故而，在失去之前的行政干预之后，这一旧有的贸易网络就迅速地瓦解了。[②]

---

① 李伯重：《中国全国市场的形成，1500—1840年》，载《清华大学学报（哲学社会科学版）》1999年第4期。

② 胡兆量主编：《中国区域发展导论》，北京大学出版社1999年版，第225~226页。当历史性的变迁或交通条件的改变，或者开放型的区域经济形成后，原有的规范面临着解体。

自广州开埠通商，香港、澳门辟为自由港以来，粤港澳的关系经历了两次大的调整，主要表现为广州中心的弱化与香港的崛起。以1860年与1888年为界限，前期主要表现为广州作为外贸中心地位的缓慢下降、香港的快速上升、澳门先快速上升后开始下降；后期主要表现为广州相对遏制住了持续的滑坡，获得了一定的提升，香港与澳门的对外贸易和经济地位都获得了提升，尤其是香港成长为华南甚至远东的贸易中心、转口中心、金融中心之一。

这样一个经济地理生态的调整，成为开埠通商以后地域经济的一个重要反映，在华南区域经济结构中，以广州与香港为代表的中心和门户位置产生分离，形成了区域性的双首位城市结构，近代的粤港澳三港逐渐形成了以香港为外向窗口，以广州为内向龙头的网络结构。

开埠后的香港获得了新的发展机会。尽管香港本身缺乏资源，甚至连粮食和消费品都依赖外地，但是它处于东南亚和东北亚国际交通的要道上，适宜兴办转口贸易。1842—1858年华南地区的纷乱、商路的阻隔、营商环境的低迷，都为香港的崛起提供了时机；同时，广州商业环境的复苏，珠三角地区众多市镇对外贸易的拓展，又给香港经济的发展注入了新的活力，此外，香港自身各类资本主义经济制度的建立，逐渐形成了更强大的效率。

香港发展为华南地区新的商务中心。随着自由港的开埠和港口设施的进一步完善，香港同上海、纽约、西贡、新加坡等国际商业城市建立了海底电缆；作为华南的保税仓库、物资的转运港，香港兼具了广州外港的角色；尤其是19世纪70年代以后，香港取代广州，成为华南地区进出口货物的分配中心。① 咸丰八年（1858），五口通商大臣由两广总督兼任改为由两江总督兼任并驻扎在上海，这标志着转移的完成。

广州不再是华南地区首位的贸易中心。由于粤、港近在咫尺，“在一

---

① *Consular Commercial Reports*, *1872*, *Canton*, pp. 761～762. 有人这样记述，“香港这个货物集散地，实在可以称为广东省（在很大程度上也可以上说是其他省份）的保险仓库。广州的商人往香港购货……把这些货物运到广州，也可以运往沿海一带地方。”

般的商业交流中，香港与广州的关系如果不是附属的，也是密切相关的”。同时，在密集的河网地带民船运费低廉，常关为了获取更多的厘金又鼓励民船运输①，使得华南的民船贸易与走私具有群众性，广东的沿海小镇和香港、澳门之间有大量的民船经营进出口贸易。②

澳门成为一个独立的次级经济中心。1845 年，葡澳当局擅自宣布澳门为“自由港”，允许各国商船到澳门自由贸易，促使澳门在其长期依存的“广州贸易体制”瓦解之后，将粤西南地区与外洋贸易相衔接，形成了自己的小经济圈，在新形成的东西方国际贸易网络中迅速找到适宜自身发展的空间，成为粤西南海岸及西江地区进出口贸易的重要中转港。③ 1887 年，拱北设关，提升了澳门的进出口贸易，稳定了其在粤西海岸和西江地区进出口贸易的中心地位。④

以香港为中心的城市与经济格局比较快速地形成。虽然港澳同为“自由港”，但香港拥有珠江口北上南下的有利区位、天然的深水港、积极进取的经营策略、充裕的资金和先进的航运设施。在港澳之间的贸易生态中，香港向澳门运销的主要是包括鸦片在内的各类洋货，澳门向香港运销的主要是中国土货，且一直处于逆差位置。

与香港商务的持续繁荣兴盛形成对照的，是葡澳当局的沉于聚敛、不思进取，主要经营中转贸易的澳门渐渐趋于衰落。⑤ 琼州、北海的开埠，加上

---

① “1874 年广州口岸贸易报告”，见广州市地方志编纂委员会办公室等编译《近代广州口岸经济社会概况——粤海关报告汇集》，暨南大学出版社 1995 年版，第 114 页。

② “1869 年广州口岸贸易报告”，见广州市地方志编纂委员会办公室等编译《近代广州口岸经济社会概况——粤海关报告汇集》，暨南大学出版社 1995 年版，第 56 页。“广州已失去全省货物集散地的地位，货物可以直接由香港运至许多内陆城市，这一便利诱使购买商寻找代替广州的市场。”

③ 莫世祥：《近代澳门贸易地位的变迁——拱北海关报告展示的历史轨迹》，载《中国社会科学》1999 年第 6 期。

④ “1887 年至 1891 年拱北关贸易报告”，见莫世祥、虞和平、陈奕平编译《近代拱北海关报告汇编》，澳门基金会 1998 年版，第 8 页。

⑤ 莫世祥：《近代澳门贸易地位的变迁——拱北海关报告展示的历史轨迹》，载《中国社会科学》1999 年第 6 期。

“由于安全、快捷的轮船取代慢速、笨拙的木船，致使（粤）西海岸贸易中的可观部分转往香港，澳门在（粤）西海岸贸易中的垄断地位受到沉重打击”①。1910 年后，澳门在珠三角地区商埠口岸体系中的相对地位更加下降。

同时，广州的洋货进口和土货出口也基本上都由香港转口。广州由全国的外贸中心降到华南区域性的经济中心，而且内外贸还受到香港经济中心的调节与支配。伴随着广州外贸等级的下降和澳门外贸中转的衰落，香港在华南区域贸易中的中心地位更加突出，组成了港粤为轴心，粤澳、港澳为侧翼的对外商业贸易网络。

“一战”期间，香港利用欧洲工业的间歇，输出内地土特产，输入各种洋货，经济发展迅速，以香港为枢纽的外洋和内河航线可以抵达世界各大港口、中国内地（尤其是粤桂省内各地）。民国中期，广州成为中国南方的首府，经济地位一度获得了迅速发展，增强了中心城市的经济能量，大约以广九铁路建成通车为标志，港粤分工合作的贸易生产格局基本形成，构成了地理上的一种竞争合作均衡结构。

四、珠三角地区新的经济空间

粤港澳经济关系的迁移，以及这样具有标志意义的区域中心的位移，必然引发区域性的经济网络调整，于是，香港、广州组合为对外商业网络的新中心，华南地区内的商业流通网络，也由以往东西交往（华南内部的交往）为辅、南北交往（华南与其以北地区的交往）为主的格局，转变为以东西交往为主、南北交往为辅的格局。

至此，一系列口岸的开放，促成了新市场网络的萌芽，但是口岸开放与区域市场体系之间存在怎样的关系？并非以往人们认为的那样：开埠贸易迅速地引发了区域市场网络转变，实际上这也是珠三角地区内部传统时代即已存在的经济趋势的进一步彰显。梁钊等人所做的统计表明②，鸦片

① “1887 年至 1891 年拱北关贸易报告”，见莫世祥、虞和平、陈奕平编译《近代拱北海关报告汇编》，澳门基金会 1998 年版，第 26 页。

② 梁钊、陈甲优主编：《珠江流域经济社会发展概论》，广东人民出版社 1997 年版。

战争前，珠三角地区生产的手工业品约占整个华南市场主要产品产值的33.4%，其商品生产总量不仅超过了原先发达的粤北地区，也逐渐超过过去占首位的华南以北入粤的中原产品的数量，这就决定了流域内物资交流的主要方向转变为东西走向。清前期广东省的主要手工业品，如土布、丝绸以及海盐等大宗产品，都是上溯西江输入广西、云南、贵州省，少量运销江西、湖南、福建省，而西江中上游的农副产品也顺流大量输入广东省。这也表明，早在广州开埠以前，华南区域市场结构已经获得一定程度的发展，以大庾岭道为标志的南北官运，实际上已经不是最主要的商业路线，由于西江得天独厚的航运优势，大量民生物资的交流成为区内最重要的商业形式。

伴随着广州等系列口岸对外开放，华南区内市场结构的转向，在清中叶以来的基础上，获得了一个加速的进程（图2.1）：

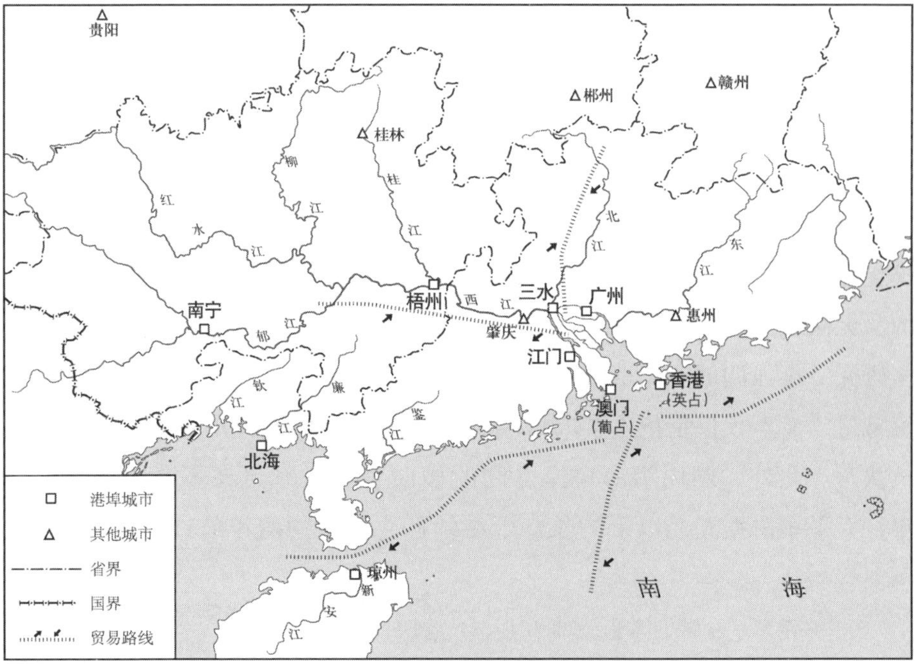

图2.1　口岸开放后区域经济空间的转向

北南走向的物资交流呈现停滞和下滑的趋势，但是比较缓慢。太平天国运动兴起，彻底打乱了原来南北通行的商路，1853 年后华南以北的商路就分别向上海、福建、浙江等地转移。咸丰八年（1858），五口通商大臣由广州移迁上海。传统的北南走向物资流动量较少，但并非人们想象的那样迅速消失，韶关、英德的太平桥等税关依然保留。① 1862 年 4 月 25 日就有奏请“派二三品京卿一人，驰赴广东，驻扎韶关，办理通省厘金，专济苏、浙、安徽三省饷项等”②，就粤省而言，三大厘金征收点依次是佛山、韶关、肇庆，直到 19 世纪 70 年代沿海贸易兴起以后，南北商道才最终凋零。

东西走向的物资交流获得大幅度增长。以往沿西江水系东西走向的物资流动获得了更大的发展，并且成为流域内物资流动的新主流。就物资流动的内容而言，以民生物品的民间私营流通为主。如果考虑到区域内部贸易因素，华南地区内部东西向贸易已经成为区域经济活动的主流，表现为桂省东向门户城市梧州的兴起，以及粤省客商在桂东南的经营活动，于是梧州在经济地位上逐渐超过了西北角的省会桂林。1897 年，梧州开埠通商，加速了以往沿西江水系以普通民生物品为主的东西向物流；同时，西江航道也成为该流域内最主要的商业动脉。

沿海、外洋贸易的增加。自 19 世纪 60 年代开始，广州对外贸易的规模逐渐超过以往的十三行贸易（尚且不包括一直存在于珠三角地区频繁的、无法统计的走私贸易），对外贸易的发展潜力已经初露端倪。正如众多研究一再强调的一个事实，上海等口岸的开放更多的是增加了新的对外贸易量，而不仅仅是抢占了广州之前的份额，广州的对外贸易一直处于成长状态。此外，国内沿海口岸之间的横向贸易联系也在不断增强。1853 年，太平军占据湖北以下的长江下游地区，广东的漕粮通过“招商贩米，

---

① 张希京、欧樾华等纂：《曲江县志》卷四，光绪元年刊本。

② 《清穆宗实录》卷 23，页 627—628—633，见广东省地方史志编委会办公室、广州市地方志编委会办公室编《清实录广东史料》（五），广东省地图出版社 1995 年版，第 188 页。

赴上海收兑”。该年年底广东歉收粮价骤升，“粤西谷米亦未能运东接济。现在外洋米船到粤者，均囤聚香山澳门”①。

就近代珠三角地区而言，随着广州、香港、澳门、江门、三水等一系列口岸的开放，口岸外贸获得了持续的增长，在该地区形成了一个以香港、广州为首要中心的口岸体系，形成了一个对外贸易与对内物资配置的网络，促进了地方经济的增长。

在这个口岸市场体系中，香港是华南的金融仓库和外贸中枢，珠三角地区进出口贸易几乎全部汇集于香港出口或进口；同时随着各大区域交流的密切，香港的金融、贸易、转口中心地位获得进一步巩固，作为东方的商业汇兑中心，广州商业圈是它的一个子系统，但是在国内土货进口与对港土货出口方面，广州依然是珠江流域最大的商业集散中心，1901—1902年，广州—佛山—三水铁路通车②，广州的中心市场地位得到巩固与发展，在结构与功能上互补的粤港两城市，共同构成了近代华南区域性城市组合。1898年后，珠三角地区外围的梧州崛起，成为西江中游以上的高层中心，绕过广州直接与香港进行内外贸易；1904年，江门开埠后也由一个次级市场中心开始向高层市场中心上升；相反，澳门在1904年之后中心地位相对趋于下降。

这一轮市场结构重组，不仅表现在粤港这样的区域中心，而且表现在中级以上的市场节点上，只不过其重组相对缓慢而已，看上去不那么显著或令人瞩目。至此，华南地区内部传统的以东西交往为指向的商业贸易网络，不断地彰显；相应地，华南地区的南北交往，在相对意义上逐渐地下落。通过华南地区内贸市场的节点重组，西江沿岸的梧州成为连接东西的枢纽而兴起。这一格局的形成，对近代华南地区的市场体系产生了深远影响，也对地方经济增长的区位与经济增长的空间形态产生了持续的作用。

---

① 《清文宗实录》卷110，页706，卷112，页748—749，见广东省地方史志编委会办公室、广州市地方志编委会办公室编《清实录广东史料》（四），广东省地图出版社1995年版，第528、531页。

② 〔清〕吴荣光撰：《佛山忠义乡志》卷一，道光十年刻本。

第二节 江南地区经济的重建：以上海为中心

传统意义上江南地区（与自然地理上的长三角地区大致重合）的经济中心是苏州，步入近代以后，上海口岸取代苏州成为江南以至全国的经济中心，外部经济的介入与江南传统经济的被激活，促成了上海在数十年间成长为中国近代化程度最高的城市，贸易与工业的占比一度据有全国的50%以上，上海重建江南地区经济的新网络。对此，相关的研究比珠三角地区更多，除了前述的琳达、墨菲、王家范、戴鞍钢的论著外，张仲礼、熊月之、吴松弟、张忠民、樊卫国等进行近代上海研究时均有论述，此处暂且不再复述。这里从学者相对忽略的江南地域经济重建的视角，论述开埠后长三角地区以上海为中心的经济空间的形成，以求获得一个清晰的印象，并与珠三角地区进行对比。

一、长三角的经济区位与上海的契机

一般而言，长江三角洲有多重含义，例如地理或地质上、经济上、行政上、文化上的长三角。这里主要从自然地理入手，讨论长三角地区的经济区位，如何成为江南地域经济形成的内在逻辑，以及近代上海新契机的来源。①

（一）在自然地理上——传统江南区域形成的内在逻辑

从自然地理上看，长江三角洲大致处于扬州、镇江以东，北沿通扬运河至小洋口，南部包括太湖平原至杭州湾（面积约4万平方千米）。从沉积学上看，大约以扬州、镇江为顶点，向东呈狭长扇状平原，北以扬州—

① 为了往后分析的方便，在本书书写中是以当前划定的长三角经济区为参照，相关的讨论也一度延伸到这些地域。国家发展和改革委员会交通运输司在《长江三角洲、珠江三角洲、渤海湾三区域沿海港口建设规划（2004—2010年）》划定的长江三角洲地区，包括上海、南京、镇江、扬州、泰州、南通、江阴、常州、无锡、苏州、嘉兴、湖州、杭州、绍兴、宁波、舟山16个城市。

泰州—海安—吕四为界，南以镇江—江阴—太仓—松江—金山—漕泾为界（面积为5.18万平方千米）。从地形地貌上看，长江三角洲的主体为江南平原，北面包括长江以北、淮河以南的部分平原；西南与江苏、浙江丘陵以宁镇山、大茅山、天目山脉为界。（参见图2.2）

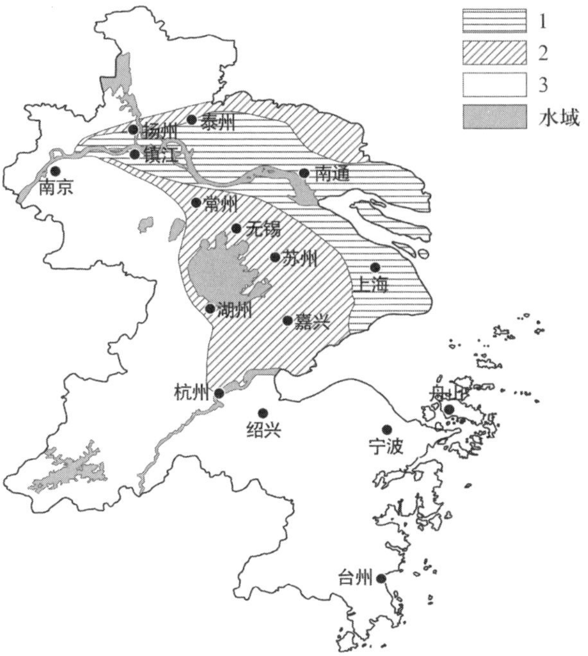

图2.2　不同意义上的长江三角洲

注：1. 沉积学上的长江三角洲

2. 自然地理学上的长江三角洲（含1）

3. 长江三角洲经济区（2003年划定）（含1、2）

自然地理学意义上的长江三角洲西、南面都是山地，只有北面是开阔的沿海平原，尤其是环杭州湾的西面和南面，都是崇山峻岭，只有两条通道与南面和西面的平原或盆地连接。沿海有一条狭窄的海岸带平原向南延伸，与温台沿海平原相连，自杭州往西南有一条狭窄的通道，将杭嘉湖平原和浙中的金衢盆地相连。这一自然地理基础使得长江三角洲向南拓展空间有很大困难，必须越过台州三门一带的山区才能与温台经济区相连，也必须越过超过100千米的走廊才能连接金衢盆地。

长三角的西北顶点为镇江、扬州（镇江背枕宁镇山脉，为江海的分割点），以扬州为中心的平原，向北沿运河延伸到里下河地区，向东沿长江北岸泰州、南通天生港，一直延伸到海岸，长江南岸，自江阴县以下、太湖东南为长三角最大的冲积平原；西部顶点为天目山、大茅山，天目山处于浙江湖州、杭州两府的西部，横亘于江苏溧阳、高淳、金坛、句容等境内，为江宁府与镇江府的边界；西南顶点为运河与钱塘江交界的杭州。上海为江海之门户，杭州为钱塘江出海口，三角形的重心为太湖流域中心苏州，这也是传统时代苏州作为江南中心城市的内在逻辑，构成了传统江南、近代长三角的核心地区——以太湖平原为中心的苏、松、常、杭、嘉、湖诸府。

一般认为传统意义上的江南区域，是基于自然地理上的同质性，以及山川河流的自然构造所形成的均质区，这也是江南数百年来人文荟萃、经济繁荣的地理基础。

（二）流域与交通——长三角空间扩展的地理契机

太湖流域为长三角的中心，江南运河贯穿太湖，为江南内河水运的干流，将镇江、杭州与太湖流域联系起来（镇江—江阴—无锡—常州—苏州—杭州）。境内江河纵横，湖泖众多，航运、灌溉便利。（1）江南运河北接长江，连接扬州并延伸到里下运河、淮阴，将扬州与苏中北、皖东北、鲁豫等北方地区联系起来；江南运河南连钱塘江（太湖以南与钱塘江之间港汊遍布，钱塘江下游与长江下游脉络相通，难以分界），连接嘉兴、杭州，并通过富春江、衢江，连接浙江严州府、衢州府、江西广信府；通过浙东运河、甬江，连接绍兴府、宁波府；通过新安江，连接安徽徽州府。(2) 太湖下游有三条入江孔道：黄浦江、吴淞江、娄江，黄浦江为下游正干，连接上海与浙江嘉兴，吴淞江为下游要道，连接太湖中心城市苏州与沿海口岸上海。(3) 长江干流，与大运河“十”字相接，与江南运河平行，江轮与海轮在镇江交接，自镇江下行过江阴，长江江面逐渐开阔，江轮也可以在江阴入口，经无锡直达太湖，以至杭州。在南岸入海处吴淞口，长江与太湖流域的通道黄浦江汇合，沿黄浦江东南行约30里即为上海。①

在传统水运时代，大茅山、天目山是一个巨大的费用与时间障碍，束缚了江宁府、徽州府与长三角地区的联系；同时，江北运河、浙东运河、钱塘江的便利，又促成了长三角地区向南北两个方向的扩张。流域与交通的潜在势能规定了近代江南区域经济变革的空间走向，并被后来的实践所一再证实。

二、上海中心的形成：从广州、苏州到上海

关于近代江南经济中心从苏州转移到上海，学界拥有基本一致的看法，例如，从“小杭州”“小苏州”“小广东”到“大上海”的历史。②这里重提这个问题的目的在于：从东南的大格局以及江南的小格局中，获得上海中心形成的清晰的轨迹。

明中叶以降，伴随着江南桑棉产业的发展，通过便捷的水路交通，苏州将散落四周、大小不等的江南地区的市镇联结在一起，形成以苏州为中心的市场网络。清中叶海禁放开后，尽管海运业带动了上海城市经济的发展，但国内各省与江浙地区的商品交换，仍汇聚在苏州进行。在长三角区域性的内河航运网络中，以及长江与南北大运河航线上，苏州才是枢纽城市。上海跟长江以及南北运河航路之贯通，主要依托南部河道，先连通苏州，而后才在苏州经运河而达长江。经海路运抵上海港的南北货物，也多以苏州为销售地。开埠前的上海，在长江口的苏松太区域经济中的地位，虽然在一般印象中略低于上海县行政上所属的府城华亭县，但基本超过了周围的一般性县城，多被称为“东南壮县”，基本上可以被视为苏州的一个外港，不过，上海在东南沿海航运业之中的地位还不及福州、厦门和宁波。③ 尽管

---

① 张其昀编：《本国地理》（上册），南京钟山书局1934年版，第79~81页。

② 张忠民：《从“小杭州”、“小苏州”、“小广东”到“大上海”》，载《国家航海》2013年第1期。

③ 熊月之主编，陈正书著：《上海通史》第4卷《晚清经济》，上海人民出版社1999年版，第5页。

上海港本身区位优越，邻近出口丝、茶产区，背倚富庶的江南地区，但是在传统经济时代，长三角地区的交通枢纽是内河与运河，上海一度被排斥在商业与交通的核心区之外，为苏州经济中心的外港而已。

1853 年以前，西方船队（尤其是鸦片走私船）的航线从广州或香港推进到了上海，但由于广州依然保留着全国性丝茶贸易中心的历史惯性，“英国（欧美）—印度—中国”的三角贸易格局依然维持，香港依然是对华贸易的桥头堡，其时南沿海航运网络的汇集点还在香港（广州）。1854 年以后，随着中外贸易重心转到上海，趸船大量集结于上海吴淞口①，以上海为枢纽的近代化航运体系在东南沿海航运的北翼初步建立起来。19 世纪 50 年代，厦门港的对外贸易已经迅速下降，1860 年前后进出口总额已经下降到只有上海的 1/4 了。当茶叶出口渐渐转向上海之际，先前经营从福州至广州茶叶贸易的琼记洋行，便把航运投资的兴趣转移到了上海。宁波在开埠不久，进出口贸易即迅速转移到了上海，大批“美国式江轮”，投入了“运输沪甬两埠之货物”。②

1856 年爆发的第二次鸦片战争，对贸易的影响远远小于内战③，倒是太平天国运动进军江南，以及国际航运与通信技术革命，彻底地改变了北洋、长江、内河的传统航运业，促成了区域城镇中心的转变。以上海为聚汇点的东南沿海航运网络，终于在 19 世纪 60 年代基本形成。

太平天国运动期间，外商为了扩大在华贸易，将航运的触角伸向上海地区四周的内河水道。同时，外商将一部分其他口岸卖不出去的货物转到上海地区推销。④ 当时苏州仍然是长三角地区的交通、贸易中心，各省商

---

① ［美］马士著，张汇文、章异等合译：《中华帝国对外关系史》（第一卷），商务印书馆 1963 年版。

② 陈正书：《关于近代东南沿海城市交通投资取向问题之考察》，载《史林》1995 年第 4 期。

③ 周武：《太平天国与江南社会变迁散论》，载《史林》2001 年第 3 期。

④ John King Fairbank, *Trade and Diplomacy on the China Coast: the Opening of the Treaty Ports, 1842—1854* (Stanford: Stanford University Press, 1969), p. 286.

贩依然“皆在苏坐待购货”。闽广买办为了迅速营销，按照传统时代的商路，经上海县城南部薛家浜、肇嘉浜等河道转入苏州河，前往苏州，以鸦片换生丝，物物交易，并携带一些外国棉纱、棉布等进口商品，以“5% ~ 15% 的折扣给内地商贩”，然后顺原路将生丝、茶叶等出口商品运回上海，而后，再以现银或生丝从吴淞口鸦片趸船上换取鸦片，或以部分江浙茶叶从洋商手中换取布匹。在长三角地区出现的这种过渡型的贸易与航运格局，一般被称为“苏州方式”①，体现了传统变革前夕，外部性经济大举进入前，江南中心城镇原始形态的延续。“苏州方式”的形成与发展，使得中西贸易占据主要地位。中西贸易的拓展，促成了 19 世纪 50 年代中后期中外贸易重心向上海的转移，以上海为中心的东南沿海（南洋）贸易网建立起来。1868 年，领事麦华陀强烈建议，将上海作为英国船舶的登记口岸，以便于转让或购买船只，因为当时他国人员想购买英国船只，上海领事只能签发六个月的领事登记证（距离上海最近的拥有永久登记权的口岸是香港），这一建议在 1869 年获得采纳。②

19 世纪 60 年代，伴随上海港内外贸易规模的扩大，及其相关城市经济的发展，长三角地区的中心城市已完全移至上海。1882—1891 年海关十年贸易报告中论述中国的“这类纨绔子弟在太平天国前把苏州和杭州看作地上的天堂，而现在他们发现这些天堂的乐趣在福州路一应俱全”③。

此后，不仅江浙地区邻近府县，就连苏州本地的商业活动，也被纳入上海港内外贸易的直接辐射圈内。苏州城内“泰西各商均未开行，但恐洋商终不愿来此贸易，以上海各货俱全，本地商人在申购办甚便，洋商之货

① 太平天国历史博物馆编：《吴煦档案选编》（第六辑），江苏人民出版社 1983 年版，第 31 页。

② 李必樟译编：《上海近代贸易经济发展概况 1854—1898 年——英国驻上海领事贸易报告汇编》，上海社会科学院出版社 1993 年版，第 179 页。

③ 徐雪筠等译编：《上海近代社会经济发展概况（1882 ~ 1931）》，上海社会科学院出版社 1985 年版，第 21 页。

来此有何益耶？”机器缫丝厂开办后，“几乎全部产品运往上海”①。1911年，苏州“洋货由外洋径运进口及由通商口岸运来者：由外洋径入之货自属微细；由通商口岸运入之货，其价约增关平银五十余万两，来自上海几占全数”②。京杭大运河穿越而过的无锡、常州，向以从属于苏州中心城市的米、布转运码头著称，自上海开埠，它们与苏州间传统的经济联系被削弱，贸易往来改趋上海。进口商品及南北杂货，经出上海的采购量常占无锡转口内销总额的70%至80%。以上海港为中心形成新的内外贸体系，包括无锡、常州、镇江、扬州、南通、海门、杭州、嘉兴、湖州等地。

按照经济地理的一般性规律，中心城市要实现对所在区域的作用力，在多数情况下，对区位的最基本要求是趋中性，即尽可能位于所在区域的几何中心。但是，与区外交往需要的上升，拉动中心城市的区位向区域的边界方向推移，以至于区域中心城市出现在区域的边界上。近代通海以来，外向贸易经济的推动，产生了区域经济的外部性，促成了传统苏州中心与一度作为苏州外港的上海的位移，门户港口城市成为区域性的中心城市。民国时期，相对于南京，上海一度被称为“经济首都”。大约至19世纪80年代，上海已经成为全国对外贸易“货物成交”与“款项调拨”总量80%的贸易金融中心。③“1865年至1936年间，按价值计算，上海所承办的对外贸易，占全中国外贸总额的45%至65%。”④ 上海成为闻名遐迩的贸易中心，一般被形象地表述为“广搜各地物产，统办环球制品”，各地行帮在沪设有众多的“申庄”，本地商人也在各地遍设分

① “1868年苏州关贸易报告”，见中国第二历史档案馆、中国海关总署办公厅编《中国旧海关史料（1859—1948）》，京华出版社2001年版。

② 陆允昌编：《苏州洋关史料（1896—1945）》，南京大学出版社1991年版，第222页。

③ 汪敬虞：《外国资本在近代中国的金融活动》，人民出版社1999年版，第155页。

④ ［美］罗兹·墨菲著，上海社会科学院历史研究所编译：《上海——现代中国的钥匙》，上海人民出版社1986年版，第57页。

销机构，“上海为吾国第一大埠，其所以成为经济之中心者，赖其贸易之发达也”①。

三、以上海为中心的长三角地区经济网络

关于近代上海在长三角地区的中心位置已经为人所熟知，关于以上海为中心江南城市网络变迁的论述也已经很精细，毋庸多言，以下选取金融、交通、市镇这三个从大到小的要素，来描述以上海为中心的长三角地区商业网络的景观，展示这一网络重建的路径与特征。

（一）以上海为中心的金融汇兑中心

20 世纪 30 年代，上海成为全国货币发行的枢纽，外汇、金银交易的总汇，当时中国“四行两局”的总部全部集中在上海。民国政府中央银行总行也设在上海，申汇势力遍及全国，尤其是长江流域，另有天津、汉口等要津大埠，大都与上海直接通汇。此外，各部之间的相互汇兑，也大多以上海的行市作为计算标准，先按申汇价格折成规元。

南京在金融方面仍然依附上海。“津浦路沿途需现较多，缺乏时每向京调运，而间接仍以上海为挹注之地。”② 南通、镇江、扬州等当然也不例外，南通的金融周转主要依赖上海的拆借。苏北各盐垦公司成立后，金融调剂也多以南通为中心。③ 镇江钱庄的资力大都较小，不敷运用者多从上海或本地的银行和上海、苏州的钱庄调拨资金。1899 年，“扬州钱铺殷实可靠者不过数家，市上现银时虑不敷周转，全赖上海、镇江、汉口等处通融挹注”④。

同时，镇江又充当上海的次级金融中心。镇江是对上海欠款最多的城

---

① 潘吟阁：《上海之贸易》，见《战时上海经济第一辑》，1945 年，第 60 页。

② 《南京金融机关调查》，《中央银行月报》，1933 年第二卷第十号，第 1627 页。

③ 中国人民政治协商会议江苏省南通市委员会文史资料研究委员会编：《文史资料选辑》（第二辑），第 60 页。

④ 刘坤一著，陈代湘校点：《刘坤一集》（第三册），岳麓书社 2018 年版，第 86 页。

市，镇江钱庄的主要业务之一，就是购进上海规元，再转放外地或其他产业，据记录，上海的钱庄、银行每年对润昌栈的放款，最高达1400万～1500万两。① 扬州每日行情以镇江为标准，“随镇票大小各项行情，以定升降，镇江则依据上海”。扬州与上海、镇江的金融往来，都有驻申庄客把握。绍兴的汇兑市场，以上海为主，其次是杭州、宁波，但市面按照杭州汇率涨落。兰溪的直接汇兑地点为绍兴、宁波、上海、杭州、苏州。

19世纪70年代末，江浙两省的银洋市价，都受到上海丝茶贸易进出款项波动的影响，各地钱庄都以上海的行情来决定汇兑。在1883年上海金融恐慌时，镇江的60家钱庄倒闭了45家，江北扬州的钱庄也倒闭了17家，这甚至波及苏北的一些中小城市，沿大运河的青浦江、淮阴、宿迁、邳县，市面银根紧张，钱业多有倒闭。②

（二）长三角地区的交通脉络

1902年，招商局内河轮船公司拥有小轮7艘、拖船6条，先驶往苏杭，再将航线延伸到南浔、湖州、宜兴、溧阳、江阴，从苏州经无锡、常州至镇江，过长江抵扬州、清江，再越宿迁，溯淮河直达正阳关，形成了覆盖长三角地区与苏北大部分地区的内河航运网。③

南船北马是中国传统经济地理上的惯例，但是现代铁路的出现逐渐修正了这一定律。1908年，沪宁铁路通车，主要经过上海、昆山、苏州、无锡、常州、丹阳、镇江、龙潭、南京等站，大大便利了长江南岸沿途的客货运输，尤其是客运。沪杭铁路于1909年全线通车，1916年连接了沪宁、沪杭两条铁路。1902—1911年杭州海关十年报告载：“由于能与上海快速联系，本地的生活条件有了很大提高。”④ 1931年，宁杭铁路通车，经过

---

① 中国人民银行上海市分行编：《上海钱庄史料》，上海人民出版社1960年版，第183页。

② 《申报》1864年1月3日。

③ 张后铨主编：《招商局史（近代部分）》，人民交通出版社1988年版，第225～300页。

④ 陈梅龙、景消波译编：《近代浙江对外贸易及社会变迁——宁波、温州、杭州海关贸易报告译编》，宁波出版社2003年版，第253页。

湖州，并在句容有支线通镇江。① 1934—1936 年初，轮船招商局先后与京沪、杭甬铁路、北宁铁路等办理了联运。②

1932 年，沪杭公路通车。1935 年，上海至苏州、无锡等城市的公路陆续开通。1937 年，连接上海与长三角各地的主要公路干线、小型公路把上海与长三角大多数中心市镇联系起来。公路的修建主要不是为了商业③，“地方大量笨重货物多利用轮船装载。客运方面以铁路迅速、正确之优点，有独占之势”④。

（三）上海中心与邻近城市一体化

无锡，处于沪宁路的中段，是江南主要的米谷集散地，无论是外来的还是苏南的米谷，都在这里储存、加工后再直接或间接转往上海，无锡成为上海粮食的中转中心。⑤ 1905 年，清廷开内河行驶小轮的禁令，老公茂洋行首开沪锡航线，此后，华商各轮船公司也纷纷派船经营锡沪货班。⑥ 20 世纪 20 年代从无锡出口上海的生丝，约占全国总出口的 25%，无锡与上海的经济联系更为紧密。

常州，糖、杂货、洋布、煤油等大宗商货均来自上海，当地所产茧丝则直接运沪销售。来自江西、安徽的木柴、黄豆等运销苏州、无锡、常熟等地，色白布北运南京、苏北、安徽。

江阴，北控长江，南接太湖，航运便利，民国时期一度鼓吹的太湖实业港计划，就是把江阴、无锡、湖州连接起来，使得长江航运可以直通起来，连接上海。

苏州，一度是江苏省最大的城市，毗邻上海与镇江，“查苏州商市行

---

① 张其昀编：《本国地理》（上册），南京钟山书局 1934 年版，第 101 页。

② 张后铨主编：《招商局史（近代部分）》，人民交通出版社 1988 年版，第 420 页。

③ 徐思予：《江苏之公路运输》，载《国民经济建设》1936 年第 2 期。

④ 柳诒征等编著：《首都志》卷九，1935 年刊本。

⑤ 羊冀成等编：《无锡米市调查》，1935 年，第 10 页。

⑥ 郭孝义主编：《江苏航运史（近代部分）》，人民交通出版社 1990 年版，第 103 页。

情涨落，大致悉依上海市价为准，苏沪商业一气联络。《新闻日报》《申报》各载省商务类志一项，所有商货行情，随时涨落，立即登报，朝发夕至。近今宁沪铁路火车开行，尤为捷速，是以一切市面与沪市不相上下。至于货产进出，均从沪地转运”①。1897 年，沪、苏、杭之间乘坐轮船往来者已经超过了 20 万人次。②

嘉兴，位于黄浦江与大运河的汇合处，沪杭铁路经过此地。嘉兴与湖州出产丝茧与绸缎，湖州吴兴县的南浔镇与吴江县的盛泽镇的丝绸大多直运上海。

浙江省杭州、吴兴、嘉兴、绍兴的丝绸，运销国内的大多先集中在沪、杭，运销国外的大多先集中于上海。

沿着沪宁线的无锡现代产业的崛起，意味着上海与邻近地区的产业分工，出现从垂直向水平转变的趋向。近代上海充分利用区域市场一体化的机制，实现规模集聚经济，周边城市利用上海的“溢出效应”，融入以上海为中心的市场与区域经济板块中，加快与上海的“接轨”，主动地利用市场化手段与上海所提供的资源平台，进入上海经济圈的地域分工之中。同样可以发现，在产业上，依靠市场获取资源比例较高的经济形式，例如贸易、交通、产业等方面，在上海与长三角地区的互动中表现积极；在地域上，临近上海、资源比较优越的城市，优先获得上海从资金、技术到产业扩散等方面的支持。所以，尽管存在着地域差异，但是次中心城镇基本能够从上海中心，或多或少地获取资金、人才、技术、信息等方面的支持，甚至直接参与地域性的产业分工，分享“规模经济”与“溢出效应”。

---

① 章开沅等主编：《苏州商会档案丛编》（第一辑），华中师范大学出版社 1991 年版，第 202 ~ 203 页。

② 聂宝璋：《聂宝璋集》，中国社会科学出版社 2002 年版，第 282 页。

第三节　比较：相同的回应与不同的路径

一、相同的趋向与相异的形态

（一）相同：外部经济下的新陈代谢与区域经济圈的出现

广州、上海等口岸城市的开埠，外部经济的引入，激活地区经济的潜在能量，促进了现代的新陈代谢。根据已有的共识，近代早期上海、广州以港口贸易“兴市”——以外贸为龙头，引发了其他一系列变化。

在珠三角地区，一个个口岸由沿海、沿江不断推进，逐渐融汇了华南地区旧有的市场网络，建立起了以香港、广州等商埠都市为中心，延伸到内地农村的外向型商业网络。这种以农业与手工业的商业化与外向化为基础的市场体系，是由外力推动进而融合国内市场而发展起来的，以口岸为中心的市场中心连接着世界资本主义市场体系，使得海外工业制成品与内地农产品、手工业品、矿业品持续对流。在长三角地区情形类似，外部经济的介入引发了区域经济的新陈代谢。

此外一个共同的趋向就是，长三角、珠三角地区均形成了区域性的经济中心——上海、粤港；依托其他中等城市以及背后的城镇，逐渐形成了地域性的经济圈。大区域性的枢纽港之下，是一系列的支线港、喂给港或同等的口岸，通过口岸城市与其腹地的人员和贸易往来、资金流动、技术和信息传播，促成了区域内部与区际之间的密切联系。

（二）相异：不同的空间经济形态与发展势能

暂时先将长三角、珠三角地区假设为两个特定的地域经济共同体（相关说明上文已经略有论证，随后还将继续分析），这两个河口三角洲地区的空间经济形态有着明显的差异：

（1）上海成为长三角地区与东南沿海的经济、航运、金融中心，通过外部经济联动江南的传统资源，构建回路交通网络；通过内外部资源的共同积聚与扩散，在长三角地区构建了一个迥异于传统江南时代的区域经济地理景观，将区位的优势、腹地的潜能、交通的优势、人文的基础汇聚起来，完成了开埠通商以来地域经济的积极回应，并率先构建起以上海为中心，以江南腹地为依托的新型经济共同体；通过彼此之间的贸易、资金、人员、技术的交流，完成了口岸背后的腹地构建。

（2）广州因为囿于中西分异，将区域的中心让渡于香港，并由粤港一体化作为华南的区域经济、文化中心，其间广州由全国外贸中心降为珠三角地区的经济中心之一，依赖香港的外部性诱发区域经济的变迁。但是近代香港与华南的密切程度，远远不及上海与江南，但是内陆中心广州又缺乏大区域性的影响力，必然依赖香港在金融、技术、信息等方面的支持，于是形成了以外向化经济为主导的特征。

二、差异的背后：不同的基础与发展路径

相关的学术研究曾论述近代上海成长背后的江南因素，既包括江南所能提供的经济资源，也包括江南所孕育的重商传统与文化知识。[①] 此外，这些差异与开埠以后上海、香港、广州等地的自然基础、经济理念、发展政策也密切相关。

（一）自然基础（资源禀赋、经济区位）

上海最重要的潜在优势在于明清以来江南农村高度商品化的江南腹地，19世纪30年代，英国传教士麦都士（Walter Henry Medhurst）写道，“上海虽然只是一个三等县城，但却是中国东部海岸最大的商业中心，紧邻着富庶的苏、杭地区，由此运入大量丝绸锦缎，同时向这些地区销售各种西方货物”，并且断言“上海的贸易即使不超过广州，至少也和广州相等”。[②] 上海开埠后，丝、茶、棉生产地扩大，出口量持续增长，19世纪80年代起，又在原料加工整理方面实施变革调整，进而发展机电丝、纺纱业，及时适应国际市场的需求变化，江南腹地对经济发展机遇的反应相当

① 马学强：《近代上海成长中的“江南因素”》，载《史林》2003年第3期。

② 转引自《上海港史话》编写组编《上海港史话》，上海人民出版社1979年版，第30页。

灵敏，并给了上海市场有力的支撑。“上海的早期成功，离开了这根本的历史前提，即腹地资源经济的激活，以及由此而来的经济人才（特别是经济、金融人才）济济一堂，以及稍后的资本集中，就会成为不可理喻的事情。”①

珠三角地区也有这种优势，但稍逊于江南，主要局限在狭小的三角洲地区，且腹地经济基础不及江南，相形见绌。1860 年前后，受太平天国运动影响，广州出口的茶叶与生丝被迫摆脱主要依赖外省供应货源的状况，立足于本地，尤其是珠三角及其邻近地区。② 生丝、茶叶类产品为粤海关举足轻重的大宗出口货，在土货出口结构中占有 50% ~70% 的份额，1925 年蚕桑业全盛时，广东蚕桑产量占全国的 1/3，直接、间接的经营者约达 218 万人，其中 96% 集中在珠三角地区。③ 墨菲认为，与上海相比，香港尽管拥有很有利的地理位置，而且具有自身的优势——“在那里英国的完全主权给予贸易以转船港口所必需的安全保障”，但是，随着越来越多的口岸的开放、商业的进一步发展，“位于大陆上的城市地基就变得越来越有利了。同时，在人为的广州独揽中外贸易的制度瓦解以后，贸易中心也就不可避免地转移到长江流域的天然焦点”④。1843 年以后，以上海、镇江等口岸的开埠通商为导向，由于对外开放经济的诱导、最佳的地理区位，从太湖流域转移到长江、黄浦江口。突破传统内向化经济交流框架的束缚，在东亚的地域分工中，上海港获得了最佳的区位、广阔的海陆向腹地，利用港口水运低成本的优势，发展相应的临水型产业，迅速成为中转枢纽。

---

① 王家范：《从苏州到上海：区域整体研究的视界》，载《档案与史学》2000 年第 5 期。

② “1871 ~1872 年广州口岸贸易报告”，见广州市地方志编纂委员会办公室等编译《近代广州口岸经济社会概况——粤海关报告汇集》，暨南大学出版社 1975 年版，第 77 页。

③ 广东省政府秘书处：《广东生丝统计》，1934 年，第 107 页。

④ ［美］罗兹·墨菲著，上海社会科学院历史研究所编译：《上海——现代中国的钥匙》，上海人民出版社 1986 年版，第 99 页。

（二）制度规范（经济环境、政策法规）

1853 年后，太平军相继攻占杭州、常州、无锡、苏州等地，引发江南兵燹，清军在江南与太平军进行了近十年的拉锯战，很多城镇在战火中变为废墟，庐舍化为灰烬。据研究，苏南、浙江分别损失 1481 万、1630 万人（分别占总人口的 32%、52%），[①] 除了上海因有租界的托庇，未受到战争的破坏外，苏、锡、常、杭、嘉、湖先后为太平军所占领，江浙人相继流寓上海，1862 年上海英、美、法租界的华人达到 50 万，大量的人才、资金等资源密集沪上。战乱无疑破坏了江南原来的经济秩序，加速了运河沿岸城市苏、杭一带的衰落。在这一过程中，江南区域内大量人口、资金以超常速度涌向上海，促使这个通商口岸快速成长。刘石吉认为：太平天国运动“所引起的人口流动，使内地市镇与乡村人民得以寄居沿海通商口岸，因而濡染了近代西方文明，得风气之先，把‘传统’与‘现代’的距离拉得更近了”[②]。

尽管历史不能假设，但正如前述的评论所认为，如果明清帝国的主动开放外贸，那么就会疏浚浏河的淤塞，苏州就有可能早于上海成为中国最大的对外“商港”。因为苏州处于大运河线上，娄江（浏河为其下游）从江口直接苏州，航道较之黄浦、吴淞二江连接内地更便捷。浏河口的淤塞，促成了上海的崛起。

广州港基本上属于内河港，自然条件并不优越，要发展便亟须规划港区、疏浚航道，但因理念和思路的滞后，这一方面进展迟缓。直到 20 世纪 30 年代，广州港才基本完成了以港兴市的建设，港口建设的滞后，大大削弱了广州作为对外贸易和商务中心的地位。和广州相反，香港自开设自由港以来，就致力于港口的建设和相应设施的完善，迅速地在珠三角地区崛起，甚至发展成为远东的航务中心。

---

① 曹树基：《太平天国战争对苏南人口的影响》，载《历史研究》1998 年第 2 期；曹树基、李玉尚：《太平天国战争对浙江人口的影响》，载《复旦学报（社会科学版）》2000 年第 5 期。

② 刘石吉：《明清时代江南市镇研究》，中国社会科学出版社 1987 年版。

上海居民的构成决定了这个城市的特点，除了老城厢居民圈外，上海称得上是个移民城市。为了生存和发展，上海人富有适应环境的能力。也正是这种能力，使他们能够接受西方带来的思维与形式，把它们吸收消化，并转化成具有中国特色的现代化。① 与上海的情形相反，广州开埠后地方的抗争，直接导致其中心地位的下落，并促成了香港、上海的崛起。

例如，试图恢复公行制度的内容。条约规定外商可以在通商口岸自由选择贸易对象，中国官商不得居中干涉、阻止。而且，按照新的章程，洋商可以直接报关纳税。“经过这样一个变更，公行所有的服务人员，丧失了原有的权利，蒙受巨大打击，于是极力挣扎。”② 行商们甚至决定，“‘捐献’一日不取消，他们便不再开业，并将各行门前的灯笼卸下。通事们也感到新制度里面没有他们的地位，因此吵闹不休，要恢复旧制，并且希望每只往返黄埔的驳船应和往日一样缴给他们一定的规费”③。粤商还一度计划将公行制度改头换面，1850 年，南海、番禺两县令联名发布告设立茶栈，让输入的茶叶卸栈存储，“按据前行商浩官登呈称，自公行奉令撤销后，茶叶贸易已陷于分散和不安，因而公开交易尚无一定据点，为此呈请设立茶栈并征收经费，以便保持对茶叶贸易之监督及清偿彼等对国库的欠款等情”④。

以前对运往广州的丝茶，沿途设有税卡，但自由通商以后只收 5% 的出口税，各税卡不能再征。于是清廷颁布谕旨，要求内地所有贩卖生丝到福州、厦门、宁波、上海四口出洋的，都要查明由原产地运往广州所应缴纳的税银，然后在出口口岸补交，才能准许贸易。对于茶叶，清廷也曾有

---

① “张仲礼序”，见［法］白吉尔著，王菊、赵念国译：《上海史：走向现代之路》，上海社会科学院出版社 2005 年版，序言第 3 页。

② T. R. Banister, *A History of the External Trade of China*, *1834 - 1881*, p. 43.

③ *Chinese Repository*, Vol. Ⅻ, 1843, p. 500，转引自姚贤镐编《中国近代对外贸易史资料（1840—1895）》（第一册），中华书局 1962 年版，第 536 页。

④ *Peter Parker*, *North China Herald*, Vol. 2 Aug. p. 10, 1850，转引自姚贤镐编《中国近代对外贸易史资料（1840—1895）》（第一册），中华书局 1962 年版，第 537 页。

过类似的企图，不过因为太平天国运动，没有来得及施行。①

再如，反对外国人入城。1842 年 10 月，当英国人第一次要求进入广州城时，南海、番禺两县绅耆踊跃传递“公檄”，号召富者助纳，贫者出力，按户抽丁，举办团练，民间反英情绪的高涨和对外国人的憎恨，使英国公使不得不把入城问题搁置起来。1847 年 4 月，耆英接受英国代表的两项要求：扩大十三行英商馆馆址，租借河南洲头咀地方建筑货仓。但直到 1849 年徐广缙仍然以民愤不可扰，拒绝英国人入城的要求。反对英国人入广州，直接影响到广州租界的发展，相较于上海，沙面租界对广州城市发展的影响比较微弱，珠江口外的香港当局取代了原本设立于广州的租界的大部分功能。

简评：口岸贸易与经济增长

斯波义信在《宋代江南经济史研究》中说：“中国社会的规模容量巨大，也许与其说是时代的差异性大，还不如说是空间的差异性更大。”② 口岸与腹地已经成为一个老生常谈的话题，关注的重点已经转移到彼此之间细微的联系，以及对区域经济地理景观的塑造上。举凡观察者，大多期待能从中获得关于近代区域经济变革更多准确深入的认识。

通过以上对珠三角、长三角地区的观察及对比，我们大致可以看出近代开埠以来，两大三角洲地区地域性经济重建的路径与特征。上海中心的崛起，以及构建长三角区域经济圈的积极努力，可以视为近代中国区域经济构建成功的典范，以粤港为中心的珠三角地区则相形见绌。就其相同的

---

① *Chinese Repository*, Vol. Ⅻ, Step. 1843, pp. 43 ~ 44. 在上海开埠初期，内地商人贩运湖丝到上海，要补交北新、赣州、太平三关的税银，由江海关代征。“嗣开办新章，准洋商领照自赴内地买丝，完纳半税，因自咸丰十一年三月二十三日起，无论中外商人运来湖丝，一律改完内地半税，免补三关税课。”（《筹办夷务始末》（同治朝）（第 4 册），第 822 页。）

② ［日］斯波义信著，方健、何忠礼译：《宋代江南经济史研究》，江苏人民出版社 2012 年版，第 2 页。

趋势而言，预示着近代区域经济新景观的萌芽，近代意义上的经济区在长三角地区正在形成之中；就其中差异的内涵而言，既有自然禀赋的优劣，也有后来认知与实践的差异。归纳其中共同的趋向，进而把握区域经济变革的方向与内涵；比较其中相异的特征，以期获得不同地域变迁的个性色彩。

众所周知，口岸开放、对外贸易、经济增长、现代变革是近代中国经济史的中心话题，从空间的视角关注口岸开放、地方空间经济增长，以及经济增长的空间形态与趋势，具有特别的含义。本章的描述与分析，成为下文进一步讨论经济空间的基本出发点，更多的认识需要深入各地域经济内部，进而获得关于近代长三角地区与珠三角地区新经济空间的形态，以及口岸中心城市与腹地之间的互动过程与绩效，并且将其置于现代区域分析意思上的"经济区"概念下，衡量其新陈代谢的力度与空间含义。

第三章　新经济区的轮廓：三个空间尺度的衡量

基于对于空间的认识，列斐伏尔认为需要将“空间中的生产（production in space）”转变为“空间的生产（production of space）”，其本意在于彰显空间分析平台，将相关的信息与要素，置于空间的分析框架中，寻找其在社会资源配置中的价值和意义。近代新经济区的形成，需要从空间的尺度来衡量其变迁的背景。因为考察经济区的三项重要指标——中心城市、联系通道、网络结构，分别对应空间上的三个尺度。首先从空间小尺度上，考察经济区中心城市的空间扩展能力与形态；其次，扩大到中尺度上，观察中心城市与周边地区的经济联系与互动关系；再次，从大尺度上考察区内市场网络的联系脉络。

第一节　小尺度上的考察：中心城市及其近郊

五口通商为近代中国都市的发展创造了一个新的方向，形成了近代口岸都市，口岸通商并不仅仅是商业贸易，而且是一种中外经济关系的开端、中外经济互动的开端。就区域经济而言，主要的口岸城市实际上逐渐成为所在区域的中心城市，引领区域经济空间的新陈代谢，成为近代区域经济变革的发动机。

近代中心城市的现代性变革，一般被二分为口岸与传统都市两类，例如，章英华的文章就重点比较了这两类城市变迁轨迹的异同。① 但就实际而言，除了香港、青岛等完全新建的都市以外，多数重要的口岸城市，同时也是传统的通津要会，或者是两者的杂糅，其近代的转变更多地是一种现代性引导下的新陈代谢。这里描绘上海与广州等城市空间及其近郊的变迁，以及中心城市区域引领功能的形成，比较长三角与珠三角地区中心城市所引领的现代性空间生产的趋向与特征。

一、新建的现代都市：以上海为例

关于上海城市空间扩展的研究，已有的工作已经理清了大致的轮廓。② 这里重新讨论上海城市空间重建时，主要着眼于以前关注城区本身研究而忽略的两个比较重要的问题：一是华界与租界融合后，怎样引领了近代上海都市的空间扩展方向；二是华界的现代治理与城市中心功能强化的关系。

（一）老城与租界合二为一与城郊的空间扩展趋向

上海开埠前县城内外、港口一带比较繁荣，周围主要是农田与零星的大小市镇，城乡界限比较模糊，县城北面黄浦江畔仍然是以农田为主的乡村景象，零星分散着一些村庄，除了江边几家旧式船厂外，“余则卑湿之地，溪涧纵横，一至夏季，芦草丛生，田间丘墓累累”③。1843 年开埠通商之际，城市的范围除了县城城墙以内，还包括东侧、东南侧黄浦江沿岸地带。

1845 年 11 月 29 日，上海道台宫慕久发布了其与英国领事巴富尔约定

---

① 章英华将传统型城市北京、南京与近代重建型城市上海、天津进行参照，以期讨论不同类型城市的成长模式。（《明清以迄民国中国城市的扩张模式——以北京、南京、上海、天津为例》，载《汉学研究》1985 年第 2 期。其博士学位论文为 *The Internal Structure of China's Cities: 1920's and 1930's*。）

② 章英华：《清代以后上海市区的发展与民国初年上海的区位结构》，见中国海洋发展史论文集编辑委员会主编《中国海洋发展史论文集》，“中研院”三民主义研究所，1984 年；王尔敏：《外国势力影响下之上海开关及其港埠都市之形成（1842 ~ 1942）》，见梁庚尧、刘淑芬主编《城市与乡村》，中国大百科全书出版社 2005 年版；熊月之、周武主编：《上海：一座现代化都市的编年史》，上海书店出版社 2007 年版。

③ 岑德彰：《上海租界史略》，上海勤业印刷所，1930 年，第 2 页。

的《上海土地章程》，规定了外人在上海的租地方法。该章程表明，洋泾浜（今延安东路）以北，李家场（今北京东路）以南的地基租给英商建房居住，即后来英租界的北部界限，东边以黄浦江为限，西部未定，次年9月，议定以界路（今河南中路）为西路，大约839亩。于是上海县城北部靠近黄浦江一带的土地，陆续被外国人租赁，黄浦江沿岸以前的荒凉景象开始改变。在英国领事馆以南迅速建起了鳞次栉比的洋行，同时沿江搭盖了洋房，几年之内，“在破烂的中国小屋地区，在棉田及坟地上，已经建立起一座规模巨大的新的城市了”①。

伴随着租界建设的加快，在上海县城的北部，以公共租界为中心，城市建成区发展迅速，上海城市的中心也就由县城迅速转到租界，租界的地价也迅速提高。租界原供外国人居住，1860—1861年太平天国运动期间，大量中国人涌入租界，“华洋分居”的格局被打破，出现了“华洋杂居”的局面。虽然乱后大批华人离开了上海租界，上海的房地产一度衰落，“华人住房及其它房屋——大多数无人居住”，但是几年后，华人外迁的现象停止了，并且大批富裕士绅、官僚、商人进入上海租界，“1865年，英美租界内的中国住房都是不堪居住的茅舍。这些房子几已全被拆毁而代之以一种好得多的房屋，这就证明了较富裕阶层的中国居民住进了租界”②。

1859年后内河航运的兴起，使得苏州河下游的港区进一步发展，四川北路至新闸桥一段河岸成为内河港区的中心区域，仓库、货栈逐渐增多，“往来申、苏、杭小轮船公司码头均设在沪北”③。1860年公共租界、法租界、华界的划界基本奠定了上海市区的雏形。租界经过几次扩张，大约在1914年基本确定界址。19世纪60年代，租界的建成区还局限于中部与北部，即图3.1中公共租界的中部与北部，西部与东部基本上只有很少的工

---

① 唐振常主编：《上海史》，上海人民出版社1989年版，第154页。

② 李必樟译编：《上海近代贸易经济发展概况1854—1898年——英国驻上海领事贸易报告汇编》，上海社会科学院出版社1993年版，第112、239页。

③ 《各省航路汇志·江苏》，载《东方杂志》第四卷第三期，第66页。

图 3.1　上海华界与租界空间形势示意

厂分布在沿江一带，这些地区依然保留了乡村的风貌。[①] 此后，租界向东西两面不断发展，尤其是在西面以越界筑路的方式向华界发展。县城以西的华界与法租界接壤，一度被越界侵占，但街道的发展不及法租界。

此时，华界的商业仍然主要分布在城厢一带：除了沿黄浦江城外一带的码头、货栈、店铺，就是城内城隍庙及其四周。19 世纪中叶，上海城区

① Charles Ewart Darwent, *Shanghai: A Handbook for Travelers and Residents to the Chief Objects of Interests in and around the Foreign Settlements and Native City* (Shanghai: Kelly & Walsh, Ltd., 1920).

发展的一个重要转变是租界中区与旧法租界的商业逐渐发展起来，并且超过了老城厢地区，接着租界当局有计划地扩展，新筑的道路沿着租界中区向外扩张，原来的城厢地带成为城市边缘商业区。

当时的上海城市景观中，老城区远远不及租界，“城厢、租界，同在此二三十里之中，而租界则商务日盛，地段则日推日广，南市则以城垣阻隔，地窄人稠，无可展布。……租界之所以兴盛，则以有马路交通之故，今我自治之地，仅城厢南市一隅，马路仅只两条，中间复有城垣间隔，车马既不通行，行旅苦不方便。仕商巨富固无城垣居住者，即在租界觅食，小本经纪亦都不吝租金以寄居于租界之中，以致城内租界，地价、房价相去数十百倍。一盛一衰之故，内轻外重之情，其显著逼切若此”①。

于是，1912 年，“上海绅士姚文楠等为城垣阻碍，商埠难兴，集议公决拆去城垣，修筑马路，使城厢内外荡平坦直，为振兴商埠之基础”。当时“守旧绅民不无反对，仅于旧有七城门外，先行添辟尚文、福佑、拱辰三门，以便行人出入”。因为人们认为“城垣之设赖以限戎马而卫民居”，“城内居民负笈担囊，纷纷迁出，以城中为险地，而争集于无城之所”。②

在地方自治与维护利权的推动下，拆城兴市获得广泛认可。③“城垣实为障碍之物。而上海县城外，东、西、北三面均为租界，十六铺迤南马路，外滨黄浦，内逼城垣，展拓既难，回翔无地。欲使商埠兴盛，非亟拆城垣不可。方今组织共和，力图进化……仍拟将上海城垣拆除，改筑宽阔马路，竭力整顿，俾全市街衢一律修治，非特内地商务可以振兴，即租界人民亦必乐归我土。”④ 上海的城墙逐渐被拆除，老城区与法租界连为一体。

早在 1875 年，领事报告中就称，租界中心区的洋房逐渐被华人所置

---

① 吴馨等修，姚文楠等纂：《上海县续志》卷二，1918 年刊本。

② 吴馨等修，姚文楠等纂：《上海县续志》卷二，1918 年刊本。

③ 杜正贞：《上海城墙的兴废：一个功能与象征的表达》，载《历史研究》2004 年第 6 期。

④ 上海社会科学院历史研究所编：《辛亥革命在上海史料选辑》（增订版），上海人民出版社 2011 年版，第 333 页。

用，“迁出租界的外国侨民更喜欢住在乡下，因而在市区界线以外，别墅式住宅像雨后春笋般地在四面八方建筑起来”①。与租界北部毗邻的华界，大约在民国初年才开始发展起来，先是沿着吴淞江租界一带，后来逐渐顺着北方的淞沪铁路向东北与西北方向扩展开来，这就是后来称之为“闸北”的地方。20 世纪 20 年代时，大约如图 3.1 所示，上海城区大致包括沪杭铁路以东以北，京沪铁路以南的区域，囊括公共租界、法租界、租界西北部华界、老城区与南市地区。在讨论上海城市空间时，有学者认为可以将其分为七个类型城区：第一类是外滩办公区域，即早期英租界地区；第二类是高级住宅区，主要为法租界西区和公共租界越界筑路区域；第三类为商业娱乐街区，如南京路、霞飞路（淮海路）和四川北路等地；第四类是工业区，主要为杨树浦、沪西小沙渡以及闸北；第五类是下层市民集聚的棚户区，如平凉路、肇嘉浜地区等地；第六类是传统城区，以城隍庙区域最为典型；第七类，其他类型。② 前三类基本建立在租界的区域内。

道路在老城厢与租界之间和外围蔓延开来。大约到 20 世纪 30 年代初期，沿着京沪铁路与吴淞港航线，东北部逐渐发展到江湾。上海县北马路电车路直达宝山县境，“除沈家行外均已与城厢连为一片无可分画矣。……商市展拓所及，建筑盛则农田少，耕夫织妇弃其本业而趋工场，必然之势也”③。同时，县东增加 14 镇，远多于县西（5 个）、县南（6 个），黄浦江沿岸的浦东以码头、仓库为基础的街区也有所发展。

于是，闸北、江湾、浦东逐渐成为上海华界城区仅次于南市（原老城厢及其南部，包括黄浦江、滨江地带）的组成部分。近代上海市区的空间

① 李必樟译编：《上海近代贸易经济发展概况 1854—1898 年——英国驻上海领事贸易报告汇编》，上海社会科学院出版社 1993 年版，第 394 页。

② 苏智良：《城区史研究的路径与方法——以上海城区研究为例》，载《史学理论研究》2006 年第 4 期。

③ 吴馨等修，姚文楠等纂：《上海县续志》卷一，1918 年刊本。

演变，是由公共租界的中部、北部发起，然后蔓延到法租界与旧县城南市一带，并且在租界的产业扩张下，带动了华界其他几个独立城区（闸北、江湾、浦东）的发育。

（1）南市①：其交通、市政、商务远不及租界，“租界则商务日盛，地段则日推日广，南市则以城垣阻隔，地窄人稠，无可展布”②。1895 年才修筑连接县城与十六铺港区的道路，1912—1914 年逐渐拆除老城墙③，筑成环绕旧城的民国路、中华路等马路④，形成了商业“城区”。

（2）闸北：1911 年曾设立闸北市政厅，光复路一带聚集了众多的码头、堆栈，吴淞江北岸建有当时上海最大的内河码头。至 20 世纪 20 年代末，建有 590 余条里弄、70 余条道路，较大的工厂约 256 家，形成缫丝、化工、制药、印刷、机器制造、食品、玻璃等 20 个行业，“闸北区域，日渐繁盛”⑤，为华界工商业中心之一。

（3）浦东⑥：至 1926 年，沿江的主要码头、仓栈增加到 34 个⑦；1906 年后，建有花厂、纱厂、烟草工厂、火柴公司、造纸厂、肥皂公司等。不过，建成区基本限于浦东大道西侧与附近沿江地带，大道以东仍是阡陌纵横、村舍簇立的乡野。

（4）法华地区：发展始于租界的越界筑路，随着沪西工业区部分工厂（纺织、缫丝、面粉等业）在此设立，人口逐渐集聚，百工居肆，渐成闹市区。

---

① 狭义的“南市”是指十六铺至高昌庙区域；广义是相对于租界“北市”而言的，包括县城及沪南地区。

② 吴馨等修，姚文楠等纂：《上海县续志》卷二，1918 年刊本。

③ 杜正贞：《上海城墙的兴废：一个功能与象征的表达》，载《历史研究》2004 年第 6 期。

④ 民国元年一月十四日《拆城填濠案》，见杨逸纂《上海市自治志》，1915 年刊本。

⑤ 金国珍编：《都市财政论》，商务印书馆 1929 年版，第 154 页。

⑥ 一般是指今闸港以下，黄浦江以东的地方。

⑦ 上海浚浦局：《上海港口大全》，1934 年。

（5）吴淞地区：1898 年开设商埠，修建道路、桥梁，形成了商业区①，并开办有电机厂、铁工厂、纱厂等现代工业。

（二）华界的现代治理与城市中心功能的强化

关于租界与上海市政的情形已有论著阐发②，这里主要讨论华界的现代治理，以及国民政府致力于建设上海市所推动的上海城市功能的提升，虽然当时上海的工商服务业的核心区域仍然留在租界。

1870 年，上海、香港间海上电报线开通，1908 年后，公共租界的有轨电车通行，随后无轨、公共汽车相继通行，南市基本上迟四至五年也就跟进了，闸北等地也渐次进步。

1885 年 12 月，华界设立了第一个市政机关——上海马路工程局，但是并没有市政组织章程，故名“工程局”，“那时官吏根本不知市政为何物，只以为筑路收捐，可以给居民相当利便，免得外侨越界的借口”③，所以，政府也就没有什么市政成绩，仅仅在 1897 年完成了第一项市政工程——修筑南市外马路。

1904 年，华界成立了现代意义上的警政机构，将保甲总巡改为警察总巡。1905 年，清廷制定了正式的市制，在新政地方自治的推动下，地方士绅承办上海南市市政机关系统，改组马路工程善后局，将其命名为上海城厢内外总工程局，这是上海的第一个地方自治机构。当局颁布了第一部具有市宪性质的“上海城厢内外总工程局简明章程”，虽然比较简约，但相关的市政建设开始活跃，于 1911 年正式确立市制，具有标志性的意义。及至 1914 年，南市、闸北市政厅，改组为上海工巡捐总局、分局。1924 年，再度改组为上海市公所、闸北市政局。④

---

① “商市展拓所及，建筑盛则农田少，耕夫织妇弃其本业而趋工场，必然之势也。”（吴馨等修，姚文楠等纂：《上海县续志》卷一，1918 年刊本。）

② 费成康：《中国租界史》，上海社会科学院出版社 1991 年版，第 267～277 页；熊月之、罗苏文、周武：《略论近代上海市政》，载《学术月刊》1999 年第 6 期；钟义盛：《上海市政建设的近代化进程及其启迪》，载《社会科学》1995 年第 1 期。

③ 上海通社编：《上海研究资料续集》，中华书局 1939 年版，第 682～683 页。

④ 上海通社编：《上海研究资料》，中华书局 1936 年版，第 863 页。

1925 年，上海被设定为不驻军的区域，于是商埠行政更有扩张的趋势。江苏省长韩国均致电上海绅董李钟钰等筹备改设淞沪特别市，草定上海特别市公约，赋予市长更多的自由权，但是为后来的北京政府所否决。于是另行订立淞沪市自治市，并公布市区督办官制，市长听命于督办的指挥，但沪京两相僵持不决，后因浙奉战争不了了之。即便这样，市政建设也已经获得了空前的突破，开始走上轨道。《淞沪商务督办公署组织条例》保留了“淞沪”字样，于是上海市区北部大为扩张，形成了民国大上海区域的雏形。

华界的上海市政组织最早分为四个部分：南市、闸北、吴淞、浦东，各自为政，南市设有完整的董事会与议事会，分担官府的执行与决议功能，其他各区未设相应的官府机构。设立特别市后逐渐整合，于 1927 年后形成现代的市政组织机构，恢复上海特别市的名称，按照暂行的特别市条例快速推进市政建设，以前的阻碍因素基本消除，国民政府积极推进大上海的现代化建设，致力于建设一座中国的“窗口城市”。由于上海的城市重心在租界地区，且被外人稳固地占有，无法取而代之，而现存的道路、港口、交通系统有利于租界发展，不利于华界。因此，上海市政当局的长期发展方案是离开当时的市中心，将市区范围向东北方向位移，构建系统的道路交通网络，吸引人口集聚，另建一个上海“新城”①。由于江湾地区地价便宜，无须拆迁，离吴淞与商业港不远，且靠近虬江码头，于是在该地区规划建设。按照《大上海计划图》与《建设上海市市中心区域计划》，政府划分区域、修筑道路（尤其是环绕租界的中山路）、建设黄浦江虬江码头。② 不过，根据 1930 年的《市中心区域详细分区计划图》③，规划的重点是市级行政中心和居住区，而不是商务区。也就是说，国民政府规划

① 钟贵阳：《大上海核心的完成》，载《上海市通志馆期刊》1934 年第 4 期。

② 其中规划的“全市分区及交通计划”，表明大上海计划不仅是市中心区域，也包括南市、闸北、龙华、吴淞、浦东等全部华界地区。

③ 《上海城市规划志》编纂委员会编：《上海城市规划志》，上海社会科学院出版社 1999 年版，第 72 页。

建设的新“城”，既没有考虑到发展工商业，也没有考虑到市中心与近郊的经济互动。正如前所述，近代上海城市的源头即“市”的勃兴，进而演进为“城”。故而，除了市政与居住功能以外，江湾新“城”的其他功能区基本没有实现，虬江码头也只建设了一期工程，商业区也远没有形成，工业区也不成规模。① 直到1937年，虽然此时的江湾地区已经勉强称得上华界的“都市中心”。

相关的研究已经证实，开埠后外商先后在上海创办船舶修造、航运、缫丝等加工工厂，投资纺织、日用品、印刷、机器制造等工业。19世纪60年代，洋务派在上海创办了一批企业，例如江南制造局、轮船招商局、上海机器织布局等，以及民族资本的发昌机器厂、建昌铜铁机器厂、邓泰记机器厂等。到了20世纪初，上海初步形成了黄浦江、苏州河周围的杨树浦、闸北、沪西为主的几个工业区。1895年外国在华投资合法化以后，据统计，1895—1911年，外商在华投资的42.8%在上海，投资部门主要是纺织、烟草、食品、造船、公用事业，以及化学工业、日用品等。②

概而言之，19世纪60年代后上海开始使用煤气路灯，19世纪70年代开通城市电话，19世纪80年代电灯、自来水、救火排水系统、卫生防疫等逐渐建立，1900年后汽车、电车、电台等方面逐渐建立并完善，这些比内地城市及其他通商口岸要早，以至于其他一些城市被称为“小上海”，例如苏州、无锡等。正如国内外上海史学术界对这一现象与特征的分析与讨论那样，近代上海是一个世界性与地方性、传统性与现代性、中西华洋并存的地方，上海是在短期内迅速发展起来的都市，人口来源多元、社会组织多元、行政管理多元，形成了一个多元的社会氛围。③ 就这里讨论的

---

① 魏枢：《〈大上海计划〉启示录——近代上海华界都市中心空间形态的流变》，同济大学2007年博士学位论文。

② 丁长清等编著：《中外经济关系史纲要》，科学出版社2003年版，第203页。

③ 熊月之：《乡村里的都市与都市里的乡村——论近代上海民众文化特点》，载《史林》2006年第2期；［美］罗兹·墨菲著，上海社会科学院历史研究所编译：《上海——现代中国的钥匙》，上海人民出版社1986年版。

相关背景而言，主要原因在于，上海是建立在近代江南的社会经济文化背景上的都市，并逐渐成为江南区域性的中心城市，上海引领着江南变革的方向。故而，张仲礼认为："这座城市虽然存在着外国租界，华洋杂处，但并没有像世界上其他殖民地城市那样丧失自我。她向全中国做出示范：何为洋为中用。在这里，古老的中华文明和西方的现代文化的相撞是以实用主义的方式来达到平衡的。……纵观上海史，上海人以其从西方人那里学来的经验来对抗西方以经济现代化和社会进步为主体的挑战，即以现代性来迎击西方。"① 上海华界的现代治理推动并提升了城市的中心功能。

二、传统的中心城市：以广州等为例

与上海相比，广州等近代传统口岸城市，一方面孕育着"华洋杂处"，另一方面又处在大陆的"腹地"，依然为中国官吏所治理。这里以广州、镇江、苏州为例，讨论其城市空间的演变，哪些力量带动了近代传统中心城市的新陈代谢，其中出现的现代性要素，是怎样形成的，又是如何被纳入这种现代性的空间性生产。

就以往的相关研究而言，广州相对也比较富赡，在有关城市空间扩展与形态变迁考察的论著中②，相关的研究或夸大了商埠因素对近代广州城市的直接意义，似乎过犹不及；或大体上勾勒了广州城的空间扩张过程，但仅限于并不完整的资料罗列；或从城市建设与政治参与的视角讨论了这座省城的变迁，失之于变迁过程的空间透析；或从现代性的意义上考察了

---

① "张仲礼序"，见［法］白吉尔著，王菊、赵念国译：《上海史：走向现代之路》，上海社会科学院出版社 2005 年版，序言第 3 页。

② 王尔敏：《广州对外通商港埠地区之演变》，载《广州史志》1987 年第 2 期；倪俊明：《广州城市空间的历史拓展及其特点》，载《广东史志》1996 年第 3 期；Yeung Wing Yu Hans, *Guangzhou, 1800—1925: The Urban Evolution of A Chinese Provincial Capital*. Dissertation of Hong Kong Chinese University, 1999; Michael Tsin, *Nation, Governance and Modernity in China, Canton, 1900—1927* (Stanford: Stanford University Press, 1999).

民国时期广州秩序的重建。关于近代镇江城市史的研究基本暂付阙如，关于苏州的研究基本局限于宏观的粗线条描绘。

（一）城墙以外的“市”：晚清至民初

广州城依山傍水，通常将清以前就已经形成的，由大北门至归德门的城区称为老城；将清季修成的由归德门至靖海门的翼城称为新城。镇江老城有四个正门，东为朝阳、西为金银、南为虎踞、北为定波；有两个便门，一为越城小门，通粮米仓，一为新西门，通宝盖路。作为一座省城，广州已经形成了基本的城垣结构，未来城市的空间拓展，一方面来自城内街道的整建与填充，另一方面是具有外部特征的商业经济，突破已有的城墙约束，形成新的商业区与居民区。

清季以来外向化的手工业与商业的发展，推动了城墙以外聚落的自然延伸，促进了城市的空间扩展。就在这个时候，西方资本主义开埠通商的介入，加速了城市空间向城墙以外的西、南、东三个方向扩展，引发了传统城市格局与景观的第一次大变革。对广州而言，表现比较明显；镇江则相对微弱，主要变革在于老城之外沿江地带；苏州的主要变化在东南沿河地带。

下面主要以广州为例，论述晚清至民初城墙之外的“市”：

西关与沙面：沙面南濒珠江白鹅潭畔，潭深水阔，是广州港的重心所在，是从香港港、黄埔港进入广州的必经之地。随后港口逐渐西移至白鹅潭，新式轮船码头陆续在沙面至潮音街口（今爱群大厦）附近兴建，大新公司、先施公司先后落户西堤一带。随着往来广州的轮船日益增多，白鹅潭港区逐渐向珠江后航路方向扩展，朝着洲头咀、芳村、大涌口、白鹤洞、白蚬壳等处延伸，形成了一片建成区。

同治年间，绅商初辟新宝华坊等街道，那是当时西关最西的住宅区，距离泮塘、南岸等乡还有数里（泮塘是西关最西处①）。后来随着内城越来越不够用，在西关兴建厂房、开辟街道，形成纺织工业区，迅速发展的工

---

① “泮塘”即半溪半塘的意思。黄爱东西：《老广州·屐声帆影》，江苏美术出版社1999年版，第166页。

商业又促进了住宅区的开辟，于是不少围田区就变为城郊区。① 光绪中叶绅商纷纷购地起屋，数十年间楼厦云连，鳞次栉比，在上、下西关涌平原上，陆续兴建了宝源、宝贤、宝庆、逢源等住宅区。以前的菱塘、莲渚完全变成民居，与泮塘等处连成一片。

南郊与河南：鸦片战争后，外国传教士除了在十三行商馆区设立据点外，着重向附近的南关、河南一带扩展传教，设立礼拜堂。及至 1859 年，广州有礼拜堂、福音堂6 间，其中 5 间位于南关、十三行附近区域（今沙基、长堤一带）。②

1892—1901 年粤海关十年贸易报告中述及河南等地的城市建设："与广州仅一江之隔的河南，每年都有越来越多的建筑拔地而起。那里已有许多仓库、制席厂、商业分店，还有造船厂、机械厂、煤场和船舶用品商店。地产（特别是这一地区的地产）都已涨价……河南北端一英里范围之内的池塘将不复存在……花地岸上增加了许多房屋，本地的帆船制造厂、船坞码头等，均生意兴隆。有许多渡船行驶于广州城区与珠江对岸之间，事实上，由于市区与河南之间的交通日益繁忙，兴建一座跨江大桥的计划已在讨论之中……在花地南面边界……已建起了许多学校和房屋，以取代城内被火烧毁的旧设施。"③

东郊与东山：东山在城外约 2 千米，因为偏离珠江航线，直到 20 世纪初期，仍然冢墓林立，是稻田、菜地、池塘遍布的农业生产区，间有腐竹作坊等手工业。美国浸信会教士纪好弼等人，曾买下了东山最高点及附近地方，设立外人住所、男女神道学校，办理培正中学、培道女中、恤孤

① 曾昭璇：《广州及周边地区的景观沿革——释〈广州杂抄〉（下卷）》，见曾昭璇《岭南史地与民俗》，广东人民出版社 1994 年版。

② 王云泉：《广州租界地区的来龙去脉》，见中国人民政治协商会议广州市委员会文史资料研究委员会编《广州的洋行与租界》（《广州文史资料》第四十四辑），广东人民出版社 1992 年版，第 1 ~ 29 页。

③ "粤海关十年报告（二）（1892 ~ 1901）"，见广州市地方志编纂委员会办公室等编译《近代广州口岸经济社会概况——粤海关报告汇集》，暨南大学出版社 1995 年版，第 926 页。

院、养老院、美华书局、浸信医院等。随后浸信会又在东山陆续收买大片田地，大兴土木，其他教派教会也接踵而至。随后，东濠口东侧的北横街、线香街、永胜街、永安横街，以及珠江北岸一带均开辟为商业区。

东郊的新变革与城区的蔓延大约在清末开始出现，1911 年起，始自大沙头的广九铁路通车，经过城外的东山，铁路沿线的北面设有农林实验场，南面分布着教堂、学校和住宅区，邻近的村落居住着农民。晚清至民初，外国人和本地富商都开始在这里建住宅，东郊出现了“地价日增，房宇日盛”的景象。① 民国时期半数的新式建筑分布在东山，东山可以和长堤、西濠口相媲美。

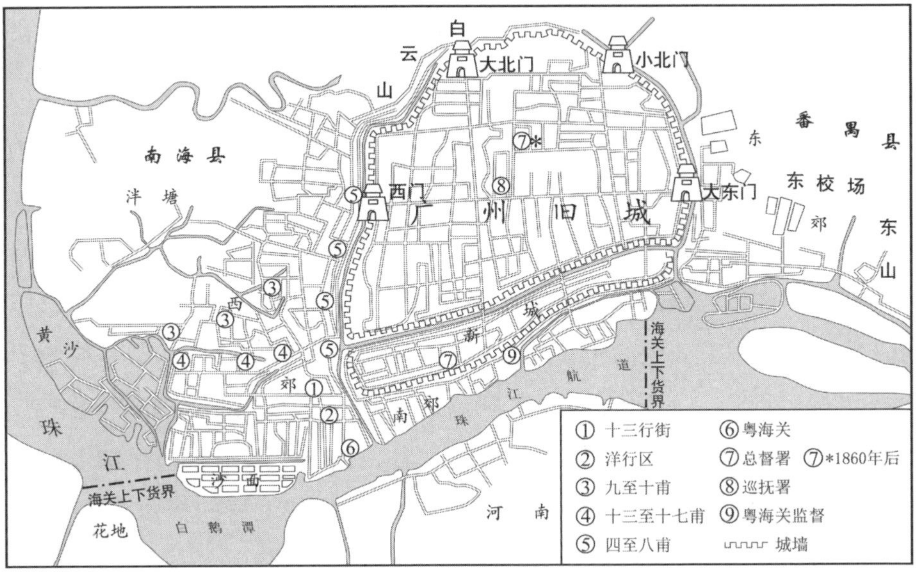

图 3.2　广州城区空间格局（1905 年左右）

及至清末，广州旧城墙的西、南、东、北四郊都获得了不同程度的开发，1892—1901 年粤海关十年贸易报告中论述道：“郊区年年都在各个方

① 慈航氏编：《广州指南》，新华书局 1919 年版，第 3 页。

面向外扩展，以前郊区宁静简陋的小巷已不复存在，变成了挤满人群的街道。富裕阶层不断移向西区。”① 新建城区的街道布局多凌乱，与整齐的旧城坊形成鲜明的对比，却显示了经济的繁荣与城市的活力。其时城区的扩展主要还在西关，其次是河南，东山发展还很缓慢，获得革新的地区基本上还呈点状分布，民国中期以后，城区才在东山迅速拓展开来。

清中叶以降，苏州城区已形成几个各具特色的功能区块，其具体布局可以概括为：城市东北部为丝织专业区，大多为机户所居住，官办的苏州织造局也设在这里；西北部为工商业中心区，主要为贸易与浆染业，商人、牙侩、店主、伙计、娼妓密集；西南部是政治中心区，集中着官府衙门、官学机构；东南部则自清中叶以后逐渐成为新兴商业区；城中心的旧市场虽然保存，但已趋向衰落。②

太平天国运动前后，“从前苏州市面皆在城西，自阊门至枫桥，自胥门至枣市迤西，五十方里，全是房屋。枫桥之米市最盛，全市市面，均以之为枢纽，故谚有‘打听枫桥价’一语……枫桥铁铃关，为极冲要处。自洪、杨难后，米市全向西北迁至无锡，其它商业亦多迁至上海，苏州市面犹能略为维持者，赖以省城故耳。及光复后，省城亦迁，商业愈不振矣”③。外国租界的存在，对苏州城的建成区实际上并无什么明显的影响，只是修筑了一条沿城墙南边与西边直到西北阊门的运河沿岸马路，以便游人往来，“当道路未筑到盘门时，共同租界人来车往，商店、戏院、鸦片铺等相继在盘门一带开设起来，形成一个活跃的郊区，很像上海的福州路”④。但

---

① “粤海关十年报告（二）（1892～1901）”，见广州市地方志编纂委员会办公室等编译《近代广州口岸经济社会概况——粤海关报告汇集》，暨南大学出版社 1995 年版，第 926 页。

② 王卫平：《明清时期江南城市史研究——以苏州为中心》，人民出版社 1999 年版，第 59 页。

③ 顾颉刚著，王煦华辑：《苏州史志笔记》，江苏古籍出版社 1987 年版，第 113～115 页。

④ “苏州（1896—1901）”，见陆允昌编《苏州洋关史料（1896—1945）》，南京大学出版社 1991 年版，第 77～78 页。

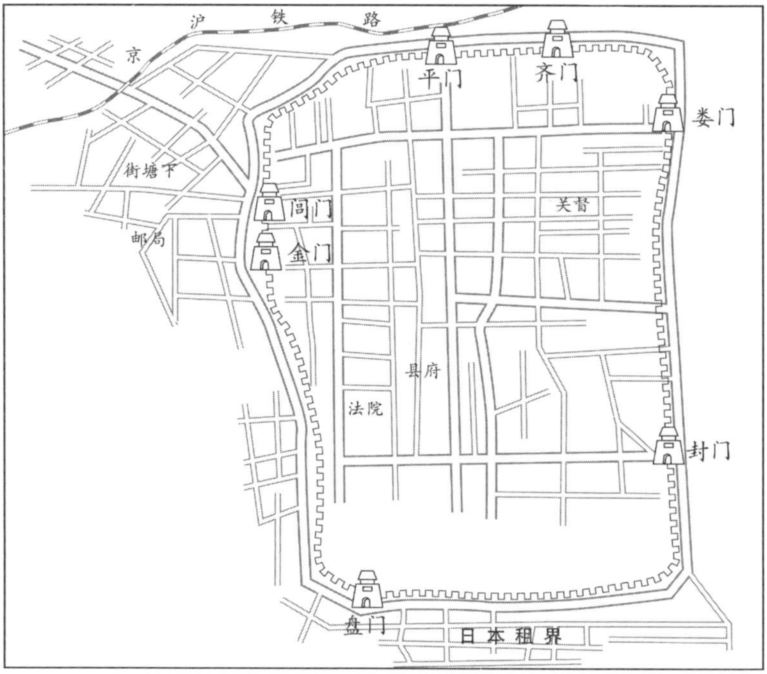

图 3.3　苏州城区空间格局（民国初年）

是海关也认为规划中的京沪铁路过苏州西北部，并将在那里设立车站，这增加了苏州向西北方向而不是东南方向发展的可能，事后证明确实如此。

1896 年苏州盘门外，“春间尚系荒郊，今则人烟稠密，大丝厂早经开工，纱厂将次告竣……至于茶寮、酒肆以及小火轮局等类，开设者争先恐后，地价且因之而涨……他如葑门外至觅渡桥北沿河一路，向为荒地，现已渐次造房，想不日间亦成热闹市面矣”①。“1902 年，租界的道路已建成，但迄今仍长满了杂草。那里的整片地方，除了缫丝厂和海关建筑之外，实际上是一块荒野之地。”不过，城区的街道有所发展，空旷的地方开始建立新的市集，

① “光绪二十二年（1896）苏州口华洋贸易情形论略”，见陆允昌编《苏州洋关史料（1896—1945）》，南京大学出版社 1991 年版，第 147 页。

并计划建立一条贯通全市的大道，市区的房租增加了一倍。①

镇江老城之外的“新城”，主要依托于租借区与沿江港区。自1861年第一艘英国商船抵达镇江，各国的商船接踵而至，东起焦山，西至金山近10余里的港区内桅樯林立，汽笛声声，沿江码头货栈鳞次栉比，租界与港口区内各行各业相继兴旺起来，进而在今天的镇江大西路一带形成了十里洋场。“商埠在城西北银台山下之沿江一带，与西门外同为市廛栉比之所，惟城内则渐荒凉，仅为一省政治之枢纽而已。”②（参见图3.5）

大略看来，腹地城市苏州受租界、口岸开放的影响微弱，远不及沿海要津大埠，甚至不如沿江港市镇江。

（二）晚清以来的认知与变革：广州的经验

自1886年张之洞修筑长堤以来，拆城修路时有展开，但主要是一时之需，官府未有完整的计划。长堤由筹议到落实，工程范围大为扩张，官府所扮演的角色分量也逐渐加重，议筑长堤的肇因是解决洪水问题，但首先修筑的是地势较低、靠近沙面与旧城的南关，而不是蓄洪能力较强的洲头咀等地，因为优先考虑的是“国威”与“体制”，而非防治洪水。粤海关报告认为：“一座相当大的比较完善的码头……专供官方使用。1891年希腊国王恰烈维奇（Czarevitch）访问广州时，就是在这里受到总督的迎接。这条长堤仅是经前总督张之洞批准的筑路计划的开端，该计划准备改造珠江堤岸，直至沙面。”③ 但修筑的长堤仅仅是天字码头附近数百尺。地方当局沿长堤的余地构建马路系统，“略仿香港已成棋盘之式”④。尽管清末广州城依然保留基本的样式，但在“新政”改革的标题下还是采取了一系列

---

① “苏州（1902—1911）”，见陆允昌编《苏州洋关史料（1896—1945）》，南京大学出版社1991年版，第103、106页。

② 《最新中华形势一览图》，见《省志·江苏省、上海市、浙江省》，东方舆地学社，1930年，第3页。

③ “粤海关十年报告（一）（1882～1891）”，见广州市地方志编纂委员会办公室等编译《近代广州口岸经济社会概况——粤海关报告汇集》，暨南大学出版社1995年版，第877页。

④ 《华字日报》（香港）1905年12月22日。

促进城市“现代化”的举措。

道光年间广州居民已达120万人（城内90万，城外30万），1900年升至约240万人，曾经被视为屏障的城垣反而成了城内外交通的阻碍，故清末已有拆城之议。民国以后，城墙被认为没有保留的必要，计划拆城墙扩大市区；筑马路以利市内外交通；兴建高层建筑和西式新村。1912年开拆正东门，修筑从堤岸涌到沙面东桥的堤岸的马路。1913年设工务司，专营拆城墙筑马路事宜。

不过民国初年，因为资金的短缺与时局不稳，广州的市政建设比较缓慢，直到1918年在育贤坊禺山成立市政公所，才结束了广州由南海、番禺分管的历史，整个市区行政归于划一，开始大规模有秩序地拆城筑路、扩宽街道、发展公共交通、拓展市区空间。这是开埠以来第一次大规模的市政建设工程——拆除广州城墙与城门，利用城基发展城市的近代交通。广州城一共有15个城门的城墙被拆除，5000多栋房屋被征用，修建了10千米长的新式马路。只有一段长4000英尺的城墙，为了保护都督官署不受损害而被保留，“数千年军事家凭陵制障碍物，次第荡平”①。随后，城外的道路修筑到白云山脚的沙河村与外侨聚居区的东山②，城市空间获得了空前的拓展，番禺捕属、河南街区以及近郊乡村被划为市区，这为1920年的市区划界奠定了基础。随着城市结构的全面调整，尤其是城墙的拆除与新式道路的修建，广州城的景观大为改变。不过1920年前，控制广州的是陆荣廷等老桂系势力，进行市政改革主要还是为了攫取地方财权，市政当局垄断性地出售公共地产。

1920年，粤军驱逐老桂系，厉行改革，组建新政府，“以广州为全省首善之区，市政宜臻完善，前市政公所只注重拆城筑路，其余市政多付阙如，乃着法制委员会议定市制，划定广州市区，置市政厅，总理区内市政”③。

---

① 广州市市政厅总务科：《广州市市政报告汇刊》，1923年，第127页。

② “粤海关十年报告（四）（1912～1921）”，见广州市地方志编纂委员会办公室等编译《近代广州口岸经济社会概况——粤海关报告集》，暨南大学出版社1995年版，第1040页。

③ 广州市市政厅总务科：《广州市市政报告汇刊》，1923年，第73页。

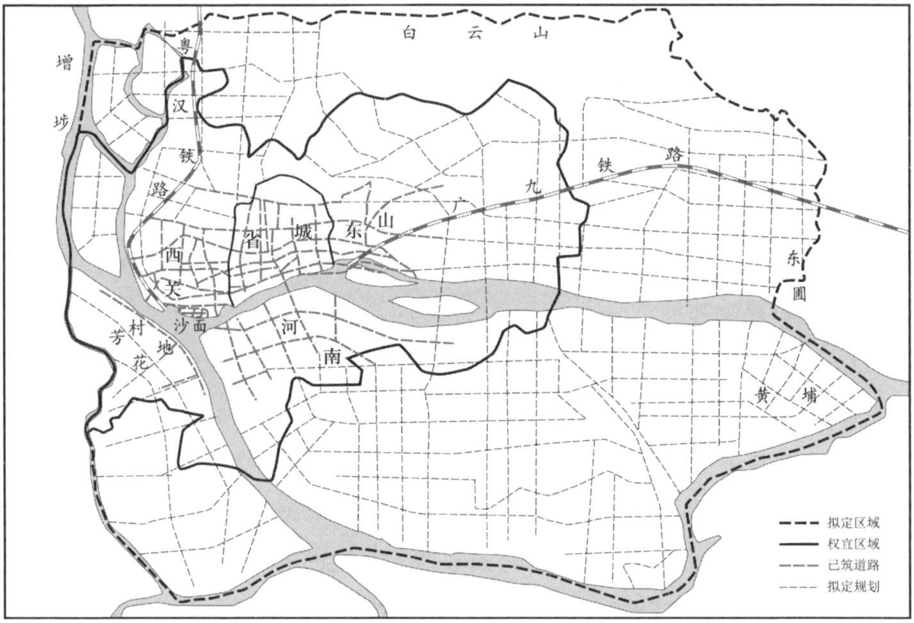

图3.4　广州城市空间格局（1932年）

1921年，将市政公所从交通不便的育贤坊禺山迁到南关长堤。① 孙科出任市政厅长，引进西方制度草定条例，宣告成立第一个城市行政区。② 市政府成立工务局规划全市路网，拆城筑路，推广教育，维持警政卫生，“模范市政之誉，见称于国内外”③。孙科的规划有三个主要目标：（1）改善广州城市外向的港口与内陆交通，以及内在城区的街道交通；（2）改革城市的卫生设施，使之适合人类的居住；（3）建设中国历史上缺乏的公共场所：公园、剧院等公共舞台。无论是城市交通、生存环境，还是公共空间的设立，都具有某种现代意义上的“民主化”，并且将其纳入现代政府的管理机制。

至1921年，城外的马路一直通到白云山下的沙河村和外侨人口不断增

① 广州市市政厅总务科：《广州市市政报告汇刊》，1923年，第69页。

② 周振鹤：《行政立市广州为先》，载《羊城晚报》1997年10月10日。

③ 《本市新闻——孙市长之临别留言》，载《广州民国日报》1924年9月17日。

加的东山，第二年，老城区两侧的西关与东山已经连接起来，新修的道路共约42千米。以惠爱路为东西主干线，以永汉路为南北主干线，加上东西走向的长堤，初步形成了新的道路网络与城市中心。①

至此，城墙的城市已经变成了市场的城市，主要表现就是以前作为官府的老城区变成了一个新的商业区，大约在永汉北路（今北京路）与惠爱路（今中山路）所在的地区。1923年以前城区道路的修建规划，优先考虑旧城（包括老城的外郊）、南关，其次是东郊，最后才是西关与河南，这主要出于政府的规划，同时与急于拍卖老城地产、西关商民阻止拆建也直接相关。

1923年，孙中山驱逐陈炯明，孙科克服财政困难，“悉心擘画，以为前此所定一切建设计划，继续进行”②。市政厅各局的工作虽有进展，但整体成效并不大。该年的市政新计划是，填筑黄沙堤岸，开建海珠新堤马路、河南宝冈马路，开辟观音山公园及居宅区，开辟西关靖远、同兴等商务繁盛以及地当要冲的六条街道，测勘广州近郊路线。正在进行的工作包括勘定大北、小北马路，“迅速开辟，以备扩充市区”，“盘福、东山等马路，久经筑成，亦宜乘时发展”③，其中大北在三元里，小北在沙河，盘福在西村，东山在石牌。1925年，市政当局着手建设新式医院、疏浚黄埔港等计划，后来因为北伐而搁置。1926年，主要规划扩建通往西堤的马路。④

在现代政府的范畴中，为了在不同的空间实现政府的权力，空间被赋予想象与规划。1928年，广州成立了有史以来第一个负责城市规划工作的

① 广州市市政府：《广州市市政府统计年鉴》，1929年，第257页。

② 《粤战局与政潮之情况——惠州接济已断、孙科市政感言》，载《申报》1923年10月16日。

③ 广州市市政厅总务科：《广州市市政报告汇刊》，1923年，第160～177、181页。

④ “粤海关十年报告（四）（1922～1931）”，见广州市地方志编纂委员会办公室等编译《近代广州口岸经济社会概况——粤海关报告汇集》，暨南大学出版社1995年版，第1118页。

机构——城市设计委员会。该年市政当局修筑了东北隅的仓边等路，改善了西关与长堤交通要冲的十三行马路，修筑了沟通十七、十八等甫的要道，修筑了广州东北隅交通总汇的应元、镇海等路。应元、镇海等路“惟地当贫瘠，筹款艰难，兴筑殊非易事，然路属重要，碍难缓图，乃决由政府拨款建筑”①。1930 年，制订《广州市工务之实施计划》，规划市区、郊区共建马路 96 条（市区 61 条，郊区 35 条）。1933 年，市政会议决定，再增建 58 条马路（市区 26 条，郊区 32 条），并大面积铺筑沥青路面。其中，郊区道路有小北至姑嫂坟、三元里至斌华桥、广番花公路等马路。20 世纪 20 年代，在东山规划兴建的模范居宅区位于执信学校的四周，同时计划将东门外马棚、竹丝两岗及其附近地区建设为美式的模范居宅区，清浚内街渠道与湖泊，在市郊外建立平民模范居宅区。② 此外，还计划在河南修筑马路、堤岸、海珠公园铁桥、模范居宅区。

以上广州市政当局开拓市区、发展城郊公路、建设示范住宅区、发展警察卫生事业等举措，从空间上看，首先是从沙面东部西关与南关交界的长堤开始，然后将重心转到广州新城与老城，其次是东郊、北郊，再到西关、河南；从操作程序上看，改造欠发展地区比重建已发展地区更为便利；从实际收益上看，开发广州老城区的背后具有财政意图，即出售官产；从意识形态上看，以财政支援的形式发展城郊的道路，建设模范住宅区，被赋予了政治与文化的诉求——树立中国南方首府的雄伟形象。

广州城区原有的范围即警界范围，1923 年确定的城区面积是 66.20 平方千米，随后开拓为“东至东圃东陂，南极河南黄埔，北尽白云山，西达增埗对河之两岛”③。拟定的区域一共是 537.03 平方千米，当时广州市政委员长林云陔调查发现“本市官有空地位数不少”，“市区辽阔，重烦统驭，经济现状有所未能，或可暂用权宜区域之划分，依据现有警察之地为

① 广州市市政厅总务科：《广州市市政报告汇刊》，1923 年，第 1 ~ 11 页。
② 广州市市政厅总务科：《广州市市政报告汇刊》，1923 年，第 11 ~ 20、120 页。
③ 广州市市政厅总务科：《广州市市政报告汇刊》，1923 年，第 128 ~ 130 页。

标准”。[1] 于是“将拟定区域暂为缩小，另立权宜区域”[2] 170.37 平方千米。当时已经划入的三元里、黄埔等处，“一切行政事宜，仍由南海、番禺两县处理”[3]，事实上权宜区域大大超过警界范围，已经大于其时城区所能拓展的地域。

作为一个传统港市，港口的发展空间直接关系到城市的拓展，但是广州港在港区规划、航道疏浚的理念上相对滞后。直到 1901 年广州港区范围才有了比较大的扩展，开始建立相对完善的管理制度。[4] 直到 1904 年珠江航道中的障碍物才彻底清除，但是后航道的淤塞又日益严重。历届政府的疏浚基本上治标不治本，淤塞程度有增无减，远洋货轮不得不经香港、澳门转运。

于是加速开拓黄埔港区，便成了民国时期广州港发展的关键。孙中山在《建国方略》中提出“南方大港”计划，规划建设一个由黄埔到佛山，包括沙面水路在内的新广州市。新广州的商业区规划在河南岛上，工业区分布在花地至佛山之间，码头在后航道至黄埔一带建设。但是该项建设一直停留在规划层面上。香港完善的港口条件、金融市场、商业制度，使得广州以及整个华南地区在对外贸易上都受制于香港。1926 年，国民政府在民众的推动下，筹措资金，开黄埔港为商埠，但因为资金被用于北伐，开港开埠事宜不了了之。1930 年，广州当局选择河南西部的白鹅潭侧翼修筑内港，并修筑河南堤岸、海珠桥，整治广州港各码头，1937 年正式开始建设黄埔港。

无论是早期张之洞的认知与规范，还是民国政府的意气奋发，从意识的角度来看，主要目的是创造中国南方首府的雄伟形象与地方当局的治理业绩。一连串理想的规划，在现实困境与财政两难面前跌跌撞撞，这也是近代广州这座传统改造型港市的必然归宿。广州现代性政治经济秩序的建

---

① 广州市市政厅总务科：《广州市市政报告汇刊》，1923 年，第 130 页。

② 广州市市政厅总务科：《广州市市政报告汇刊》，1928 年，第 65 ~ 66 页。

③ 广州市市政厅总务科：《广州市市政报告汇刊》，1928 年，第 66 ~ 67 页。

④ “粤海关十年报告（一）（1882 ~ 1891）”，见广州市地方志编纂委员会办公室等编译《近代广州口岸经济社会概况——粤海关报告汇集》，暨南大学出版社 1995 年版，第 930 页。

立，是基于地方政府对国外最新规划理念的移植，它与这座传统的城市还是不能有效地兼容，当广州城市建设开始比较协调之际，又在战乱与随后的地方政府更迭中结束。

（三）民国时期镇江城市的转折：省城的意义

因县城附近城壕北水关一带的官地营产异常荒芜，1922 年，丹徒县公民王燮等拟开辟新北门马路于北水关之侧以振兴商业①，未能获得有效的实行。1923 年 5 月 30 日，镇江社会各界在小门外十八市乡公所内，开会公议拆城事宜。当时商学工报各界要人、省府议员、绅士、各部代表，多数主张不拆城墙，这与其他城市如火如荼的拆城运动差别颇大。直到 1928 年 4 月 29 日政府着手开始拆城，在沿城基地四周，拟建筑一条马路便利交通。1929 年，省府迁镇以后，开始大举拆去城垣、建筑公路。

省府从南京移到镇江，使得镇江不再仅仅是一个重要的商埠，而是江苏省的政治中心，政府的力量带动了商埠的建设。在省府迁入前，镇江城所有的市场都在城外，城内仅有一条大街，从南门通向西门，市场冷清；省府迁入后，机关林立，建设突飞猛进，新辟道路渐多。其中尤其以中山、中正两路为主干，新西门至中山桥一段的城垣被拆去，城基被辟为河滨公园，开辟新南门以通车站，开辟新北门以通北固路，“旧日冷落之郡城，一举而为新都市之气象”。

镇江西城外居水陆要冲，内临商埠中心，以西门大街为主要市场。其中英租界区的柏油马路是镇江城市马路建设的楷模，银行及旅馆大多集中在这里。根据修建环江码头以及整理口岸计划，扩展到西门大街等建设项目，得以积极进行。小码头虽然衔接江岸，但因为观音阁阻隔，形成了镇江城的另一个区域，城内工厂较多。金山河为木业市场，新河与金山河为天然的避风港。小车站一带为转运中心，工商云集，民居林立，为镇江重要的区域之一。河北自大口门绕贯郡城之运河北部，境内姚一湾为商行堆

---

① 《江苏省长公署批第五二三七号（中华民国十一年十二月二十九日）》，载《江苏省公报》1923 年第 3227 期。

栈区域，荷花塘一带接近北固山，煤栈、油池大多设在那里。

据 1929 年 9 月 27 日的《民国日报》，镇江县第二次全县代表大会考虑到镇江作为省府所在地，提议进行大规模的建设。1. 关于道路与堤岸：（1）拆除城墙，改筑环城马路；（2）填筑无用的河道与水池；（3）建筑长堤防御水患，开筑新式的船坞；（4）规定并公布路线；（5）规定干路两旁商店住屋建筑样式以及相应的高度，以期划一。2. 公共建设：（1）设立菜市场与屠宰场；（2）规划国货及特产陈列馆；（3）开办传染病医院；（4）开办平民工厂；（5）建筑平民住宅以改善平民住居，谋求交通与卫生的改进；（6）设置公共体育场、公共礼堂、图书馆、俱乐部、公园等。3. 公共设备：（1）扩充水电事业供给人民最便利廉价的需要；（2）采用新式灭火机器消防；（3）设置公共厕所。4. 其他：（1）拟订工商业、居住、学校以及政治区；（2）严肃取缔危险建筑；（3）取缔城市附近垃圾堆；（4）建筑公墓。

“频年以来，人口增多，一切公私建筑及地产买卖，大都狃于积习，漫无标准，势须实测详图，规划道路网。”于是，1935 年 7 月组织测量队，实测东至象山，西至金山河，南至南郊，包括省句路。测量队根据导线实测，用百分之一的比例尺，并标明山川、池塘、房屋、街巷、坟墓、园林等。大约在 1936 年 6 月基本测绘完成，“随即按照省会地势，及未来发展，计划全部道路网”。1937 年 1 月 9 日由省府公布施行，“嗣后省会一切建筑物之退缩，得有精确的标准，一切纠纷皆可免除矣”。

“镇江向无市政可言，自省政府迁镇后，方有建设委员会之组织，以谋省会建设，建委会最近（按指 1930 年）改组，隶属于建设厅，对于省会之建设，已乎拟有整个计划，计已实施者，亦复不少。”“自省政府迁镇以来，逐年经营，业已规模初具，地产买卖之踊跃，新建筑物之增加，已日趋繁荣，故道路规划，自是刻不容缓。”1934 年设立镇江县建设局，1936 年设立省会建设委员会，1946 年设立镇江市政工程建设局，其主持一切省会建设与市政管理事项，致力于道路、沟渠、市容、环境、卫生、江岸码头等修建与维护。

1933—1936 年，镇江建成的道路主要有东正路、宝塔路、林隐路、东吴

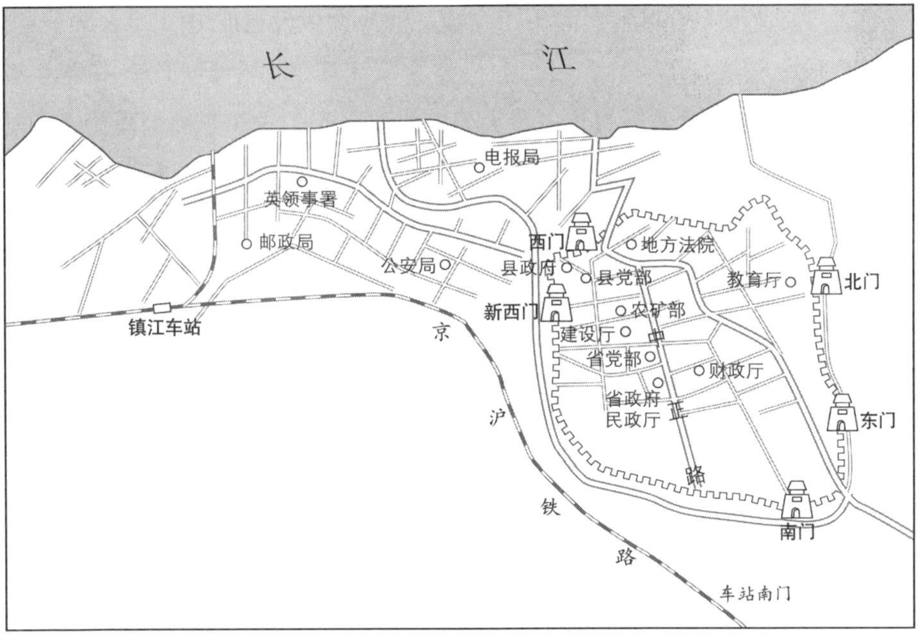

图 3.5　镇江城区空间格局（民国中期）

路、北固路、通黄山名胜区公路、江边马路、及平桥、中山桥、河滨公园。东正路从东门至中正路，为镇江干道之一，属于京沪国道的一段。宝塔路为中华路与宝盖路的连接线，为城内外水路交通的干道，在原有的基础上拓宽，以便利轮船运输货物的装卸。延长北固路主要是为了发展象山区域交通。将北固路延伸到先农坛接通镇象路，主要是着眼于将来建设新港区，但是镇象路仅仅通到北门外，与镇江其他各主要干道仍然不能有效地连接。1936 年，参谋本部呈请修建联络象山至城内的交通线，此交通线在 1937 年 6 月竣工。江边本来秩序就较为混乱，轮船停泊，行旅阻塞，货运艰难，为了便利交通，计划分期修建江边马路，整顿口岸，修建江边马路。1936 年春，开始疏浚运河，成立镇江疏浚江滩委员会，实地勘察，规划沿江新岸线，辟筑路基，并拟具整顿镇江口岸计划大纲，江边马路自金山，经铁路码头、中华路、平政路、中正路、江口至甘露为止，全长三千分四十公尺，分三期建成。翻修的林隐路主要在南郊名胜景区，东吴路也主要为名胜所修建。

省府推动的工作，具体可以分为以下七类。

（1）整顿旧城：考虑到城内交通不便，计划建南火车站，拆去城墙，修新马路，建商场。（2）开辟工业区：将北固之东辟为工业区，江边一带修筑码头、货栈、铁路支线、沿江公路。货栈之南为工业街市，再南为工人居住区，最南为各种工厂区。大体上按照南北分段布置，中间修筑公路、铁路、电车路。（3）改良西南商场：西南沿江因为沙滩的原因，不能直接停靠轮船，需要吸引运河方向的进出货流，仍然保留西车站，拓宽道路，维持原有的局面，同时南市车站勃兴，发展势头较好。（4）交通计划：四条一等干线分别为：西自金山经西门大街，过大校场，至工业区象山；由大校场江边，经高桥向南直达南车站；东南西围城马路；自镇江关，经前租界大马路、南马路，过京畿岭至西车站。（5）兴建公共建筑：模范住宅、宝安新村、甘露林隐两公园。（6）修筑新港码头：象山港、甘露寺港。（7）发展公用事业：电灯、路灯、公共汽车、自动电话。

根据 1936 年确定的镇江市区域，西南以京沪铁路为界，西自新西门起至网巾桥，自网巾桥东南行至南门大街之中点为界，折而南至南门车站为南界，全部面积大约 14.02 平方千米①。其中，行政区：大北路以南、中山路以北、中正路第一段以西、西环以东。商业区：伯先路以东、江边马路以南、东西环路及中山路第二段。工业区：石羊路以东。住宅区：中正路第二段以东、中山路以南、东环路以西。学校区：东环路之西。

苏州的情形略类似镇江。例如，1927 年苏州市参议会决定修筑马路，“城内旧屋被拆者，不下数千家，而四十英尺宽之马路于焉筑成，由火车站经新平门与苏城中央最繁盛之市场衔接一气。近复注意修筑公路，以通四乡城镇。苏州至吴江一段，十二月中旬已开工矣”②。另可参阅陈泳的相关分析。③

---

① 贾子彝编：《江苏省会辑要》，镇江江南印书馆，1936 年，第 73 页。

② 陆允昌编：《苏州洋关史料（1896—1945）》，南京大学出版社 1991 年版，第 300 页。

③ 陈泳：《近现代苏州城市形态演化研究》，载《城市规划汇刊》2003 年第 6 期。

（四）传统到现代：广州城市职能的转变

整体而言，广州依然是一个传统型城市，口岸因素只是有限地影响，而不能决定城市的发展轨迹，正如苏耀昌所言，认为外来势力对广州与华南的卷入，基本上是一种经济形式，而非政治。城市职能转变的动力最终来自经济的发育与内在的诉求。

如前所述，随着近代广州作为商业贸易中心地位的下降，1840—1870年间广州的港口建设与城市发展极其缓慢，但也有一些新的因素正在出现，主要表现为广州的核心腹地——珠三角地区农业商品化与外向化的发展。广州一方面继续争取从外地获得茶叶、生丝，主要是生丝，另一方面开始在本地进行茶叶和生丝的生产。到19世纪70年代，沙面租界一带洋行林立，已经超过一二百家。于是华南商人也大规模地卷入了外贸活动，其初步发展于19世纪80年代，到1910—1920年趋于繁荣，及至20世纪30年代初达到近代以来商业贸易的顶峰。

这时中国的商行依然停留在消极的转手贸易，主要还是从内地收集土货出售给洋行，然后从那里获得洋货，再销售到内地。1930年蔡谦调查粤省贸易时发现，直接输往国外的土货为数极微；售与办庄的货物，多以专供香港、南洋、美国等处的华侨；大宗土货如牛皮、生丝、钨砂等大多全部售与洋行。外货进口方式主要通过向粤沪办庄或外国洋行订购。① 外资企业在广州城市发展中不占有重要的地位。外资对广州的影响主要表现在对外贸易上，通过洋行控制进出口贸易。

及至清末，一些新的行业、新的经营方式、新的商业理念陆续出现，例如洋庄丝行（经营机制丝出口）、燕梳行（保险业）、轮渡行（蒸汽船内河航运）、矿商公会、金山庄（经营美洲进出口）等。广州以及邻近的南海、佛山、江门、顺德等繁盛的市镇，也出现了国人经营的新式银行、新式药店、百货公司、房地产公司、西式酒楼等。一些商人采用国外的方

---

① 《广东经济年鉴》编纂委员会编：《广东经济年鉴》（二十九年度），广东省银行经济研究室，1941年。

法经营商业。广州的部分商号已经能够较熟练地运用商业广告进行宣传，扩大营业额。粤商开始大量地走出广州，到广西、上海、天津、香港、澳门、南洋或其他口岸去经营。

同时，一些旧的商业行业，由于数量上的增加和质量上的提升，部分开始具有了新式商业的要素。一直经营烟丝行业的朱广兰号，本来是一个成立于19世纪中叶销售与出口烟丝的店号，随着出口业务的扩大，在香港、澳门和南洋等地设立了分店和烟丝加工厂，生产花生油、烧酒（加工烟丝用）、商标纸、铁罐、木箱等，在广州开设了两家机器榨油厂，在澳门拥有彩色印刷商标、广告印刷厂，利用机器制作烟丝。20世纪初全盛时期，国内外的分店多达一二十处，从业人员（包括老板、店员、长工、技工）不下四五百人，财产不下数百万元。以朱广兰号为代表的这种商行在营销数量、运作模式方面，都已具有一些现代新式企业的风格。1909年，广州城区已有店铺27524家；城内的商业行业已有100余个，附近的一些主要城镇的商业也日益繁荣。

此外，相当部分的旧行业向新式商业的转化还没有成功，作为旧式的金融机构，银号业表现比较明显。直到清末，广州除一间创立于1909年、资本50万元的南海大信银行外，其余都是这种所谓旧式的银号。宣统年间，广州共有百余家银号，行台名“忠信堂”。1910年，银号商人组织了一个“银行研究所”，采取董事会制，宣称要“查取各国关于银业之典籍可资法则随时研究”，以便日后“合力倡设商业储蓄银行，以厚母财而振实业”，但是一直没有能转化为现代银行。

近代早期广州在全国甚至区域的商业贸易和交通地位一再受到严重的动摇，与广州城市经济发展的滞后、城市功能升级缓慢相关。但是，进入清末与民国时期，广州渐渐地成为粤港中心的重要组成部分，在作为华南陆向经济中心的基础上，向现代工商业、贸易和交通中心迈进，演变成综合性的多功能区域经济中心之一。这一发展过程融合了前近代的和近代的、新式的和旧式的各种因素。

新的要素给广州带来了变革的气息，传统要素同样在现代的背景下获得进一步发展。1890 年，旧金山华侨资本家企业集团得到当局的特许，兴办广东省的电力事业，克服了狭窄的街道架设电线的困难，在广州 40 条街道和商店及公共场所装上约 700 盏电灯，电灯价格便宜、照明度强，带来了某种现代性的便利。① 1921 年，广州设市，划定市区范围，初步建立了现代化都市的雏形，虽然最后还是暂定了一个权宜的市区。1924 年北伐成功后，在广州设立了中央银行，“获利百万”，随后扩展到其他的分中心。②

到了 20 世纪 30 年代，广州建立起制糖、纺织、橡胶、水泥等现代企业，民族资本工业如广州的机器制造、橡胶、棉纺、碾米业，官僚资本如广州水泥厂、电厂、机制糖厂，在工业后进的近代中国已占有一席之地。粤汉、广九、广三铁路和海珠桥先后建成。广州变成了具有全国意义的华南地区现代商业中心。为了配合现代商业的发展，广州逐渐建立起了包括铁路、公路、内河、海运、航空在内的通向全国的交通运输网络，这和开埠前小商品经济下交换中心大有不同。

广州近代城市变革的轨迹是以外贸带动近代工业，特别是与珠三角地区有着密切联系的缫丝业。基本的工业布局是以广州为中心，分布在珠三角地区与沿海各城镇。商业贸易是近代城市功能变革的引擎，在商行资本增加与经验积累的基础上，带动了城市小工业的兴起。最终在政府力量的规划下，通过区域中心城市的集聚效应，从中心城市到邻近腹地的产业升级，最终走向城市与区域经济的互动，广州完成了城市功能的早期变革与升级。所以，广州成为综合性的具有现代色彩的都市，但是这个城市的工业基础、金融制度等依然保留了很多传统的因素。

三、中心城市的引领：现代性空间生产之源

上海、广州等城市空间的发展提供了一个窗口，展示了现代性要素，

---

① “粤海关十年报告（一）（1882～1891）”，见广州市地方志编纂委员会办公室等编《近代广州口岸经济社会概况——粤海关报告汇集》，暨南大学出版社 1995 年版，第 878 页。

② 马廷瑞：《广州市之本国银行概况》，载《南大经济》1933 年第 1 期。

首先来自开埠通商的外部性诱发。但是，外部经济的影响力度与持久度，还得取决于内部的政治与文化的接受及其转换。近代区域中心城市的变革是在遵循自然法则的前提下，通过早期的原始经济积累逐步获得起飞，并且依赖于政治权力的干预与文化的认知，逐步走上一个相对较快的发展进程，其中有一些曲折性的反复。

“问渠哪得清如许，为有源头活水来。”在现代研究的视野里，需要关注现代性要素的萌芽与成长，更需要关注现代性要素的落地生根。其源头活水乃民族与本土持续的文化构建与政治行动，推动一个城市、一个区域的现代进程。所以，上海、广州等中心城市的现代性发展程度，以及其对邻近地区与所在区域的“卷入”程度，直接展示了中心城市的区域势能、经济效应与引领能力。

通过以上对上海、广州等中心城市的分析，我们可以得出以下认识。第一，作为近代新兴的都市，上海城市发展的驱动力首先来自租界，并逐渐为华界所学习。上海通过城市的空间扩张与中心功能的强化，逐渐成为长三角地区最大的区域性商贸金融中心，并且通过工业的发展获得强化，最终成为综合性的经济中心城市。第二，作为传统改造型的省会城市，广州城市的工业竞争力是在民国政府的培育下逐渐成长起来。同时，香港是珠三角地区的门户口岸，在缺乏强有力的工业支持的情况下，与广州成为商业、金融、工业互补性的城市组合，在这一组合中广州成为区域性的次级中心。第三，港市镇江的情形类似于广州，只是绝对能量等级相对不显著而已；苏州地处长三角腹地，现代性的变革相对更加微弱，这也与近代长三角的经济舞台上苏州不如镇江活跃是一致的。

第二节　中尺度上的考察：口岸与周边地区

已有研究从口岸与腹地分离的对立面提出了城市发展与乡村过密化这一二元对立的观点，但同时又承认新市镇的涌现主要来自中心城市与工业化的推动。[①] 同时，通过对明清以来江南市镇长时段缜密的梳理，已有研究认为江南市镇更多的是一种广泛性而非集约性成长，也就是说，市镇本身积累的能量对传统社会经济结构的革新是非常有限的。[②] 在考察了区域中心城市之后，视线自然转移到口岸背后的城镇，因为口岸城市与所在区域城镇之间，尤其是中小城镇之间联系的密切程度，是衡量经济区发展程度的一项关键性的指标。在近代经济区萌芽与形成的早期，区内中心城市与周边地区经济联系比较密切，与其他地区则相对分裂。本节将主要讨论珠三角地区与长三角地区中心口岸与周边城镇的空间联系。

一、长三角地区口岸与邻近市镇的联动

对于长三角市镇的研究已经比较充分，无论是宏观的计量，还是微观的市镇经济活动，均已研究深入，暂不赘言。[③] 在这里，本文从上海口岸与江南市镇联系的角度，专门讨论以往关注相对较少的一个层面，以此揭示中心口岸与市镇间可能存在的某种容易被忽略的密切关系。

（一）以口岸为导向的市镇

对于上海近郊，伴随着人口的快速扩张——1843 年约 27 万人、1910 年 128 万人，近郊相继出现一些新式的农垦企业与小型工厂。正如前引戴鞍钢等的研究，上海中心与周边农村的经济结构出现了新的变革。光绪年间，青浦“妇女贪上海租界佣价之昂，趋之若鹜，甚有弃家者，此又昔之未所见者”[④]。至清末民初，川沙县人认为“农工出品销路惟何？曰惟上海。人民

---

① Philip Huang, *The Peasant Family and Rural Development in the Yangtze Delta, 1350—1988* (Stanford Calif.: Stanford University Press, 1990).

② 范毅军：《明中叶以来江南市镇的成长趋势与扩张性质》，载《“中研院”历史语言研究所集刊》2002 年第 3 期。

③ 代表性著作有：樊树志《江南市镇：传统的变革》，复旦大学出版社 2005 年版；包伟民主编《江南市镇及其近代命运：1840～1949》，知识出版社 1998 年版；小田《江南乡镇社会的近代转型》，中国商业出版社 1997 年版。

④ 葛冲编：《青浦县乡土志》卷二十九。

职业出路惟何？曰惟上海”①，“人口有余，则移之上海；职业无成，则求之上海”，“川沙人民生计之艰难，将与上海市场之衰落为正比”。② 奉贤县“北部金汇桥一带农民，因与上海交通较便，故兼运土产及农村副产为生”，“东北隅之新桥一带，民间女子入纱厂、袜厂工作甚多”。③

江南素称水乡，港汊遍布，四通八达，连接着城镇村落与上海都市。“内河小轮船又分黄浦、吴淞（俗称苏州河）两类。走吴淞江者，由苏州而上达常熟、无锡，或达南浔、湖州。走黄浦者，由松江而上达杭州。别有沿浦停泊而直达平湖者，由浦入内港而至新场、大团、南汇、川沙者，皆航船之改良者也。驶入东沟，一日数往返者，又渡船之改良者也。”④ 内河航运以苏州为中心，西至无锡，东至上海，南至杭州，均有小汽船定期往来。

往来沪、苏大埠的主要为轮船，往来周边主要市镇的大多为定期的航船。通过观察表 3.1 光绪年间上海近郊青浦县航行的船舶，我们发现往来上海青浦间的轮船、航船众多。

表 3.1　青浦县船舶路线（光绪年间）

基本路线	种类	创立时间	备注
珠街阁—青浦—上海	轮船	1896—1908 年	4 家
青浦—苏州	轮船	1909 年	1 家
珠街阁—松江	轮船	1910 年	1 家
珠街阁—苏州/昆山/芦墟/嘉兴/周庄/上海/	航船	19 世纪 70 年代末	前 3 处 2 艘，后 3 处 1 艘
青浦/珠街阁—嘉兴	航船	19 世纪 70 年代末	各 1 艘
黄渡—上海	航船	19 世纪 70 年代初	2 艘（后减为 1 艘）

① 方鸿铠修，黄炎培纂：《川沙县志》卷五，1936 年铅印本。
② 方鸿铠修，黄炎培纂：《川沙县志》卷五，1936 年铅印本。
③ 奉贤县文献委员会编：《奉贤县志稿》卷二十八，1948 年本。
④ 吴馨等修，姚文楠等纂：《上海县志》卷十二，1935 年铅印本。

（续表）

基本路线	种类	创立时间	备注
青浦—松江/上海/嘉兴/七宝/珠街阁	航船	19 世纪 70 年代初	第 1 处 3 艘（后减为 1 艘），中 3 处各 1 艘，后 1 处每日 2 班
重固—松江/珠街阁	航船	19 世纪 70 年代末	各 1 艘
白鹤江/章堰/葑澳塘/安庄/沈巷/陆家巷—珠街阁	航船	19 世纪 70 年代末	各 1 艘
蟠龙—青浦	航船	19 世纪 70 年代末	1 艘

张仁静修，钱崇威纂，金咏榴续纂：《青浦县续志》卷五《山川下·船舶》，1934 年增修刻本。

同样的情况也出现在太湖东南的嘉定，该县 1904 年始行轮船，1926 年沪宁路有轮船“自安亭车站开往太仓，每日二班，有上海联票，旅客称便”。有关航船，（1）从嘉定出发的有：a. 县境内；b. 苏航支船（接运苏航之货，转至安亭、黄渡等地）；（2）有关过境船只，货船有：a. 苏嘉航线；b. 昆嘉航线；c. 沪嘉航线。客货船有：a. 钱嘉航线；b. 安嘉划船；c. 天嘉划船；d. 外安、钱安专载人的接班船。①

但是，在稍稍偏离主要交通干线的地区，市镇与上海的直接联系就相对不多。例如浙江省平湖县，1897 年创办王升记轮船局，每日往来平湖、上海，同年增设海盐、硖石线，次年增设嘉兴、新胜、乌镇航线，“旋以争利者众，客货稀少，停上海、乌镇两班，专自平湖至嘉兴，与沪杭铁路衔接，以迄于今”。1912 年，绍兴商人楼景晖等禀准开办自乍浦至镇海的轮运，可惜“旋以客货稀少中辍”②。

光绪至宣统初年，嘉定县“此内地而言，光［绪］、宣［统］之间，邑人颇有以巨大资本经营棉纱、花、米、绸、木等业于上海而获利者，吾

① 杨大璋纂：《望仙桥乡志续稿》，1927 年本。

② 柯培鼎等纂：《平湖县续志》卷一，1926 年抄本。

邑商业之向外发展实始于此”①。

表3.2　上海郊区宝山、川沙中小饲养场（1884—1928年）

厂名	成立时间	地址	面积（亩）	业务
陈森记牧场	1884	宝山殷行	—	乳牛约20头
江湾畜植公司	1903	宝山江湾	30余	养鸡鸭，兼植棉、蔬
江南养鸡场	1916	宝山彭浦	27	养鸡万余只
大丰畜植试验场	1921	川沙高昌乡	20余	养鱼鸡牛豕兼种植
泳源畜植场	1923	川沙	—	养鱼，植棉、桑、蔬
彭浦养鸡场	1925	宝山彭浦	4	养洋种鸡
德园鸡场	1926	宝山江湾	15	养白色单冠来亨鸡
品园	1927	宝山彭浦	4	养洋种鸡
高氏农场	1928	宝山夜十二图	10余	养洋鸡、蜜蜂

资料来源：民国《宝山县续志》卷六《实业》，民国《宝山县再续志》卷六《实业》，民国《川沙县志》卷五《实业志》。

除了畜牧场和饲养场之外，以经营蔬菜、果树和花卉为业的中小农场在上海郊区也很多。在宝山县，因菜圃获利视农地为丰，县城内外以种菜为业者甚多。到20世纪初，杨行、江湾、彭浦、真如等乡，业此者亦复不少。其中有的就是资本主义的中小农场，如成立于1909年的金氏农场、1918年的江苏农场、1925年的管生农场，各有地30余亩至40余亩不等，都主营或兼营蔬菜，用汽车运售，供应上海市场。② 另外，据不完全统计，1895—1927年间，上海郊区先后创办盈利性花园或花卉试验场147处，各投资数百元至一两万元、占地一二亩至八九十亩不等，均以种植和出售观赏花木、花卉为业。③

① 陈传德修，黄世祚纂：《嘉定县续志》卷五，1930年铅印本。

② 张允高、钱淦等纂修：《宝山县续志》卷六，1931年铅印本。

③ 汪敬虞主编：《中国近代经济史（1895～1927）》（中册），经济管理出版社2007年版，第844页。

（二）口岸与市镇联动的方式与绩效

长三角地区通过上海出口的土布增加，推动了原先长江两岸相对荒僻地区的棉花生产；通过上海持续的出口生丝，推动了苏南、浙北、太湖沿岸与杭嘉湖地区的蚕桑生产。海关领事报告显示，1867 年，长三角地区的生丝生产就已经恢复过来。苏南蚕桑区从太湖沿岸向西向北延伸，昆山、无锡等地的生丝生产后来居上，逐渐超过太湖沿岸地区。上海为全国最大的生丝出口市场，有 40 家洋行。① 19 世纪 80 年代上海机器缫丝厂兴起后，无锡等地新起的蚕桑产区的农户，多为专门养蚕收茧出售，不再手工缫丝，南浔、震泽一带传统的手工缫丝区，发展势头也一度减缓，不过仍然具有相当的规模。1909 年乡土调查表明，嘉兴、海盐、沈荡、平湖、乍浦、石门、桐乡、屠甸等地所产蚕丝、棉花、茶叶、土布等农副产品，很大部分直接销往上海。②

在上海吴淞江、蒲汇塘两岸间，马铃薯“种植甚富”，洋葱、卷心菜、花菜等，“近邑人种植日多”③。在江苏宝山县，邑城内外以菜圃为业者颇多，“各市乡近镇之四周亦属不少”。④ 川沙县“在城市各沙有专行养鸭者，年约数万，供沪上各菜馆之用”⑤。彭浦赵氏花园“出品专销沪上，获利颇不薄，邻近群相仿效，南北中三赵宅暨童家浜等处田畴相望，丛翠娇红、疏密相间者，皆营业之花园也。约计该乡种花地之面积共三百余亩”，其次如金家花园，“销售上海，每年获利可千余金”，等等。⑥

已有的证据表明，在太湖流域地带，完善而便捷的小轮，联系着乡村市镇与中等以上的城市，甚至是上海都市。例如，上海县属“停泊有定地、往来有定期者，曰航船（远自常熟、苏州、嘉兴、湖州等埠，近自华

① 张其昀编：《本国地理》（上册），南京钟山书局 1934 年版，第 136 页。
② 《嘉兴府各属物产调查表》，载《杭州商业杂志》1909 年第 1 期。
③ 吴馨等修，姚文楠等纂：《上海县续志》卷八，1918 年本。
④ 张允高、钱淦等纂修：《宝山县续志》卷六，1921 年铅印本。
⑤ 吴葭等纂修：《宝山县志》卷六，1931 年铅印本。
⑥ 张允高、钱淦等纂修：《宝山县续志》卷六，1921 年铅印本。

［亭］、娄［县］、金［山］、奉［贤］、青［浦］、南［汇］、川［沙］各境，其自邑境及南境沿浦者，皆逐日随潮往来）”①，其他各种小船的分类多达21种。“由杭至湖、至嘉、至苏、至沪，路过各镇亦停泊搭货客焉。”②

宜兴、荆溪两县先后设立商会、公司，“观听一新，虽寥寥无几，亦通货积财之肇端也”。光绪二十三年（1897）设宜荆商会，公举任锡汾为总董，在沪遥领会务。③

无锡城郊农民，“大都栽种蔬菜，以供给城厢内外之需要”，并且茭白种植的发展尤为迅速，原仅个别地方种植，今则四乡多有栽植者。而且无锡的茭白更是行销苏、沪及宜（兴）、溧（阳）一带。④

江南的一些“烟火万家”的重镇，一直与上海保持直接的联系。吴兴县双林镇，“有闽广客商来镇采办，自上海洋商集市……惟各处丝商来镇抄买，或行家及土商自往上海销售”⑤。

下面将以南浔镇为例，描述口岸与背后城镇的经济互动关系。

南浔近代工业主要以缫丝、纺织、电力、机修、碾米、印刷等业为主。南浔盛产最有名的辑里丝，其经济的起飞得益于丝业的兴起与发展。另外一个重要的原因是南浔邻近上海，与苏皖相毗连，交通便利、信息灵通，成为湖丝的集散中心。以前产品主要内销，上海开埠后，南浔镇生丝改由上海港大量输出，刺激了本地生丝业的发展。同治四年（1865）模仿上海丝业公所，成立丝业同业公所，它已具备了一些商会的性质，“其经费由丝商按出洋丝包酌提若干，应用其时”，“以收解捐税、维护丝商为职志”。⑥

---

① 吴馨等修，姚文楠等纂：《上海县志》卷十二，1935年铅印本。

② 龚嘉俊修，李榕纂：《杭州府志》卷一百七十五，1922年铅印本。

③ 陈善谟等修，徐保庆等纂：《光宣宜荆续志》卷七，1920年刊本。

④ 《东方杂志》24卷16号，1927年8月，第111页。

⑤ 蔡蓉升原纂，蔡蒙续纂：《双林镇志》卷十六，1917年本。

⑥ 周庆云纂：《南浔志》卷二，1922年刻本。

除了缫丝业以外，相关的上游产业也逐渐形成，但相对比较晚。根据相关研究①，南浔一些以经营丝业发家的商家，开始主要在外地如苏州、上海办厂，投资金融业、盐业。例如，庞元济于1889年与1895年先后在杭州投资筹办了通益公纱厂、世经缫丝厂。南浔镇的近代工业大约到20世纪20年代才开始发展起来。1920年，沈厚生独资创办了家庭布厂，厂房18间，织机26台，到1934年时发展为电动织机。1925年，钱久盈等人筹集资金6万元，创办了集成绸厂；1931年，创办当弄布厂。这样逐渐形成了南浔镇近代意义的纺织业。②

大约19世纪70年代至20世纪20年代，以南浔为代表的江南蚕桑丝业生产繁荣，城镇经济获得快速发展。方志中记录，那些略有资产者，往往"小富者一跃为中富，中富者一跃而为巨富"。依赖丝业起家致富的人不可胜数，民间相传的富户有"四象、八牯牛、七十二只狗"，其资产最多的达两千万元，少的也有三十万元多。镇上的"一般农民，衣食饱暖，优闲安适，有史以来，以此时为景盛"③，而这一时期流传着"湖州一个城，不及南浔半个镇"这样的民谚。

随着近代南浔的社会及经济发展的需要，南浔相继设立了水师统带办公所、税课局、洋药局、邮政局、电报局、团防局、禁烟局、自治局、巡警局和民团公所等。④ 一系列公益组织机构也在这一时期逐渐完备起来，有贫儿教养院、育婴堂、承济善堂、老人堂、游民习艺所、师承善堂和义仓等，其经费大多出自本镇的富商捐助。传统的镇学、社学、义塾仍继续发展，同时一些具有近现代意义的教育机构也纷纷建立起来。在1860—1861年寓居上海的南浔人所创办的南林会课的基础上，于1864年创建了

---

① 郎友兴：《"四象"的兴衰：一个江南市镇经济在近代的际遇与命运》，载《浙江社会科学》2004年第3期。

② 朱从亮纂辑：《南浔文献新志》，2000年自印本，第177页。

③ 彭泽益编：《中国近代手工业史资料（1840—1949）》（第二卷），生活·读书·新知三联书店1957年版，第83页。

④ 湖州市地方志编纂委员会编：《湖州市志》卷二，昆仑出版社1999年版。

浔溪书院。1900 年、1901 年、1903 年先后建成明理学塾、浔溪公学和正蒙学塾。1902 年，浔溪书院改为浔溪高等小学校，同时还建成第一初等小学校、第二初等小学校和西北初等小学校，较早地实现了科举旧学向新学制学校的过渡。1906 年，张增熙等设立浔溪女学。①

南浔镇社会组织的完善和文化教育设施的加强，一定程度上也是受上海的直接影响。1883 年，南浔直接从上海接入电线，并设立了电报局，并"由浔达苏州历嘉兴府通杭州"，建立了较近代化的通信网络。② 但是，随着主导产业出现困境，20 世纪 20 年代后期，南浔镇就开始"从昔日具有举足轻重地位的湖丝贸易的全国性市场，蜕变为局促一隅的地区性商业码头"③，呈现出反向的例证。

二、珠三角地区口岸与市镇的演化

以往有关珠三角口岸或市镇的研究，以及对粤港澳之间网络结构的研究，多数侧重于宏观构架方面④，尚未推及口岸与市镇的相互关系。这里将复原近代珠三角地区⑤市镇的时空结构变迁，分析其市镇结构演进的过程、口岸与市镇之间经济联系的形态与绩效，致力于讨论两者互动变迁过程及其空间经济意义。

---

① 周庆云纂：《南浔志》卷三，1922 年刻本。

② 周庆云纂：《南浔志》卷二、卷三，1922 年刻本。

③ 樊树志：《南浔镇与湖丝贸易》，载《学术月刊》1988 年第 6 期。

④ 邓开颂、陆晓敏主编：《粤港澳近代关系史》，广东人民出版社 1996 年版；司徒尚纪：《珠江三角洲经济地理网络的嬗变》，［共分为四个阶段，涉及近代的是：广州、澳门双中心"T"形网络（1840 年前的明清）；港澳易位和"T"形网络（1840—1949）］，载郑天祥等著《以穗港澳为中心的珠江三角洲经济地理网络》，《中山大学学报》编辑部，1991 年。其中对于珠三角的市镇也有所分析，但仅仅局限于一些数量上的统计和一般性的分析，而且出现了统计错误。

⑤ 这里界定的珠三角主要依据当时的经济关联，比现今划定的小珠三角多出鹤山、开平、恩平与港澳，包括南海、番禺、三水、顺德、新会、香山、新宁、增城、东莞、新安（属广州府）、鹤山、开平、恩平、高要、高明（属肇庆府）、澳门、香港。

（一）口岸引领的市镇

入清以后，珠三角地区出现了广（州）、佛（山）、陈（村）、（石）龙四大镇。位于区域几何中心的广、佛，是经济物资的交流中心，顺德陈村和东莞石龙作为东南方向的两翼，分别位于珠江三角洲水网中心与东江水陆要冲，形成了一个区域性的线性结构。广州、香港等口岸开放以后，珠三角地区的市镇格局出现了一些新的变化，开始经历了一个时间和空间的变迁过程，就市镇本身而言，最主要的变迁就是一个从数量到结构的过程。

表 3.3　珠三角地区墟市发展情况（清中叶至民国时期）

县别	雍正—乾隆	密度（平方千米）	咸丰—宣统	密度（平方千米）	晚清成长率（%）	民国	密度（平方千米）	民国成长率（%）
番禺	82	21.5	98	18.4	98.00	228	7.9	69.94
南海	54	27.5	44	33.1	50.57	61	23.9	58.10
顺德	42	18.2	90	8.4	180.00	58	13.0	39.19
东莞	49	55.8	55	49.9	55.56	95	28.9	63.33
新会	45	42.6	70	27.0	97.22	69	27.4	49.64
花县	8	107.9	22	39.3	46.81	10	86.4	31.25
从化	13	139.2	20	90.4	19.42	—	—	—
增城	26	67.3	29	60.1	33.72	52	33.5	64.20
香山	12	239.5	37	77.8	41.11	22	130.9	37.29
三水	23	37.4	22	39.1	35.48	—	—	—
高明	29	36.4	30	34.8	46.88	39	26.8	56.52
新宁	22	135.9	72	41.6	112.50	—	—	—
开平	15	78.8	24	48.8	37.50	56	20.9	70.00
鹤山	—	—	26	41.3	—	63	16.8	70.79

（续表）

县别	雍正—乾隆	密度（平方千米）	咸丰—宣统	密度（平方千米）	晚清成长率（%）	民国	密度（平方千米）	民国成长率（%）
恩平	18	113.5	22	92.5	20.00	32	63.9	59.26
归善	12	459.7	—	—	—	—	—	—
博罗	31	94.2	—	—	—	—	—	—
高要	22	127.1	36	77.6	36.00	39	71.6	52.00
四会	11	88.2	29	33.4	65.91	27	35.9	48.21
新安	37	35.2	24	54.3	26.37	—	—	—
清远	15	272.6	40	102.4	34.19	36	113.8	47.37
广宁	15	159.3	—	—	—	—	—	—
总计	581	77.5	764	58.9	119.38	762	55.3	49.93

资料来源：咸丰、光绪、同治、宣统年间各县县志及广州府志。其中南海、开平、鹤山、恩平在光绪—宣统时期的数据为道光年间的，表中空白处为方志缺省部分。

从表3.3可以看出，清光绪至宣统年间，随着广州、香港等地先后开埠通商，珠三角地区墟镇数量出现了较大的增长，平均成长率高达119.38。不管是小珠三角核心区的顺德、新会、花县等县，还是大珠三角相对边缘的从化、开平、恩平等县①，尤其是广州府和肇庆府所在的珠三角和西江中下游地区，在数量的绝对增长上有近80%的贡献。番禺、顺德、新会、东莞、三水、南海、新安等县墟镇的密集程度处于珠三角地区的前列。

由于对外贸易的拉动，1860年后广州邻近地区蚕桑生丝和茶叶的生产明显扩大。以商业化和外向化为主要特征的商品性生产，是推动

① 数量仅是一个重要的参考系数，不是衡量的决定或唯一要素，因为在方志中对于墟市的界定大致源于一般的经验，各县之间的差别明显，难以分级，同为墟市在商业交易量上可能差异颇大。

市镇繁荣的最直接、最重要的动力。这一阶段的市镇变迁主要表现为：数量增加和基本市场网络的形成。市镇的数量分布上，出现了明显的地域特征。

（1）珠江三角洲核心地区市镇的发展程度远远高于边缘地区。由于直接面向重要的口岸城市地区，商品化与外向化经济程度较高，市镇的发展速度远远高于其他外围地区，在小珠三角地区，市镇的成长率大多超过50%，尤其是顺德、番禺、新会、新宁县的成长率区间为 97.22% ~ 180.00%，珠三角外围地区的其他县域则差距明显。

（2）处于西北江交通枢纽地区的市镇获得发展机会。广州、江门等口岸以至西江的开放，促成了西江以至东江、北江下游航道的水运优势的发挥。商业贸易的发展使得这些交通要道地区的市镇发展迅速，例如高要、四会、高明、增城、清远县市镇的成长率大多在40% ~50%之间。

（3）谭江流域侨乡地区发展突飞猛进。随着开埠通商，四邑侨乡地区（新宁、开平、新会、恩平）大量的民众获得了出洋谋生的机会。来自南洋与西洋的侨汇成为这些侨乡大量进口洋货的资金。拱北关的进出口数据表明，除新会县以外的其他侨乡的洋货进口指数，仅次于珠三角核心区的顺德、东莞、新安、香山。同期新宁、新会、开平、恩平的市镇成长率分别是 112.50%、97.22%、37.50%、20.00%，而且这和它们与粤港的距离呈显著的正相关。

结合对市场网络的分析，可见珠三角地区市镇所形成的市场网络不是离散的点线结构，已经初步形成了一个回路结构①，促成了以往由小区域内部压力推动的乡村空间系统，实现了从内向型向外向型经济的转化，从无序的分散式空间结构向有序的组织化空间方向发展。这是近代乡村市镇体系在外力的推动下，第一次实现了自下而上的空间改造过程，这一进程

---

① 两个端点之间存在两条以上的交通线路，有较高的联系性和较高的运输效率，已经超越单一路径网络和珠江中上游和边缘地区的树状结构，但还没有达到完全的闭合环路、自由通达的格状网络结构。（参见陆玉麒著《区域发展中的空间结构研究》，南京师范大学出版社 1998 年版，第 80 页。）

在清末民初得以实现。

此外，从表3.3可以看出，晚清时期市镇的成长率高达119.38%，到了民国时期以后，由于统计上出现了更多的空缺，数据迅速地下降到49.93%。同时，相关的证据表明进入民国以后，墟市发展呈现出一种结构性的变化，表现在数量上已经基本趋于饱和，总量上基本停滞，局部地区开始下降。① 民国方志对于一般墟市记录的兴趣已经大大降低也是这一现象的反映。墟市数量上升的地区主要集中在珠三角地区的外围，例如表中显示的高明、开平、恩平、高要、清远、增城，相反，下降的县份主要在珠三角内部的顺德、香山、新会，包括花县、四会。

这一时期市镇变动主要表现为晚清以来的结构性变化逐渐明朗，在商品化、外向化比较明显的珠三角地区，市镇空间系统逐渐显现。这一过程的实现主要表现在两个方面。

（1）专业性墟市不断增加，墟市分化趋于强烈，更替频繁，村落经济圈瓦解，生产地域分工初步形成。

随着19世纪末以来对外贸易的结构性变迁，农村原料生产和产品加工、手工业生产和原料供给分离的趋向明显，以加工出口和外贸为导向的商品化生产，开始越来越集中于通商口岸或邻近地区。外部世界对内陆农村的影响不断加强，直接促成了农村初级市场的形成，专业性墟市的增加为内陆农村地区提供了作为一个地理实体与外部的商业贸易机会。

在珠三角地区，著名的手工业主要有顺德、南海的丝业，南海、石湾的陶瓷业，新会的葵扇业，佛山的织布业，盐涉的爆竹业②，它们基本都集中在三角洲地区的核心区。南海县在道光十五年（1835）前专业墟市只有17个，到同治十三年（1874）增加到32个，宣统二年（1910）又增加到56个，占同期墟市的27%。在蚕桑基地顺德，光绪年间墟市为77个，

① 例如民国时期番禺墟市的统计口径过宽，将一些非常普通的墟市都列入。

② 《广东经济年鉴》编纂委员会编：《广东经济年鉴》（二十九年度），广东省银行经济研究室，1941年。

其中专业墟市48个，“县属各乡，均有蚕市，不能悉数”①。在佛山县，墟市被分为桑市、茧市、蚕种市、菜市、菜种市、鱼市、猪种市、猫狗鸡鸭市。②

香山县“县属商业除澳门外，以城南石岐为总汇，各乡墟市亦有号称畅旺者，如四都之榄边墟，大都之南萠墟，谷镇之乌石墟，阛阓颇盛，榄镇茧市，岁入百余万两；黄圃茧市获利亦丰”③。

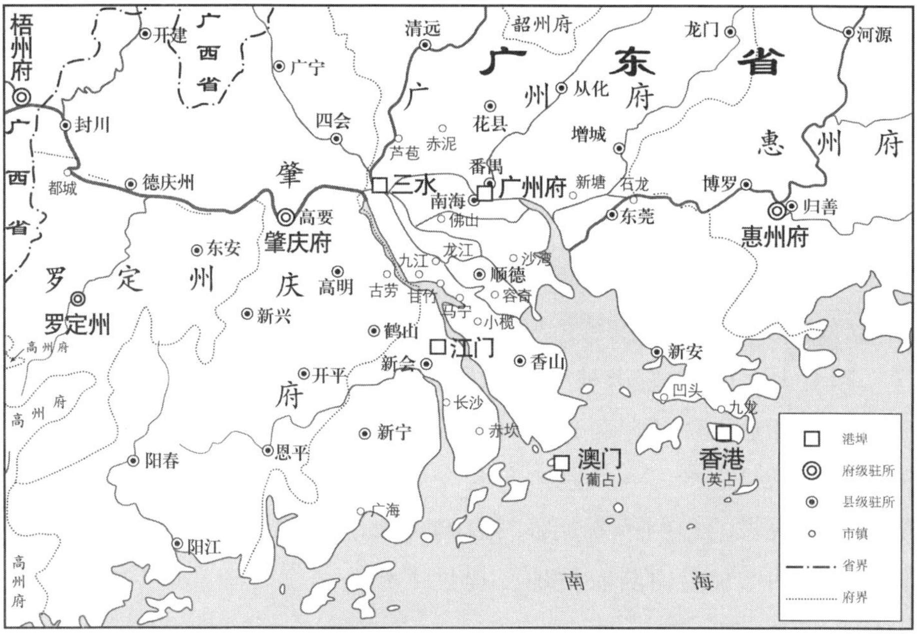

图3.6 珠三角地区市镇与口岸的空间关系

（2）在墟市的发展演化中，大市镇的功能与地位上升。

由于对外贸易引发的经济卷入，不断提升的农村商品化与外向化程度，使基层生产与外界贸易交流变得密切，强化了村落、墟市、市镇和中

① 周朝槐等纂：《顺德县志》卷三，1929年刊本。
② 冼宝榦纂：《佛山忠义乡志》卷六，1926年本。
③ 厉式金主修，汪文炳等纂：《香山县志续编》卷二，1923年铅印本。

心城市的市场联系，尤其表现为市镇功能的强化，形成了联系广大基层墟市和中心市场的纽带。

大市镇的功能进一步多样化，辐射能力逐渐加强，例如清廷在东莞石龙镇就设有军事、政治、经济类的官衙，东莞县城商会设立于宣统二年（1910），主要处理城内外商务，但是东莞石龙商会设立于光绪三十三年（1907），东莞太平商会也设立于光绪三十四年（1908）。[①] 顺德县 12 个商务分会或分所的成立情形也大致如此，在时间上早于顺德商会（1909 年设）的有：陈村赤溪商务分所（1908 年设）、乐从商会（乐从墟，1904 年设）、龙口商务分会（1908 年设），以及容奇商会（光绪末年设）、桂洲商会（里村，光绪末年设）。[②]

同治五年（1866），全省设立广州、佛山、新塘、菉兰、石龙五厂征收厘金，光绪三十四年（1908）和宣统元年（1909），新塘厂的税金已经超过广州，石龙和广州几乎相等。[③]

此外，大市镇的扩展还引发了市镇之间的整合，出现大市镇整合小市镇的情况。大市镇的吸引域涵盖小市镇，进一步密切了大市镇和口岸之间的联系。增城仙村镇靠近东江的大镇新塘，两镇在广州开埠以后商业发展越来越趋向于广州和香港。然而二镇的发展颇为不同，处在增江与东江汇流入海处的新塘，由于地缘优势逐渐兴盛起来，而仙村镇则日趋没落。[④]

（二）口岸与市镇联动的方式与绩效

有研究认为推动明清中国和近代早期欧洲经济成长的动力是相同的，都来自地区专业化和劳动分工[⑤]，而地区专业化与劳动分工都只能在一个

---

① 陈伯陶纂：《东莞县志》卷九，1921 年铅印本。

② 周朝槐等纂：《顺德县志》卷三，1929 年刊本。

③ 朱庆澜修，梁鼎芬等纂：《续广东通志》卷六，中华全国图书馆文献缩微复制中心，2001 年。

④ 王思章修，赖际颐纂：《增城县志》卷九，1921 年本。

⑤ R. Bin Wong, *China Transformed: Historical Change and the Limits of European Experience* (Ithaca: Cornel University Press, 1997).

整合的市场中才能良好运作，孤立的市场代表停滞的经济。如果经济要成长，这种市场就必须向外部开放，这也是近代中国经济发展中出现的一个明显的特征。

关于中心城市背后市镇的演化轨迹，除了以上讨论的结构性变迁特征外，近代以后出现了一个更加明显的趋向，即口岸与大市镇之间趋于密切的互动关系。

随着广州、香港、澳门，以及西江沿岸的梧州、江门、三水等口岸的开放，口岸对外贸易获得了持续的成长，在珠三角地区形成了一个以香港、广州为主要中心的口岸体系，口岸成为珠三角地区对外贸易中心和对内物资配置中心。在这个高级的口岸体系之下，众多的中级市场和基层市场共同组成了结构性和功能性的网络。区域性的大商埠和区域内市镇之间的关系，产生了明显可见的新调整，尽管这个过程是缓慢的、渐进的，最终表现为珠三角地区市镇在运行结构上趋向于广州、香港、江门等“口岸中心”，而且彼此的互动关系表现得越来越密切。另外，施坚雅模式的中心地等级结构理论模式在珠江流域表现形式不一样，影响城市的政治因素影响逐渐地下降，表现为两广总督驻地的肇庆、东江政治中心惠州在整体地位上已经下降到市镇的水平；佛山经济中心地位下落，对广州的依赖性越来越明显。

如果从时间的序列来看，高层市场的口岸开放和贸易发展，必然会对中下层产生或多或少的影响，不过在初期仅仅反映在珠三角那些商品化与外向化最为明显的地区。例如顺德县，根据《顺德县志》的记载，咸丰年间（1851—1861），由各圩镇开往广州的长行渡 38 条，开往佛山 19 条，江门 16 条，香山 11 条，市桥 6 条，周边其他城镇 29 条，县内各地 27 条。该数据反映出长行渡与广州口岸的联系比与地方城市的联系要密切，反映了以出口为导向的航线数量超过了过去以连接地方乡镇为目的的航线数量，不过还不非常显著。

这种特征表现得越来越明显。到 1900 年左右，在广州除了城内居民外，每天还有大批各阶层的流动人口，搭乘车船往来于省城与附近各乡镇之间。① 随着经济中心香港的崛起，顺德县容奇镇和香港间的交通日益频繁，容奇镇向香港运输活的塘鱼和新鲜的蔬菜、水果更加便捷。“其时容奇设有香港船码头，可泊数百吨大货船，来往香港容奇有风帆货船，亦有用汽轮拖带之大客货船，曾有港容、港奇两艘每日对开。”② 广州海关设有容奇支关，负责查验征税，德士古、美孚、亚细亚三家煤油公司和英美烟草公司曾先后在容奇设立洋商代理。粤海关当局曾规定本地的生丝产品必须一律到广州报关出口，使得顺德、香山的生丝及丝织品等出口物品集中在广州，但在同时顺德、香山两县所需的洋货，依然从香港就近进口，更为便捷。

1904 年江门开埠通商，分布在从新会经过新宁到粤西南航道两侧旧航道上的一些中心市镇因之式微，处于澳门和新会商路上的开平县赤坎镇趋于衰落，甚至还不及水口③，新会县近海处的豸尾镇也是同样的命运④；而原先默默无闻的长沙镇，因为靠近江门得以迅速代之而起，1925 年开平县城迁长沙镇。⑤ 西江中下游的高要县，在口岸开放以后，以航运业为代表的内地市镇同样展现了这种以口岸为中心的经济联系取向（见表 3.4）。

---

① “粤海关十年报告（二）（1892 ~ 1901）”，见广州市地方志编纂委员会办公室等编译《近代广州口岸经济社会概况——粤海关报告集》，暨南大学出版社 1995 年版，第 927 页。

② 李本立：《二十年代容奇经济概况》，载《顺德文史》1983 年第 2 期。

③ “开平赤坎镇，在广州开埠前，‘高（州）、阳（江）货物由恩平以出江门，必取道赤坎也。今则海道交通，水东、梅菉之货船，径经崖门，达江门，而赤坎之商务，大不如前矣’。”（余棨谋：《开平县志》卷十二，1933 年本。）

④ “在江门开埠以前，‘随入颇丰，自光绪末，商业移至江门，而豸尾镇遂零落矣’。”（卢子骏纂：《潮连乡志》卷一，1931 年本。）

⑤ 国立中山大学农学院：《广东农业概况调查报告书续编》（下卷），1933 年，第 53 页。

表3.4　市镇航线运行船只表（高要县）

类型	途经高要县的区内航行的船只
帆船	肇庆—省城（6）、肇庆—梧州（7）［轮拖后只余下3］、肇庆—江门（2）
	肇庆—西南（5）、肇庆—伦教、龙江（各1）肇庆—广利、漕湾、白土（各2）肇庆—新桥（4）、肇庆—天堂、春湾、新兴（各5）
人力车渡	肇庆—禄步、大小湘（各2）、肇庆—六都（1）［轮拖后停业］
轮船拖渡	肇庆—省城（4）、肇庆—江门（2）
单行轮船	肇庆—梧州（2）、肇庆—河口（3）

资料来源：马呈图纂辑《宣统高要县志》卷十一，1938年重刊本。
注：括号中数字为船只数量。

西江沿岸的三水、梧州、江门先后开辟为通商口岸，允许外国轮船航行到西江，提升了肇庆在西江中下游交通网络中的地位。尽管以前肇庆一直是府治和两广总督的驻地，但商业并没有得到应有的发展，原来经过肇庆的全是帆船，“光绪二十年始有肇、梧单行及肇省轮拖，而航业之状况随之一变矣”，“帆樯如织，而舵工舟子之属，赖此谋生者辄数千人”。① 以肇庆城为起点的轮船拖渡有：肇庆—省城（4艘）、肇庆—江门（2艘）。以肇庆城为起点的单行轮船有：肇庆—梧州（2艘）、肇庆—河口（3艘）。

宣统年间《高要县志》中记录的经过高要的帆船、人力车渡、轮船拖渡和单行轮船反映出了这种变化，在途经高要的区内运行船只中，带有轮船特征的轮船拖渡、单行轮船主要是以肇庆城、省城、梧州、江门商埠及河口等重要市镇为终点。到了清末时期，帆船主要经营区域内部的部分商业运输，主要是墟市之间的贸易，一般承担一些比较笨重的原料类产品的输送。九龙关和拱北海关的进出口贸易的商品结构，也显示了帆船运载货物结构的特征。但是，随着1897年后西江全线的开放，帆船的生存空间不断地被压缩到内陆的流域或更小的支流航线，小型轮船的航行范围扩展到

① 马呈图纂辑：《宣统高要县志》卷十一，1938年重刊本。

内河的中游地带，这一点显示了口岸开放后中心商埠的繁荣，边缘市镇向这些中心靠拢，市镇的商埠取向趋于明显，同时，口岸城市的经济聚集能力增强，更广泛的内陆地区被纳入口岸经济的“势力范围”之内。

同时，腹地比较重要的市镇成了口岸与农村之间新的桥梁与枢纽点。宣统年间《增城县志》称：“新塘为东江交通孔道，上接石龙、惠州，下通省会、香港，商务尤为繁盛。……商贩云集，肩摩毂击，亦懋迁之要地也。”民国初年新塘的从商人数接近七八千，店铺上百家，商务堪称繁盛，“今海通轮舶，路通铁路……商业之盛，为一邑之冠”①。实际上增城县的内外贸事务几乎全部经过新塘镇来处理，大市镇的商业中心地位趋于明显，已经超越了传统的县城成为对外经济交往的桥梁。在东莞县主要的商业市镇有石龙镇、东莞县城、太平镇，其中石龙镇尤其突出，“石龙为全县之咽喉，有广九铁路可通广州香港，东江一带货物之交易，咸以此为集中之点，故商业颇称繁盛”②，石龙镇的空间经济意义已经超越县城的空间范围。

民国期间口岸与市镇间的这种情形继续保持，空间范围已经延伸到珠三角地区的外围。1914—1916 年由“省、港、澳、梧经过都城的轮渡，均没有直接泊岸，载卸客、货只是用小艇来回接运，而都城商业日盛，客、货往来与日俱增”。都城商会设立了固定的大吨位泊船码头，接运商品和旅客，到了 1917 年，“都城商业日趋繁盛，已有广州至都城的轮渡行走”③。在一些商业发达的地区设有旅港商务局（商会），例如顺德商会设立于宣统三年（1911）、东莞也有“在香港邑人侨居者创设”的“旅港工商总会”④，加强了大商埠和珠三角地区市镇的密切联系。

近代珠三角地区口岸体系的形成与区域市场网络结构的构建，口岸背

---

① 王思章修，赖际颐纂：《增城县志》卷九，1921 年本。

② 广东省民政厅：《广东全省地方纪要》（第一册），1934 年，第 117 页。

③ 郁南县工商史料编写组：《民国以来的郁南商会》，载《郁南文史》第 3 期。

④ 周朝槐等纂：《顺德县志》卷三，1929 年刊本；陈伯陶纂：《东莞县志》卷九，1921 年铅印本。

后腹地的时空与结构变迁，以及口岸与市镇之间趋于密切的经济关联，促成了这样一个问题：彼此之间经济联系的变迁会带来怎样的绩效？下面以1888—1900年珠三角地区部分县从九龙海关进口洋货所表现出来的特征，来解释非县城的大市镇在县域中的主导地位，说明它们作为联系高层市场中心和基层农村中心的意义。

表3.5显示了在珠三角地区沿海沿江的县城、主要市镇从九龙海关进口洋货的价值及其占全县的比重。数据显示，陈村、新塘、太平、石龙、荻海、新昌、广海等市镇，从九龙海关的进口货值，都远远超过了所在县的县城。有些县份，例如顺德、增城，甚至一些县进口货物绝大部分都是通过县城以外的某个市镇进行。这种情形同样出现在土货出口方面，也同样出现在珠三角其他的县份。

表3.5　部分县镇从九龙海关进口洋货情况(单位:海关两)

县别（治所）	镇别	1888年	所占比重（%）	1892年	所占比重（%）	1900年	所占比重（%）	1904年	所占比重（%）
新会	江门	510594	83.61	782383	93.14	92524	97.74	18476	61.00
（新会城）	新会城	—	—	54529	6.49	—	—	—	—
	其余	100071	16.39	3052	0.36	2144	2.26	11814	39.00
	总值	610665	100	839964	100	94668	100	30290	100
顺德	陈村	225607	99.48	1586191	97.39	1073193	90.39	1300450	86.44
（大良）	其余	11719	0.52	42579	2.61	114053	9.61	204093	13.57
	总值	2267806	100	1628770	100	1187246	100	1504543	100
增城	新塘	103710	100	115781	99.96	43163	97.88	74103	100
（荔城）	其余	—	—	48	0.04	937	2.12	—	0.00
	总值	103710	100	115829	100	44100	100	74103	100.00
东莞	太平	126692	33.24	147403	41.24	200866	50.76	183208	42.88

（续表）

县别（治所）	镇别	1888 年	所占比重（%）	1892 年	所占比重（%）	1900 年	所占比重（%）	1904 年	所占比重（%）
（东莞城）	石龙	110290	28.94	157115	43.96	103638	26.19	149920	35.09
	东莞城	143724	37.71	27527	7.7	45700	11.55	67040	15.69
	其余	394	0.1	25376	7.1	45528	11.5	27126	6.35
	总值	381100	100	357421	100	395732	100	427294	100
新宁	荻海	306692	43.54	112868	17.51	—	—	—	—
（新宁城）	新昌	159936	22.71	209293	32.47	14370	15.97	41264	60.04
	广海	233182	33.11	292678	45.40	69426	77.13	27464	39.96
	新宁城	—	—	9061	1.41	6212	6.90	—	—
	其余	4536	0.64	20762	3.22	—	—	—	—
	总值	704346	100	644662	100	90008	100	68728	100
南海	九江	10605	36.83	132245	44.24	33016	48.13	31515	25.99
（广州）	佛山	—	—	10320	3.45	5726	8.35	20796	17.15
	其余	18191	63.17	156377	52.31	29862	43.53	68954	56.86
	总值	28796	100	298942	100	68604	100	121265	100
新安	新安	221267	19.54	229249	27.02	183695	56.34	59284	14.85
（新安）	凹头	674336	59.54	184766	21.78	55740	17.09	7345	1.84
	九龙	237039	20.93	199588	23.52	86627	26.57	—	—
	其余	—	—	234844	27.68	—	—	332568	83.31
	总值	1132642	100	848447	100	326062	100	399197	100
广州		9299365	—	7900684	—	17598848	—	13915744	—

资料来源：*Return of Statistics of Kowloon for the year 1888, 1892, 1896, 1900*，见中国第二历史档案馆、中国海关总署办公厅编《中国旧海关史料（1859—1948）》，京华出版社2001年版。

根据九龙海关、拱北海关对于进出口贸易来源地和销售地的记录，可以看出珠三角地区各县内承担进出口贸易的主要市镇。条列如下：增城县新塘；番禺县沙湾；南海县九江、石湾、佛山；东莞县石龙、太平；顺德县陈村；香山县石岐；新安县深圳、沙鱼涌、西乡；新会县江门；新宁县广海、荻海、新昌；开平县长沙；三水县西南。这些重要的市镇无一例外都不是所属县份的县城，这充分反映出随着近代港口城市的开放，在港口城市的毗邻地区，以府州县为格局的传统城镇体系与市场结构，至此已完全不复存在。

总之，珠三角地区在开埠以后，通过大商埠与小市镇、市镇与腹地之间的密切关联，已经又构建了一个交通网络，从而把原来彼此分离的各城镇腹地，演变为省港的混合腹地，又经过进一步的叠加、拓展，形成了覆盖珠三角地区更加密切的经济地理网络。通过商埠与市镇形成的商业网络，省港等中心城市所聚集的经济能量进一步辐射，反过来又促进了珠三角地区自身的经济增长，初步实现港口与核心腹地的经济互动，带动了这一区域外向型经济的起飞与发展。

以上通过描绘长三角、珠三角地区口岸与周边地区的经济联系，尤其是口岸与市镇之间互动关系、方式与绩效，基本可以明晰口岸城市与周边地区的经济联系程度与效果。已有的证据表明，口岸开放确实带动了邻近地区的经济变迁，尤其是辐射力比较强的通津要埠，形成了特定的产业分工。口岸与周边地区通过产业分工，形成了比较稳定的空间经济关系，但是与相对遥远的地区只能通过物流交换，形成比较松散的空间经济联系。口岸与周边地区彼此之间形成了产业的上下游关系，但与相对较遥远的乡村，一般仅仅维持一种相对密切的商业联系，口岸的作用力还不足以改变遥远乡村现存的大宗类商品生产活动方式。

如果具体到空间距离来看，无论是上海，还是广州、香港，口岸城市只能与核心腹地区形成一定的产业分工，这种产业链的形式直接构成了近代新经济区是否形成完备主业的一个重要的指标。对于那些同样可以纳入核心腹地区却没有形成产业的分工合作，或者没有纳入核心腹地区但已经形成了稳定的商业联系区域，则可以视之为正在萌芽或形成中的经济区。这一系列的内容将为第四章的经济区划分提供背景信息。

第三节　大尺度的考察：市场网络中的经济空间

枢纽—网络结构是区域空间结构的一种变体，实际上是由功能节点构成的空间结构，如不同节点承担贸易（如港口）、市场（如中心城市）或生产功能。这些港口或中心城市作为葩嵌，决定了区域的经济性质，道路网络作为廓道，起了联系和功能分割作用。① 根据市场网络的一般性定义，长三角水网地带、江北沿岸、珠三角河网地带的市场网络基本是一种回路结构，而在珠江中上游与长三角的边缘地区则基本上是一种树状结构。② 本节将从空间大尺度来讨论长三角地区、珠三角地区的市场网络结构，从区域大空间角度获取口岸与腹地市场网络关系，以及该网络关系中所折射的经济空间的形态与特征。

一、与上海中心的空间距离及联系

传统意义上的“杭、嘉、湖、宁、绍、苏、松、常、镇、宁”十府的“江南”地区，在近代逐渐变成了长三角地区“上海的江南”③。近则嘉兴、无锡、宁波，远则天津、武汉、青岛诸地，甚至江南一些市镇（如德清新市、余姚长河），欲夸耀其市容商业繁盛，每每改以“小上海”称之④，

---

① 王铮等：《理论经济地理学》，科学出版社2002年版，第176页。

② 回路结构的特点是线路的数目等于或大于节点数目，每两个节点一般存在两条以上的联系路径，有着较高的联系性和较高的运输效率，但还没有达到完全的闭合环路、自由通达的格状网络结构；树状结构的特点是交通线路的数目少于点的数目，每两个相邻的节点一般存在一条联系路径。（参见陆玉麒著《区域发展中的空间结构研究》，南京师范大学出版社1998年版，第80页。）

③ 周武：《边缘缔造中心——历史视域中的上海与江南》，上海书店出版社2019年版。

④ 王家范：《从苏州到上海：区域整体研究的视界》，载《档案与史学》2000年第5期。

于是上海成为近代商业经济发展成功的象征。以下通过观察长三角地区各城镇与上海的空间网络关系，了解上海在长三角地区的空间经济结构中的位置。

镇江，号称“南北咽喉”，镇江的进口洋货“并非由外洋径行来镇，均由上海转运而来”；出口土货“亦非由本口径行运往外洋……由上海转运者居多”①。镇江钱庄的资力大都较小，不敷运用者多从上海或本地的银行和上海、苏州的钱庄调拨资金。镇江是对上海欠款最多的城市，镇江钱庄的主要业务之一就是购进上海规元，再转放外地或其他产业。据记录，上海的钱庄、银行每年对润昌栈的放款最高达1400万~1500万两。② 沪宁铁路通车前，上海与南京的联系主要通过镇江中转，但自从漕运改海运、津浦铁路通车后，形势大变。民国中叶以后，长江向北岸倾斜，南岸淤积趋于严重，“以致舟车不能衔接，江北货物之进出，遂多改道由轮直运霍家桥”。国民政府定都南京后，江苏省治移至镇江，“人口骤然增加，浚河筑路等建设事业，突飞猛进，水路交通，日见便利”③。

扬州与镇江相隔六十余里，快轮两个小时即可到达。④ 1899年，“扬州钱铺殷实可靠者不过数家，市上现银时虑不敷周转，全赖上海、镇江、汉口等处通融挹注”⑤。扬州城内的加工品也大多装运上海出口，江都“南北杂货业岁销银币六十万，除售本地外，兼批售里下河各地”⑥。江都滨大运河向为两淮盐务的枢纽，仪征县十二圩一度为淮盐屯积地，但清末时已大不如前。⑦ 1912年津浦铁路通车后，江北运河渐趋衰落，交通上的诸多

---

① 中国第二历史档案馆、中国海关总署办公厅编：《中国旧海关史料（1859—1948）》，京华出版社2001年版，第135~136页。

② 中国人民银行上海市分行编：《上海钱庄史料》，上海人民出版社1960年版，第183页。

③ 殷惟龢纂：《江苏六十一县志》上卷，1936年本。

④ 张其昀编：《本国地理》（上册），南京钟山书局1934年版，第104页。

⑤ 刘坤一著，陈代湘校点：《刘坤一集》（第三册），岳麓书社2018年版，第86页。

⑥ 钱祥保等修，桂邦杰等纂：《续修江都县志》卷六，1926年本。

⑦ 张其昀编：《本国地理》（上册），南京钟山书局1934年版，第104页。

不利因素，削弱了上海与扬州之间的经济联系，“客商之南下北上者，不由海道，即走铁路，此间遂日形衰退”①。

南通、海门、泰州，地处长江口北岸的通海地区，有太古、怡和、招商局等公司的轮船停泊，主要运入洋纱，织成洋经土纬的土布。1899 年，张謇创办通州大生纱厂，后来又在崇明、海门增设工厂。南通“以近上海，贸易便利，实业发达”②。泰州“入县商品大都以上海为泉源，直接自产区输入者百不得一二，以舶来货为大宗，近十年来各市添设洋货业颇盛”③。晚清以来南通地区工商业迅速发展，大生纱厂、广生油厂、复兴面粉厂、大达内河轮船公司等企业次第设立，金融周转量随之增大。苏北各盐垦公司成立，金融调剂也多以南通为中心。④ 至此，南通“为中国内地最发达之一实业区，与无锡齐名，其有江北经济上地位，已在江都之上”⑤。

无锡，处于沪宁铁路的中段，京杭大运河从此流过，“二十年来工业勃兴，有小上海之称”⑥。无锡是江南主要的米谷集散地，国内供给上海的粮食，主要来自两湖、皖赣，无论是外来还是苏南的米谷，都在这里储存、加工后再直接或间接转往上海，无锡成为上海等长三角地区粮食的中转中心。⑦ 1905 年，清廷开内河行驶小轮的禁令，老公茂洋行首开沪锡航线，二十余年内，无锡先后出现过十几家轮船公司。沪宁铁路通车后，客运受到一定影响，但货运后来居上。此后，华商各轮船公司也纷纷派船经营锡沪货班。⑧ 1908 年沪宁铁路贯通后，“茧子、小麦、黄豆和米从无锡运往上海”更为便

① 殷惟龢纂：《江苏六十一县志》上卷，1936 年本。

② 殷惟龢纂：《江苏六十一县志》上卷，1936 年本。

③ 单毓元等纂修：《泰县志稿》卷二十一，1931 年修，1962 年本。

④ 南通市政协文史资料研究委员会编：《南通文史资料选辑》（第二辑），第 60 页。

⑤ 张其昀编：《本国地理》（上册），南京钟山书局 1934 年版，第 104 页。

⑥ 张其昀编：《本国地理》（上册），南京钟山书局 1934 年版，第 105 页。

⑦ 羊冀成等编：《无锡米市调查》，1935 年，第 10 页。

⑧ 郭孝义主编：《江苏航运史（近代部分）》，人民交通出版社 1990 年版，第 103 页。

捷，彼此的联系更加紧密。① 20 世纪初，随着生丝出口贸易的扩大、近代缫丝技术的传入与新式商人的投资，无锡发展成为长三角地区另一个机器缫丝中心。20 世纪 20 年代从无锡出口上海的生丝，约占全国总出口的 25%，无锡与上海的经济联系更为紧密。无锡工商业为江苏省之首，“工厂以西门为多……每逢茧麦两市，各地商贾，蚁集云屯，贸易之盛，仅次上海市”②。1923 年，无锡开埠通商，经济发展相对更为迅速。

常州，所需的糖、杂货、洋布、煤油等大宗商货均来自上海，当地所产茧丝则直接运往上海销售。

江阴，北控长江，南接太湖，航运便利，有黄田港，主要出产土布。民国时期一度鼓吹的太湖实业港的计划，就是把江阴、无锡、湖州连接起来，使得长江航运可以直通起来，连接上海。所预期的“大湖经济区”，大约即指代长三角地区。

苏州，京杭大运河与苏州河的汇合处，1896 年开埠，一度是江苏省最大的城市，毗邻上海与镇江，但贸易区域较为穷促。“查苏州商市行情涨落，大致悉依上海市价为准，苏沪商业一气联络。《新闻日报》、《申报》各载省商务类志一项，所有商货行情，随时涨落，立即登报，朝发夕至。近今宁沪铁路火车开行，尤为捷速，是以一切市面与沪市不相上下。至于货产进出，均从沪地转运。”③ 及至 1897 年，沪苏杭之间乘坐轮船往来者已经超过了 20 万人次。④

杭州，虽地处钱塘江口、杭州湾畔，但受海水涨落及泥沙淤积的影响，近海、远洋船只无法驶入，与外地的经济交往主要借助内河，特别是京杭大运河经由苏州的周转。自上海开埠及区域经济中心城市易位，杭州

---

① “海关十年报告苏州（1902—1911）”，见陆允昌编《苏州洋关史料（1896—1945）》，南京大学出版社 1991 年版，第 103 页。

② 殷惟龢纂：《江苏六十一县志》上卷，1936 年本。

③ 章开沅等主编：《苏州商会档案丛编》（第 1 辑），华中师范大学出版社 1991 年版，第 202 ~ 203 页。

④ 聂宝璋：《聂宝璋集》，中国社会科学出版社 2002 年版，第 282 页。

连同杭嘉湖地区其他城镇的进出口商品，大多直接纳入上海港货物集散渠道。1896 年杭州被辟为通商口岸内河轮运开通后，沪杭两地的经济联系更为频繁密切，“汽艇拖着中外商号的货船定期往返于上海和这些新口岸之间”①。

嘉兴，位于黄浦江与京杭大运河的汇合处，沪杭铁路经过此地。嘉兴与湖州出产丝茧与绸缎，湖州吴兴县南浔镇与吴江县盛泽镇的生丝及丝织品大多直接运往上海销售或出口。

南京，1927 年国民政府建都南京后，市面才逐渐繁荣起来。南京虽然成为首都，却不是经济中心，很少有银行在此设立总行，甚至连新成立的中央银行也把总行设在上海，故而在金融方面仍然依附于上海。“津浦路沿途需现较多，缺乏时每向京调运，而间接仍以上海为挹注之地。”② 江宁府六合县米谷“乾嘉以后，则多贩运至浙江海宁之长安镇；光绪间，及改趋无锡、上海，近以宁沪、津浦通车，又用包袋由车转运”③。

上海，1863 年上海港贸易报告显示，上海进口总数为 34330680（海关两），再出口总数 23384732，留供当地消费数 10945948④，表明上海港三分之二以上的进口又被转口，体现了上海处在江海之会、南北之中的商业中心位置。此外，源源不断的大宗出口贸易，推动了上海出口加工业与船舶修造业的发展。“苏州河两岸、杨树浦及浦东一带，工厂林立，其原料多产于大江下游与太湖沿岸，工厂之原动力因有上海电力公司，其电力远较内地为廉”，“上海工人极多，丝厂在一百家以上，所雇工人在二十万名以上。纱厂约六十家，工人十一万余”。⑤《马关条约》签订后，外商纷纷来华设厂，“大有喧宾夺主之势”。“上海地价异常昂贵，从前稻田茅屋，

---

① 李必樟译编：《上海近代贸易经济发展概况 1854—1898 年——英国驻上海领事贸易报告汇编》，上海社会科学院出版社 1993 年版，第 923 页。

② 《南京金融机关调查》，载《中央银行月报》第二卷第十号，1933 年 10 月。

③ 郑耀烈修，汪升远、王桂馨纂：《六合县续志稿》卷十四，1920 年本。

④ 李必樟译编：《上海近代贸易经济发展概况 1854—1898 年——英国驻上海领事贸易报告汇编》，上海社会科学院出版社 1993 年版，第 75 页。

⑤ 张其昀编：《本国地理》（上册），南京钟山书局 1934 年版，第 134 页。

今皆改造而成为工业区域”，每亩地价大约3000～6000两银，建一个中等规模的面粉或纱厂，需要百亩地，大约需费50万元。“因此上海附近各城镇，近年来亦渐有颖脱而出之现象，尤以无锡发达最速，至今日居然工厂林立”，有“小上海”之称。

无锡现代产业的崛起，意味着上海与临近地区的产业分工，出现从垂直向水平变化的趋向。近代上海充分利用区域市场一体化的机制，实现规模集聚经济，周边城市利用上海的“溢出效应”，融入以上海为中心的市场与区域经济板块中，加快与上海的“接轨”，主动地利用市场化手段与上海所提供的资源平台，进入上海经济圈的地域分工之中。同样可以发现，在产业部门上，依靠市场获取资源比例比较高的经济领域，例如商业贸易、交通航运等部分，在上海与长三角地区的经济互动中表现最为瞩目；在地域空间上，临近上海、资源比较优越的城市或市镇，优先从上海获得资金、技术、信息等方面的溢出。就近代长三角地区的事实而言，尽管存在着地域上的差异，或称之为空间上的梯度性，次中心城镇基本能够从上海或多或少地获取资金、人才、技术等方面的支持，甚至直接参与地域性的产业分工，分享“规模经济”与“溢出效应”的果实，“小上海”无锡最为显著。

二、珠三角地区市场网络的空间层次

就近代珠江三角洲地区而言，如前所述，区域内的物产、道路、人口、城镇首先指向沿江、沿海一带，尤其是资源禀赋优异的三角洲地区，其次是西江中游地带，呈现明显的空间层次性，故而在该区域内形成了清晰可见的层级网络结构。该网络结构有一定的内生性，源自明清以来地方经济的发展及区域内部的要素流通，但同时也受到近代外部因素的影响，尤其是口岸开放与外区域市场的影响，这是一个基于时间与空间上的生长与演进的进程。

在珠三角地区，佛山、顺德陈村与东莞石龙是三个重要的河港，内河木船货运极其繁盛，来往小轮众多，商业繁盛，一度与广州合称省、佛、陈、龙四大镇。此外，惠州，新会县江门，番禺市桥，东莞的县城和太平镇，增城县新塘，顺德县的甘竹、大良、容奇，香山县的石岐、小榄、黄圃，开平县的水口、长沙，以及新宁县的新昌、荻海，三水县的西南镇，也都是轮船、木船辐辏的地方。通过珠江及其支流的连接，这些市镇组成了粤港澳大商埠格局之下的次一级市场中心，往下连接着基层的墟市，组成了一个灵活开放、运行便捷的市场体系。其时三达公司（即美孚）在华南的营销网络，大抵是以珠三角的市镇和外围地区的县城作为连接中心，构成了一个有层次的等级市场网络，这为我们分析当时的中间市场节点及其层级结构提供了案例。① 三达公司在香港设有二等行，沙面设有三等行；内地公司代理、销售沙面三达公司的煤油，其中，广州公司的销售区除了珠江三角洲外，还包括西江中游以下、北江和东江地区。东江的代理点在东莞、增城、石龙、惠阳、河源、老隆、和平、梅县各县市，西江的代理点在三水、西南、四会、广利、肇庆、罗定、都城、八步、芦苞各县市，北江的代理点在新街、高塘、清远、英德、韶关、南雄、连县各县市，珠江三角洲的代理点在佛山、陈村、大良、容奇、九江、大沥、官窑、里水、官山各市镇。江门分公司代理点在江门、赤坎、台山、阳江、石岐、小榄各市镇。广西代理点在八步、梧州、贵县、南宁、柳州等县市，甚至覆盖到云南、贵州、湖南等省，汕头地区、湛江等南路地区与海口，由香港公司直接管理。

如果把粤港这样的大区域性商业中心确定为高层市场节点，把澳门、江门作为高层市场的补充，把佛山、陈村、石龙、新塘、甘竹、三水、西南等这类重要市镇和三角洲外围各县县城作为中层市场节点，并把市桥、东莞县城和太平、大良、容奇、石岐、小榄、黄圃、水口、长沙及新昌、荻海等市镇作为基层的市场中心，便组成了粤港大商埠格局之下的层级分明的市场体系。故而，此体系大致上是以区域性中心城市为贸易集散中心

① 冯翰伯：《广州沙面洋行话旧》，见中国人民政治协商会议广东省委员会文史资料研究委员会编《广东文史资料》（第三十三辑），广东人民出版社 1981 年版。

的非对称性多边形结构，然后由次中心、分中心呈树枝网络状传递，沿着交通线延伸。其构成了一个覆盖整个珠江三角洲以至广州中心所辐射区域的层次分明、结构合理的市场结构和经济网络。这个互动的市场体系将三角洲地区的小农经济、家庭手工业和此后兴起的现代工业生产联系在一起，参与整个世界市场的交换和分配，实现价值循环与社会经济再生产（图3.7）。

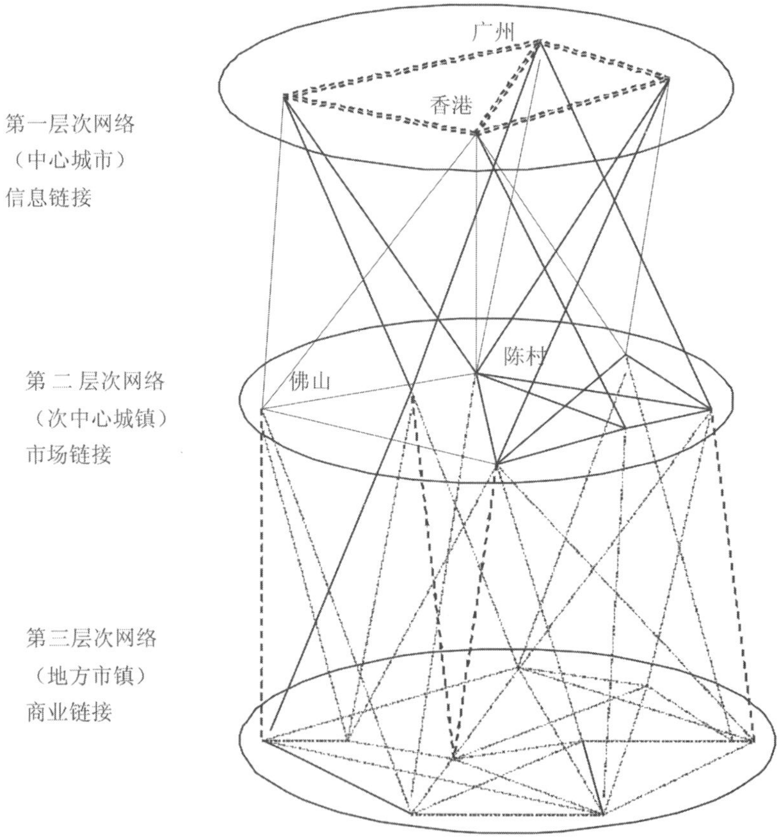

图3.7　珠三角地区城镇网络模拟示意

一般而言，更多生机勃勃的市场空间往往是大型口岸体系之下，由中层或基层市场共同组成的下行市场网络空间。就这些下行市场结构的中层市场中心而言，在珠三角地区一般是各地的中心市镇，但在珠三角的外围地区则更多是各县的县城；就基层市场中心而言，更多的是联系各地方城乡的墟市或集市。有关市镇在市场体系中的积极意义早就成为广泛的事实①，正是这些集镇将基层市场、中心市场连接起来，最后与广州、香港、澳门、江门这样的沿海商埠都市发生关联，构筑出近代的市场经济网络体系，形成了一个开放式的动态回路网络结构。②

空间大尺度上形成网络结构，大致可以为特定区域的空间经济结构描绘一个大致的轮廓，如果将口岸与腹地的思路置于其中，有助于获得关于各口岸腹地空间，虽然不是十分准确，但大致可信，为相关尺度的经济区划提供更多的实证信息。

上述三节的分析采用空间尺度的方式，首先，从空间小尺度上讨论中心口岸的空间经济发动能力，这是对区域经济中心的微观考察，构成了区域经济活动的中心来源。其次，从空间中尺度上分析了中心口岸对于周边地区产业一体化的推动能力，这是对区域经济联系的方式与密切程度的估计与度量。再次，从空间大尺度视野下关注大区域的经济网络结构，以期从一般性的经验认识上重新鸟瞰所讨论的长三角地区、珠三角地区经济空间的脉络性结构。

第四节　地理变迁中的“经济距离”③

经济增长与变迁的绩效是经济史研究中最为关注的问题，之前的研究一度忽视了经济活动所在的场所（即空间）。从古典经济学以来，人们一直将经济增长中的“距离”，以及基于“距离”的运输成本，视为看不见

① ［美］施坚雅著，史建云等译：《中国农村的市场和社会结构》，中国社会科学出版社 1999 年版。

② 在三江的中上游以及南路、东路沿海地区，由于市场推动的不足，基本上还是呈现树状线型结构，只是贸易的流动数量有所增加，基本没有出现结构性的变化。

③ 本节以长三角地区为中心。

且被融化的冰山，藤田昌久等（Masahisa Fujita，etc.，2001）重新度量了这一现象，并将其拉回主流的分析框架，恢复了“距离”及距离成本的经济效用。从某种意义上说，经济增长具有两重维度，分别是基于“时间”概念上劳动效率的提升以及“空间”概念上地理结构的优化。[①] 在一个较长时段的经济地理变迁中，其核心关注点无非是空间形态及其效率，如同《2009 年世界发展报告》的发现，学界在经济增长与经济地理的变迁中发现了一个悖论[②]：随着广泛性的经济增长，地区之间的经济联系必然增强，彼此之间的“经济距离”缩短，这将有助于经济增长的空间扩散，但在同时，事实经验一再表明，这一进程并没有看到显著的区域经济收敛现象，相反，却是经济增长的进一步集聚。这是最近半个世纪以来，全球各地经济地理变迁中一个被广泛确认并在进一步强化的经验事实。近年来，随着空间因素及其成本被考虑进来，对经济变迁的考察又增添了一个新的维度，即“距离”。

就我国的经验而言，晚清以降的近代时期，我国首次深度卷入全球分工体系，处在经济增长与转型的初期阶段，故而从空间的角度见证了旧经济地理秩序的解体以及新经济空间的形成。[③] 近代中国是一个比较好的时间观测点，同时长江三角洲地区又是特征最典型的案例，有助于我们在经济增长的早期，重新概括经济地理变迁与重塑中的“距离”概念与特征，以及基于“距离”变化所揭示的早期经济增长的效率，再度阐释“距离”在经济增长与地理变迁中的含义。

这里从二个递进的层面展开讨论。第一，寻找近代中国的新经济增长

---

① 方书生：《近代中国的经济增长——基于长江三角洲地区的验证》，载《上海经济研究》2012 年第 9 期。

② World Bank. 2009, *World Development Report 2009*: *Reshaping Economic Geography*. World Bank. ©World Bank. Https：//openknowledge. worldbank. org/handle/109861599/ License：CCBY3. OIGO.

③ 吴松弟主编：《中国近代经济地理》（九卷本），华东师范大学出版社 2015 年版。

出现在哪里，也即哪些地方的经济密度获得提升；第二，在这一经济增长与密度提升的过程中，在区域内部经济要素的流动中，区域内部彼此之间的经济关系出现怎样的变化，以及其演变趋势；第三，在区域内部的经济联系与分割的变动中，如何调整彼此之间的“经济距离”，进而改变经济地理形态、经济增长绩效。贯串这一讨论的核心问题是经济增长的空间成本——“经济距离”，以及它的出现、演变及其效用。

一、经济“密度”增加中的空间属性

经济学上的经济密度一般是指单位土地的经济总量，或者说单位土地经济活动的地理密度，一般包括国内生产总值密度、人口密度、就业密度等方面。关于近代时期，限于现存数据的不足，这里主要采用人口替代指标，根据人口密度数据的变化来观察经济密度的变化。

考察一个经济体的经济增长，密度增加是一个重要的方面。为什么经济“密度”增加出现在这个地方，而不是另一个地方？因为经济“密度”不仅呈现显著的空间不均衡性，而且具有不断增强的趋势，其中隐含着空间经济的现象与特征。

（一）晚清时期长三角地区的人口密度

上海开埠以后，伴随着口岸内外贸易规模的扩张及城市经济的发展，长江三角洲地区的经济中心由苏州移至上海。在新型外向化经济、交通运输条件、技术变革下，区域经济重心与力量发生变化，并引发空间经济密度的变化。这里以长三角地区的人口密度进行初步的衡量。

由图 3.8 可见，以府为单位的人口密度图显示，1851 年长三角地区的人口密度以太湖流域为中心，人口高密度地区依次是苏州、嘉兴、太仓、江宁各府。及至 1910 年，人口高密度地区逐渐转向长江口的松江、海门、太仓、通州等府州。我们知道，在 19 世纪尚未对外开放贸易前，长三角地区处在以农业经济为主的发展阶段，人口主要分散在农村或以手工业为主的市镇；开埠以后，快速增长的对外贸易，带动了城乡产业分工的演变，商业与贸易

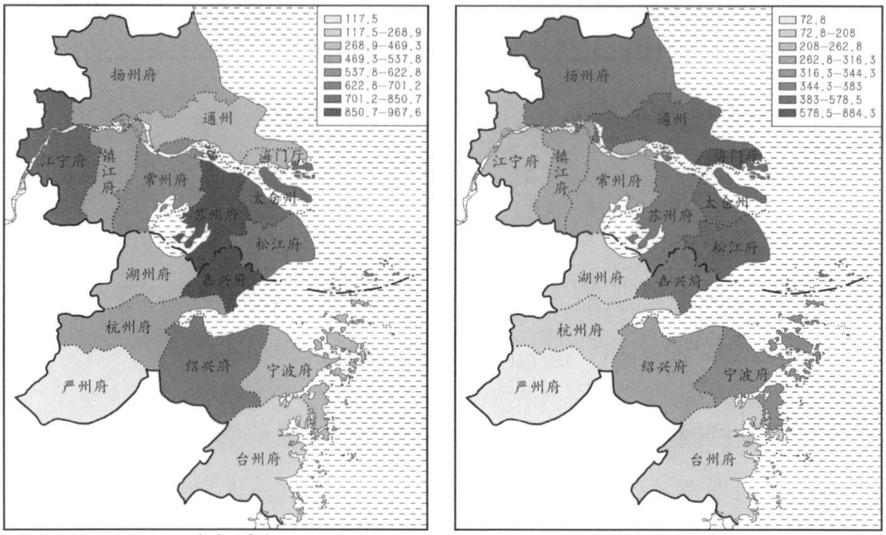

1851年人口密度　　1910年人口密度

图3.8　长三角地区分府人口密度（1851年、1910年）

迅速推动了城市的发展，尤其是以上海为首的口岸城市的发展。一方面是人口向口岸城市、城市周边区域与沿海贸易地带集中，另一方面是相应的商业流通与工业生产趋向口岸及邻近地区。因此，晚清时期长三角地区人口密度的重心，逐渐从传统的太湖流域转向长江口沿岸地区。

（二）民国时期长三角地区的人口密度

民国时期，长三角地区人口密度的分布在之前的基础上进一步位移，由图3.9可见，人口向县级及以上城市集聚，主要在沿海、沿江地带，尤其是上海、南京、杭州等中心城市，其次为泰兴、南通、无锡以及其毗邻地区，相反，本地区西南部地区人口分布则相对稀疏。如果以人口密度中间值353人/平方千米的等值线为界，长三角地区的人口密度呈现北高南低、东部高、西部低的现象，西南及东南地区人口分布较为稀疏，高密度地区达到800～950人/平方千米，低密度地区在50～200人/平方千米之间。高密度经济区容纳向沿海与沪宁、沪杭经济走廊的倾斜，体现了区域内部人口密度的不平衡性与经济增长的空间性。

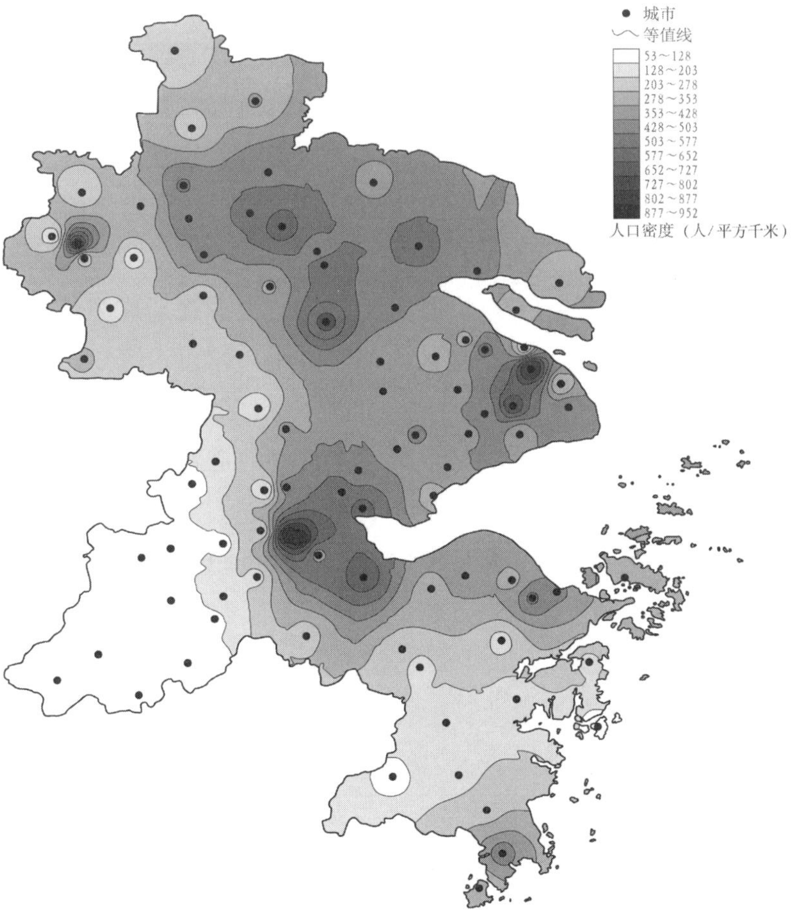

图3.9　长三角地区市县人口密度（1932年）

二、经济“联系”与“分割”的测度

在上述地方经济增长、经济密度增加及其位移的过程中，其地区必然形成区域内部经济要素的流动，在这一要素流动的过程中，与经济密度变化及其位移趋势相对应，区域内部之间的经济联系会出现变化，以及演变趋势的新方向。这种特征一般表现在两个方面：第一是城市和城市之间、口岸与腹地之间经济联系的增强；第二是在空间联系增强的同时，产生新的空间经济分割现象。

（一）晚清时期长三角地区的经济“联系”与“分割”

根据时人所记录的相关文献，晚清时期上海等口岸开埠以前，长三角地区以南京、苏州、杭州为一级核心，以上海、镇江、宁波为二级核心，区域空间经济格局大致为陆上官路及长江、京杭大运河的“之”字形结构，大体上反映了上海取代苏州成为区域经济中心，与长三角地区的“经济距离”缩短的特征。口岸开埠以后，上海逐渐成为长三角地区的门户与中心，上海与长三角地区内部经济距离缩短；镇江则是长三角顶点以上内陆的门户，与内地的“经济距离”更短。与之相比，杭州、宁波与内陆的空间距离比较遥远。得益于良好的道路状况与市场准入条件，上海、镇江等口岸城市缩短了与区域内部的“经济距离”，从而成为人口与工业聚集区，长三角地区内部的“经济距离”即将调整。长三角地区传统的以扬州—南京—苏州—杭州—宁波为顶点的“之”字形城镇发展轴线，逐渐被以沿江—沪宁—沪杭—杭甬为轴线的“Σ”形空间结构取代（图3.10）。

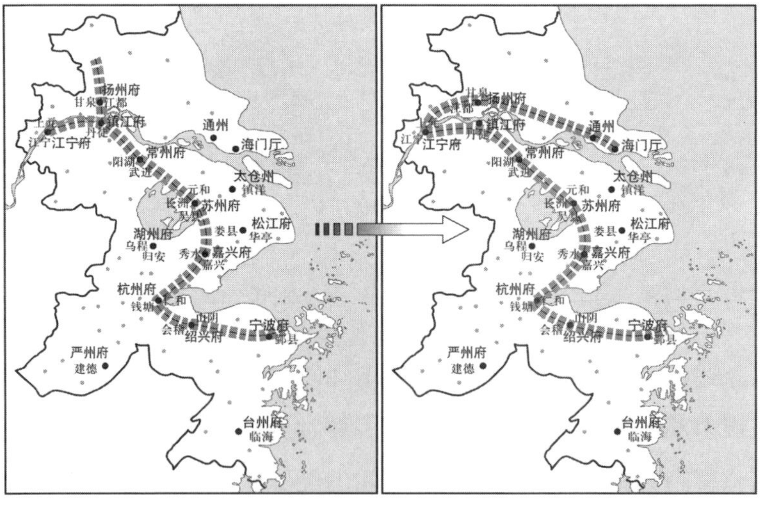

图3.10　长三角地区要素流动轴线的演化（晚清时期）

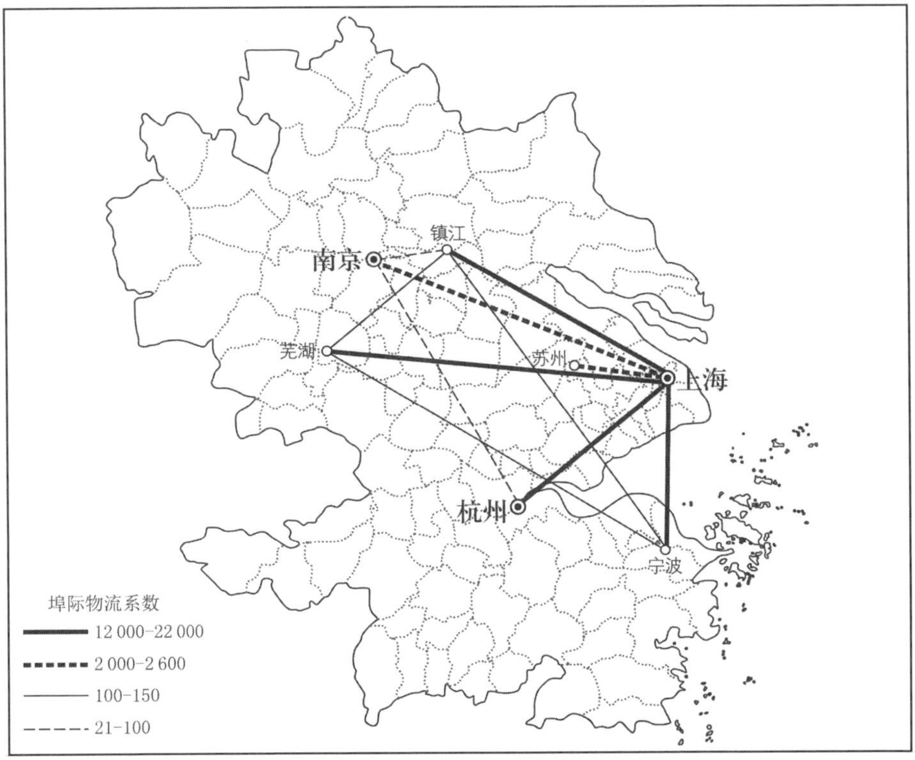

图 3.11　长三角地区各口岸间物流系数（晚清时期）

近代长三角地区城市开埠以后，区域内部经济要素流动通道发生改变，以及由此形成的区域内部“经济联系”发生变化。从图 3.11 可见，晚清时期，长三角地区形成了以上海为中心，上海—杭州、上海—宁波、上海—镇江、上海—芜湖为轴心的要素流动线路，与图 3.10 中的“Σ”形结构转变是一致的。但在同时，我们还需要明白，在晚清时期的长三角地区，传统农业经济的生产方式以及相对应的地方性小市场广泛存在，甚至在一定程度上仍然占显著的地位，故而，区域内部之间的分割是广泛存在的，是常态。点线轴的“经济联系”的增强及调整，是近代早期长三角地区经济地理变迁的显著特征，及至民国时期，情况又出现了一些新的可见的变化。

（二）民国时期长三角地区经济“联系”与“分割”的趋势

民国时期，在新式交通的影响下，上海口岸的空间可达性更远，上海与长三角、长江流域以至更广泛地域的“经济距离”均缩短，其经济联系的触角沿交通干线深入更广阔的腹地范围，其空间资源的配置效率更高。相比较而言，长三角地区其他口岸的辐射作用则相对较低。与晚清时期相比，南京和镇江的辐射作用则相对减弱。上海所在的沪锡地区成为长三角的核心地带，与长三角其他邻近地区以及长三角之外的其他区域的空间距离均缩短。沪锡经济走廊成为区域的核心，镇江、杭州等成为所在地区的次一级中转型城市，将农产品与生产要素转运到无锡、上海。作为中心城市，上海拉近了与长三角周边地区的“经济距离”。

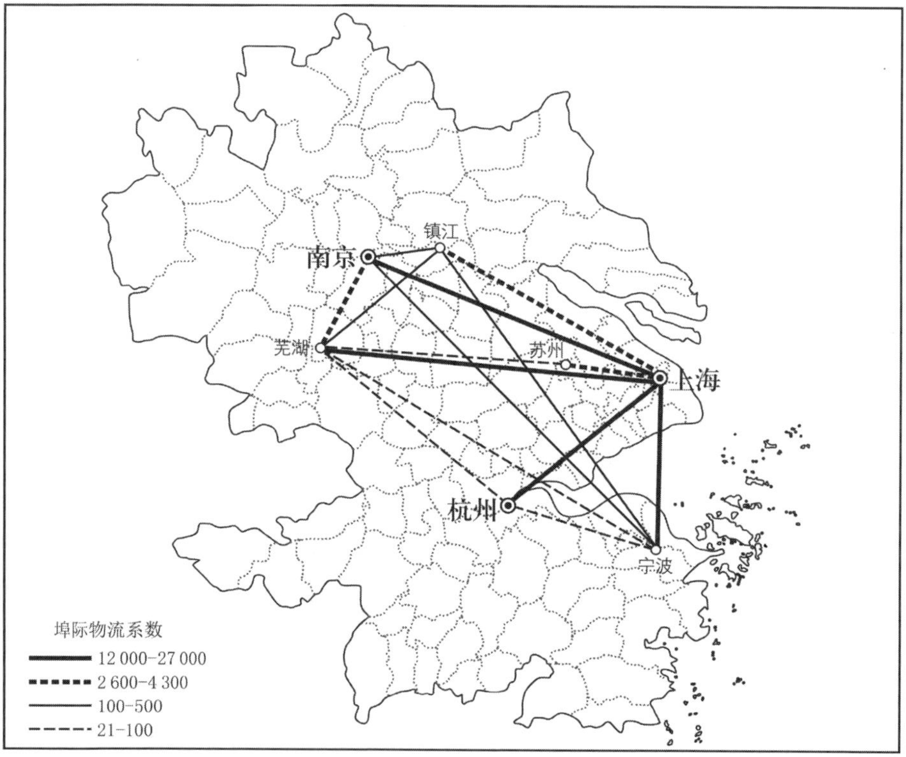

图 3.12　长三角地区口岸间物流系数（民国时期）

对比图 3. 11、图 3. 12 可以发现，在晚清到民国期间的长三角地区，以口岸间的物流量所表示的“经济联系”增多增强，无论是联系的通道还是联系的流量。即便就变化不甚显著的“经济联系”通道格局而言，虽然主要的物流通道并没有出现显著的变化或调整，但是，民国时期各口岸之间的回路联系增强，出现网络化联系的趋向。

这里需要特别补充一点，随着部分点状城市或条状经济带经济密度的增加，以及围绕高密度点、线为中心的“经济联系”通道的变化，城市与城市之间、城市与乡村之间的“经济距离”产生了显著的变化。就一般情形而言，在技术进步、国际贸易、工业生产等因素的推动下，近代长三角地区城市之间、城乡之间的“经济距离”均在缩短，但是不同城市或区域改善的速率差异很大。就一般性原理而言，区域内部城乡之间均衡性的“经济距离”的缩短可以促进经济收敛，反之，则会促进经济集聚。在近代长三角地区，“经济距离”的缩短呈现显著的非均衡性，使得区域的极化效应大于扩散效应。

（三）“分割”与“联系”中所见的“距离”

在张敏、顾朝林对要素流的空间类型与重心的观察的基础上①，加入区域空间资源配置的要素，结合上文对长三角地区的计算与分析，近代长三角地区存在以下三种区域内部要素空间流动模式：（1）远距离的双核模式，表现为上海与芜湖、南京等远距离城市的点状辐射式或交互式经济联系；（2）中距离的核心—边缘模式，表现为上海与镇江、杭州、宁波等中等距离城市的点线状的辐射式与交互式经济联系；（3）近距离的邻域渗透或溢出模式，表现为上海与苏州、无锡、南通等城市的邻域经济集聚与扩散。（见表 3. 6）

表 3. 6 中的要素空间流动模式表明近代中国已经形成“地域化经济”的地区普遍存在，例如长三角地区。 其他区域仅出现其中某一种或数种情

① 张敏、顾朝林：《近期中国省际经济社会要素流动的空间特征》，载《地理研究》2002 年第 3 期。

表3.6　经济联系中的“距离”模式示意

	单向辐射式（图论）	双向交互式（图论）	示例
远距离的双核模式	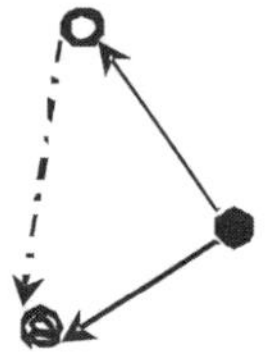	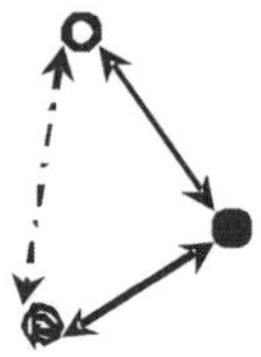	上海—芜湖、南京……
中距离的 核心—边缘模式	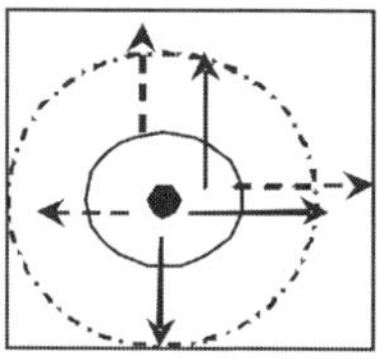	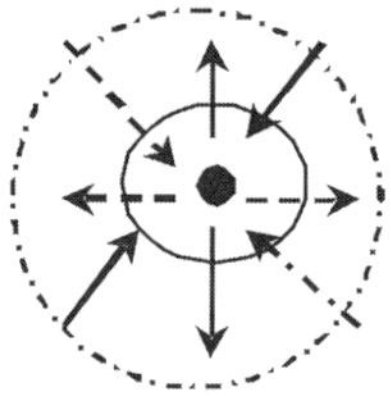	上海—镇江、杭州、宁波……
近距离的邻域 渗透或溢出模式	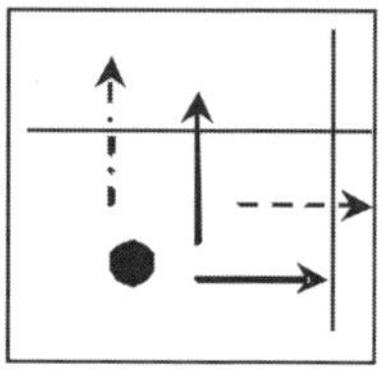	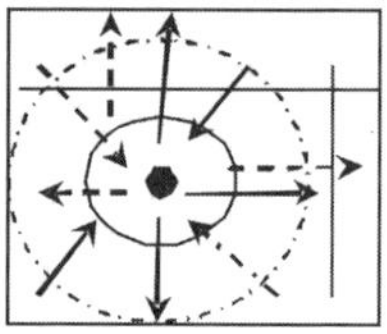	上海—苏州、无锡、南通……

形。基于空间扩散与传导引发的经济增长，其模式仅在近代中国的局部先发地区出现。迈克尔·斯多珀（Michael Storper）认为：“地域化的经济是由依赖于地域特定资源的经济活动构成的。这种‘资源’可以是仅出自某一个地方的特殊要素，或者更复杂一点，只能从某种特定的组织内部或企业—市场关系中获得的要素，包括地理邻近性，或者说地理邻近的关系比其他方式能够更有效地产生这种特殊要素。”① 当区域经济相对封闭时，距离与密度是决定区域市场潜力的主要因素；当区域实行对外开放以后，与国际市场的距离或国际市场的准入变得重要，边境或沿海地区常常获

① ［加］特雷弗·J. 巴恩斯、［美］杰米·佩克、［美］埃里克·谢泼德、［英］亚当·蒂克尔编，童昕等译：《经济地理学读本》，商务印书馆2007年版，第272页。

得来自区位优势的经济利益。贸易模式的改变通常会改变区域的市场潜力，之前处于优势地位的地区，随着与外部市场距离的拉大，失去了领先地位。

通过以上三个方面，我们解读了近代长三角地区经济地理的变迁。由于开放与融入世界经济体系，上海等沿海、沿长江航道的口岸城市获得更高的外部市场准入度，并通过联系国内外市场，成为新的区域中心与经济走廊。原有的以扬州—南京—苏州—杭州—宁波为顶点的“之”字形城镇发展轴线逐渐被以沿江—沪宁—沪杭—杭甬为轴线的“Σ”形空间结构取代。由于晚清农业经济仍然占显著的主导地位，区域之间的分割是广泛存在的，是常态，点线轴的联系才是近代早期经济地理变迁的显著特征，这种空间形态也暗示着近代早期还处在发展的最开始阶段。

经济密度的空间变化也反映了这一特征，人口最密集区从传统的苏州、嘉兴、太仓、江宁，转移至松江、海门、太仓和通州。如何理解近代早期经济密度的空间变化？在晚清长三角地区尚未对外开放贸易前，此区域处在以农业经济为主的发展阶段，人口主要分散在农村，即使最大的城市（例如苏州）规模也比较有限，城市居住区一般是城墙之内的街坊，这类城市一般毗邻交通要道（例如苏州在京杭大运河沿岸），提供剩余农产品的交换。晚清开埠以后，快速增长的对外贸易，带动了乡村手工业化后的分工，商业与贸易迅速带来了城市的发展，尤其是以上海为首的口岸城市。

基于地理距离、交通条件、城市发展推算得出的“经济距离”，可以进一步推测市场准入度。当上海成为全国的贸易中心后，在镇江以下的长三角地区，上海的时间可达性优于其他口岸，与这些地区的经济距离最短。镇江成为长江三角洲顶点以上内陆的门户口岸，从时间可达性方面可以迅速到达安徽中北部、江苏中北部、河南、山东南部，与这些内陆地区“经济距离”最近。

简评：经济地理变迁中的“空间效用”

前近代以来外向型经济发展区位内在的潜力，以及近代开埠通商所引发的经济空间变化，从三个不同的尺度上来看，分别表现为中心城市及其近郊、口岸城市及其周边地区、区域市场网络中的经济范围。三个层次的经济地理变迁现象及其经济增长特征，主要表现在两个方面：第一，新的经济区轮廓及其空间层级，经由空间经济秩序形成以及空间资源配置的优化，推动了区域经济的新组合与新增长；第二，不同层级的口岸与腹地经济联系与分割的关系，成为观察近代中国地方经济增长中的空间效用的一个窗口。

“距离”特别是与经济发达地区的“距离”一度成为衡量经济发展的指标之一。这里以近代长三角地区为例，通过对区域经济增长中的“经济密度”增加的度量，获取近代中国新经济增长的城市或区域，然后，再从这些经济高密度点之间的要素流动，发现区域内部彼此之间的经济关系的变化，进而在区域内部的经济联系与分割的变动中，获取彼此之间的“经济距离”的图景，从“密度”“联系”“距离”的相互关系中，可以进一步理解近代时期中国经济变迁中“距离”的经济含义。

近代全球化以来，随着全球分工的深入与扩大，全世界范围内的商品、资金、技术、信息等流动范围扩大、强度提升。厂商在全世界范围内寻找最佳的产品生产点与销售点，越来越多的地方将逐渐融入超越本地、本区域，甚至国家尺度的经济过程之中。不同的地域、同一地域的不同经济圈层，均表现出显著的差异。

正是在这经济史上的发展与转折的时代，在具有显著的地方经济、交通技术的多样性的情景中，在产业经济调整、经济发展方式改变的情况下，这才出现了“经济密度”增加、“经济联系”增强、“经济距离”缩短等翔实的案例，从而得以重新探索经济地理变迁中的“距离”问题，探索经济地理变迁中的“空间效用”问题。

从全球经济增长的经验来看，“距离”特别是与发达地区的“经济距离”，一度成为衡量经济发展的重要指标之一。这里首先通过对区域经济增长中的“经济密度”增加的度量，希望能够知道近代中国的新经济增长出现在哪里。其次，从这些经济高密度点之间的要素流动，获得区域内部彼此之间的经济关系出现的变化，进而在区域内部的经济联系与分割的变动中，获取彼此之间的“经济距离”的图景。“经济密度”“经济联系”“经济距离”这些概念相互形成因果关联，有助于我们进一步理解近代中国经济地理变迁中“距离”及“空间效用”的经济含义，理解近代中国经济增长的萌生及其地方差异。例如，为什么该地方发展而另外一个地方则没有？为什么当时的地域经济趋向于集聚而非收敛？等等。近代中国经济地理变迁中的“空间效用”问题，为相关议题的进一步拓展打开了一扇新的窗口并指明了方向。

第四章　近代经济区的图景：空间与增长

近代开埠通商给传统中国带来的影响无疑是极为显著的，深刻地影响了现代经济的萌芽与发展，在空间上主要表现为近代经济区的形成以及其中的经济增长。具体而言，上海开埠对江南城镇与农村的哪些地方、哪些部门产生过什么样的影响？这样的一幅图景，通过泛泛的讨论或通过选萃法去寻找证据，似乎难以全息地描绘出来。所以，在继续争论的同时，人们将视线转入具体而微的形态描绘，以期获得一系列更具有深度的理解与认知。

当细致具体的研究成果一点点地集聚以后，如何从原始文献出发获得一幅涵盖整个长三角地区的图景呢？借用经济地理学界业已成熟的“空间与发展”的分析方法，可以做一个新的尝试。本章试图构建“经济区”的空间分析范式，描绘区域经济的马赛克图景，理解口岸中心与腹地关系更为细致的情形。

引言：关于近代经济区的标准与划定

1870 年后，外轮公司在沿海、沿江的角逐，刺激了近代中国航运业的兴起。1894 年后，兴起了第一次铁路建设高潮，到 1911 年，全国已有铁路近万千米，绝大部分以港口城市为指向。20 世纪 30 年代，张其昀、黄秉维等学者在注目近代中国的经济地理格局大变化时，已经认识到晚清以来港口城市突出发展的现象。① 一系列具有良好区位的开放口岸，从沿海

① 张其昀：《中国地理大纲》，商务印书馆 1930 年版。

到内陆，通过铁路、内河等交通线的不断展开，促使各港口腹地范围延伸和扩展，从而促进腹地外向型商品经济的发展。到20世纪初，随着沿海港口的密集涌现和港口内陆腹地交通线的不断纵深延伸，原先某港口与腹地相通的单一交通线，开始相互连接起来，有的地区已经形成了简单的交通回路网络。

随着对外贸易的持续繁荣、港口—腹地系统的整合，近代的交通体系，无论是旧有的，还是新建的，或纳入港口—腹地的交通体系，或与这一体系相连接，以前以首都和各省省会为中心的交通体系，开始转化为以港口城市（经济中心）或省会为中心。在大区域性的枢纽港之下，一系列的支线港、喂给港或类似的口岸，通过口岸城市与其腹地的人员和贸易往来、资金流动、技术和信息传播，促成了区域内部与区际之间的密切联系。

同时，每个特定的区域都有其经济中心，往往由一个大的综合性城市或一组城市所组成，是全区经济、交通、商务与金融中心，是区域变革的发动机。上海、香港等大区域性的枢纽中心或港口城市群，成为特定区内的经济中心、发展龙头，可能兼有对外窗口的角色。港口城市背后的腹地则成为龙身。这种“港口—腹地”组合，这种与主要交通道路密切连接的、具有一定的产业经济能量的经济区实际上已经处于形成之中。

有关“腹地”或“引力范围”，在地理学和经济学中也没有一个有效的定义。腹地（Hinterland）一般是指位于港口城市所赖以提供出口物资和销售进口商品的背后内陆地区。① 经济腹地，人们一般模糊称之为扇形辐射地域，港口与异质腹地的空间结构优势，或者干脆就称之为网络或者链形，在研究港口内陆的经济腹地时更多地停留在定性描述上。②

---

① 《中国大百科全书·地理学·人文地理学》编写组编：《中国大百科全书·地理学·人文地理学》，中国大百科全书出版社1984年版。

② 罗正齐：《港口经济学》，学苑出版社1991年版；王铮等：《理论经济地理学》，科学出版社2002年版；陈才：《区域经济地理学》，科学出版社2001年版。

现代地理学对于腹地或引力范围乃至城市体系的研究，已有了一套可操作的模型和路径。对腹地的划分一般采用数学模拟法与实证法。数学模拟法是根据空间相互作用理论，运用数学方法对腹地的空间分布进行测定①；实证法是指收集大量的实际资料，并选择有代表性的指标来划分腹地范围。一般把城市腹地划分为核心区与边缘地带、直接腹地与间接腹地等类型。

鉴于在进行历史时期城市与其腹地的研究时，缺乏一整套系统、准确、有效的数据，无法测试模型的参数，并无法计算出城市之间的腹地断裂点，从而无法勾画出非常精确的腹地分野图和城市体系结构，所以一般采用实证法划分，而且必要时不可避免地依赖可信的经验分析。

本章在划分腹地时，与进出口贸易的数理统计与经验资料相结合，结合数据的实际情况，在信息不足时，相应地参用市场网络与经验认识来确定腹地的参数。在具体的操作中，大体上依据出口土货的主要来源地和进口洋货的主要销售地，依据腹地与口岸的商业联系程度、互动关系强度来划分，将经济腹地定义为核心、边缘两大层次，两者之间的部分视为中间地带。核心腹地是指在进出口贸易与市场网络中对本中心城市具有决定意义的区域；边缘腹地是指对本中心市场运行与进出口贸易影响很小、有时可以忽略的区域（一般同时是多个口岸的腹地）；中间地带是指在进出口

---

① 经济地理学中采用引力模型与模糊综合评判模型相结合的方法来确定港口对腹地的吸引力及其服务范围（杨家其：《基于模糊综合评判的现代港口腹地划分引力模型》，载《交通运输工程学报》2002 年第 2 期）；区位商的概念和方法，是通过对国际集装箱生成及流向的调查与研究，对港口的腹地进行量化分析（董洁霜、范炳全：《区位商法在港口腹地分析中的运用》，载《上海海运学院学报》2002 年第 3 期）；虚拟腹地的概念，是通过分析进出口商品流向，定量描绘口岸对内地影响力，确定口岸的相对位置（杨家文、周一星：《虚拟腹地：中国大陆口岸地位的度量与解释》，载《人文地理》2001 年第 6 期）；重力模型法，是计算某一点发生的物流量，经由某一港口的份额，通过它得出腹地范围内点的货物流向趋势，给腹地与物流一个直观的描述；还有通过某一报纸的发行范围、长话业务量、日发送客运班次和批发市场的销售范围等资料，通过人流、资本流、信息流等分析，把城市划分为核心区、直接腹地、间接腹地和过渡地带。

贸易中与市场网络结构对该中心城市产生比较重要的影响，但已经呈现明显弱化的区域。① 本章以考察核心腹地与中间地带为主②，对于同时作为珠三角两个以上口岸的腹地区域，称之为混合腹地。鉴于腹地界限的流动性甚至比动态的市场体系更加的变幻莫测③，本章选取标准时段来进行对比。

口岸与腹地的定义与划分，主要是基于对贸易与物流的考虑，相对于区域经济变革的考察来说，这是一个相对初级与基础的认识。无论是具体划分腹地的范围与层级，还是确立中心口岸、次级口岸，以及讨论口岸与腹地之间的经济互动关系，都是一个相对刻板的图画。如果将“口岸—腹地”这种空间模式与经济形态纳入区域空间经济的变革进程中，关注的重点自然转向区域内部的经济联系、经济运行的形态以及其制约因素，从这里出发自然会引起对现代经济意义上的“经济区”这一概念的关注。

经济地理学和区域经济学中的“经济区”概念，是指在一定地理空间范围内，由一组经济活动相互关联、组合而形成的，并具有专业化地域生产、市场交换统一的经济地域单元。一般认为，经济区是社会生产、地域分工发展到资本主义阶段以后的表现形式。划分经济区常用的四项指标为：（1）区域内部的同质性或群体性；（2）空间上的相对排他性；（3）对外联系的开放性；（4）组合上的层次性。④ 其中，内在联系、中心城市、

---

① 边缘腹地主要是出口一些有特色的土货，如广西的桂皮、南雄的烟叶、始兴的土纸，广州的洋货子口转运单一般也是发送到中间地带，如粤北的连州、韶州，西南的罗定州，广西的梧州（转口广西内地）、浔州、桂林、柳州，以及江西南安，贵州，甚至云南。彼此之间主要是有限的土货和洋杂货之间的交换。

② 这里不讨论直接、间接腹地这种分类，因为这种分类是基于贸易物资来源与销售方式，不利于展示口岸与腹地互动关系的密切程度。

③ 威廉在解释城市背后的区域时，就这样写道：“一个区域被定义后并不是指一个固定和封闭的地区，而是处于不同程度被嵌套的体系之中。”［Willian T. Rowe，“Introduction,” *in Cities of Jiangnan in Late Imperial China*, edited by Linda Johnson（New York：State University of New York，1993.）］

④ 杨树珍：《中国经济区划研究》，中国展望出版社 1990 年版。

交通要道都是综合经济区划的重要原则，基本的尺度就是商品、资金、资源、人才等要素形成的网络。

关于中国古代经济区的形成已经被归纳引申①，虽然学界对于晚清以前传统经济区域的研究，同样采用划分若干经济区域的方式②，但是那些基本上基于自然地理的市场交换圈与晚清以来形成的生产性地域经济共同体，在专业化、区域中心、区内区际联系、综合经济指标方面，都有着质的区别。晚清以来通过港口城市与世界经济保持密切联系的外向性，与传统时代主要作为政治中心的首都或省会城市消费需要的内向性，有着根本性的差别。晚清以沿海沿江口岸为中心的新型经济区——区内中心与区际联系倾向于沿海口岸城市，与传统时代经济区——倾向于首都或省会等重要的政治中心的内部联系，有着从内容到形式的差异。传统时代经济的基础是自给性的农业生产，区域性贸易与长距离商业交换始终没有成为经济活动的主体，但晚清以来的外向型工商业经济已经占据了主导地位，现代性的生产方式与生活方式逐渐成为显现或潜在的主流。这种以口岸城市为核心，以城市、腹地与经济联系方向为基本要素的地域经济组合，成为经济地理格局变革的一个显著方面。根据这些认识，近代中国开埠通商以来，地域经济出现了一系列新的变革，从历史经济地理的视角，或许可以理解为具有现代意义的经济区的萌生。③ 同时，学界关于开港通商对腹地的影响力度这一争论，或许也可以置于这样一个平台之上进行讨论。以下从近代珠三角、长三角经济区的萌芽与形成开始，来讨论现代性经济在该地域的空间进程。

---

① 邹逸麟：《我国古代经济区的划分原则及其意义》，载《中国史研究》2001 年第 4 期。

② 陈桦：《清代区域社会经济研究》，中国人民大学出版社 1996 年版。

③ 方书生：《口岸开放与晚清经济区的形成——岭南经验以及全国尺度》，载《云南大学学报（社会科学版）》2006 年第 4 期；《华南近代经济地理》，华东师范大学出版社 2015 年版。

第一节　长三角经济区的形成

关于长江三角洲地区口岸—腹地、城市体系等众多相关研究成果，在第二、三章已经陈述。该节的叙述与讨论将跳过这些，根据长三角区内产业分工与联系的密切程度，确认新的经济区的边界与范围。

一、长三角新图像的浮现：从自然区转向经济区

一般而言，长江三角洲有三至四重的含义：地理或地质上、经济上、行政上、文化上的长三角。[①] 这里主要从自然地理入手，讨论经济地理上的长三角空间。关于自然地理、流域与交通上长三角的含义，在第二章第二节中已经讨论，兹从略。

（一）前近代经济史上的认识——传统中国经济区的地域特征

对于长三角地区的前身——“江南”地域的定义莫衷一是，有四府五府直至八府九府之说。在自然与经济地理的完整性方面，李伯重提出了“八府一州”说，构成了一个完整的经济意义上的“江南”区。太湖水系与江南运河连为一体，形成了一个高层中心——“苏州”，在其周围形成了一个中心与边缘分化的地域结构，由南京、杭州、松江（明）—上海（清）构成了一个三角形的核心区，太湖以西的宁镇丘陵与浙西山地，为经济上依附的边缘地带。[②] 但是，由于宁镇丘陵与浙西山地的存在，李伯重所倡导的“八府一州”说，是在行政划界便利的基础之上，并不能归入一个完整的地理单元之中；各主要城市的经济腹地也不仅仅限于这一被划定的“江南”之中。

问题的关键一方面在于，基于行政区划的江南是一个模糊的概念，甚

---

①　文化上的江南主要基于语言的区分，传统上苏州、常州、无锡等苏南地区以及绍兴、宁波等浙北地区所操方言为吴方言，生活在此地区内的居民称为江南人。

②　李伯重：《江南的早期工业化（1550～1850年）》，社会科学文献出版社2000年版，第19～22页。

至是一种文化或惯例上的感知；另一方面，内向化经济交流的传统时代，缺乏真正意义上经济区的经济能量，所以经济区域的划分，不可避免地需要借助行政或文化上的规定或认知来确定。所以，进入近代后，“江南”这一变动的文化上的地域概念，逐渐为“长江三角洲”这个具有自然与经济色彩的概念所取代，并逐渐清晰起来。

（二）近代经济地理上的理解——近代外部经济诱发的新变化

1843 年以后，以上海、镇江等口岸的开埠通商为导向，由于对外开放经济的诱导，最佳的地理区位逐渐从太湖流域转移到长江、黄浦江口。突破传统内向化经济交流框架的束缚，在长三角、中国东部、东亚的地域分工中，上海港获得了最佳的区位、广阔的海陆向腹地，利用港口水运低成本的优势，发展相应的临水型产业，迅速成为中转枢纽。一般而言，一个港口与其直接或核心腹地区，会构成一个特定的地域经济联系体。所以，区域经济中心从传统府城苏州转移到沿海港市上海。由于规模与集聚效应，上海逐渐成为区域的经济中心、金融中心、门户口岸。

同时，上海港与长三角地区之间通过蜘蛛网般的内河水道，获得了便捷的回路联系，引发了长三角地区交通、物流、城镇以及区域经济地理格局的重组，逐渐形成了近代以来以上海为中心的经济区雏形。它们彼此之间不仅仅是一般的互补性的商品交换，而是一种资金、技术、人力的地域分工上的区域经济协作体。于是，在民国时期，这一片地域一般被称为“大江三角洲地区”，这也意味着现代意义上的“长江三角洲经济区”的初次出现。

此时的长三角地区，按照施坚雅区系理论的界定标准①，已经具有独立经济区的以下几个特征：（1）上海成为长三角核心经济腹地区的唯一中心城市；（2）苏州、杭州、嘉兴、湖州、镇江、无锡、常州、扬州是长三角经济区的主要支点城市，并形成次一级的经济网络，而且网络的密度从

① ［美］施坚雅主编，叶光庭等译：《中华帝国晚期的城市》，中华书局 2000 年版。

中心向边缘递减；（3）太湖流域区是长三角地区的核心区，也是各类地方性经济资源的集中区；（4）长三角地区内部与沿江、沿海地区的交通网络构筑了区域内部经济整合的基础。

以下两个小节将主要围绕两个方面分类进行阐述：（1）以主要支点城市连接的经济区框架，以及次一级城镇为纽带的经济区内的联系通道与脉络；（2）基于人口、产业、物流等微观数据显示区域经济的空间形态与结构。这些新变化的出现与成型，表明以上海为中心的长三角经济区的萌芽与形成。

二、四至八到：长三角经济区的空间尺度

从上可知，不仅江浙地区邻近的府县，就连苏州本地的商业活动，也被纳入上海港内外贸易的直接辐射圈内。苏州城内"泰西各商均未开行，但恐洋商终不愿来此贸易，以上海各货俱全，本地商人在申购办甚便，洋商之货来此有何益耶?"机器缫丝厂开办后，"几乎全部产品运往上海"①。1911年，苏州"洋货由外洋径运进口及由通商门岸运来者：由外洋径入之货自属微细；由通商口岸运入之货，其价约增关平银五十余万两，来自上海几占全数"②。以上海港为中心，形成了新的内外贸体系，包括无锡、常州、镇江、扬州、南通、海门、杭州、嘉兴、湖州等地。

根据对晚清上海港经济腹地的研究，其时上海港的直接经济腹地为长三角地区③（参见图4.1），北起扬州、泰州、海安、栟茶一线，东临大海，西至镇江，沿大茅山、天目山东南麓，迄杭州湾北岸，包括里下河平

① 中国第二历史档案馆、中国海关总署办公厅编：《中国旧海关史料（1859—1948）》，京华出版社2001年版。

② 陆允昌编：《苏州洋关史料（1896—1945）》，南京大学出版社1991年版，第222页。

③ 戴鞍钢：《港口·城市·腹地——上海与长江流域经济关系的历史考察（1843—1913）》，复旦大学出版社1998年版，第138～139页。

原南缘、河口三角洲、太湖平原三个部分，总面积大约为 4 万平方千米，行政上大约包括清代镇江、常州、苏州、松江、杭州、嘉兴、湖州、太仓州、通州、海门厅与扬州府的局部。不仅正式包括了江南的七府一州，而且延伸到江北的扬州府局部地区，以及通州、海门厅。

图 4.1　长三角经济区空间示意

在长三角及其邻近地区，晚清民国时期大约开埠 9 处①，影响最大的是早先开埠的 3 个口岸。在长三角地区，已经划分了上海、镇江、宁波的

① 除了 1843 年上海开埠外，还有 1843 年 1 月宁波开埠，1861 年 5 月镇江开埠，1896 年 9 月苏州、杭州开埠，1898 年 4 月吴淞开埠，1899 年 3 月南京开埠，1912 年 8 月浦口开埠，1923 年无锡开埠。

关辖区范围，江海新关设在英租界，辖境自乍浦至黄河老口，以及沿江至狼山（在通州州治附近，有狼山港）一带。乍浦以南为宁波关辖区。镇江关辖区东至狼山，西至江宁，“凡大洋船入江，若不过镇江贸易者，即在镇江办理，照沿海各关之例无异，惟此项大洋船，若过镇江上江贸易者……即立发‘江照’一纸……”① 完纳税收。

从长三角经济区陆上各方向上的城市点出发，我们可以逐步确定该经济空间的大致范围。

晚清西部顶点——镇江，号称为“南北咽喉”，位于运河与长江交汇处，是长江口与苏北、江北地区联系的枢纽。在近代早期，江南的米谷、江北的小麦、黄豆，大都在镇江渡江分运南北。故而，1861 年镇江开埠通商后，大量使用转口税凭单，以至于“总贸易额比上海小得多的镇江凭通行证运往内地的贸易额却至少高达上海的六或七倍”②。在沪宁铁路通车前，上海与南京的联系主要通过镇江中转，但是，自大运河淤塞严重、漕运改海运之后，尤其是津浦铁路通车后，经济形势出现较大的变化。江苏省北部的货物或者由东海新浦装海船北运，或自徐州上津浦铁路转京沪铁路南下，镇江的转口经济迅速衰落。国民政府定都南京后，江苏省治移至镇江，人口剧增，省府也致力于疏浚河道、建设道路③，经济略有回升。不过，镇江的转运经济虽然相对衰落，但仍然不失为一个重要的转口口岸，在交通上一度仍为江南北向的门户之地。

民国西部的顶点——南京。1927 年被定为首都之后，南京人口增长，市面也逐渐繁荣起来，城市经济逐渐发展，发展成为一个颇具规模的经济城市。同时，南京具有水陆并用的优势，尤其是津浦铁路、京沪铁路通车以后，内地的煤、铁、棉、丝等先运到南京再转运外国；进口的钢材机器

① 交通铁道部交通史编纂委员会编：《交通史航政编》，上海民智书局 1931 年版，第 2661 页。

② 李必樟译编：《上海近代贸易经济发展概况 1854—1898 年——英国驻上海领事贸易报告汇编》，上海社会科学院出版社 1993 年版，第 916 页。

③ 殷惟龢纂：《江苏六十一县志》上卷，1936 年本。

等也先运到南京，用于本地使用。例如，江宁府六合县米谷“乾嘉以后，则多贩运至浙江海宁之长安镇；光绪间，及改趋无锡、上海，近以宁沪、津浦通车，又用包袋由车转运”①。

西北边界——扬州。它与镇江隔江相对，据民国时期央行的调查，扬州的通汇地点“因盐务及交通关系，大致以湖北、湖南、江西、安徽长江沿岸及江苏省各地为限，最重要者为上海、镇江、南京、下关……”② 扬州为江北一个重要的经济集聚点，江都县“南北杂货业岁销银币六十万，除售本地外，兼批售里下河各地”③，扬州市内加工品也大多装运上海出口。1912 年津浦铁路通车后，江北运河的商贸经济渐趋衰落，削弱了上海与扬州的联系，“客商之南下北上者，不由海道，即走铁路，此间遂日形衰落”④。

东北边界——南通、海门，与上海一江之隔，但在近代航运业兴起以前，长江口宽阔的水面以及传统的习惯，使得当地出产的棉花、土布，大多经苏北平原销往北方。南通天生港为长江轮船停泊之地。1903 年，张謇开办了小型的大达内河轮船公司，航行于如皋、海门一带；1904 年，创立南通与上海之间的大达轮步公司；1912 年后延伸到扬州，主要航行于长江北岸，成为长江连接南北海运的航运要冲，促进了上海与该地，尤其与南通及其周边地区的联系。⑤

南部边界——杭州。自上海开埠及区域经济中心城市易位之后，杭州连同杭嘉湖地区其他城镇的进出商品，大多直接纳入上海港的货物集散渠道。1896 年，杭州被辟为通商口岸以及内河轮运开通后，沪杭两地的经济联系更为频繁密切，“汽艇拖着中外商号的货船定期往返于上海与这些新

---

① 郑耀烈修，汪升远、王桂馨纂：《六合县续志稿》卷十四，1920 年本。

② 《扬州金融调查》，载《中央银行月报》第三卷第十号，第 2190 页，1934 年 10 月。

③ 钱祥保等修，桂邦杰等纂：《续修江都县志》卷六，1926 年本。

④ 殷惟龢纂：《江苏六十一县志》上卷，1936 年本。

⑤ 郭孝义主编：《江苏航运史（近代部分）》，人民交通出版社 1990 年版，第 53 ~ 60 页。

口岸之间”①。

东南边界——绍兴、宁波，绍兴为传统人烟稠密、商业繁盛之处，产品运销全国各地，蚕茧、茶叶、棉花大都装至上海，绍兴的汇兑市场以上海为主，其次是杭州、宁波。

三、长三角经济区的空间分异

本节主要是按照之前设定的经济区划分标准，结合定性描述文字与定量统计数据，区分以上海为中心引领下的长三角地区核心区的经济亚区，基本精确到县一级，划分的基本步骤如下：（1）确定区域的次级中心城市。根据之前讨论的城镇关系，以及附表中所显示的各地的金融与工业情形，确定亚区域性的中心城市。（2）寻找各县的空间秩序。参考《工商半月刊》中对江浙各县的调查，确定各县出产货物及行销路线，再结合各县的人口密度、产业情形，确定该县经济的主要从属城市与区域。（3）个别缺少文献的县份，根据对河流、交通、区位与其他相关的经济资讯的判断后补入。

（一）沪苏锡常地区

相关的棉纱贸易数据显示：苏州、武进、镇江、丹阳、嘉定、太仓、松江、南汇、青浦、金山、宜兴、溧阳、溧水、高淳、句容、崇明等县，从上海与无锡采购原纱织布。② 上海设立机器缫丝厂后，形成了以上海为中心，无锡次之，苏州、镇江又次之的情形。

1. 上海、无锡、苏州、武进县（市）

无锡：20世纪初，随着生丝出口贸易的扩大、近代缫丝技术的传入与新式商人的投资，无锡发展成为长三角地区另一个机器缫丝中心。20世纪30年代初，无锡有工厂171家，大约6万名工人，资本总额达1500万元，主要有缫丝、针织、棉织、碾米类。无锡是当时江苏省仅次于上海、商业

① 李必樟译编：《上海近代贸易经济发展概况1854—1898年——英国驻上海领事贸易报告汇编》，上海社会科学院出版社1993年版，第923页。

② 实业部国际贸易局编纂：《中国实业志·江苏省》第二编第三章，第68页。

最繁盛的地区，也是江苏省南部的工业中心之一。“每逢茧麦两市，各地商贾，蚁集云屯，贸易之盛，仅次上海市”①，“因此上海附近各城镇，近年来亦渐有颖脱而出之现象，尤以无锡发达最速，至今日居然工厂林立”，有“小上海”之称。1908 年沪宁铁路贯通后，“茧子、小麦、黄豆和米从无锡运往上海”② 更为便捷，彼此的联系更加紧密。无锡本地的棉花产量不多，所需的棉花从常熟、嘉定、太仓、江阴购买比较方便，但常熟、嘉定、太仓的棉花主要运往上海，主要依赖南通、海门以及浙江输入。面粉原料除了来自本地之外，主要来自江苏北部或国外进口。碾米原料大多来自安徽与省内。铁工厂所产的产品多数销往本地以及武进、宜兴、苏州、吴江等地。

苏州：新式工业不甚发达，但传统的丝绸、手工艺品、农产品颇为兴盛。商业金融颇盛，主要来自上海银行、当地富户的存款。镇江、南京在接济江北不足时，常常依赖苏州，“吴县之金融，实为南京镇江与上海之中介也”。苏州本地的富户大多在上海经商，“投资本地者极少，故本县成为一大规模消费区域”③。苏州处在长三角地区之中，小轮船以苏州为中心，除了通达县内各地之外，还航行于苏南、浙北各主要的城镇。

武进：交通便利、农产品丰富、文化发达，传统手工业、新式机械制造、电气颇为兴盛。县城、奔牛、戚墅堰镇的市镇商业发达。以县城为中心的交通网络，连接江阴、镇江、无锡、金坛、扬中等地，内河城镇之间均有航船往来。

2. 松江、嘉定、丹阳、常熟、吴江、青浦、崇明县

松江：位于沪杭铁路线上，与上海、青浦、金山、平湖、朱泾、嘉

---

① 殷惟龢纂：《江苏六十一县志》上卷，1936 年本。

② 陆允昌编：《苏州洋关史料（1896—1945）》，南京大学出版社 1991 年版，第 103 页。

③ 实业部国际贸易局编纂：《中国实业志·江苏省》第四编第三章，1933 年，第 40 页。

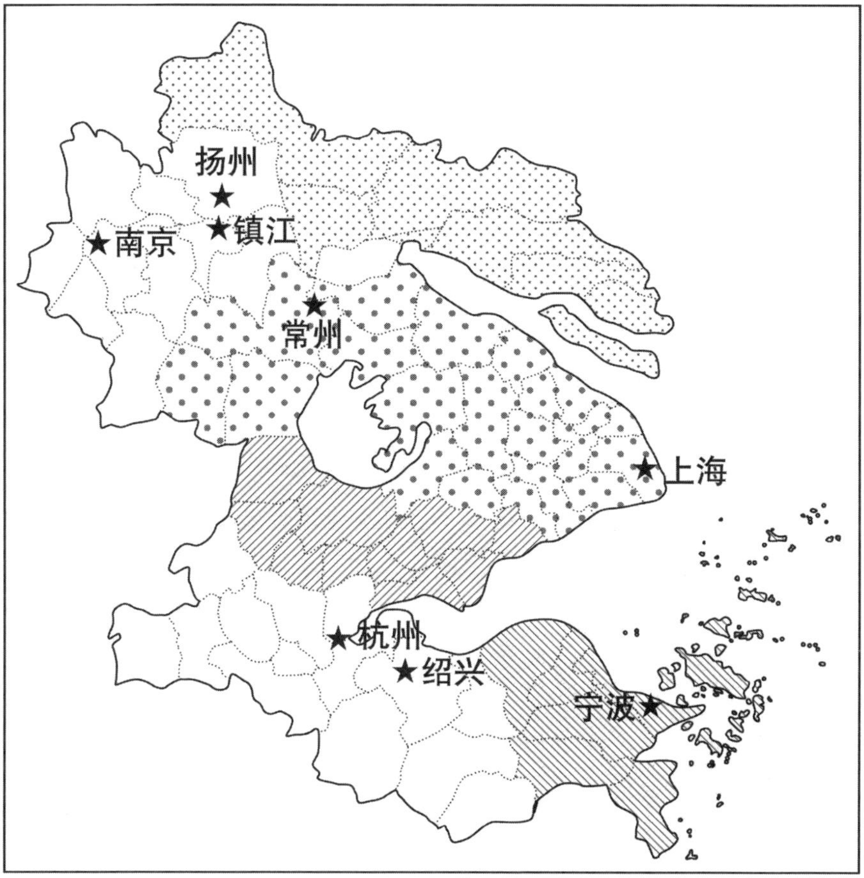

图4.2　长三角经济区的六亚区示意

善、嘉兴、桐乡、吴兴等县等地均有小轮船往来，各类农产品主要运往上海外销，土布等制品运往长江沿线市镇。嘉定：主要的农产品为米棉，尤其是棉花，手工制品、织品也颇多，有县城至南翔、安亭至太仓、青浦的航船，还有小轮通往上海、苏州。县城商业一般，县内南翔镇最为繁盛。丹阳：处在运河与京沪铁路上，民众在苏常往沪或江北经营商业，农产品与生丝、丝织品均对外销售，县境内均有航船往来镇江、武进等县。常熟：向来发达的文化之乡，工商业也比较兴盛，交通以小轮船为主，往来苏州、无锡、昆山等地，县内各地均有航船往来。吴江：处在太湖之东滨，临近苏州，小轮船与陆路交通均便利，县城商业尚不及盛泽、同里、芦墟等大镇，与沪、苏、锡、常、杭、嘉、湖均往来密切。青浦：处在吴淞江一侧、苏州与上海之间，朱家角、青浦、安亭、黄渡、上海等地之间有小轮船往来。

3. 金坛、溧阳、江阴、宜兴、昆山、太仓、宝山、奉贤、金山、川沙、南汇县（厅）

（二）嘉湖区

1. 嘉兴、吴兴（湖州）县

嘉兴：该地所产生丝、织品，销往江浙两省各县镇、邻省的主要口岸，尤其是上海、常州两地。手工布厂的纱线来自上海，成品除了本地消费外运销湖州各县。共有工厂各类 22 家，资本 798200 元，职工 1537 人。① 嘉兴县的“钱币视沪市价为低昂”，县城与新胜分别设立县商会、镇商会以及一系列的行业商会。专营行商与代客买卖的商行分别有 406、123 家，多数运销农产品，其中尤以米谷销往于嘉善、松江、上海、平湖、海盐、盛泽、桐乡、吴兴、崇德、杭州等处。

湖州：县内均通轮船，交通便利，生丝大多集中于南浔镇缫成经丝，再销往上海。20 世纪 20 年代以后，上海丝厂沪产沪销，与湖州丝种类似，且没有绸捐，湖丝大受影响。湖州碾米厂的原料来源于宜兴、长兴、安吉、孝丰、泗安、梅溪、广德、无锡、吴兴等地。湖州商人东由南浔到江苏震泽、上海，南由德清到杭州，西走安吉孝丰，北走太湖到苏州、常州，各路中间相通。

2. 海宁、嘉善、桐乡、崇德县

海宁：交通便利，商业发达，输出以丝、土布、桑等为大宗，输入

---

① 实业部国际贸易局编纂：《中国实业志 · 浙江省》第三编第七章，1933 年，第 95 页。

米、油、南货。处在沪甬杭交通线上的硖石镇商业最为繁盛，县内其他地方仍然以农业经营为主。嘉善：以农商为主，工业次之，大小店铺一千余家，西塘镇的商业超过县城。桐乡：农业占 60%，商业占 20%，工业占 10%，生丝、烟叶等产品多运销附近的城镇，过境货物有上海的洋货、杭州的纸张等，进出口都依赖水路。崇德：地处要冲，交通便利，商旅往来不绝，蚕桑业发达。

3. 长兴、安吉、德清、武康、海盐、平湖县

（三）从通海地区到江北平原区

1. 南通、海门县

南通：江北平原第一经济中心，大达公司在南通天生港设立扬通、沪通航班，另有南通—如皋—海安—泰州线、南通—吕四线、南通石港—掘港线。陆上北经如皋到海安镇，东南到海门启东，西到天生港，均通车，可以运销棉花、土布等。汽车线西通海岸，东通海门启东。内河与掘港、吕四镇与盐运河相通。串场河北起阜宁，南经盐城、东台、如皋、南通入海，支流很多，民船往来如织，运输频繁。① 1899 年，张謇创办通州大生纱厂，后来又在崇明、海门增设工厂。晚清以来南通地区工商业迅速发展，南通、海门、靖江、启东四县农民从南通纱厂获得原料，制成土布出口。其他的主要有铁厂、面粉厂、油厂等以及垦殖公司。南通“为中国内地一个最发达的实业区，与无锡齐名，其在江北经济上之地位，已在扬州之上”②。

南通面粉厂的原料来自高邮、泰州、宝应、泰兴、东台等地。榨油原料来自本地、高邮、徐州、蚌埠、上海，销往广东、上海。进口皖米，唐家闸镇为南通、如皋、海门、启东的米谷中心。碾米厂的米谷，销往南

① 殷惟龢纂：《江苏六十一县志》上卷，1936 年本。

② 张其昀编：《本国地理》（上册），南京钟山书局 1934 年版，第 104 页。

通、如皋、海门、东台各县。豆饼专销如皋、海门、启东。进口木材来自福州、温州，纸张来自温州、杭州，锡箔来自杭州，油麻来自汉口、安徽、杭州、兰溪等地，煤油来自上海。主要的出口货为棉布，有两种方式：（1）关庄，运销营口与东北，但大多在上海交易，每年销 8 万卷；（2）县庄，主要运如皋、清江浦、淮阴、高邮、宝应、泰县、盐城一带，每年销 5 万条。①

海门：在南通的东沙嘴，产稻棉、棉布，设有大生第三厂，有轮船通启东、崇明、上海。

2. 启东、泰州、如皋、高邮、东台县

启东：位于长江口新冲击平原的北侧，产棉稻、棉布，有轮船通海门、崇明、上海。泰州："入县商品大都以上海为泉源，直接自产区输入者百不得一二，以舶来货为大宗，近十年来各市添设洋货业颇盛。"② 上海至扬州的小轮船经过启东，县内均通民船。如皋：北通海安，南到南通，有南通至如皋的班轮线、小轮船线，沿盐运河商业颇为发达。高邮：商业不盛，镇江与淮安之间有小轮船过境。东台：稻麦销往上海、无锡、泰兴、泰县、南通、如皋等地。

（四）宁镇扬地区

1. 南京、镇江（丹徒）、江都（扬州）县（市）

南京：土布大多销往北方省份，南京为消费性都市，转口运输较多。江宁县所产大多供给南京。句容"风俗闭塞，文化不进，惟……居民性质纯朴，无浮夸奢靡之习"，商店仅县城与财帛港一带较盛，多为日常用品而已。溧水县"地方闭塞，文化落后，民风朴实"③。高淳

① 实业部国际贸易局编纂：《中国实业志·江苏省》第四编第四章，1933 年，第 54 页。

② 单毓元等纂修：《泰县志稿》卷二十一，1931 年修，1962 年本。

③ 李长傅编：《（分省地志）江苏》，中华书局 1936 年版，第 250～260 页。

县与溧水相邻，情况相似。六合县输出的粮食、杂粮、蚕丝等销往沪宁无锡等地。六合的小麦运往上海无锡，杂粮运往浦口、南京、镇江，鸡蛋专销南京。

扬州：除了一家电气公司，几乎没有新式工业，手工业主要是日用品、化妆品、手工艺品。消费性城市的工业不发达，商业主要是供本城消费，为江北商业与文化中心。在扬州活动的主要是盐商，以及与此相关的三十余家钱庄。钱庄分盐帮与铺家，前者规模远大于后者，每年的资金流动千余万。对外联系分为南路与北路，南路连接镇江、苏州、上海（主要是上海、镇江），北路连接芜湖以北的部分。

镇江：海关的资料显示，黄河与运河交界处直到扬州长江口，均为镇江的转口贸易区，大约为运河沿线地区以及与之有水路相通的淮河中下游的大部分地区。

2. 仪征、扬中、靖江县

仪征：扬州与南京、镇江与六合的道路均经过仪征，苏州与宁波的原料在此织造成席销往外地。扬中：为长江沙洲新垦地，居民多在江南谋生。靖江：县城颇小，市镇商业一般，有轮渡与江阴往来。

（五）杭州绍兴区

在浙江金融分区中，杭州包括杭嘉湖绍金衢严，安徽徽州、江西上饶，所以自称一个独立区。（1）杭州、绍兴县（市）；（2）余杭、萧山、临安县；（3）孝丰、於潜、昌化、新登县。

（六）宁波地区

宁波：在清咸丰年间开始流通过账洋，这是一种虚拟的货币，根据市价现升或贴水，与上海的九八规元类似，通行慈溪、奉化、镇海、象山、南田、定海、余姚各县。①

① 盛慕杰：《浙江近代金融概要》，见浙江省政协文史资料委员会编《浙江文史资料选辑》（第46辑），浙江人民出版社1992年版。

表4.1 长三角地区(苏浙皖)各县市工业(1933年)(单位:元)

分类 地域	纺织工业	服用品业	饮食品工业	造纸印刷业	饰物仪器业	机械及金属制品业	冶炼业	交通用具业	皮革及橡胶制造业	公用事业	木材制造业	其他工业	化学工业	土石制造业
上海	202248632	15212565	201891432	12282154	188000	4155444	6168986	6538012	-	1490813	1736890	1535360	34110504	8745586
无锡	54116938	1119000	14539973	172423	-	-	1069500	-	-	-	-	-	855440	542000
吴县	10816245	173000	90000	910000	-	-	65000	-	-	-	-	-	1072500	129500
武进	12868724	30570	8970489	80000	-	-	370000	-	-	-	-	-	69120	-
镇江	2000000	30000	4550000	125000	-	6000	63000	-	-	150000	-	-	1390000	-
丹阳	289184	-	112500	-	-	-	25000	-	-	-	-	-	-	-
吴江	1285200	-	-	-	-	-	-	-	-	-	-	-	-	-
南通	18679882	-	6916480	28000	-	-	56600	-	-	-	-	-	123000	-
南汇	122330	806000	3039160	71000	-	-	-	-	-	-	-	-	852000	86000
松江	215000	490500	750000	25000	-	-	-	-	-	-	-	-	-	237960
昆山	-	-	2260200	-	-	-	-	-	-	-	-	-	-	160000
江都	37500	160000	1625200	30000	-	-	-	-	-	-	-	-	42000	-
泰县	-	-	2441500	-	-	-	-	-	-	-	-	-	-	-
常熟	1036000	-	183600	45000	-	-	12000	-	-	-	-	-	-	-
句容	5000	-	4536	-	-	-	-	-	-	-	-	-	-	2500000
南京	2150000	-	17440116	1875000	-	-	347500	-	-	-	-	-	189000	40000
江浦	-	-	477400	-	-	-	-	-	-	-	-	-	-	-

（续表）

分类 地域	纺织工业	服用品业	饮食品工业	造纸印刷业	饰物仪器业	机械及金属制品业	冶炼业	交通用具业	皮革及橡胶制造业	公用事业	木材制造业	其他工业	化学工业	土石制造业
崇明	5290098	-	-	-	-	-	-	-	-	-	-	-	-	-
嘉定	-	-	-	27000	-	-	-	-	-	-	-	-	-	-
川沙	980600	-	12000	-	-	-	-	-	-	-	-	-	-	-
青浦	-	-	-	-	-	-	-	-	-	-	-	-	-	130000
奉贤	2434300	-	-	-	-	-	-	-	-	-	-	-	-	-
江阴	6942000	-	100000	-	-	-	-	-	-	-	-	-	-	-
海门	59360	-	59360	-	-	-	-	-	-	-	-	-	-	-
太仓	3805500	-	-	10000	-	-	-	-	-	-	-	-	-	-
启东	4345166	-	-	-	-	-	-	-	-	-	-	-	-	-
杭县	185000	-	-	-	-	-	-	-	-	-	-	-	1907400	-
杭州	9043380	642000	3840000	710000	-	25000	635740	-	730000	336000	-	-	668300	140000
鄞县	7218960	436350	3990986	146000	-	-	219500	-	-	-	-	-	370000	486000
嘉兴	1961100	75850	95000	689700	-	-	-	-	-	-	-	-	12000	-
吴兴	4061800	-	366000	20000	-	-	60000	-	-	-	-	-	21000	-
嘉善	45300	-	36000	10000	-	-	-	-	-	-	-	-	-	54000
海宁	142000	466875	94500	0	-	-	-	-	-	-	-	-	-	-
海盐	162500	-	32400	0	-	-	-	-	-	-	-	-	-	-

（续表）

分类 地域	纺织工业	服用品业	饮食品工业	造纸印刷业	饰物仪器业	机械及金属制品业	冶炼业	交通用具业	皮革及橡胶制造业	公用事业	木材制造业	其他工业	化学工业	土石制造业
绍兴	4343000	333000	217400	0	-	-	-	-	-	-	-	-	180800	-
萧山	4177824	-	-	0	-	-	-	-	-	-	-	-	0	-
永嘉	353100	170000	178000	159000	-	-	43000	-	-	-	-	-	410000	-
瑞安	-	10800	43400	-	-	-	23000	-	-	-	-	-	30000	-
奉化	-	245000	2180000	-	-	-	-	-	-	-	-	-	-	-
余姚	6560640	-	448860	-	-	-	-	-	-	-	-	-	-	-
淮阴	-	12280	1293200	12000	-	-	-	-	-	-	-	-	270000	-
丽水	-	-	-	-	-	-	-	-	-	-	-	-	473850	-
富阳	-	-	-	-	-	-	-	-	-	-	-	-	174400	-
诸暨	-	-	-	-	-	-	-	-	-	-	-	-	172200	-
芜湖	2835000	179000	1415000	77000	-	-	100000	-	-	-	-	-	460000	120000

类别 地域	纺织工业 （%）	饮食品工业 （%）	化学工业 （%）	服用品业 （%）	造纸印刷业 （%）	土石制造业 （%）	冶炼业 （%）	交通用具业 （%）	机械及金属制品业 （%）	公用事业 （%）	木材制造业 （%）	其他工业 （%）	皮革及橡胶制造业 （%）	饰物仪器业 （%）	总值 （%）
上海	40.75	40.68	6.87	3.07	2.47	1.76	1.24	1.32	0.84	0.30	0.35	0.31	0.00	0.04	64.29
无锡	74.73	20.08	1.18	1.55	0.24	0.75	1.48	0.00	0.00	0.00	0.00	0.00	0.00	0.00	9.38
吴县	81.59	0.68	8.09	1.31	6.86	0.98	0.49	0.00	0.00	0.00	0.00	0.00	0.00	0.00	1.72
武进	57.48	40.07	0.31	0.14	0.36	0.00	1.65	0.00	0.00	0.00	0.00	0.00	0.00	0.00	2.90
镇江	24.06	54.73	16.72	0.36	1.50	0.00	0.76	0.00	0.07	1.80	0.00	0.00	0.00	0.00	1.08
丹阳	67.77	26.37	0.00	0.00	0.00	0.00	5.86	0.00	0.00	0.00	0.00	0.00	0.00	0.00	0.06
吴江	100.00	0.00	0.00	0.00	0.00	0.00	0.00	0.00	0.00	0.00	0.00	0.00	0.00	0.00	0.17
南通	72.39	26.80	0.48	0.00	0.11	0.00	0.22	0.00	0.00	0.00	0.00	0.00	0.00	0.00	3.34
南汇	2.46	61.07	17.12	16.20	1.43	1.73	0.00	0.00	0.00	0.00	0.00	0.00	0.00	0.00	0.64
松江	12.51	43.64	0.00	28.54	1.45	13.85	0.00	0.00	0.00	0.00	0.00	0.00	0.00	0.00	0.22
昆山	0.00	93.39	0.00	0.00	0.00	6.61	0.00	0.00	0.00	0.00	0.00	0.00	0.00	0.00	0.31
江都	1.98	85.78	2.22	8.44	1.58	0.00	0.00	0.00	0.00	0.00	0.00	0.00	0.00	0.00	0.25
泰县	0.00	100.00	0.00	0.00	0.00	0.00	0.00	0.00	0.00	0.00	0.00	0.00	0.00	0.00	0.32
常熟	81.15	14.38	0.00	0.00	3.52	0.00	0.94	0.00	0.00	0.00	0.00	0.00	0.00	0.00	0.17
句容	0.20	0.18	0.00	0.00	0.00	99.62	0.00	0.00	0.00	0.00	0.00	0.00	0.00	0.00	0.33
南京	9.75	79.12	0.86	0.00	8.51	0.18	1.58	0.00	0.00	0.00	0.00	0.00	0.00	0.00	2.86
江浦	0.00	100.00	0.00	0.00	0.00	0.00	0.00	0.00	0.00	0.00	0.00	0.00	0.00	0.00	0.06

（续表）

类别 地域	纺织工业（%）	饮食品工业（%）	化学工业（%）	服用品业（%）	造纸印刷业（%）	土石制造业（%）	冶炼业（%）	交通用具业（%）	机械及金属制品业（%）	公用事业（%）	木材制造业（%）	其他工业（%）	皮革及橡胶制造业（%）	饰物仪器业（%）	总值（%）
崇明	100.00	0.00	0.00	0.00	0.00	0.00	0.00	0.00	0.00	0.00	0.00	0.00	0.00	0.00	0.69
嘉定	0.00	0.00	0.00	0.00	100.00	0.00	0.00	0.00	0.00	0.00	0.00	0.00	0.00	0.00	0.00
川沙	98.79	1.21	0.00	0.00	0.00	0.00	0.00	0.00	0.00	0.00	0.00	0.00	0.00	0.00	0.13
青浦	0.00	0.00	0.00	0.00	0.00	100.00	0.00	0.00	0.00	0.00	0.00	0.00	0.00	0.00	0.02
奉贤	100.00	0.00	0.00	0.00	0.00	0.00	0.00	0.00	0.00	0.00	0.00	0.00	0.00	0.00	0.32
江阴	98.58	1.42	0.00	0.00	0.00	0.00	0.00	0.00	0.00	0.00	0.00	0.00	0.00	0.00	0.91
海门	50.00	50.00	0.00	0.00	0.00	0.00	0.00	0.00	0.00	0.00	0.00	0.00	0.00	0.00	0.02
太仓	99.74	0.00	0.00	0.00	0.26	0.00	0.00	0.00	0.00	0.00	0.00	0.00	0.00	0.00	0.49
启东	100.00	0.00	0.00	0.00	0.00	0.00	0.00	0.00	0.00	0.00	0.00	0.00	0.00	0.00	0.56
杭县	8.84	0.00	91.16	0.00	0.00	0.00	0.00	0.00	0.00	0.00	0.00	0.00	0.00	0.00	0.27
杭州	53.92	22.90	3.98	3.83	4.23	0.83	3.79	0.00	0.15	2.00	0.00	0.00	4.35	0.00	2.17
鄞县	56.10	31.02	2.88	3.39	1.13	3.78	1.71	0.00	0.00	0.00	0.00	0.00	0.00	0.00	1.67
嘉兴	69.21	3.35	0.42	2.68	24.34	0.00	0.00	0.00	0.00	0.00	0.00	0.00	0.00	0.00	0.37
吴兴	89.69	8.08	0.46	0.00	0.44	0.00	1.32	0.00	0.00	0.00	0.00	0.00	0.00	0.00	0.59
嘉善	31.18	24.78	0.00	0.00	6.88	37.16	0.00	0.00	0.00	0.00	0.00	0.00	0.00	0.00	0.02
海宁	20.19	13.44	0.00	66.38	0.00	0.00	0.00	0.00	0.00	0.00	0.00	0.00	0.00	0.00	0.09

（续表）

类别 地域	纺织工业（%）	饮食品工业（%）	化学工业（%）	服用品业（%）	造纸印刷业（%）	土石制造业（%）	冶炼业（%）	交通用具业（%）	机械及金属制品业（%）	公用事业（%）	木材制造业（%）	其他工业（%）	皮革及橡胶制造业（%）	饰物仪器业（%）	总值（%）
海盐	83.38	16.62	0.00	0.00	0.00	0.00	0.00	0.00	0.00	0.00	0.00	0.00	0.00	0.00	0.03
绍兴	85.59	4.28	3.56	6.56	0.00	0.00	0.00	0.00	0.00	0.00	0.00	0.00	0.00	0.00	0.66
萧山	100.00	0.00	0.00	0.00	0.00	0.00	0.00	0.00	0.00	0.00	0.00	0.00	0.00	0.00	0.54
永嘉	26.89	13.56	31.22	12.95	12.11	0.00	3.27	0.00	0.00	0.00	0.00	0.00	0.00	0.00	0.17
瑞安	0.00	40.49	27.99	10.07	0.00	0.00	21.46	0.00	0.00	0.00	0.00	0.00	0.00	0.00	0.01
奉化	0.00	89.90	0.00	10.10	0.00	0.00	0.00	0.00	0.00	0.00	0.00	0.00	0.00	0.00	0.31
余姚	93.60	6.40	0.00	0.00	0.00	0.00	0.00	0.00	0.00	0.00	0.00	0.00	0.00	0.00	0.91
淮阴	0.00	81.46	17.01	0.77	0.76	0.00	0.00	0.00	0.00	0.00	0.00	0.00	0.00	0.00	0.21
丽水	0.00	0.00	100.00	0.00	0.00	0.00	0.00	0.00	0.00	0.00	0.00	0.00	0.00	0.00	0.06
富阳	0.00	0.00	100.00	0.00	0.00	0.00	0.00	0.00	0.00	0.00	0.00	0.00	0.00	0.00	0.02
诸暨	0.00	0.00	100.00	0.00	0.00	0.00	0.00	0.00	0.00	0.00	0.00	0.00	0.00	0.00	0.02
芜湖	54.67	27.28	8.87	3.45	1.48	2.31	1.93	0.00	0.00	0.00	0.00	0.00	0.00	0.00	0.67
总值	48.03	36.23	5.68	2.67	2.27	1.73	1.20	0.85	0.54	0.26	0.22	0.20	0.09	0.02	100.00
（%）	48.03	36.23	5.68	2.67	2.27	1.73	1.20	0.85	0.54	0.26	0.22	0.20	0.09	0.02	100.00

资料来源：国防设计委员会编《全国各地各业资本产品总值工人数概况统计表（1933 年）》，见中国第二历史档案馆编《中华民国史档案资料汇编（第五辑第一编）·财政经济（五）》，江苏古籍出版社 1994 年版，第 235～263 页。

第二节　珠三角经济区的萌生

与长三角地区的经济发展水平相比，珠三角地区相对落后，城市之间、口岸与腹地之间的商贸发展水平也相对较低。按照经济区形成的基本标准，小珠三角地区次一级经济区已经形成，但就珠三角地区而言，经济区尚在萌芽之中。本节首先讨论珠三角地区口岸与腹地的空间形态，彼此间的经济互动形态，然后再讨论经济区的演化进展。

一、珠三角口岸与腹地的空间形态

通过以上二章对口岸开放以后区域经济空间的转变、口岸与毗邻的核心腹地的互动关系、口岸贸易与区域经济变迁的分析，本节自然过渡到对口岸与腹地地域形态的讨论，通过分析经济空间结构的过程与形态，获得关于口岸腹地形态演进与区域经济发展之间的关系。

（一）界限变化

1. 空间的推进：1888 年前腹地分野

1888 年前珠三角地区口岸与腹地的变迁，主要表现为粤港澳之间的调整，同时也受到汕头、北海和琼州开埠的影响。

香港：由于独有的区位与轮运优势，香港的洋货供应辐射到广州的邻近地区。① 澳门：在脱离广州贸易体制之后，迅速地在粤西南地区获得了稳定的腹地。② 自此，香港与澳门就从珠江口外的东西两侧独立出来，但

① “1874 年广州口岸贸易报告”，见广州市地方志编纂委员会办公室等编译《近代广州口岸经济社会概况——粤海关报告汇集》，暨南大学出版社 1996 年版，第 102 页。

② 大量鸦片和外国丝从澳门用帆船运到电白、水东、海南和北海，再运回锡、东京丝、贵重药材、棕儿茶等，并从海南运回丝、牛和槟榔子等。（“1871～1872 年广州口岸贸易报告”，见广州市地方志编纂委员会办公室等编译《近代广州口岸经济社会概况——粤海关报告汇集》，暨南大学出版社 1995 年版，第 82 页。）

广州的陆向腹地依然广阔。汕头：汕头开埠后与广州的埠际贸易为数甚微①，在惠州府和潮州府沿海的边界区形成了一小片共同腹地，不过此时大致仍然以两府的府界为限。② 北海：北海很早就是廉州府沿海的商品集散中心，开埠以后与广东沿海、香港、南洋的贸易进一步拓展。北海的开埠使得广州在桂东南、粤西南地区的中间地带降格为边缘腹地。③ 琼州：在开埠初期贸易一度不景气，1888 年前后，随着港口航运的发展和腹地市场的开拓，贸易量和进出口船只数量才有显著的增长④，主要腹地为琼州、雷州两府。

珠三角⑤的上缘：三水县从香港经陈村进口洋棉布，提供给西北江各县。甘竹进口市布、铁，供应佛山和西北江各县。陈村进口鸦片，供应三水、西北江各县。佛山进口洋货或来自甘竹，或来自广州。花县在光绪初年，只有南部和广州较为密切⑥，北部地区与广州中心仅存在有限的洋货交换⑦。东缘：惠州府为东江上首要的贸易中心，从石龙、九龙获得货源并转运入东江各县，石龙进口的棉花有些部分来自香港，有些部分来自广

---

① Canton Advertising & Commission Agency, *Canton: Its Port, Industries & Trade with Maps, Drawing & Illustration*, Compiled and Published by the Agency in 1932, p. 44.

② 1887 年九龙关的贸易统计也显示惠州东部的海丰、陆丰与九龙存在着较为密切的贸易关系。

③ “1884 年，它不得不把大量贸易让给北海口岸。……直到 1890 年底，由于使用了转运证（Transit Passes），这部分贸易才又回到广州及其更为便利的水运路线上来了。”（“粤海关十年报告（一）（1882 ~ 1891）”，见广州市地方志编纂委员会办公室等编译《近代广州口岸经济社会概况——粤海关报告汇集》，暨南大学出版社 1995 年版，第 852 页。）

④ James Acheson, *Decennial Report*, *1888 – 1892*, *Kingchow*, 见中国第二历史档案馆、中国海关总署办公厅编《中国旧海关史料（1859—1948）》（第 152 册），京华出版社 2001 年版，第 385 页。

⑤ 根据 1872 年广州口岸贸易报告中涉及关区详细的商业分析，结合其他相关的贸易统计与分析来确定粤港澳在珠三角地区的腹地边界。

⑥ 戴肇辰等修，史澄等纂：《广州府志》卷十五，光绪五年刊本。

⑦ 到 1907 年土货转运后才获得较大的发展。（“1907 年广州口岸贸易报告”，见广州市地方志编纂委员会办公室等编译《近代广州口岸经济社会概况——粤海关报告汇集》，暨南大学出版社 1995 年版，第 463 页。）

州。东莞县直接出口香港比经广州转运有利，所以大部分糖类经太平和石龙常关运出，走私物资也大多通过香港运到虎门。① 南缘：江门的洋货来自广州，土货来自西海岸的高州、雷州、廉州、琼州。新会进口的洋货部分来自广州，出口的葵扇经过广州。香山的鸦片和其他洋货自澳门由陆路运进，出口的米谷、生丝经过广州。侨乡恩平、开平等地主要根据税率、航运的优劣随机决定粤港澳某一处出口。②

简而言之，结合大宗出口土货的来源地，根据以上对各口岸的把握，可以得出表 4. 2。

表 4. 2　珠三角地区口岸与腹地（1888 年前）

口岸	核心腹地	中间地带	边缘腹地
广州	西北沿着梧州、封川、四会以下直到花县、东莞，西南沿着梧州、郁南、罗定北部、东安、肇庆、高要、高明、鹤山，直到新宁，包括德庆、三水、番禺、南海、新会、香山、顺德	西江浔州、郁林以下，北从梧州、广宁、清远、从化（包括韶关）；西南从罗定南部、新兴、开平、恩平，直到阳江；东南从增城、博罗南部直到新安	北江英德以上、东江增城、博罗以上，南路阳江、阳春以下、广西浔州、郁林、平乐西北。一度延伸到湘南、赣南、贵州、云南
香港	小珠三角（三水、南海、顺德、东莞、新会、新安、香山、新宁，不包括番禺）、增城	从鹤山、高明、肇庆，直到番禺、增城，再延伸到博罗、归善、海丰、陆丰	龙门、归善以上，直到陆丰，肇庆直至罗定、梧州，高州、雷州、琼州、廉州
澳门	新会、新宁、香山、开平、鹤山	罗定州以下，高要、高明，直至新兴、阳春、阳江	高州、雷州、廉州、琼州，延伸到广西南部

① “1876 年广州口岸贸易报告”，见广州市地方志编纂委员会办公室等编译《近代广州口岸经济社会概况——粤海关报告汇集》，暨南大学出版社 1995 年版，第 139、162 页。

② “1874 年广州口岸贸易报告”，见广州市地方志编纂委员会办公室等编译《近代广州口岸经济社会概况——粤海关报告汇集》，暨南大学出版社 1995 年版，第 113 ~ 114 页。

2. 强化与重合：1888—1904 年间的腹地形态

根据九龙、拱北海关精确到各县市镇的民船贸易统计，我们可以获得九龙、拱北两关进口洋货销售地和出口土货来源地的比例（表 4.3、表 4.4）。

表 4.3　九龙海关进口洋货销售地与出口土货来源地比例（%）（1888—1904 年）

类别	陆丰	海丰	归善	香山	南海	番禺	新宁	新安	新会	顺德	增城
1888 年进口	0.97	1.50	1.02	4.64	2.62	1.02	7.04	6.74	8.92	38.08	1.81
1900 年进口	3.33	5.83	5.16	9.54	2.93	2.14	1.63	3.40	1.74	39.64	1.40
平均值	2.23	3.06	2.84	7.25	3.92	1.22	4.31	9.58	7.27	35.15	3.43
1888 年出口	13.00	3.72	0.02	0.05	0.46	0.00	0.06	0.58	0.39	0.09	1.45
1900 年出口	17.24	0.17	0.00	0.00	0.01	0.00	0.00	0.08	0.00	0.00	0.00
平均值	14.55	1.80	0.44	0.01	0.18	0.02	0.04	0.24	0.64	0.06	0.67

资料来源：*Trade Returns for the year 1887－1938*，*Kowloon*，见中国第二历史档案馆、中国海关总署办公厅编《中国旧海关史料（1859—1948）》，京华出版社 2001 年版。

说明：广州城与新安县的比例相当高，表中从略。九龙关出口土货的销售地和进口洋货情形几乎完全一致，故略。本期平均是指 1888 年、1892 年、1896 年、1900 年、1904 年 5 期的平均，其他三年的数据从略。

表 4.4　拱北海关进口洋货销售地与出口土货来源地比例（%）（1888—1904 年）

年份	广州府	顺德	东莞	香山	新会	新安	新宁	肇庆	鹤山	开平	阳江	高州
1888 年进口	5.23	25.95	7.09	13.83	10.16	0.02	2.84	0.24	2.34	3.38	3.30	4.15
1904 年进口	3.32	11.17	10.49	13.4	14.39	0.36	6.53	0.89	0.16	6.20	3.68	1.03
平均值	5.10	18.00	6.76	16.22	14.07	0.28	6.88	0.61	1.48	5.33	3.55	1.43
1888 年出口	6.13	1.78	7.49	0.84	0.88	0.7	0.14	0.64	0.76	0.12	2.73	—
1904 年出口	3.92	0.33	4.37	0.69	0.19	1.41	0.18	0.59	0.07	0.08	0	—
平均值	5.37	1.01	5.15	0.71	0.34	1.33	0.28	0.69	0.31	0.09	0.91	—

资料来源：*Trade Returns for the year 1887－1904*，*Lappa*，见中国第二历史档案馆、中国海关总署办公厅编《中国旧海关史料（1859—1948）》，京华出版社 2001 年版。

说明：来自广州城的洋货和土货占有绝对主要的部分，该处参与统计，但表中从略。平均一栏是 1888 年、1892 年、1896 年、1900 年、1904 年 5 期的平均，其他三年的数据从略。

根据前述九龙、拱北两关与香港、澳门两港之间的关系，结合文献上的评论，我们可以推导出港澳两港的腹地层级。

例如，我们可以将表4.3九龙关综合系数大于2.00、2.00～1.00之间、小于1.00的地区，分别作为香港港的核心腹地、中间地带、边缘腹地，这样可以得出香港比较准确的核心腹地区域，但民船贸易难以反映远程的中间地带和边缘腹地。不过，结合1888年前的数据，按照空间扩散的一般性层级规律可以推知。澳门的腹地偏于一隅，民船贸易数据可以清晰地分出三层腹地，根据海关统计数据和报告，将表4.4中拱北关大于3.00、3.00～2.00、2.00～1.00之间的地区分别定为核心腹地、中间地带、边缘腹地，据此得出1888—1904年香港、澳门两港的腹地层级（详见表4.2）。

三水：1904年广三路修成以后，成为重要的物资转运中心①，中间地带一度扩大到西北江中游与粤西南地区②。但同年江门开埠后，三水的中转地位不断下降，核心腹地又局限于西北江下游临近数县（详见表4.6）。

梧州：西江中游的交通枢纽，进口的洋货基本上来自香港，出口的土货输至香港，而且为数不多的国内土货出口，不是面向华南的商埠，而是上海、天津等国内要津大埠，琼州、北海与此类似③，反映出华南次一级口岸之间横向联系相对较为微弱。

江门：江门由于处于粤港澳三港航道之间，银号资本又较为丰富，所以逐渐成为“下四府货物总汇之区”④。同时，由于澳门港趋于淤塞，

---

① C. E. Tanat, *Samshui Decennial Report, 1902－1911*，见中国第二历史档案馆、中国海关总署办公厅编《中国旧海关史料（1859—1948）》（第160册），京华出版社2001年版，第356页。

② J. E. Chamen, *Samshui Trade Reports for the year 1897*，见中国第二历史档案馆、中国海关总署办公厅编《中国旧海关史料（1859—1948）》（第26册），京华出版社2001年版，第24～25页。

③ *The Return of Wuchow, Kingchow, Pakhoi for the year 1897－1904*，见中国第二历史档案馆、中国海关总署办公厅编《中国旧海关史料（1859—1948）》，京华出版社2001年版。

④ “光绪十七年拱北口华洋贸易情形论略”，见莫世祥、虞和平、陈奕平编译：《近代拱北海关报告汇编》，澳门基金会1998年版，第145页。

即便利用蒸汽机牵拉木船航行，也很难与轮船相抗衡。① 于是，江门的腹地扩展到西江中下游、粤西南沿海地区。1908 年的《新会乡土志》详细记载了江门进出货物的来源与销售，据此可以大致得出该港的三层腹地（表 4.5）。

表 4.5　江门港洋货、土货来源及销售地（单位：万元）

类别	来源地	年值银	本地销售（%）	其他销售地
洋布	香港	400	30	新宁、开平、阳江
干鱼	香港	260	33	高州、雷州、琼州、阳江、赤溪、开平、鹤山
油	高州、阳江	120	30	新宁、恩平、开平、鹤山等
杉竹	佛山等	100	30	高州、雷州、琼州、阳江、恩平、开平、新宁、鹤山等
丝绸	省港、顺德	160	50	高州、雷州、琼州、阳江、恩平、开平、新宁、鹤山等
棉布	湖南、汉口	100	30	新宁、恩平、开平、鹤山等
谷	香山	755	0	香山

资料来源：谭镳、黎昀等纂《新会乡土志》卷十三《物产》，光绪三十四年本。
说明：各类别仅统计 100 万元及以上部分。

尽管 1897 年前粤港澳三港鼎立，广州一直还是沿江出口货物的中心，但是随着西江各口开放和香港的持续繁荣，广州中心受到周边持续的挑战。三水开放后，佛山也可以比较便利地从那里获得供应，于是广州港的腹地受到港澳、三水、江门、梧州口岸的影响。

① “1902 年至 1911 年拱北关十年贸易报告”，见莫世祥、虞和平、陈奕平编译《近代拱北海关报告汇编》，澳门基金会 1998 年版，第 79 页。

表4.6　珠三角地区口岸与腹地（1888—1904年）

类别	核心腹地	中间地带	边缘腹地
广州	收缩到三水、肇庆、高要以下，包括顺德、番禺、南海、高明、鹤山、新会、香山、东莞、增城	西界收缩到梧州以下、三水以上，包括封川、怀集、广宁、四会；北江花县以上的清远、从化；粤西南地区的开平、恩平、鹤山、新兴、罗定以上；东界扩展到增城、东莞以上的归善、龙门	上江英德以上，东江归善、龙门以上，南路阳春以下，西江梧州以上
香港	在表4.2的基础上增加番禺、高要、肇庆、鹤山、开平、海丰、陆丰	北江的花县、三水、四会，西江的梧州、封川、罗定直到高明，东江的龙门、惠东，南路的恩平、阳江，潮州的惠来	龙门、归善以上；梧州以西；高州、雷州、琼州、廉州
澳门	在表4.2的基础上增加顺德、东莞、阳江、电白、雷州	高要以下，从顺德至新安，高明、鹤山至阳春、电白、吴川、石城	肇庆、遂溪、儋州、钦州
三水	三水、四会、高要、南海、台山、开平、新会和恩平	高州、廉州、雷州、肇庆的阳春、阳江以及电白	南雄、连州、梧州、高州
江门	新会、香山、新宁、开平、恩平、鹤山、阳江	顺德、东莞、电白、高州、雷州	琼州、南海、番禺

图4.3大致表现出晚清珠三角地区港口腹地的格局，通过描绘粤港澳等口岸的核心腹地以及其边缘腹地的大致情形，显示出晚清珠三角地区主要口岸的港口与腹地格局。

3. 趋于模糊：1910年后的腹地界限

民国前期亚细亚石油公司在华南的销售机构主要有广州（辖三水油仓）、梧州（兼管南宁分行）、江门、湛江、海口、汕头分行。广州公司除

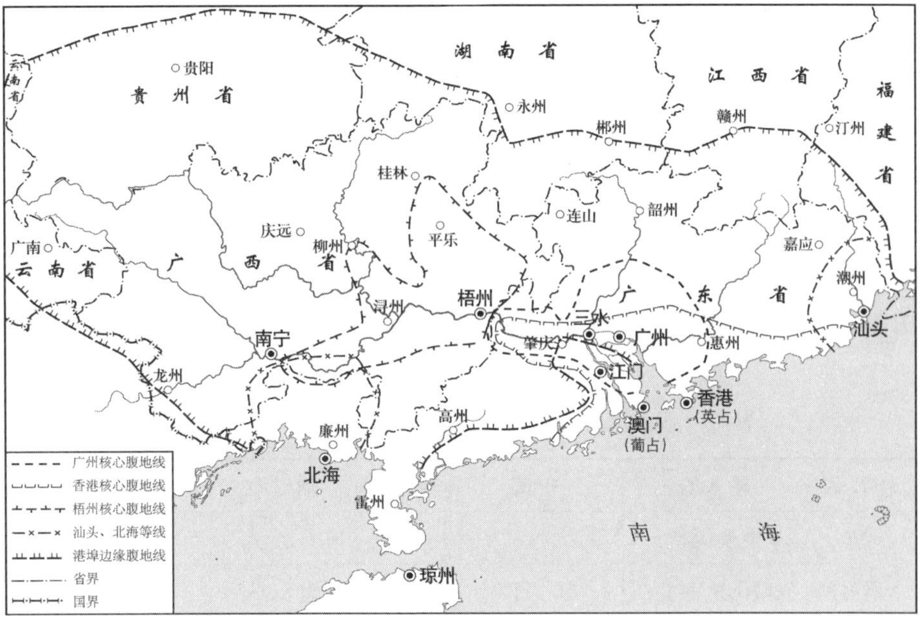

图 4.3　华南口岸核心腹地（晚清时期）

了珠三角外，销售范围包括西江中游以下、北江和东江地区。江门分公司代理江门、赤坎、台山、阳江、石岐、小榄（主要是四邑和中山）的业务。① 1924 年设立的广东省银行，发行钞票主要流通于广东，广西的梧州、柳州、南宁一带，但汕头、海口地区另外发行其他票种②，这也反映了华南地区的口岸腹地格局还没有出现大的变化。

香港完善的港口设施和金融配置，促成了广州以及华南地区口岸在外贸上对香港的依存。1925—1926 年的省港大罢工，反映出粤港的相互依赖关系。民国中后期的最大变化，就是广州的再度崛起与粤港组合中心的脱

① 胡毓芬：《广州亚细亚火油公司忆述》，见中国人民政治协商会议广东省委员会文史资料研究委员会编《广东文史资料》（第三十三辑），广东人民出版社 1981 年版。

② 黄毓芳：《广东省银行概况》，见中国人民政治协商会议广东省委员会文史资料研究委员会编《广东文史资料》（第七辑），1962 年。

颖而出。

1910 年以来，广州、香港、澳门、江门同为珠江流域或大或小的贸易转运枢纽。1931 年，广东省政府规定："所有经由内地运销外洋之货物，均需经粤海和江门二关出口，拱北贸易遂告式微。"① 1933 年陈济棠的《广东三年施政建设计划》，主要是兴办地方工业，打通国内市场，加强广东和西南各省的联系②，使得广州成为华南和湘、赣、黔部分地区的市场中心，完成了粤港中心的强化。

表 4.7　香山县大宗输入品来源地和输出品销售地（民国时期）

输入品	输入地	价值	输出品	输出地	价值
咸鱼	港澳等地	70 万～80 万两	谷	陈村、江门	500 万～600 万两
木器材料	省城佛山西北江	20 万两	生果	香港、澳门	30 万两
布匹绸缎	省城香港	60 万～70 万两	咸鱼	省城、陈村、江门	30 万～40 万两
油	省城等处	180 万两	茧丝	省城、顺德	100 万两

资料来源：张仲弼修《香山县志》卷四，1920 年刊本。

1910 年以来，各口岸腹地彼此重叠的特征越来越明显，珠三角及其外围的核心腹地的界线更加模糊、难以区分。表 4.7 显示一向以港澳中心为首度取向的香山县，在民国中后期已经完全成为省港的共同腹地。

同时，中间地带与边缘腹地的向心力增强。例如，粤汉铁路的修建使得北江上游广州的边缘腹地，开始向中间地带形态转变。1933 年粤汉铁路株韶段沿线的调查结果表明：广东六县（乐昌、仁化、曲江、南雄、始

① "1922 年至 1931 年拱北关十年贸易报告"，见莫世祥、虞和平、陈奕平编译《近代拱北海关报告汇编》，澳门基金会 1998 年版，第 114 页。

② 《广东经济年鉴》编纂委员会编：《广东经济年鉴》，广东省银行经济研究室，1941 年。

兴、乳源）出口土货的输出地主要为广州和韶关。①

（二）形态变化

1. 调整与重合：1888 年前后腹地的变迁

从表 4.2 可见，1888 年前粤港澳三港腹地的主要特征为：分别沿着珠三角的三端，各自依托背后的一片区域形成了一个相对分离的贸易经济区。三港的核心腹地均集中在珠三角，香港偏向东缘，澳门偏向南缘，广州偏向西北缘；中间地带分别为西江、北江、东江的中游和毗邻三角洲的南路地区。至于边缘腹地，广州港集中在三江的中上游，并延伸到贵州、赣南、湘南，香港延伸到大三角洲地区以及粤省沿海地区，澳门主要在下四府。

就空间而言，在陆上，广州的腹地空间最辽阔；在沿海，香港的腹地范围最广，澳门陆上与沿海的优势都比较微弱。就结构而言，咫尺之邻的粤港澳三埠中间地带重合度相对较高，但核心腹地的重合度则相对较低。

1888—1904 年腹地的变迁已经比较显著，从图 4.6 所示的主要腹地的情形来看，能量强化与极化同时进行。从腹地的形态来看，一方面表现为香港的显著扩展②、粤港澳等口岸竞争的加剧；另一方面表现为重合度的进一步增强，广州与香港、香港与澳门、澳门与江门、江门与三水的腹地彼此交织。

对于前者而言，1888 年后，澳门核心腹地的北部已经拓展到顺德，南部延伸到开平、阳江、电白、雷州，广州也强化了对高州、鹤山的影响，但是在商业腹地的竞争上，广州、澳门、江门等口岸还是无力与香港比肩。③ 对于后者而言，诸港在三角洲的中间地带已经难以明晰地分开，三

---

① 铁道部业务司调查科：《粤汉铁路株韶段经济调查报告书》，1934 年，第 18 页。

② 香港在北面通过对惠州地区的扩展，把归善、海丰、陆丰纳入其核心腹地区；在西面加强了对广州、澳门腹地的融入，例如对南海、新宁、新会、开平的渗透，反映出香港中心对广州、澳门腹地辐射的加强。

③ 拱北和广州之间贸易往来的微弱，反映出粤澳之间贸易结构的相似性和竞争性，以及广州、澳门对香港中心的依附取向。1888—1904 年澳门和琼州、廉州之间贸易联系并没有得到加强，反映出澳门中心扩展乏力。

角洲的西南部已经成为各港的共同腹地，彼此之间犬牙交错。例如，香山、新宁、开平、阳江、新会、鹤山、顺德是江门与澳门混合腹地，新会、顺德与五邑地区（四邑加鹤山县）又是江门与三水的混合腹地。

从腹地的结构来看，除了重合度提高以外，另一个明显的特征表现为中间地带的较多变动。图4.4所示的中间地带表明，广州向内陆收缩并扩展，香港以沿海地区为主，并且向珠三角与三江下游扩张，省港的主导地位已经明朗，澳门也试图在三角洲的南缘积极逐鹿，但基本上还是偏向于南路一隅，失之东隅，收之桑榆。①

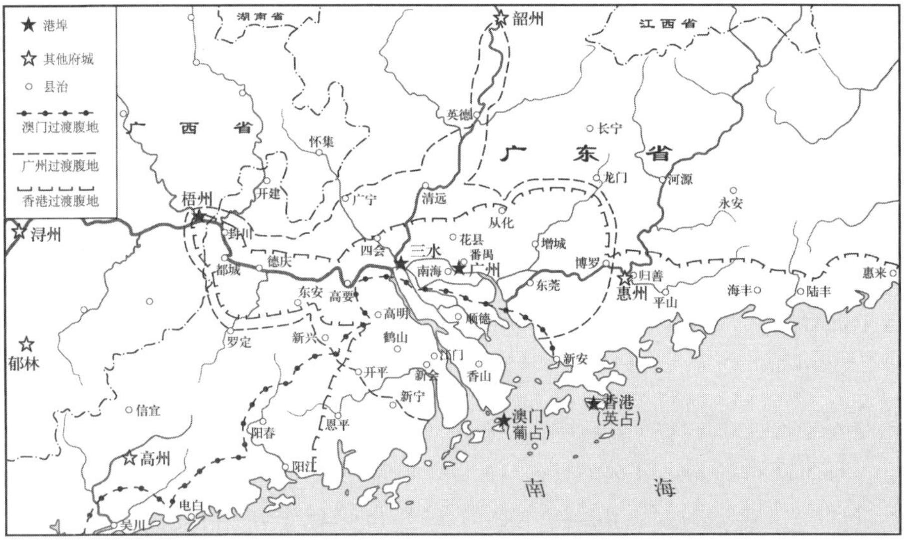

图4.4　粤港澳腹地边界（1888—1904年）

1888年前后空间的调整与重合，显示了珠三角各口岸腹地变迁的一些基本特征，核心腹地的高度重合与中间地带的变化多端，显示了核心区的

① 1888—1904年澳门的边缘腹北部已经扩展到高要，南部扩展到阳春、电白、吴川、石城，但澳门和琼州、廉州的联系已经微弱，澳门与高州与鹤山贸易数据的偏低，反映了两地已经转向广州中心。

巩固与扩展的活力。

2. 重合与融合：1910 年后腹地界限的淡化

1910 年后调整、重合等基本特征仍然维持，但是，不管是口岸腹地的空间态势，还是腹地的成长方式，都已经变得不那么瞩目。各口岸腹地的界限均已经模糊，腹地从重合走向了融合，尤其是核心腹地与中间地带之间的融合。

从腹地的成长来看，相邻口岸腹地边界地区的共生与融会本来就是常态，如果各港的腹地咫尺相邻，这种共生和融会现象就会更加复杂。在蕞尔的珠三角地区，五口岸并列，再加上十余个停泊点的开放，以及稠密的河网航道，使腹地之间的交叉现象显得极为复杂。不仅各口岸在珠三角及其外围的核心腹地的界限难以区分（如一向属于港、澳腹地的香山，民国中后期已完全成为省港澳的共同腹地），而且，随着边缘腹地和中间地带向心力的逐渐增强，促成了界线的模糊化（如粤汉铁路的修建使得北江上游广州的边缘腹地开始向中间地带形态转变），表明了区域经济的成长、口岸与腹地关系的密切。

从腹地的空间来看，民国以后广州腹地再度扩展，三层腹地的界限愈来愈模糊。伴随着广州港口的建设，广州城市的近代转型，内河与沿海航运的扩张，全省道路网络的拓展，广州中心构建起了区域性的物流通道，再通过这个网络整合腹地，初步实现了腹地广泛性与集约性①的同步发展。所以，在一般的印象里，“广州之贸易，不特行于本省各地。且远至于江西、湖南、广西、四川、云南、贵州、福建等处。内地之商业，则以佛山、韶州等为主”②。

---

① 广泛性与集约性发展原为经济学中指代数量型与质量型成长的术语，这里借用来描述腹地的变化，分别代表了腹地的两种成长方式，也就是指经济腹地的扩展是一种空间性的扩大，还是一种产业的升级与改良。例如随着贸易辐射范围的扩大，港口的腹地空间不断拓展，即广泛性成长；例如 96% 的出口生丝等大宗出口货基本来自珠三角地区，就是一种集约性腹地扩张，在不变的一个地域空间中腹地的经济能量不断增强。

② 杨子嘉：《广东实业计划书》，1931 年，第 10 页。

1910 年后腹地空间形态上的趋于融合，腹地结构上的粤港并立与层级模糊，都表明了三层腹地之间，尤其是核心与中间地带之间互动关系的强化，以及形态演变背后的区域经济成长方式。

3. 广泛与集约：腹地结构变迁的比较

图 4.5 以广州为例，描绘了核心腹地与中间地带在 1888 年前后的变迁。如图所示，广州腹地空间上前后最大的变化就是西江中上游的缩小、东江与北江下游的扩展。其中，核心腹地从西江中游的梧州退到高要以下，但在东江下游则向东莞、增城方向略有扩展；中间地带则从广西的浔州、郁林、平乐一线收缩到梧州以下，但在东北江流域从清远、从化拓展到韶关、龙门、惠州。

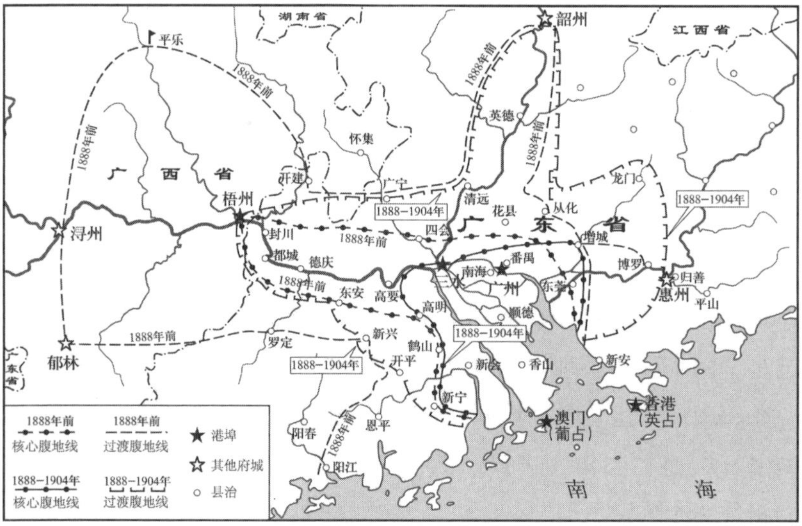

图 4.5　广州港核心腹地与过渡线（1888 年前后）

图 4.6 以香港为例，描绘其核心腹地与中间地带在 1888 年前后的变迁。与广州相反，香港在东江、西江、北江、南路、粤东沿海都获得了新的拓展，1888 年后核心腹地基本上扩展到以前的中间地带区，中间地带则继续向外推进获得了新的空间。但两相比较，中间地带扩展的幅度超过核

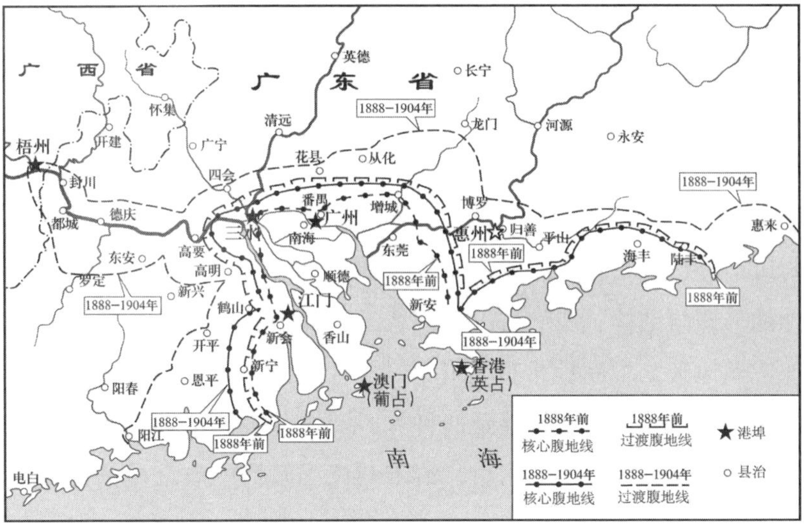

图 4.6 香港核心腹地与过渡线（1888 年前后）

心腹地，已经推及粤东的惠东、南路的阳江、西江的梧州，以及北江的四会、花县。

1888 年前粤港二港腹地的迅速扩展，表明了 1870 年以来进出口贸易的繁荣，促进了商业腹地的广泛性成长。所以，尽管核心腹地迅速地扩展到珠三角外围，但腹地之间的界限还比较清晰，这表明了口岸商业腹地的拓展基本上还是一种数量型的广泛性成长。

1888 年后核心腹地空间的收缩，珠三角共同腹地区的重合与强化，表明了腹地由广泛性成长开始变为集约性成长。不同的成长方式意味着口岸与腹地之间互动关系的变化。1888 年后集约性拓展的增强，表明核心腹地的产业获得一定程度的升级，但中间地带、边缘腹地的变化相对缓慢，广泛性成长依然继续。不过，中间地带向三江中游的延伸，又表明了商埠经济对腹地渗透能力还是有所加强。

根据以上对腹地演进的分析，初步总结一下，就空间过程而言，大体经历了三个阶段：1885 年前的空间广泛性推进阶段；1888—1904 年各港腹地的扩张与重合阶段；1910 年后界限趋于模糊的阶段。就地域形态而言，

1888 年前后为各港腹地的调整期，重合度相对较低；1910 年后各港腹地的重合度逐渐提高，并且开始趋于融合；就腹地结构变迁的比较而言，早期主要是一种广泛性的成长，后来转变为一种集约性成长。

口岸所代表的就是具有交通运输职能与中心地特征的城市。在一定的社会经济条件下，经济腹地是决定商埠城市发展的基础，口岸城市的经济发展与区域经济成长相辅相成。通过对照粤港澳等口岸在珠三角与华南地区腹地的形态与结构，我们可以发现各港的核心腹地比较重叠，大多混合于小珠三角地区，中间地带的变化较大；后期各港腹地的界限趋于模糊；口岸的腹地扩张兼顾内涵与外延两种方式。这些表明了近代珠三角区域经济的成长，主要集中在小珠三角；清末与民国政府的政策规范促进了区域经济的发展。

二、珠三角口岸与腹地的经济互动

以上关于口岸毗邻区域、口岸贸易、地域形态，以及其中所展示的空间性生产过程的描绘与分析，已经基本显示了口岸与腹地之间的地域性关联。在这已经不言自明的概念背后，我们如何看待中心口岸与腹地间的相互关系以及其中的经济空间形态？如何看待这种融合了结构变迁与空间过程的区域经济发展形态？

（一）核心腹地：变革与发展初步完成

广州市河南旧凤凰村号称当时“七十二村中最落后的乡村”，1934 年针对 100 家 233 人的职业调查显示，从事商业 20 人（8.58%），佃农、雇农等 100 人（42.91%），雇工、手工之类 106 人（45.49%）（其中城里的雇工 52 人、机器工人 2 人、绣花纺织 21 人）；其他 7 人。在这些职业中，以雇工为主体的手工业者已经超过农业从业者，这些雇主要在“广州市及附近较兴旺的地方”①，在总收入中，来自手工业的也略大于农业。从整体上看，城郊农家的生产结构已经出现了明显的变化。

① 伍锐麟、黄恩怜：《旧凤凰村调查报告》，载《岭南学报》1935 年第 3 期。

珠三角地区田价的高低依次为果园、桑田、稻田、旱地，在广州郊外的番禺芳村、花埭、冲尾等处，面积在3亩以上的花果苗园地有20多块，资本最大的有四五万元，“每年销于本地及外洋各埠者总在十万元以上”。在番禺，“除最低之田种水稻外，其余则皆以种果树为主，杂粮次之，北部则以种水稻为多，间亦有少数栽植果树者”，“经济情形以县属东北、东南两部农民较为充裕，因该地农民多种各种果树，略有小补故也，西北、西南两部分农民虽间亦有种果树者，惟不如东北东南之多而且普遍也”。①

南海“县境接近省会……故稍勤勉之家，略可自给”，“县民习业，多事工商，次则农事。西北各区，多种谷类（沿江各区，桑蚕殊盛。围西大基，种植果木……更有辟地为畦，专培花果之苗。……获利尤多）”。②

顺德县“人民生计大抵农居其六，工居其二，余则贸迁农业。以桑田之利为大宗”③。

新会县物价“与广州相差无几，若以物价加运费而与广州香江比较，尚可平六七厘（6%～7%）左右，大宗出口可平15%”。蔬菜生产主要在江门与会城，“每日约出产60～100余担”④。在农业土地利用中，稻田、葵田、番薯地分别占50%、10%、5%，烟叶与桑地大约各占10%不到，其余的种植蓝靛、薄丰、花生、甘蔗等。⑤

1880年前后，香山县“惟南乡人多商于外，余则专恃田产。邑城富者置田，贸易非所长。村落小民概业于耕，故农伤则举邑疲弊”⑥。到民国中期，“二四两区之民，多以南洋美洲为营业地；五六七区之众，则多在京津申韩及其他各省业洋务或经纪，至三八九区之众庶，或致力蚕桑或致力

---

① 国立中山大学农学院：《广东农业概况调查报告书续编》（下卷），1933年，第14、17页。

② 广东省民政厅：《广东全省地方纪要》（第一册），1934年，第90、89页。

③ 广东省民政厅：《广东全省地方纪要》（第一册），1934年，第119页。

④ 国立中山大学农学院：《广东农业概况调查报告书》，1925年，第290、285页。

⑤ 广东省民政厅：《广东全省地方纪要》（第一册），1934年，第129页。

⑥ 田明曜修，陈澧等纂：《香山县志》卷五，光绪五年本。

田园，滨海居民渔业亦盛”。在全县40万元的地方赋税收入中，来自钱粮正税及附加税仅5万余元。①

侨乡的经济有其特别之处，新宁“男人以出洋经商为业，耕田者十之无一二”。“台山每年由外处汇回款项则约有四五千万元……虽百物腾贵，仍不减其奢华也。”一般的食品在台山县不仅没有输出，而且“其价格较之广州、香港每元价约高二毫以上”②。开平县与台山县相似。

不过，即便在城郊或工商业兴盛的县域，发展主要还是集中在重要的市镇，在工商颇为繁盛的新会县，同样存在着“飞地”现象，“县西南多农鲜贾，依山濒海者以薪类耕渔为业，民无积蓄而多贫，故其俗朴而野；东北多商鲜农，贫者则习工计以谋生，其俗文而巧”③。这种情形同样出现在珠三角其他富庶的县份。番禺“县属地近省会，经营企业者，皆集中广州，故内地均不甚发达。如市桥、高塘、江村、新造、东圃等墟场，虽称县内繁盛之区，亦不过只有小商店及手工业而已”④。

在近代广东省区，核心腹地具有当时最有生命力的产业生产方式，在外贸出口导向上，已经超过广州市等高度商业化的口岸。核心腹地的产业成长与变革，已经获得了长足的进步，这与核心腹地在形态上的高度重合是一致的。但是，发展主要还是限定在一些中心市镇上，县域内部同样有较大的差异，这种情况在核心腹地的外围与中间地带表现得更加明显，显示出那些“烟火万家”的大镇在推动区域经济发展方面的局限。

（二）中间地带：局部的影响与变革

从一般的角度来看，核心腹地的产业变革基本开始，并初步完成，但到了外围地区，光绪、宣统年间以后，一方面显示了来自通商口岸的强烈

① 广东省民政厅：《广东全省地方纪要》（第一册），1934年，第25、77～78页。

② 国立中山大学农学院：《广东农业概况调查报告书续编》（下卷），1933年，第41～42页。

③ 卢子骏纂：《潮连乡志》卷一，1946年本。

④ 广东省民政厅：《广东全省地方纪要》（第一册），1934年，第100页。

影响，另一方面又显示了变革性产业与生产仅局部出现，还没有形成一种普遍的气候。

三水海关所在的河口镇，“四十年前，河口本极荒凉，当时只有小船三十余只，以备货物上落之用。自广三火车以此为终点及各江来往轮船多泊于此以后，河口乃逐渐有店铺的建筑，而日趋于繁盛”①。三水“县属蚕桑以南部各区为多平原之地，十分之七皆为桑田，其养蚕种桑方法皆与顺德各地无异，每年出茧约三四百担左右”，“经济则北部较南部为困难，因南部交通便利，经商亦多，经济颇称充裕，北部因交通不便，多属自耕自食，然虽非充裕亦可自给”，“该县果树除龙眼有少数出产外，其他各类产额极少，然皆在各地屋旁余地散生，管理方法，无专辟园地栽种者”。②

四会县“道光之初，俗渐奢华……遂相率往佛山、省城以图生计……洎乎各口通商而后，之上海、之福州、之天津、之九江、之汉口者实繁有徒……皆以洋务为汲汲，而读书应试之人日少，即青衿中亦有舍本而从事于斯者。同治以来，更远赴外洋各埠矣”③。但发展主要在该县的南部，因为“河流较广，周年电船来往，又有公路直通广三铁路，交通颇称便利”④。

花县县城在东北部，但其南部的第三区，邻近南海番禺（广州），多产茶叶，所以较为富裕。⑤

从化县“北部除种稻外，兼有种松杉茶、制纸烧炭，中南部则种水稻，兼果树园艺与蔗糖业，蚕业（邻近广州的）中南部有之，正在萌芽，畜牧如养鹅鸭等业，亦常见于中南部”⑥。

---

① 伍锐麟：《三水河口疍民调查报告》，载《岭南学报》1936年第2期。

② 国立中山大学农学院：《广东农业概况调查报告书续编》（下卷），1933年，第27页。

③ 陈志喆、刘德恒修，吴大猷纂：《四会县志》编一《舆地略·风俗》，光绪二十二年本。

④ 国立中山大学农学院：《广东农业概况调查报告书续编》（下卷），1933年，第95页。

⑤ 国立中山大学农学院：《广东农业概况调查报告书》，1925年，第246页。

⑥ 国立中山大学农学院：《广东农业概况调查报告书》，1925年，第251页。

清远县“东部之琶江，从前产稻常自给，近亦每不告敷矣”①。琶江所在的第九、十区是该县主要的烟草种植区，“从前总产额年不过百余万斤，近则可三百余万至四百万斤”。

罗定县“县属人民则多外出谋生，且生产者为西江各县之冠”②。罗定茶叶出口一度年值一千万两，“农家生活强半仰给于此”③。

民国时期的调查显示，在珠三角地区数县之外的毗邻地区，“县内交通便利地方则经济较为宽裕”，反之比较贫困。在惠阳（归善），“县民多习农业，商业以城郭为特盛”。④

封川县“除近西江地方间有船运，余则多用肩挑而已”，“至于经济，除近西江交通稍便地方略为充裕外，余则多数困难”。⑤

阳江县“贫民惟往恩（平）、新（会）临境作苦功，间有佣于远地或外洋者……二十年来，轮渡畅通，凡游学、从军、营利、求禄远行者络绎矣”⑥。

恩平县偏于内陆，在四邑侨乡中相对后进，“光宣而后，质朴之习已变浮华，衣服多尚丝绸，妇女鲜事纺绩”⑦。

南雄县“人民出外经商及其他作业者甚少，俱在内地业农为多”，大部分地区“以烟纸二物为供给衣食之资，故烟纸价高（烟百斤有二十五元，中等纸百斤有九两则获利）则农民经济充裕，否则颇形困难”。⑧

---

① 国立中山大学农学院：《广东农业概况调查报告书》，1925 年，第 206 页。

② 广东省民政厅：《广东全省地方纪要》（第一册），1934 年，第 54 页。

③ 国立中山大学农学院：《广东农业概况调查报告书》，1925 年，第 255 页。

④ 广东省民政厅：《广东全省地方纪要》（第一册），1934 年，第 107、130、210 页。

⑤ 国立中山大学农学院：《广东农业概况调查报告书续编》（下卷），1933 年，第71～72 页。

⑥ 张以诚修，梁观喜纂：《阳江县志》卷七，1925 年刊本。

⑦ 余丕承等修，桂坫等纂：《恩平县志》卷四，1934 年铅印本。

⑧ 国立中山大学农学院：《广东农业概况调查报告书》，1925 年，第 162、164 页。

在核心腹地的外围，交通便利的地区已经感受到口岸与核心腹地的影响，生产与生活方式获得一些改良与进步，而这不仅仅是商业贸易数量的增加，它与中间地带在变迁中显示的活力是一致的。但其主要局限于市镇与经济区位较好的地方，与核心腹地的差距依然明显，由于来自核心区的动力有限，这种具有现代性的经济方式难以向边缘地区推进。

（三）边缘腹地：在变革性的影响之外

西江各县，除了西江中段商业中枢的高要县，以及前述生产能力颇为活跃的罗定县外，1934 年广东省民政厅的林翼中在巡视后认为，“其次则郁南县属之连滩，亦有织席之手工业，附近人民均以此为生活，其原料虽大部分来自东莞县，惟生产颇巨，工资所得，数亦不菲，其余各县人民，除农业外，并无其他工业可做，经济能力极为薄弱”①。两相比较，已经大致上道出了中间地带与边缘腹地发展的差异。

事实上，对中间地带、边缘腹地而言，界限并不能按照县域的边界来划定。那些区位良好的地区，已经零星地接触到通商口岸的气息，但除了内地少数如韶关这样的传统城市外，一般县域传统的生产方式依然是经济活动的主流，有限的商业交换与市场发育情况不能成为现代性经济发展的参照系数，这些地区基本上还处于变革性的影响之外。

广宁县“除沿小北江地方可用浅水轮船运输外，离江稍远之地货物皆用肩挑，运输非常困难，现开公路以沿江边而行，对于货物运输毫无关系，不过便行人而已”，“六、七区农民耕田者众，耕山种茶者亦不少，常年有收入，故经济较裕，其余各区以种竹木为主，极少种植速成植物，常须资本流动，故较为艰难也”。②

新兴县交通相对滞后，“至经济则以五区及六区农民较为充裕，因五区交通利便，多出外谋生，而六区土地肥美，出产丰富，而出外谋生者亦

---

① 广东省民政厅：《广东全省地方纪要》（第一册），1934 年，第 56 页。

② 国立中山大学农学院：《广东农业概况调查报告书续编》（下卷），1933 年，第 84、86 页。

众故也，其余各区则略觉困难，盖皆自耕而兼食力者也”①。

始兴县是广东省境内商业最不发达的地区，可以作为一个典型。“男则专力农功，而罔事商贾者，有皓首而足迹不履城市者，妇女惟好纺绩，居室仅足以蔽风雨，衣服皆朴素而无华。”② 1933 年决定修建粤汉铁路株韶段后，有关部门对湘潭、衡阳至韶关、南雄铁路沿线区域进行商业调查，发现这一地区几乎没有新式工业③，这也是边缘腹地的一般特征。始兴县出口土货（如杉木、纸、烟油、石灰等），除了南雄、仁化、曲江、英德等韶关境内各县，主要是省城、佛山、西南、四会、清远等县。输入品（主要是洋纱、布匹、土货、油、糖）主要来自广州与湘赣两省。

如何理解中心城市与腹地之间的这种微妙关系？佛山的绸缎行“售诸内地外埠，远及西北两江”；绒线行、京布行、集木行“销行内地及广肇各属”④，始兴县来自佛山为数不多的洋货，它们对地方经济有何影响？有限的商业贸易并没有为地方的产业带来新的变革，佛山与始兴还是处在两个世界之中。

在近代广东省区，就商业与生活而言，广州的层次最高，“香港则与之相等，澳门、汕头次之，内地小商埠又次之”⑤。1934 年的增城“工商事业亦形衰落。然而人民生活，尚较博罗、龙门各属为稍裕”⑥，又显示了核心腹地与边缘腹地的差异。但就产业而言，广州、江门已有零星的机器大工业，核心腹地与部分中间地带普遍地发展起来机器小工业与适宜的家庭手工业，但是在边缘腹地各乡间，商业仍然日中为市、三五日一墟期，所售者为日用品、农产品以及竹木材炭。⑦ 产业发展的地域空间从中间地

① 国立中山大学农学院：《广东农业概况调查报告书续编》（下卷），1933 年，第 59 页。

② 陈赓虞等修，陈及时纂：《始兴县志》卷四，1926 年刊本。

③ 铁道部业务司调查科：《粤汉铁路株韶段经济调查报告书》，1934 年，第 8 页。

④ 冼宝榦纂：《佛山忠义乡志》卷六，1926 年本。

⑤ 王金绂编：《中国分省地志》（广东），商务印书馆 1932 年版，第 93 页。

⑥ 广东省民政厅：《广东全省地方纪要》（第一册），1934 年，第 304 页。

⑦ 广东经济研究会：《广东经济概况》，1934 年。

带区就已经断开，再无法传递到边缘，也无法实现自身的升级。

三、口岸腹地与珠三角经济区的萌芽

根据上节的描述，大致可以描绘出晚清时期华南地区诸港的腹地系统，参见图4.4。

在腹地空间的层面上，就核心腹地而言，各港基本上沿着主要河流的下游与便捷的水运交通线展开，粤港澳三港的核心腹地分别沿着珠三角的三端，各自依托背后的一片区域形成了一个相对分离的贸易经济区；沿海的汕头、北海、琼州形成相对独立的贸易圈；内河的江门、梧州、三水、南宁形成粤港中心的下次级贸易圈。就边缘腹地而言，在陆上广州最辽阔；在沿海以香港的范围最广，其他口岸基本上不太显著。

在腹地结构的层面上，首先表现为腹地重合度的增强，咫尺之邻的粤港澳、江门等口岸之间重合度相对较高，尤其是边缘腹地，几乎完全重合，三角洲的西南部已经成为各港的共同腹地，彼此之间犬牙交错，但其他口岸相对独立。其次表现为粤港核心腹地的变动，广州向内陆收缩并向东江下游扩展，香港以沿海地区为主，并且向珠三角与三江下游扩张，省港的主导地位已经明朗；其他口岸的变动不明显。

口岸腹地形态的变化既是一个空间过程，也是一个结构过程。在空间层面上核心腹地的局部重叠、整体离散，边缘腹地的局部离散、整体重叠，都表明了经济区正在形成之中，尚未定型。在结构层面上，香港与广州等港口分别具有转口港与腹地港的性质，于是形成了地理学中的双核空间结构模式①，香港居于门户港口位置，其他口岸作为一个特定区域中心，形成了以香港为港口的中心—港口结构。

结合空间与结构的形态，当港粤、港澳、港江（门）、港梧（州）、港汕（头）、港琼（州）等这样的区域结构形成后，广州、澳门、江门、梧

① 其原生形态是指区域中心城市和港口的组合，次生形态是中心城市和边缘城市的组合，构成了一种广义的港城与区域空间结构关系。（陆玉麒：《区域双核结构模式的形成机理》，载《地理学报》2002年第1期。）

州、汕头、琼州这些“中心地”与内地中层市场中心形成一个个次一级的双核空间结构，这样就将来自外部的经济能量传入一个个中层中心，组成了一种内在的腹地空间结构，构筑成了近代以外贸为载体的经济区框架。虽然整个珠三角经济区尚在萌生之中，但根据本章设定的标准，在小珠三角地区，近代意义上的经济区基本已经形成。

前述图4.3中所显示的晚清时期华南地区开放口岸腹地圈与当代两广的次级经济区划，既有继承亦有变革，其中粤中区、粤东沿海区、西江区、桂东南区与近代的界限接近，至于靠近内陆的东江区、粤北山区、桂东北、桂西北、桂西等地区则与近代的界限差距较大。原因一方面在于经济区划与行政区划的差异，另一方面在于粤西南的赤坎（今湛江）、惠州、桂林等城镇在近代发展不足。改革开放后，在广东的内部规划中推进广州“三点·一圈”的开放战略，即以国际性大都市香港为中心，以广州、汕头、湛江三个国际大港为支点的“开放经济圈”①，从某种意义上看适度传承了晚清以来萌生的经济区的基本框架。

第三节　空间经济增长的比较与讨论

一、长三角与珠三角的比较

（一）经济空间的构建：从口岸—腹地到新经济区的发现

根据以上讨论，就经济区的基本指标而言，近代长三角地区已经基本具备，无论从区域的综合性与同质性等标准，还是从区域专业化的分工，以及其中形成的有效的且具有“中心与边缘”差异的地域共同体。这表明晚清以降，上海及长三角地区的空间性生产已经基本形成，与前近代基于自然地理的传统市场交换圈相比，晚清以来形成的生产性地域经济共同体，在专业化、区域中心、区内区际联系、综合经济指标方面，都有着质

① 王琢：《论再造大发展的新支点：“三点·一圈”——关于广东大开放战略的初步研究》，载《技术经济与管理研究》1994年第5期。

的区别。

无锡等地现代产业的崛起，意味着上海与临近地区的产业分工，出现了从垂直向水平的趋向。上海利用区域市场一体化的机制，实现规模集聚经济，周边城市利用上海的“溢出效应”，融入以上海为中心的市场与区域经济板块中。例如松江等周边市镇，利用与上海毗邻的地缘优势，加快与上海的“接轨”，主动地利用市场化手段与上海所提供的资源平台，进入与上海经济圈的地域分工中。但是，这种融入同样具有空间与结构的差异：在结构上，上海的势能远大于区内其他城镇，其他城镇又远大于一般市镇；在空间上，随着距离联系的便捷度提高，存在着新一轮的空间势能差。

相关的近代人口数据也表明上海与长三角地区的势能差异明显超出正常的指标。上海城市的首位度为6.0，上海与杭州、苏州、无锡四城市指数为2.8（换上民国首都南京，减去无锡为1.7），上海与南京、杭州、苏州、无锡、镇江、扬州、南通、常熟、嘉兴、海门、松江十一城市指数为2.2。（按位序—规模律的原理，四城市与十一城市的正常指数都应该为1。）

前文所描绘的长三角经济区的空间形态、城镇之间的联系脉络、现代性经济的空间分异表明，开埠通商以来，在相对自由贸易的框架下，促成了长三角经济区经济能量的快速增长，但是，经济集聚对扩散效应抑制使得区域经济结构难以优化、乘数效应难以发挥。从某种意义上说，近代“经济区”这一概念的提出，就是为了从空间的视角来重新发掘区域经济演化的特征、内涵与意义。

晚清时期沿海、沿江开放口岸及其腹地所形成的经济区，与前近代基于长距离贸易的经济区有着质的差异，所展示的不仅仅是港口城市与其腹地之间贸易经济的空间联系，更是中国经济地理新格局的萌芽、形成和发展的趋向，这也成为帝国晚期以来经济地理变迁的首要特征。这种萌芽在民国时期获得惯性的延续，例如20世纪30年代兴起的全国性经济区划，就是这种发展的自然过程，同样为往后乃至今日的经济区划以及区域合作问题提供借鉴。改革开放以来东南沿海对外贸易的重新启动，加速了近代以来区域性经济变革的进程。

从经济当量来看，若干大区域在国家国民经济中占有举足轻重的地位，集聚最优素质的劳动力与生产力，所形成的区域竞争力往往反映这个国家在全球市场上的“国家竞争力”，在当前“城市—区域”竞争力互为支撑的城市化世界中，城市发展的新取向是“城市利益＋地区责任”①。因为中心城市，尤其是具有门户特征的中心城市，通过交易网络的扩张，已将周围县（市）纳入其交易空间，共同参与大区域的经济发展进程。

（二）形态与功能的异同：长三角与珠三角经济区

通过以上两节对珠三角地区口岸腹地进行系统的梳理，以及对长三角经济区形成、空间分异进行的讨论，我们发现两者形态与功能均具有共同之处，都是外部经济诱发下的具有共同趋向的近代性经济变革。它们的主要不同之处在于，珠三角地区形成的是一种区域性的二元空间结构，长三角地区形成的是一种城乡之间的二元结构。②

珠三角地区口岸腹地形态的演进暗示了区域变迁与发展的活力、腹地经济的变化，也已经证实了产业变革在核心地区已经初步完成，对外围地区的影响力正在加强。腹地产业向珠三角地区外围的扩散，也就成为中间地带扩展的基本动力之一。现代性经济因素已经扩展到大珠三角地区，带动了这一区域的经济发展，但是中间地带的发展已经不再那么有效，更没能推进到边缘腹地，最终由区域发展退化为点与线的扩张。但这不是因为口岸腹地的空间二元对立抑制了现代性经济的成长，而是因为核心产业区经济扩展动力的不足，空间的二元对立只会进一步抑制已经发展的势头，

---

① 韦亚平：《理解“城市空间发展战略研究”的十个问题》，载《理想空间》（第5辑），同济大学出版社2004年版。

② 虽然有研究认为需要讨论城乡之间流动的空间形态，不能进行二元划分（吴滔：《明清江南市镇与农村关系史研究概说》，载《中国农史》2005年第2期），但是从一个较大的空间尺度来看，二元的结构确实存在，有其讨论的必要，这是问题的另一个方面。

而不会相反地促进。虽然促进并不代表着成功，甚至也有可能失败。

近代中国比较具有优势的主体产业不是形成于城市，而是形成于城市外围的乡村与市镇。虽然在经济发展的起步阶段，二元结构是不可避免的，但是这也仅仅是一个过程而已，问题的关键在于这种中心与外围的二元结构，并非总是对立的，而是有渐渐瓦解的可能，近代乡村没有获得有效发展的根源，并非在于口岸与腹地的二元对立，而是在于核心腹地产业发展与升级动力的不足，不能孕育出有生命力的乡村工业。从这个意义上讲，近代以来中国的经济发展必须寻找到适合这样一个人口大国自己的乡村发展道路。

在长三角地区，最迟至民国中期，城市与乡村经济发展的差异已经趋于明朗，于是发展城市成为推进农村复兴的一个思路。一种代表性的言论是“要救济农村，应由改造城市做起”，“最好能指定一个城市，划出相当的农村，由城市去领导救济”，① 发挥城市的集聚与辐射效应，这也与近代长三角地区已经萌芽成长的经济区密切相关。

具体而言，在长三角各经济亚区的空间分异中，初步形成了沪苏锡常区、嘉湖区、通海江北平原带、宁镇扬区、杭州绍兴区，这些亚区基本上也形成了次一级的中心。同时，长三角地区一个市镇的商业发达程度，甚至超过苏北的一个县城、府城。在19世纪中后期对外贸易繁盛时期，长三角地区经济相对更加欣欣向荣。上海的产业“溢出效应”已经沿着京沪线在无锡、常州等地生根发芽，并且南北两翼的杭州绍兴、通海地区产业也获得了初步起飞。就区域经济变革的结局而言，最后制约长三角经济成长的最大困境是农村产业的衰落、城乡鸿沟的拉大、资本向城市的集中，它们导致“烟火万家”的大镇失去活力。

二、学界对于近代经济发展的讨论

20世纪80年代后期，汪敬虞曾提出中国资本主义发展与不发展的命

① 殷体扬：《由城市到农村》，载《市政评论》1935年第15期。

题，引起学术界的广泛关注。中国资本主义确实存在着发展与不发展、有一定发展而不能充分发展、有局部发展而缺乏整体发展的问题，形成一种动态的不均衡、不协调的复杂的发展态势。但是，对于这个问题，学界一直难以给出相对清晰的回答。同时，伊懋可从韦伯思想出发，套用欧洲经验和现代化理论的学术规范来叙述中国近世历史，对中国资本主义发展问题提出了一揽子的方案，同样无法回答具体的问题。①

近代经济史研究中的学术纷争，往往集中在农村中是存在经济增长还是存在过密型增长这类问题上。两者的共同前提都是在国际贸易和城市商业的推动下，近代中国农业经济的专业化、商品化、外向化有了迅速发展，分歧在于商业化、外向化带给农民的是发展还是增长，是质量上的变化还是仅仅数量上的变化。持“过密化增长”观点的学者，认为农业商品化和专业化并没有打破旧有的农村生产格局，农民是在有形无形中被迫介入市场，农业总产量的提高被增加的投入给抵消了。② 罗斯基、布兰德等持增长论者认为战前中国的农业增长率维持在1.2%～1.5%之间，而不是叶孔嘉和珀金斯的0.8%～0.9%，还认为商业化给农村带来新的机会和新的利润，并且认为战前中国是高度发达的自由竞争市场形态。③

无论是过密化论还是经济增长论，都不能完全地解释近代农村经济的全部现象。19世纪80年代直到第二次世界大战前这一段时间的中国，已经不是14世纪到19世纪中叶前的中国。开埠通商带给中国的不仅仅是简单的商品交换，国际贸易的深刻卷入给近代农村的经济发展注入了新的要素。

---

① Mark Elvin, “Why China Failed to Create an Endogenous Industrial Capitalism: A Critique of Max Weber’s Explanation,” *Theory and Society* 13, no. 3, Special Issue on China (May 1984): pp. 379～391.

② ［美］黄宗智：《华北的小农经济与社会变迁》，中华书局2000年版；《长江三角洲小农家庭与乡村发展》，中华书局1992年版；《中国研究的规范认识危机：论社会经济史中的悖论现象》，牛津大学出版社1994年版。

③ Thomas Rawski, *Economic Growth in Prewar China* (California: University of California Press, 1989); Lore Brant, *Commercialization and Agricultural Development in East－Central China, 1870－1937* (Cambridge: Cambridge University Press, 1989); Ramon H. Myers, “How did the Modern Chinese Economy Develop?” *Journal of Asian Studies* 50, 1991.

根据第二、三、四章的讨论，我们可以看出自19世纪后期以来国际贸易的发展、城市商业的繁荣以及现代工业的萌芽，对农村经济起到了强烈的示范和推动效应，使得长三角地区、珠三角地区的小农生产和资本主义世界密切地结合在一起，因此国际市场的些微变化都能带来产业的调整。中村哲也认为，从16世纪后半叶开始，小经营生产方式发展到一个商品生产化的新阶段，形成了单纯的小商品生产模式，其目的是维持家族的生活而获得必要的物质。至于追求剩余价值的小商品生产，即近代性的小商品生产，在中国到19世纪末才得以形成。对于农村，近代商业已不是自给以后多余产品的简单交换，而是有很大一部分农副产品（粮食、蚕茧、编织物），作为商品进行市场交换。大约在1910—1935年，无锡城乡数百家茧行收购蚕茧供应丝厂，“输入于四乡之银数，年约七八百万元”，加上上海茧商来锡采购，则高达千余万元。[①] 种桑、养蚕、育茧日益紧密地与缫丝工业乃至国际生丝市场相联系。粮食除农民自食之外，其余也作为商品进入市场。农产品商品化程度的提高，促使传统的农村经济结构发生以往所没有的变化。

李伯重也认为，传统农业不适宜采用工作日或人均单位来计值（更应该是年和家庭单位）[②]，不能简单地把过密化的理论推及整个农业经济部门，或者推及传统农业以外的新兴部门。侯杨方与范金民在分别对江南农村蚕桑业做了细致的研究后，认为单位面积土地的收益和家庭年收益更加符合江南农民的理财观念，农民之所以放弃部分稻作来发展蚕桑业是因为可以从单位面积的土地上获得更高的年收益，而对每天报酬的高低则不会去用心核算。[③]

---

① 陆子容：《无锡蚕桑发展概况》，载《文史资料选辑》第2辑。

② 李伯重：《江南的早期工业化（1550～1850年）》，社会科学文献出版社2000年版。

③ 侯杨方：《“过密化”论与小农经济决策行为分析——以湖州小农家庭缫丝业为个案》，载《学术月刊》1994年第7期；范金民：《明清江南商业的发展》，南京大学出版社1998年版，第335～338页。

此外，近代中国由多个大的区域所构成，在每个区域内部也同样存在多个小区域，这种区域经济之间的重组、市场的扩大、贸易的发展，对区域的核心和毗邻的地区同时产生了一定的影响，促进了经济的成长。经济发展的产业结构和地域结构均已发生了变化，这已不是斯密型的原生性经济或简单的旧经济，也不是简单的低水平重复。近代经济之所以没有能够成长为现代经济体系，主要原因在于新型的经济部门与经济要素未能得到充分的发育，缺乏根本性的革新，以及人口的压力、资金的匮乏、技术的滞后等因素，而这一切首先不是过密化。

三、外向型蚕桑业发展的验证

下面以珠三角地区最主要的出口商品产业——蚕桑业与生丝业为例做一验证和解释。

珠三角地区的自然禀赋，使得桑蚕的饲养一年达八至九造，区内河网密布，桑基鱼塘交错其间，交通方便，促进了生产与交换。① 嘉靖、万历年间（1522—1619 年），顺德县、南海县的种桑养蚕和基塘养鱼已是农业生产的主要部分，特别是南海县的九江乡；② 顺德县的大良、陈村一带，也达到“民半树桑”的程度。③ 鱼塘面积也日益增加，仅南海县在 1371—1581 年，鱼塘就由 323 亩增至 48326 亩。④

第二次鸦片战争以后，广州的外贸开始立足于珠三角及其邻近的地区。到 1870—1894 年，广州茶叶和生丝的出口摆脱了主要依赖外省供应货源的状况，变为主要来自本地和邻近的地方。由于出口的推动，在棉植业萧条的同时，蚕桑业格外兴盛起来，咸丰、同治年间珠三角地区再次掀起

---

① 佛山地区革命委员会《珠江三角洲农业志》编写组编：《珠江三角洲农业志》（四），1976 年，第 10 页。

② 陈海立：《商品性农业的发展与局限——西樵桑基鱼塘农业研究》，广西师范大学出版社 2015 年版。

③ 刘伯渊：《广东省蚕业调查报告书》，1922 年。

④ 佛山地区革命委员会《珠江三角洲农业志》编写组编：《珠江三角洲农业志》（三），1976 年，第 12 页。

了一个“弃田筑堤，废稻树桑”的高潮，蚕桑生产区日益扩大，南海九江、顺德龙山、龙江等乡境内几乎不见稻田，为清一色的桑基鱼塘区，居民以“务农桑、养蚕为业”。① 蚕桑业不断发展之后，有些地方的“果基鱼塘”仍然继续保存甚至发展，而另一些地方的果基鱼塘则很快衰落，大量改为桑、塘专业性生产，“民多改业桑鱼，树艺之夫，百不得一”②。顺德县西海一带，在咸丰年间以前还有稻田，后来皆变为基塘，全县在光绪年间开挖的基塘就有十万亩之多，桑基面积达到三十万亩以上，稻田面积不及总耕地面积的十分之一。果基向桑基的发展，为此后珠三角地区的生丝生产和出口打下了良好的基础。

此外，新增加的蚕桑生产区主要在西部的高明县、高要县，以及南部的香山县、番禺县南部的沙湾、市桥等处，以前从没有蚕桑的东莞县，在同治、光绪年间也开始植桑养蚕。珠三角地区形成了包括南海县的九江、海洲、镇涌、金瓯、绿潭、沙头、大同等乡，顺德县的龙山、龙江等乡，香山县的小榄和鹤山县的坡山、维敦等连为一片的“桑基鱼塘”专业生产区域。桑基鱼塘在当时是集约化程度较高的土地利用方式，对明清珠三角地区经济的发展起了重要的推动作用。桑基鱼塘得以发展的一个重要原因是国际生丝市场的开拓与扩大。至清末，广东省以桑基鱼塘为主的基塘区面积达 100 万亩。

20 世纪 10 年代末期，在广东农林专门学校的推动下，在高州附近、德庆和肇庆之间的西江之南、仁化县的北江上游以及海丰县、粤东沿海附近，都出现了植桑的高潮。③ 1919—1929 年，生丝价格持续上涨，推动了蚕桑业的高速发展，分布区域又扩大到西江流域的高要、德庆、郁南、云

---

① 《龙山乡志》，转引自佛山地区革命委员会《珠江三角洲农业志》编写组编《珠江三角洲农业志》（四），1976 年，第 11 页。

② 佛山地区革命委员会《珠江三角洲农业志》编写组编：《珠江三角洲农业志》（三），1976 年，第 19 页。

③ “粤海关十年报告（四）（1912～1921）”，见广州市地方志编纂委员会办公室等编译《近代广州口岸经济社会概况——粤海关报告汇集》，暨南大学出版社 1995 年版，第 1029 页。

浮、罗定、封川、开建等县，北江流域的清远、花县，东江流域的增城、惠州、宝安、博罗，甚至南路的茂名、电白、吴川等地，一时都发展出蚕桑业。① 珠三角地区的桑地面积，在1921—1925年间，由96.4万亩扩展到139.7万亩，增加了45%，占全省桑地面积的95.4%，年产量占全省总产量的96%。② 国际市场需求的扩大能有效刺激国内蚕桑业规模的扩大，市场机制能有效地发挥作用。到1931年以后，由于“丝业不景，经营者已日渐减少，现仅集中于三角洲一带，自栽桑育蚕而至制丝织染，在本省生产事业中，仍占相当位置”③。

生丝类产品一度为粤海关举足轻重的大宗出口货，在土货出口结构中占有50%～70%的份额，1928年广州的生丝类出口曾达到58936855海关两。1925年蚕桑业全盛时，广东蚕桑产量占全国的1/3，直接、间接的经营者约达218万人。④

植桑养蚕业规模的扩大，为缫丝业创造了巨大的发展空间。广东的生丝加工业主要集中在顺德、南海县，农民用手摇机缫丝，经丝质量较差。1874年冬，陈启沅在南海县西樵乡简村开设的继昌隆缫丝厂正式投入生产⑤，获利丰厚，各地纷纷仿效。光绪十三年（1887），仅顺德县的机器缫丝厂已达到42家，19世纪末增至100家，宣统三年（1911）增至142家⑥，1912年增至162家，不久增至300多家，远远超过上海、无锡两地的机器缫丝厂的数量，丝车女工达15万人之多。缫丝厂的规模最初很小，

① 佛山地区革命委员会《珠江三角洲农业志》编写组编：《珠江三角洲农业志》（四），1976年，第15页。

② 刘伯渊：《广东省蚕业调查报告书》，1922年；［美］考活、［美］布士维著，黄泽普译：《南中国丝业调查报告书》，1925年。

③ 广东农林局编：《广东蚕丝业概况》，新建设出版社1941年版，第3页。

④ 广东省政府秘书处：《广东生丝统计》，1934年，第107页。

⑤ 张凤喈等修，桂坫等纂：《宣统南海县志》卷二十一，清宣统三年刻本；陈天杰、陈秋桐：《广东第一间蒸汽缫丝厂继昌隆及其创办人陈启沅》，载《广州文史资料》第8辑。

⑥ 农商部总务厅统计科编：《中华民国元年第一次农商统计表》（纺织业特别调查），1914年。

缫丝釜不过几十位，后来逐渐增至300位，最多时达800位。① 粤海关十年报告分析道："直到1876年，新式缫丝方法的使用，才真正得到保证。这个结果，一方面归功于那一年的盈利很大，另一方面则是因为新式缫丝方法对人们的生活带来了好处。"② 机器缫丝厂所需要的大量蚕茧，直接促进桑基鱼塘生产的发展，促成了上下游产业的良好循环。

继昌隆缫丝厂已经使用蒸汽煮茧代替了炭火煮茧，再加上蒸汽动力和传动装置，大大提高了劳动生产率。在这个厂中，每一名女工的工作量可以胜过10多个手工缫丝者的工作量，"旧器所缫之丝，用工开解，每工人一名可管丝口十条；新法所缫之丝，照法开解，可管口六十条，上等之妇可管至百口"。蒸汽机器所缫出的生丝，粗细均匀，色泽洁净，弹性较好，质量是手工缫丝所无法比的③，因此销路通畅，价格比土丝高出三分之一。

继昌隆缫丝厂所产的生丝几乎是为了出口，因此陈启沅在产品质量、丝厂管理上都建立了一些规范，并在广州扬仁南街自设一昌栈丝庄，从而实现了丝厂、丝庄产销一条龙管理。至此，陈启沅初步建立起了一个具有现代特色的缫丝厂。

创办缫丝厂虽然收益丰厚，但是很难普及，需要足够的资本。于是陈启沅便将大缫丝机改为小缫丝机，以适应手工业者的需要。"以脚踏为动力，有利于小资本经营。""每人一具，携归家自经，绳出之丝无（论）多寡，市上均有店收之，其利更薄。"④ "小机之利尤普，卒之风气日开，南（海）、顺（德）各属群相仿效。"⑤ 这种形式的机器缫丝在南海县兴盛起

---

① 乐嗣炳编：《中国蚕丝》，世界书局1935年版，第236页。

② "粤海关十年报告（一）（1882～1891）"，见广州市地方志编纂委员会办公室等编译《近代广州口岸经济社会概况——粤海关报告汇集》，暨南大学出版社1995年版，第896～897页。

③ 陈启沅：《蚕桑谱》，载广东省南海市政协文史资料委员会编《蚕桑谱专辑》（南海文史资料第二十四辑），1994年。

④ 陈启沅：《蚕桑谱》，载广东省南海市政协文史资料委员会编《蚕桑谱专辑》（南海文史资料第二十四辑），1994年。

⑤ 张凤喈等修，桂坫等纂：《宣统南海县志》卷二十一，清宣统三年刻本。

来，“用此法者不下二万余人”①。而各丝厂所用的机器，均系广东省各地制造。②

需要关注的一个事实是，近代广东发展缫丝工业经历了许多困难，其中一个是蚕茧质量的下降。在珠三角地区，养蚕方法一直没有任何重要的改进，尽管蚕茧缫丝工序有了很大进步，蚕茧的质量却逐渐下降，因为“产茧依其重量而出卖于市场或制丝工厂，因此，农家自然只希望茧量的增多”③。1894 年，广东官府曾试图引进西方治理蚕蛹病害和改良蚕种的方法，还聘请了受过良好培训的华人饲养员进行研究，并给育蚕者以指导和咨询，但因没得到育蚕者的支持，这一计划不到两年就失败了。④ 此后，蚕茧改良问题一直没有解决。其二是资金问题。缫丝工厂一般资金薄弱，丝业经营者不得不依赖地方的钱庄或广州的生丝买卖行。⑤

尽管如此，机器缫丝业仍在发展，而技术改良也在缓慢推进。例如，1882—1891 年广州的柞丝绸和柞丝绸手帕的出口业务，因为制作精细、式样美观但质量稍逊的日本货的竞争，而大受影响。当地人不得不努力提高技术，到了 1892—1901 年间，一些新兴款式的茧绸品种开始投入西班牙和中南美洲市场。⑥

以上诸现象，构成一幅充满矛盾和冲突的图像：一是产品数量的迅速增加和质量上的缓慢提高；二是小机器的迅速推广和新技术推广的困难；三是白厂丝生产的发展和蚕茧质量的不断下降。由此，可以看出养

① 陈启沅：《蚕桑谱》，载广东省南海市政协文史资料委员会编《蚕桑谱专辑》（南海文史资料第二十四辑），1994 年。

② 乐嗣炳编：《中国蚕丝》，世界书局 1935 年版，第 253 页。

③ 乐嗣炳编：《中国蚕丝》，世界书局 1935 年版，第 239 页。

④ “粤海关十年报告（二）（1892～1901）”，见广州市地方志编纂委员会办公室等编译《近代广州口岸经济社会概况——粤海关报告汇集》，暨南大学出版社 1995 年版，第 946 页。

⑤ 乐嗣炳编：《中国蚕丝》，世界书局 1935 年版，第 256 页。

⑥ “粤海关十年报告（二）（1892～1901）”，见广州市地方志编纂委员会办公室等编译《近代广州口岸经济社会概况——粤海关报告汇集》，暨南大学出版社 1995 年版，第 864、918 页。

蚕缫丝作为珠江三角洲最重要的产业，在近代对外贸易推动下的应对机制。

据张丽的分析，明末清初一亩桑地的收入大约是一亩稻田稻麦收入的3倍到5倍，到了1865—1880年间，一亩地的蚕桑业收入大约是一亩稻田稻麦收入的8倍到10倍，不仅种桑养蚕的每亩产值高于水稻和小麦的种植，日产值也高于水稻小麦的种植。她认为这是1860—1900年间产业向蚕桑转移的主要原因，而在19世纪60年代和70年代之交，蚕丝的价格是17世纪、18世纪的2.5倍，利润是3.0倍。①

尽管在珠三角地区没有发现类似无锡那样完整的农家收入调查，但从生丝品在出口结构中的比重以及在技术和产品上的改良中，还是大致可以得出珠三角地区近代蚕丝业是向前发展的论断。虽然绝对发展和单位收益在部分时间、部分地区可能是停滞的或下降的，但至少在20世纪20年代以前，发展的趋势还是存在的，甚至是明显存在的。而一旦生丝类产品比较收益下降，人们开始从事其他可以替代的产品生产时，产业转移则不可避免，最为明显的表现就是1932年后大量的桑田重新种植水稻或甘蔗。

国际市场需求的增长使得种桑蚕变得有利可图。但是，一般个体农民不愿去冒这个风险，只是在保证一定粮食作物种植面积的前提下，为更好地缴纳租税，把小块土地改作桑地，从事小规模的种桑养蚕活动。一般的农家无法拿出这样的投资，正如舒尔茨（Theodore W. Schultz）所言，他们是“一分钱的资本家”，他们参与的外向型生产和交换同样是出于利润的追求。

---

① Zhang Li, *Peasant Household Economy under the Influence of International Trade, Industrialization, and Urbanization: A Case Study of Wuxi Peasants' Response to Economic Opportunities, 1860s—1940s. Dissertation of UCLA* (Los Angeles: University of California, Los Angeles, 2002), pp. 263 ~264；张丽：《关于中国近代农村经济的探讨》，载《中国农史》1999年第2期。

表4.8 广东省桑地面积和从事养蚕业人口（20世纪20年代）

地区	桑地（亩）	桑地占总土地面积（%）	从事养蚕业人口数量	总人口数量	从事养蚕业人口占比（%）
顺德	665000	70	1440000	1800000	80
南海	300000	–	200000	420000	48
香山	328800	–	382600	–	–

资料来源：霍华德和伯斯韦《华南丝绸业调查》（第15～37页），引自《广东省的蚕丝业》，载《中国经济杂志》1929年第1期，第604～620页。

表4.8反映了珠三角地区基塘区桑地面积数量和从事养蚕业的人数，这些地区桑地占总土地面积的百分比之高，从事养蚕业人口在总人口中所占的百分比之高，是其他地方所没有的。宗族制对“弃田筑塘，废稻树桑”热潮的掀起起了推动作用。

近代以来的国际分工和贸易，已经打破了13—19世纪中叶以前商业发展的自然进程，农家参与的外向型生产不再仅仅是出于人口的压力，反过来也不会必然地表现为过密化，农民在面临边际效益递减的处境时还有其他选择的可能。但是，缫丝业被不确定的市场所支配，生产的扩大和减小主要依据国际上生丝的价格变化；农家也一向是市场信息不对称的盲目追随者，随时会成为贸易危机的被转嫁者，这一点在1930年后的大危机中表现得尤为明显。同时，由于品质、款式等原因，尤其是在日本、印度丝绸和人造丝的市场竞争下，广东生丝市场的辐射力在20世纪20年代以后趋于微弱。罗斯基（Thomas G. Rawski）和李明珠（Lillian M. Li）就认为技术改良的滞后是近代丝类产业衰落的一个重要的原因。① 此外，珠三角地区的缫丝业一直没有真正建立起现代性的生产机制，缺乏产业结构升级的内在张力，乡村工业没能获得现代性的变革。

① Thomas G. Rawski and Lillian M. Li ed., *Chinese History in Economic Perspective* (Berkeley: University of California Press, 1992).

以上三个方面的因素，共同反映出这种发展是有限的、不可持续的。自从 1860 年对外贸易的持续扩展以来，生丝类生产已摆脱了 13 世纪以来农家规模狭小的局限，新的技术和市场等要素已经出现，农家参与生产不一定必然、被迫地选择过密化，他们在拥有多重选择的可能下，可以避开过密化的泥潭。但是，对外贸易的比较和相对收益呈现了下降的趋势，甚至引发了严重的危机，乃至大范围的衰落。这一点已经不是简单的生产问题，它表明近代以来的发展面临着外在和内在的多重制约。缫丝业没有资金、技术尤其是制度的支持，不能进行可持续性的发展，而且可能会面临无法预料的逆转，其他的产业同样如此。

江南蚕桑业与生丝业的变革同样证明了这一特征。

1900 年，湖州丝商杨信之、顾敬斋等在当时两大茧市所在地之一的无锡设立无锡茧业公所。后因上海为丝茧荟萃与厂丝出口集散地，杨信之等于 1910 年秋发起组织上海丝厂茧业总公所，不久扩大为江浙皖丝茧总公所，成为以上海为中心，地跨三省，包括土丝业、厂丝业、茧业的规模最大、实力雄厚的丝茧业团体。

江浙皖丝茧总公所出资在皖南运送桑秧，推广蚕桑良种，创办茧行，改良养蚕和植桑技术①；永泰丝厂的薛寿萱不但创办了蚕种制造场，还动员苏南农村的地方士绅和各地茧商推销改良茧种并给予回扣；对农民则有意放低改良蚕种的价格，并以赠送毛巾、肥皂等手段广为招徕。这样，高产优质蚕种在江南地区很快得到了推广，取代了原有的土种。薛寿萱还借鉴日本的办法，组织蚕农合作社。合作社共同采用良种，共建育蚕室，共同催青，保证出蚁率。另外，永泰丝厂还以无锡工艺铁工厂仿造的日式带川三光火热式烘茧机装备茧行，取代旧式烘茧灶，提高杀蛹烘干效率，确保质量。② 这些改革帮助薛家控制了苏南的蚕茧业，并向浙西、皖南延伸。

蚕丝业是太湖流域农家的第二个收入来源，农民靠其满足家庭日常所

① 《选载门 · 专件一 · 职工教育》，载《农商公报》1916 年 7 月 15 日。

② 茅家琦、李祖法主编：《无锡近代经济发展史论》，企业管理出版社 1988 年版，第 74 ~ 75 页。

需，获得生产资本。费孝通调查的吴江开弦弓村的传统蚕丝业，即面临被改造的要求。首先，传统蚕丝业存在技术上的缺陷，传统的办法不能控制蚕丝的生产过程，因而降低了蚕茧的质量与产量，个体家庭不能生产出优良的蚕种或控制传染病毒的传播，同时，使用旧机器制作的丝粗细不一，容易折断。其次，传统的缫丝业属于个体性质，不利于集体合作与专门化运作。例如，对分散的农家进行管理、信贷、培训都是比较困难的，小农家庭仅对眼前的实际利益比较关心，不太关注长久的技术改进与互助合作。于是，来自政府的力量比较重要，1935 年政府给予生丝出口相对高价的补助，同时参与乡村企业建设，鼓励技术改进，提供必要的贷款（通过震泽镇地方银行获得 3000 元的短期贷款），因为农民自身没有这个力量进行有效的产业变革。

对吴江县的调查显示，1927 年南京国民政府成立，结束军阀统治以后，才逐渐开展农村建设。虽然蚕丝在江浙两省具有重要地位，但是农家缺少资金，缺乏进行蚕丝工业改良的理念，于是江浙政府决定成立蚕丝业委员会，改进蚕种，规定农民用的蚕种必须由政府试验站专门提供改良品种，禁止私人培育。此外，江浙政府对新鲜的蚕茧给予参考定价，并组织一系列的合作运动，于 1928 年 7 月 16 日正式组织江苏农民银行，以便发展农村经济，并为农民提供低息贷款。就实际效果而言，来自政府方面的助力在实际改革中遇到了困难。首先，政府所能提供的资金、技术帮助非常有限，开弦弓村的缫丝厂属于农家集体所有，实际上主要依赖农家内部的协调来运作。其次，技术层面上的改良存在着短期的不经济现象，阻碍了脆弱的农家进一步的深入改良。蚕种的消毒、稚蚕公育、教员的技术支持等，确实提高了蚕茧的产量，但是据调查，1929 年农家每股所得的分红仅仅 10 元，原因在于工厂技术的进步一时没有能够获得市场交易收益的增加，工厂经营代理等生产成本耗尽了大部分利润，这些有限的利润主要为工厂的职员获得，农家没有从中获得多少现实的利益，于是阻碍了进一步的合作运动。对开弦弓村的调查显示出另一个现象，当机器缫丝被引入以后，原来大约 350 人的工作现在只需要 70 人就可以完成，于是剩下的劳动力就得转移到镇上就业，由于农村的小型工厂受到原料的限制，无法吸纳更多的劳动者，于是促成了劳动力的外流、职业的分化。陈慈玉对江南农村蚕丝业的研究，也得出了类似的结论。①

以蚕丝业为例的产业变革，显示出区域经济发展的局部性、有限性、非持续性。城市的缫丝工业与农村的养蚕植桑、生丝业缺乏相互的支持，乡村手工业、工业在现代转型中处于弱势，并缺乏政府有效的扶持和救济。此外，城市现代工业体系没有普遍建立，无法实现产业的升级与空间的扩张，经济增长在行业上、空间上呈现诸多不平衡现象。

① 陈慈玉：《十九世纪后半江南农村的蚕丝业》，见梁庚尧、刘淑芬主编《城市与乡村》，中国大百科全书出版社 2005 年版。

第五章　近代经济区的机理：地理与制度

二十多年来，口岸与腹地的实证研究为近代经济史研究提供了一个多维切入的视角，基本的研究思路主要集中在两个方面：口岸开放与区域社会经济的相互影响，口岸腹地的形态与互动关系。在《腹地的构建：华北内地的国家、社会和经济（1853—1937）》[①] 中，彭慕兰选择了黄河与大运河交汇处两个迥异的地区为个案，致力于从社会、经济和生态变迁的角度来解释从中心到腹地的过程，讨论内陆腹地的产业、金融、税收、交通等方面的变迁，官府的介入与社会的反映，外力的冲击和内部的重构。彭氏在致力于内部、结构的考察时，已经意识到腹地形成的一个重要的维度——社会经济演变中空间结构及其背后的制约关系，但是对此并没有明确地指出，也没有从空间经济的角度给予解答。在第三、四章有关长三角、珠三角口岸经济区空间与形态描绘的基础上，本章从经济地理取向、制度规范、经济选择这三个方面，以交易成本为线索，从多重驱动因子动态均衡的过程来分析经济区运作的经济、制度机制。

第一节　基于经济地理上的取向

一、区位与循环因素

自然禀赋会影响到地区经济的发展前景，通过对产出密度（每平方公

---

① Kenneth Pomeranz, *The Making of a Hinterland: State, Society and Economy in Inland North China, 1853—1937* (Berkeley: University of California Press, 1993).

里国内生产总值）地理变量的简单回归分析，地理学者发现经济产出与地理特征密切相关，包括了经济生产密度 91% 的变化。① 近代中国早期地理环境的自然性或“第一性”，是决定经济地理格局的主要因素。

一般而言，“自然资源不是预先给定的、社会生产进程得以形成的自然因素，更准确地说，其有用性是以文化的、历史的、技术的（和其他知识）和地理环境为条件的”②。自然资源有着技术与文化背景，因为自然资源具有的价值基于特定的技术、社会与文化背景，在不同的背景下具有不同的使用价值。所以，自然资源的价格是变化的，在不同的时间、不同的情形下，价格是不同的，受到技术进步、外部市场等多方面的影响。自然资源如何转变为可使用、可拥有、可交易的产品，也就是说自然是如何被商品化为经济的一部分，比自然资源本身的价值要重要很多。

本地资源的高速开发抬高了成本，降低了收益，促进了地方的技术进步，也促成了自然资源从中心向外围地区的空间扩展。近代中国处于经济全球化的初期阶段，自然资源从中心区开始向外围地区扩展，由于技术进步、管制的减少，进一步加快经济发展的同时，也促成了区域经济地理格局的变迁，图 5.1 表现了供需关系下区位价值的改变。

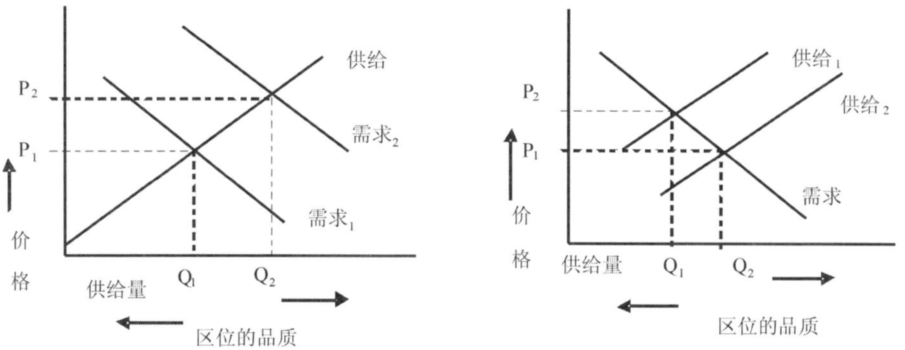

图 5.1　需求增长变化及供给

① 例如年平均温度、年平均降水量、平均海拔、地势起伏程度、土壤类型、河流及海岸线的距离。

② ［美］埃里克·谢泼德等主编，汤茂林等译：《经济地理学指南》，商务印书馆 2009 年版，第 228 页。

在经济地理的视野中，一般性的资源要素往往不是城市或口岸发展的最终决定性要素，良好的区位条件常常可以发挥更大的作用，往往是决定港口前景的首要地理要素。因为口岸的自然资源与经济区位①都有实体与潜在这样两种形态，所以也会受到人为的影响与改造。但是，随着“以港兴市”努力的逐步展开，绝对的地理区位可能会发生相对的改变，口岸港口区位势能的提升，带动了口岸中心功能的提升，进而扩大口岸的腹地范围，加强口岸与内地的经济联系强度。

（一）香港与广州、澳门经济区位的比较

就港口条件而言，香港港区多为岩基，航道无淤积，水域辽阔，是天然的深水港。同为海港的澳门大为逊色，西江泥沙在珠江口南侧不断堆积，澳门内港一直在淤塞。广州港基本上是河口港，黄埔一度是广州的外港，但广州至黄埔的航道同样容易淤塞。在黄埔开港以前，珠江淤积，水深仅四米左右，吃水深的大轮船不能直接驶入广州，远洋货轮需经香港转运。江门、三水同为河港，内河航道顺畅，但无法和海港相比拟，同样也面临河道淤塞的困境。汕头、北海、琼州基本上为河海交汇港，便于拓展外向航运。

从港口的经济区位上来看，香港位于珠江口的顶点、中国南海的北岸。这一位置对于华南区域而言，临近广州、澳门和珠江三角洲众多的市镇；对于外部世界而言，则处于中国南洋航线的终点，东南亚、东北亚大区域航道的中继点。因此，香港具备对华南和东亚独有的中转优势。对内，从香港到广州的船只，经过内伶仃洋可以进入珠江口，迅速到达虎门，再上抵黄埔和广州，甚至三水、梧州等地，从广州、梧州等内地出洋或北上的船只，基本上要经过香港；对外，澳门、琼州、北海出洋或北上的船艇将会过境香港；往返广东沿海、南北洋的外国商船，一般都要经过香港，进行必要的物资补给、船只维修。

---

① 克鲁格曼提出了两种决定空间城市发育的力量，即区域的资源要素与经济区位。

与此相对的是，从广州、梧州等地出洋或北上的船只，基本要经过珠江孔道香港，南下的船只大多经过澳门周围。澳门、琼州、北海出洋或北上的船艇过境香港，汕头南下的船只也必然经过香港。汕头的北上航道和出洋航道基本独立，但是广州、梧州基本没有这种独立的区位，琼州、北海、澳门由于腹地的能量微弱，不足以形成独立的区位，广州中心腹地能量的逐步积累必然首先在国内土货进口上打破对香港的依附。这是相对区位具有潜在的被调整的可能。

尽管如此，广州、澳门大体上还是具有自己相对独立的区位。广州是珠三角的顶水点，对于珠江三角洲与华南陆向腹地的区位优势是香港所无法比拟的，在珠三角以至华南的经济地理格局中，香港、澳门是窗口，广州才是龙头。澳门陆向腹地的区位优势远不及广州，但毕竟还是具有独立的海向区位。江门、三水由于腹地范围比较微小，且处在香港、广州的覆盖之下，不足以形成独立的区位。

香港在贯彻了自由港政策后，港口建设和转口贸易兴起。由于外洋和沿海的货物首先集中到香港，再分拨广州、澳门、北海等口岸，香港开始承担起华南地区的保税仓库、物资转运港的角色。尤其在1870年后，港口设施进一步完善，建立起了与上海、纽约等国际商业都市的海底电缆，强化了香港潜在的区位优势，最终香港取代广州成为华南地区进出口货物的集散中心。① 但是，广州中心腹地能量的逐步积累，广州背后的大片内陆腹地成为其在民国以后重新崛起的根基。

在近代南方水运优先的原则下，以上基本的自然地理要素暗示着：在珠江、韩江流域和独流水系，依托一片平原或内陆，将会形成一个个独立的流域经济带；珠三角地区河网纵横、口岸林立，会形成一个复杂的口岸腹地结构；西江中下游将会成为重要的经济轴心。在口岸区位格局中，香港由于相对优势不断集聚，成为首要的经济窗口，但是经济区位一直处于

① 余绳武、刘存宽主编：《十九世纪的香港》，中华书局1994年版，第289～290页。

动态的调整过程之中。

近代华南地区最主要的交通方式是水运，铁路等新式交通的影响相对有限。① 直到1935年，广州联系郊外的8条公路仅仅通向花县、增城与从化②，20世纪30年代以前，华南的公路和航空运输基本上不用于一般的商业行为。因此，本节讨论的中心是口岸航运业的演进。

对港口的分析一般从自然资源、经济区位和港口设施三个方面加以综合考虑③，鉴于自然和区位的相对稳定，拓展更多地依赖港口建设。④ 近代粤港澳的职能定位与发展方向，一方面来自港口的自然条件和经济区位，另一方面来自港口设施的改良、物流环境的升级。

广州开埠后，港区开始向珠江后航路方向延伸，主要在洲头咀、芳村、大涌口、白鹤洞、白蚬壳等处，形成了一个面向外洋背靠珠江的新港区。同时，港口的配套设施也有所改进，截至清末，省港澳轮船公司、太古洋行、怡和洋行等就在广州建造了4座码头、20间货仓和煤油仓库。⑤ 1884年、1890年，轮船招商局在广州分别设立仁和保险公司（附有仓库）、大涌口码头。⑥ 1904年，广三铁路通车后，在黄沙、石围塘建有驳船码头。1911年，在芳村建成了一个包括货仓、码头、店铺的综合性临河

① 1911年通车的广九铁路受到水运的竞争，利用率较低，广九也没有实现接轨，粤汉铁路在1936年才全线通车，也不断被高于水运的价格所困扰，广三、新宁铁路的便利主要惠及数县。

② 《广东经济年鉴》编纂委员会：《广东经济年鉴》（1935年度），广东省银行经济研究室，1936年。

③ 《对外贸易运输》编写组编：《对外贸易运输》，对外贸易教育出版社1988年版。

④ 也就是港区的规划、航道的疏浚、船坞码头等基本航运设施的改善，增加港口的吸引力范围，提升港口的对外贸易能量，进而支配更多的腹地商业资源。

⑤ *Canton Annual Reports for the year*, *1904*, *1905*, *1906*, *1907*，见中国第二历史档案馆、中国海关总署办公厅编《中国旧海关史料（1859—1948）》，京华出版社2001年版；黄孝宽：《英帝国主义侵华企业怡和公司》，载中国人民政治协商会议广东省广州市委员会文史资料研究委员会编《广州文史资料》（第八辑）。

⑥ 聂宝璋编：《中国近代航运史资料 第一辑 1840—1895》（下册），上海人民出版社1983年版，第1091页。

商场区。①

不过整体上，广州的港区规划、航道疏浚都进展迟缓。尽管在1901年开始建立了比较完善的港口码头管理制度②，然而直到1904年，珠江前、后航道中的障碍物才被彻底清除。到1928年，后航道最浅处的最大深度小于11英尺，吃水超过9英尺的普通海轮进港已经困难。计划中开拓的黄埔港区，又因资金迟迟不到位陷入停滞。③ 1930年，修筑了白鹅潭侧翼内港、海珠和河南堤岸，整饬了广州港各码头，广州才基本完成了“以港兴市”的初步计划。

与广州相反，自开设自由港以来，香港就致力于港口建设和相应设施的完善。从1871年第一个公共货仓企业——香港货栈公司的建成④，到1896年368.5万元资本的均益附揭货舱有限公司的成立，香港的仓库建设已基本完备。1888年香港货栈公司建立了供远洋深水轮船停泊的码头，加上1898年的天星码头，码头配套开始完备。

随着各类进出船只的增加，现代船坞配套设施开始建成。在外国记者的眼中，“航行远东的各种船只，不管遇到什么损害，都可以（按指在香港船坞）充分获得修理的机会”⑤。1875年、1888年，香港建立起了全天候的灯塔和天文台，港口设施基本上已经比较完善。

虽然香港和澳门同是自由港，近代澳门的港口和航道建设却严重滞后。由于河流泥沙淤积，澳门港不利于发展吃水深、载重量大的轮船贸易，只适宜小型的民船运输。而且，直到19世纪末，澳门依然没有银行和大型仓库之类基本的商业金融设施。1908年，澳门当局筹备疏浚港口，但

---

① 《政治官报》，宣统元年正月二十一日两广总督张鸣岐奏。

② “粤海关十年报告（一）(1882～1891)”，见广州市地方志编纂委员会办公室等编译《近代广州口岸经济社会概况——粤海关报告汇集》，暨南大学出版社1995年版，第930页。

③ 程浩编著：《广州港史（近代部分）》，海洋出版社1985年版。

④ 余绳武、刘存宽主编：《十九世纪的香港》，中华书局1994年版，第286页。

⑤ 汪敬虞：《近代史上中外经济关系的全方位评价》，载《中国经济史研究》1997年第1期。

直到1911年才实行“改进周围水路的唯一的行动”，疏浚进入澳门的一条航道。1920年，澳门政府开始了一项由里斯本政府提供担保的工程——兴建人工外港，然而，拱北关税务司发现这是一个治标不治本的计划。① 澳门反复筹措的疏浚港口计划，始终落后于西江河道淤塞的速度。

综上所述，三港港口建设速度的不同和设施的完善与否，直接影响到港口的发展前程。香港完备的港口航运设施，最终加强和巩固了它作为大区域中心的地位，广州因反应缓慢错失了良好的发展时机，不过最后的努力终于获得了相应的回报，而澳门港的不思进取最终导致了近代澳门在商业上的彻底没落。

航运的发展情形和港口建设极其相似，以下主要以广州为例。

开埠初，在华的外资航运业主要是在通商口岸投资开办轮船公司。当时在广州运营的规模较大的轮船公司，主要有三个。其一，省港澳轮船公司，开辟了4条航线（香港至广州、澳门，广州至澳门、梧州）；其二，太古洋行，开通了4条以广州港为起点的航线（分别至上海、青岛、牛庄、天津）；其三，怡和洋行，开辟了3条以广州为起点的航班（分别至上海、天津、青岛）。②

1874年，广州招商局购进轮船，开辟了通达牛庄、上海、汕头、香港、澳门的航线。一般商人也开始转向购置短程运输的小火轮，出现了肇兴公司、源安轮船公司等民营小企业，经营珠三角内部、港穗等线③，从外商轮船公司竞争中稍分其利。“一战”以后，远洋、沿海甚至内河的航行主要由洋轮操纵，一般的民营小轮拖、帆船退回珠江三角洲河网地带以至支流航道，但随着内地市镇商业的繁荣，这些轮拖、帆船一度又特别兴盛。

---

① “1908、1911、1921年拱北关贸易报告”，见莫世祥、虞和平、陈奕平编译《近代拱北海关报告汇编》，澳门基金会1998年版。

② 张心澂：《中国现代交通史》，上海书店1931年版，第298～300、313～315页。

③ 关其学、刘光璞主编：《论经济中心——广州》，广东高等教育出版社1987年版，第76页。

陈济棠主粤期间，政局较为稳定，航运业获得进一步的发展，内河轮船中省港、港澳、港江（门）、港梧（州）等线均得以通航。1932年，广州港的码头数量为全国各航区之首，往来的外国船只数量居全国第二位，但吨位较低。1931年初，南京国民政府交通部呈报行政院，拟在沪、汉、穗、津、哈五埠设立航政局。但国务会议经过讨论，认为广州并非航海中心，将广州局设在香港，由新成立的香港航政局兼辖闽、粤、桂三省各部，并训令交通部知照。① 南方港务局设在香港，也表明此时广州在对外航运上依然存在对香港的依附。

民国期间，广州为了配合华南现代商业中心的运行，通过基础交通条件的改善，建立起了包括铁路、公路、内河、海运、航空在内的通向全国的交通运输网络。据1937年广东省公路处的统计，广东的公路数量占全国的11.3%，位居第一。② 广州逐渐成为华南和邻近的湘、赣、黔部分地区的陆上市场中心；同时，形成了梧州、肇庆、江门、惠州、韶关、梧州等次中心，广州与区域内的中层市场中心获得了更广泛的联系，网络的通达性有所改善。

粤港澳三地交通设施建设强弱的差异，与之前讨论的这些口岸腹地空间的变化基本一致；晚清至民国广州港口基础交通条件改良的进程，与广州港腹地空间盈缩的频率基本一致。

（二）上海与镇江经济区位的比较

关于上海与镇江的口岸区位与港口建设，在系列的水运丛书中已经略有交代，在这里主要比较长三角区内首要中心港口与首要中转港口的区位变迁，进而理解口岸区位的相对变化对经济区内经济发展的意义。

上海地处南北之中，江海之汇，开埠前就被视为“江海通津、东南都会”。伴随着南北洋航线的兴起，长江的航运潜能被发掘，上海获得中国首屈一指的港口区位。于是，人称“中外通商……今以上海为首冲，缘长

---

① 《银行周报》第15卷第4号，1931年。

② 广东省政府秘书处：《广东年鉴》第9编第2章，1941年。

江各口遍开商埠，而上海居长江入海之处，商轮由海入江，必于是焉始，是为江之关系”①。

1843 年，上海正式开港，外国航运势力蜂拥而入。开始大多是洋式帆船，开港初期外国航运势力主要集中在远洋航线以及南方航线上，控制南方沿海洋货与土货运输。1862 年，旗昌洋行率先在上海开办专业化的航运企业——旗昌轮船公司。

上海开港以前的码头仓库主要集中在黄浦江西岸十六铺至南码头一带，比较简陋。1845 年，英国人首先建立了驳船码头。1869 年，轮船盛行，港内大量建设码头。1846 年，上海道台拨款，在上海港的进出要道——铜沙浅滩处建了一艘灯船，还在吴淞口外置备了一些浮标、石桩等助航标志。1847 年，英国驻沪副领事罗伯逊在吴淞口外的长江北岸设立了一个航标。

1851 年，上海出现 5 家修造船厂。1851—1859 年间，外商在上海一共开设船厂 11 家。② 19 世纪 60 年代，上海港出现了修建轮船码头的热潮。由于技术进步与轮运发展，1895 年后，兴起了第二次建设的热潮，主要特征是出现固定的钢筋混凝土码头与近代化的仓库，开始出现万吨级的泊位，部分码头上安装了起重机。

19 世纪 60 年代以来，黄浦江的泥沙淤积问题越来越严重，轮船进出口已经受到影响，特别是大型的远洋轮船，因此外商与各国驻沪领事纷纷建议疏浚黄浦江水道。1863 年，上海的外国轮船公司联名委托总税务司赫德敦促清政府疏浚水道，但是被拒绝了。1870 年后，随着苏伊士运河的通航，上海港航运问题更加引人注目。当时清政府认为吴淞浅滩有利于海防，对吃水较浅的民船与招商局轮船影响不大，此外面临着财政困难，于是坚持拒绝疏浚。③ 于是外商开始着手开埠吴淞，修建吴淞铁路，1876 年

---

① 吴馨等修，姚文楠等纂：《上海县续志》卷一，1918 年刻本。

② 汪敬虞：《十九世纪西方资本主义对中国的经济侵略》，人民出版社 1983 年版，第 317～321 页。

③ 茅伯科主编：《上海港史（古、近代部分）》，人民交通出版社 1990 年版，第 197～198 页。

铁路开通即被拆除，1898 年重新再建，并促成了吴淞自开商埠。但是限于财力，商埠区建设缓慢。同时《辛丑条约》签订，黄浦江疏浚被纳入了条约文本，于是原来期望开发吴淞的意义快速下降。①

1895—1918 年，内河航运的兴起，沪宁、沪杭铁路的开通，强化了港口的扩张能力，航道进行了大规模的整治，保证万吨级的轮船能顺利进出上海港。19 世纪 90 年代后，上海港原有的水运条件进一步提升，陆路尤其是铁路交通拓展，使其形成了新的运输网络，上海港初步建立了具备多种运输条件的综合体系，强化了原来的港口优势。1913 年，上海与汉口、天津（包括威海卫、烟台）、秦皇岛、大连、青岛、牛庄、安东、宁波、香港（包括厦门、汕头）、温州、福州、汕头、厦门均有直接的轮船往来。② 甲午战争后，外轮被允许进入长江与内河，上海附近地区的小港口也对外开放。1906 年，日商开辟了上海至苏州、杭州的航线，法商、华商先后跟进，1902 年，创办招商局内河轮船公司，最初航行上海、苏州、杭州，后来延伸到青浦、南浔、湖州、宜兴、溧阳、江阴、无锡、常州、镇江、扬州、清江等处，北到宿迁，西到淮河正阳关，形成了颇具范围的内河航运网，到 1911 年，大约共有内河轮船 30 艘。③

1918 年疏浚整治黄浦江后形成的港区范围与码头布局，基本维持到 1949 年。此时，无论是上海港的集中分散能力、与国内外的联络能力，还是港口的投资环境、城市金融，以及港口本身的通航能力、辅助设备，都已经具备了国际贸易大港的基本条件。上海港优越的地理区位，在以港兴市的积极开拓下取得了良好的效益，奠定了上海成为长三角以至远东大都市的基础，使上海成为长三角地区以至中国的经济中心。

与上海相比，同处长三角的镇江港，由于背靠内陆腹地，拥有良好的陆上区位。镇江港扼长江与京杭运河的交汇口，是苏州、无锡、常州与南

---

① 上海通社编：《上海研究资料》，上海书店 1984 年版，第 88 页。

② 《东方杂志》第十五卷第三号。

③ 樊百川：《中国轮船航运业的兴起》，四川人民出版社 1985 年版，第 431 ~ 432 页。

京、扬州的门户，沿运河北上，可以达到鲁南、皖北，南下可到苏南与杭嘉湖地区，溯长江而上可达皖、赣、湘、鄂等省，顺长江而下可达长江口各地，以至沿海港口。

运河沿岸与苏北地区以及山东、河南诸省的物资大多在镇江中转，镇江一度成为长江上仅次于上海、武汉的第三大商埠。1861 年，镇江正式开埠设关，根据《长江税收章程》，内江轮船除了直航往返上海汉口，其他均须在镇江停泊报关，“镇江海关的管理权限和地位，不仅仅只是限于镇江本口，在长江实行通商后的很长一段时间内，实际上它起到了长江各埠总海关的作用，是整个长江通商水域管理权力的执行者”①。

最早来镇江的外国轮船公司主要有美商旗昌洋行、英商太古洋行、德商美最时洋行、日商大阪公司和日清公司、英商麦边轮船公司和华昌轮船公司，以及专门经营煤油的美孚火油公司、亚细亚公司、德古煤油公司。专门经营内河小轮运输的有英商丰和、顺昌，日商大东等轮局。1873 年轮船招商局在镇江设立分局，中国民族轮船与小轮业也纷纷兴起。1863 年旗昌公司在镇江建立了最早的栈桥码头，太古、怡和等公司也先后建立码头，码头的建造使得港口的货物运输能力有了较大的提高。配合码头使用，基本上各公司都建立了栈房、仓库等，19 世纪 90 年代后，沿江的小轮也纷纷建立专门停靠航行于内河与长江区间的小型轮船码头，这些码头在沿江一带分布，使得镇江港具有一种近代港口的景象。

长江受镇江独特地势地貌的影响出现北岸坍塌、南岸淤涨的现象，于是镇江对港区航道的维护也势在必行，1867 年在焦山设立了第一个航标。镇江理船厅曾坚持每星期测量水位一次，并“按每一礼拜将量水尺寸抄单一张寄送九江巡江司收阅”，并每月定期测量航道水深，“按每两个月将测量涨滩深浅情形抄单二纸，一纸送营造司，一纸送巡工司收阅”。② 1861 年镇江海关设立关船钞股，专理航政与港务，镇江港管理的权限与地域较

① 陈敦平主编：《镇江港史》，人民交通出版社 1989 年版，第 54 页。
② 交通铁道部交通史编委会编：《交通史航政编》（第二册），1931 年，第 796 页。

大，对上自芜湖下到南通的300千米长江进行统辖。

民国初年，镇江江滩日涨，河道淤塞，金山已经连到南岸，运河南段入口被阻塞，镇江江滨以下至北固山几乎封闭，不通船只。英租界江边只有太古轮船码头一处，“上下货物不便，亦为商务凋敝之由。加以近岁小轮发达，民船吃水较前为深，而大小两闸口不挑浚者近二十年，九、十月间内河涓滴俱无，即光绪十八年新开之荷花塘四周，亦约有二三里之广亦久不挑浚，致小轮民船无处停泊，内地出入货物因虞危险，多不投镇埠，是又足为商务之一障碍也”①。民国中期镇江沦落为淮扬、里下河一带的总汇。“如以江流逐渐倾向左岸，江岸淤沙日积，不便停检，而镇江遂成僵死之港，非如中山先生之计划，修浚运河，整治港面，不特旧日之盛况不可复观，且有江河日下之势，幸近日省政府已有改建港岸积极建设之计划。”②

在陆运竞争不断加大的情况下，作为区域性中转城市，镇江的地位下落，让位给具有较好的工业基础的无锡。苏南苏中的经济中心由苏州、扬州，转移到无锡、南通，有着全国模范县荣誉的无锡一度被称为“小上海”。南通“是一个不靠外国人帮助、全靠中国人自力建设的城市”，“与中国内地城市不同，除街道比较狭窄外，一切都像上海的公共租界。市内有各种商店，西式楼房到处可见”。③

区域经济空间现象是一个复杂性系统，具有分形与自组织特征，区域经济空间结构的形成与演变具有复杂的偶然性与历史路径依赖性。W. Brian Arthur通过技术演变过程中的自我增强推导出“路径依赖”，诺斯（Douglass C. North）将其推广到长期经济变化的制度分析上，认为制度变迁同样存在自我增强的机制，“路径依赖是对长期经济变化做出分析理解

① 李恩绶原纂，李丙荣续纂：《丹徒县志摭余》卷三，1918年刻本。

② 《最新中华形势一览图》，见《省志·江苏省、上海市、浙江省》，东方舆地学社，1937年，第3页。

③ 徐雪筠等译编：《上海近代社会经济发展概况（1882～1931）》，上海社会科学院出版社1985年版，第249页。

的关键”，“人们过去做出的选择决定了他们现在可能的选择”。①

区域经济空间结构的功能要素之间具有非对称、非线性的关系，它的发展过程具有不可逆转性，一旦某种区域经济空间结构已经完成，就会在空间中产生“锁定效应”，该结构就可以按照自组织的方式成长，地理因素仅仅起到催化作用而已。沿海地区具有良好的区位与基础，比较容易实现自我增强的良性循环，内陆地区容易陷于“lock – in（锁定）”状态，形成恶性循环（W. Brian Arthur，1988）。内陆地区“往往要借助于外部效应，引入外生变量或依靠政权的变化”，否则“顺着原来的路径往下滑，弄不好会被锁定在某种无效率的状态之下，一旦进入锁定状态，想要脱身就变得十分困难”。

简而言之，第二自然是人类活动改变第一自然后的差异，主要表现在两个方面。第一，因为技术影响经济地租，进而影响自然资源的供给。李嘉图的研究显示，正是因为农产品价格的上涨，使得农业用地日益“变成”越来越重要的一种自然资源。第二，地理经济条件改变引发了区位价值变动，从而修改或转变了第一自然的先天属性。晚清时长江三角洲地区经济地理的第二层隐喻是对第一层隐喻的修正：新的技术进步和交通便捷程度的提高，对自然资源的获取方式、类别、位置，产生新的影响或逆转，以前无法获得的资源在新技术下可以获得，以前被忽略或无视的资源被发掘出新的价值，以前在内陆为交通条件等限制的资源也可以容易地获得，从而改变了自然地理的参数，改变了经济地理格局。此外，随着外部市场范围的变化、港口河流的承载力等方面的改变，纯粹自然地理景观上的景象将会出现修正或改变，经济地理的自然属性将会有所减弱，人文社会属性将会相对增强。

二、空间经济演化：口岸腹地模式

自然禀赋的差异是商业交易活动的基础，也是口岸腹地形态变迁的基

① ［美］道格拉斯·C. 诺斯著，刘守英译：《制度、制度变迁与经济绩效》，生活·读书·新知三联书店 1994 年版。

础，尤其体现在经济发展的早期。自然基础的改变，意味着口岸商业贸易资源与交易成本的变更，必然会带动腹地形态的变动，这是经济理性最原初的表现。

近代贸易带动了腹地和外部世界的经济互动，而经济互动又展示出了一个地域化的空间过程。根据区域中心城市对背后腹地的依赖和港口城市所具备的边缘区位优势，现代地理学称之为双核空间结构理论模式，其原生形态是指区域中心城市和港口的组合，次生形态是中心城市和边缘城市的组合，构成了一种广义的港城与区域的空间结构关系。① 这一空间经济的自然演化过程，构成了经济区存在与运行的内在基础。

（一）珠三角产业资源分布与空间经济演化

1. 珠三角产业资源的分布

粤海、九龙、拱北诸关的贸易统计表明②，出口结构中大宗的物资为：生丝、茶叶、糖、草席、桂皮、爆竹、烟叶等手工业品与初级原料，其中生丝类在1930年前平均占有50% ~70%的份额，茶叶和糖类的份额自19世纪80年代开始下落，其他的手工制品与原材料代之兴起，但一般份额只有2% ~3%。整体上如图5.2所示，出口资源绝大多数集中在珠三角地区，其余的以西江沿岸、东江下游，以及北江的下游、上游地区为多（除了潮汕平原及其他沿海地区）。

蚕桑业主要集中在南海县的九江乡和顺德县的龙山乡、龙江乡，以及鹤山县的坡山乡，以后又扩展到南部的香山县小榄乡，西部的高明县、高要县，南海、番禺县南部的沙湾、市桥等处，以前从没有蚕桑业的东莞县，在同治、光绪年间也开始出现蚕桑业。东江、北江流域和南路地区蚕桑业较少，96%以上的蚕桑业还是集中在珠三角地区，尤其是中山、顺德、南海。③

---

① 陆玉麒：《区域双核结构模式的形成机理》，载《地理学报》2002年第1期。

② *Trade Returns for the year 1866 - 1936*, *Canton*; *for the year 1887 - 1936*, *Lappa*, *and Kowloon*, *Samshui*, *Kongmoon*，见中国第二历史档案馆、中国海关总署办公厅编《中国旧海关史料（1859—1948）》，京华出版社2001年版。

③ 广东农林局编：《广东蚕丝业概况》，新建设出版社1941年版，第2页。

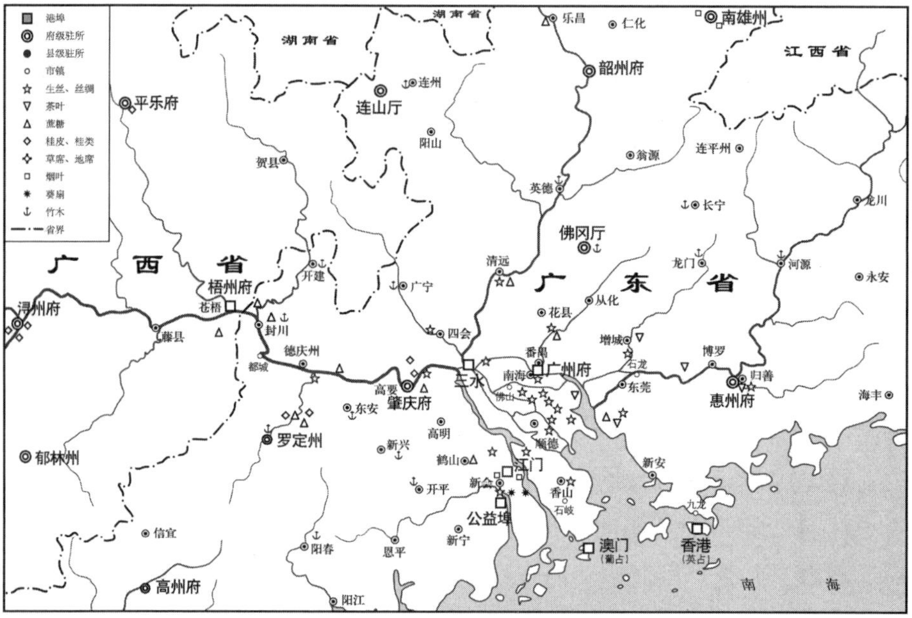

图5.2　珠三角地区口岸区位与腹地土货出口来源地

茶叶产地主要在三角洲的鹤山县，西江的罗定县、封川县，北江的清远县、乐昌县，雷州半岛的遂溪县等地。出口的功夫茶，大多来自本省大山、肇庆和贺县等地区；出口的珠兰香茶，大多来自西江、江谷和贺县等地①。蔗糖生产集中在番禺、东莞、增城三县，清后期雷琼台地区也种植甘蔗；草席、爆竹制造业主要集中在东莞、新安、番禺、香山等珠江口沿岸各县。蒲葵业集中在新会。肉桂等桂类产品，除了产自肇庆高要县、罗定州外，基本来自广西省东南的浔州府。烟叶主要来自南雄州、新会。甘蔗主要产于东江、韩江流域以及番禺、东莞、增城、阳春、雷州、海南等地。竹木基本上来自东江、北江的中上游和西江两侧的山区。

然而，腹地的产业布局并非一成不变的，存在着扩展、收缩与转型的

① “粤海关十年报告（一）（1882～1891）”，见广州市地方志编纂委员会办公室等编译《近代广州口岸经济社会概况——粤海关报告汇集》，暨南大学出版社1995年版，第859页。

可能。在近代珠三角地区，这种改变主要体现在咸丰、同治年间以后蚕桑区的扩大、茶叶与蔗糖区的缩小，以及晚清以后内地新兴出口产品的出现。就部门而言，空间布局变化比较多的是手工业，例如草席、爆竹制造业等产业，为了就近出口，逐渐向东莞、番禺、新会等县靠近。

在珠江流域区，以三角洲为中心的大宗物资生产区，已经为贸易经济的发展预先规定了一个大致的轮廓，珠三角地区自然成为外贸港口的核心腹地，然后再沿着三江的下游伸展。核心腹地产业向珠三角地区的外围扩散，也就成为中间地带拓展的基本动力之一。

2. 珠三角双核经济空间构建

根据第四章的描绘，珠三角地区口岸与腹地结构形态的变迁，表现为核心腹地和边缘腹地相对稳定，但是中间地带变化较大，腹地空间的竞争、重合、融合大体上总是沿着一些特定的轴心推移。这种地域形态是如何形成的？结合对自然资源与口岸区位的分析可知，口岸与区域空间结构的形成，正是源于外在的中心—港口体系和腹地之间的拉力及其回应。三层腹地格局的变动主要在于中间地带、核心腹地的重合与调整，以及腹地沿河流与各类交通线的变动，这些特征与区域的口岸体系结构、口岸腹地的空间形态密切相关。

图 5.3 展示了华南地区口岸之间、口岸与内地中心城市之间的关系。香港具有绝对的经济中心位置，其他商埠作为一个特定区域的中心，形成了以香港为港口，具有特定形态的外围—中心、中心—港口结构。内在的张力缘于香港的边缘优势，各口岸与香港的直接商业贸易，并非仅仅由于税收、交通的资源优势，更重要的是利用香港的金融汇兑、贸易转口优势。只要系统的中心不曾位移，就能保持一定的稳定性，这是粤港澳近代关系沉浮的主轴，也是近代华南次级区域空间结构变化的一条主线，直接影响到各口岸腹地的空间格局。

广州位于珠三角的顶水点，自然的禀赋和经济区位决定了广州应该是珠江水系的经济中心，但是，潜在的禀赋必须得到适宜的开发才能被发掘出来。20 世纪 20 年代以后，国民政府对产业发展的推动，以及腹地经济的发展，才最终使广州的华南省港中心地位得到确立。显然，如图 5.3 所示，在粤港双核结构形成以前，当地有多种可资替代的途径。

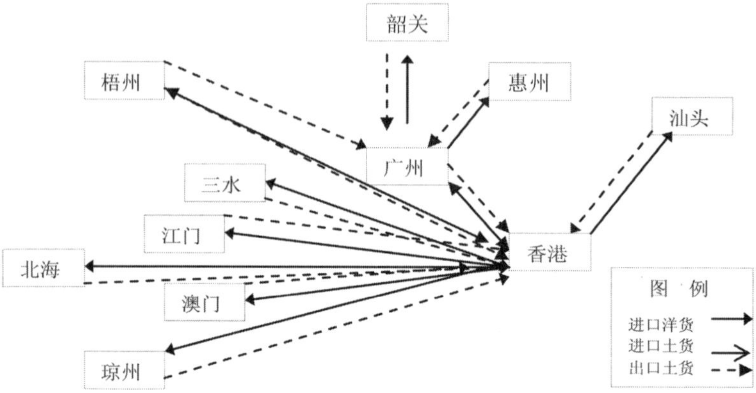

图 5.3　空间双核结构（基于进出口商品流）（1904 年）

资料来源：*Trade Reports and Returns for the year 1904*，*Canton*，*Swatow*，*Kowloon*，*Lappa*，*Samshui*，*Kongmoon*，*Wuchow*，*Kingchow*，*Pakhoi*，*Lungchow*，*Nanning*，见中国第二历史档案馆、中国海关总署办公厅编《中国旧海关史料（1859—1948）》，京华出版社 2001 年版。

港粤、港澳、港江（门）、港梧（州）这样的区域结构形成后，带动了各自腹地经济的发展。事实上，这些“中心地”同样具有边缘效应，这样又形成了次一级的区域结构。广州、江门等口岸中心和内地中层市场中心形成一个个次一级的双核空间结构，这样就将来自外部的经济能量传入一个个中层中心，展现了珠三角地区口岸与腹地层层推进的关系，暗示了区域经济发展的空间进程。

（二）长三角资源、产业分布与空间经济的演化

1. 长三角资源与产业的分布

江苏省中南部的农业资源主要为棉、米、丝，棉主要产于滨海的南通、崇明、常熟、太仓、嘉定、南汇等处，米主要产于江南以及江北的江都、泰县、兴化一带，大宗的米市主要是无锡、扬州仙女庙，丝类主要产于太湖流域。此外还有洞庭山、吴县的水果等出品。工业或手工业门类主要有南通、

崇明、武进、江阴的棉布业，吴县的丝织业（官纱），苏州的丝织业，盛泽、镇江的纺织业，宜兴的紫砂瓷器业，无锡、南通的纺纱业，无锡的丝织业、面粉业。浙江省中北部的丝产品产额全国第一，以杭嘉湖一带为多，其次是新昌、缙云、诸暨等县。棉以杭州湾南岸的余姚、萧山、慈溪等处为盛，茶叶产地有绍兴、诸暨、杭州等地。浙江工业以丝业为最盛，杭县有大规模的缫丝厂、丝绸厂。吴兴产丝量居全国第一，“几于每家各有一丝绸机”，萧山、嘉兴等处，“亦有巨大缫丝厂及多数丝绸机户”①。

2. 长三角双核经济空间构建

与珠三角地区自然资源与产业异常集中的情形相比，长三角地区的资源分布相对比较分散。另外，长三角地区的产业发展颇有进展，成为区域要素联系的基础，空间经济自然演化的趋向表现为区域性资源的网络化流动，而非分散的一个“腹地”与某一口岸单独的互动关系（见图5.4）。

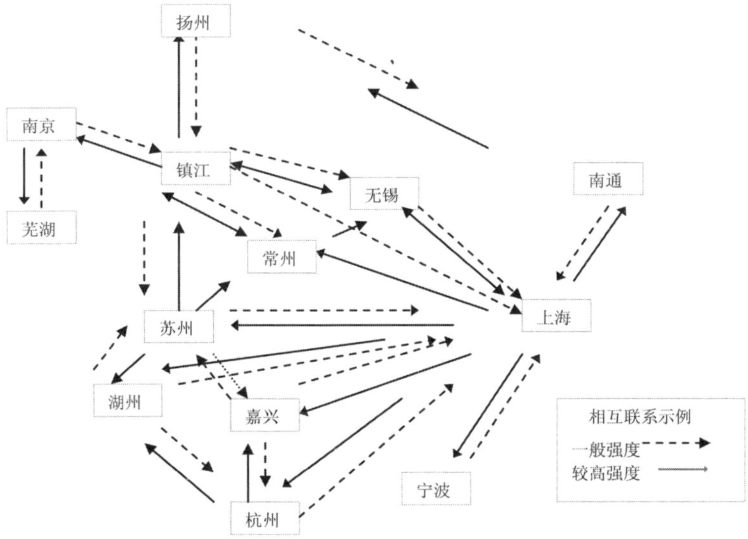

图5.4　空间双核结构（基于要素流动）（1920年）

---

①《最新中华形势一览图》，见《省志·江苏省、上海市、浙江省》，东方舆地学社，1937年，第3页。

与珠三角地区的情形有些差异，长三角地区的口岸与中心城市之间形成了多重的相互对应结构。在上海这一中心之下，无锡、苏州、杭州等江南城镇成为次一级区域中心，形成了空间回路结构性的双核联系方式。它们彼此之间的差别主要体现在作用力与反作用力的强度上，区域性中心城市具有较高的空间作用力，于是造就了一个个亚区。这一空间的结构形式，与第四章中描绘的长三角地区的经济空间分异是一致的。这也是长三角地区、珠三角地区经济空间自然演化进程的显著差异之一。

3. 地理上的长三角与珠三角经济空间

就地理区位而言，与上海、广州等最早的五个口岸相比，香港拥有很明显的转口贸易优势，而且作为海岛经济体与自由港，具有更多完全自主的中转功能。但是，随着上海等越来越多的口岸的开放，内地商业逐渐拓展，对外贸易逐渐向纵深展开。决定一个口岸发展空间与潜力的，主要是腹地的经济能量，而不仅仅是港口本身的优劣。人为安排的广州公行垄断中外贸易的制度，在自由政策的推动下土崩瓦解，长三角地区腹地的潜能逐渐发挥出来，贸易中心也就不可避免地转移到长江流域，转到长三角区域的门户口岸上海，使得长三角区域空间优化得以先行。

就局部的情形而言，由于香港相对优势的不断强化，广州在民国中期经济也逐渐发展，珠三角地区形成了以粤港为唯一中心，层级比较明晰的空间经济分布结构。由于各次一级中心之间缺乏有效的互动，珠三角地区的空间经济向外扩展幅度缓慢，因而经济区的形成比较缓慢，中心与腹地之间的经济联系相对不够密切。

在长三角地区，上海的相对优势同样不断强化。同时，由于区内交通与自然禀赋的关系，城市与市镇之间形成了有效的连通机制，促进了区域性亚中心的形成，结合长三角地区蓬勃发展的市镇经济，空间交易的成本大大下降，于是经济区内流通比较顺畅，经济空间相对更为优化。

第二节　市场与规制下的经济区演化

在自然驱动力之外，经济腹地变迁与经济区的运行，基本上是基于人为影响与制度的规范。广义的制度内涵极为宽泛，这里主要讨论直接影响到经济区变迁的最基本的制度规范，即有关物流空间的形成与交易费用均衡下的市场空间形态。经济的制度规范必然对交易行为的成本产生或正或负的影响，在追求交易成本最小化、市场收益最大化的基本原则下，经济区内的空间结构自然会相应调整。

一、要素流动：交通与经济区的通道

轮船运输、铁路运输等交通方式构成了经济区内的联系脉络，相应的技术革新与政策规定直接影响到区内的经济运行。

（一）区内轮船运输的变化

在长三角地区，上海、镇江、杭州的关区范围已经划分，江海新关设在英租界，辖境自乍浦至黄河老口，以及沿江至狼山（在通州州治附近，有狼山港）一带。镇江关辖区东至狼山，西至江宁，“凡大洋船入江，若不过镇江贸易者，即在镇江办理，照沿海各关之例无异。惟此项大洋船，若过镇江上江贸易者……即立发‘江照’一纸……”① 完纳税收。镇江海关的资料显示，黄河与运河交界处，直到扬州长江口，为镇江的转口贸易区，大约为运河沿线地区，以及与之有水路相通的淮河中下游的大部分地区。

背靠富庶的长三角腹地，上海拥有独特的资源与空间优势。“上海的地理位置使它成为进口的大集散地；货物多半会被卸在上海，就地贮藏，内地有需要时再由水道或大运河经过两三天的路程运到长江边的镇江府，从那里装轮船沿长江上驶到汉口及中途城市，那样就能避开从上海绕道长江到镇江的远程危险航道。”②

海关规定的内河轮船航行路线，基本上沿着传统的商路，框定了上海

① 交通铁道部交通史编委会编：《交通史航政编》（第五册），1931 年，第 2661 页。

② 李必樟译编：《上海近代贸易经济发展概况 1854—1898 年——英国驻上海领事贸易报告汇编》，上海社会科学院出版社 1993 年版，第 69 页。

口岸的核心经济空间。“凡由沪至苏者，入吴淞江（即苏州河）行经黄渡、陆家浜、三江口、车坊、高店等处以抵密渡桥苏关。凡由沪至杭者从黄浦之南行经闵行、松江、枫泾、嘉兴等处，再由运河以达拱辰桥杭关。至于苏杭两关来往即当以运河之吴淞江、北尺、平望、界牌、嘉兴等处一路为正道，不准另走。此外，内地河道如果查有私自改道者，应将船货一并充公。”① 上海海关特立专章，严格限制小轮业务，“不准装货搭客，只准至苏州、杭州等处为止，并不准驶入长江及江北各内地”②。

1895年后，对内河轮运业的束缚相应减小，开始扩大到货运，渐次形成了“内河小火轮船，上海为苏、杭之归宿，镇江为苏、宁、清江之枢纽”③ 的格局。及至1902年，招商局内河轮船公司拥有小轮7艘、拖船6条，先驶往苏杭，再将航线延伸到南浔、湖州、宜兴、溧阳、江阴，从苏州经无锡、常州至镇江，过长江抵扬州、清江，再越宿迁，溯淮河直达正阳关，形成了一条覆盖长三角与苏北大部分地区的内河航运网。④

1910年，清政府邮传部建议开列4条水陆联运路线，其中之一是由上海陆运至镇江、南京，再水路转运汉口。1934年至1936年初，轮船招商局先后与沪宁、京沪、杭甬等铁路办理了联运协作。⑤ 1937年后，原沪杭甬线的新龙华至日晖港改为新日支线，开始办理黄浦江水陆联运业务，之后又在市内修建了联结沪宁、沪杭线的真西支线。⑥

由于轮船交通的原因，苏州成为苏南、浙北的中心枢纽口岸。“浙江北境产丝各处沿河至本口一带，地方不靖，若民船装丝由湖州、菱湖、南

---

① 交通铁道部交通史编委会编：《交通史航政编》（第二册），1931年，第950页。

② 刘坤一：《刘坤一遗集》（第二卷），中华书局1959年版，第681页。

③ 张之洞：《张之洞全集》，河北人民出版社1998年版，第1144页。

④ 张后铨主编：《招商局史（近代部分）》，人民交通出版社1988年版，第225～300页。

⑤ 张后铨主编：《招商局史（近代部分）》，人民交通出版社1988年版，第231、418～420页。

⑥ 上海社会科学院《上海经济》编辑部编：《上海经济（1949—1982）》，上海人民出版社1983年版，第458～459页。

浔、震泽等处径达上海，深恐不甚稳妥，因此丝商不得已将丝改用小轮先运至本口，再由本口转运上海。当时，各丝商反觉由小轮经苏至沪非但较为安全，抑且更形迅速，故产丝各处宁静之后，仍由本口转运，并不径运上海。”① 1908 年沪宁铁路通车以后，全部的缫丝产品交纳厘金之后通过铁路运往上海。清末，地方社会不靖，转运湖丝的轮船屡被打劫，于是生丝又重新用汽船从南浔及其周围地区运往苏州报关，在交纳了特别厘金证明后，转运上海出口。②

往来苏州内港的小轮有十余只，所行的路线大约三条：南路前往盛泽、湖州；西北路往无锡、常州、镇江；北路往常熟。这三路中，以西北路船只最多，竞争也最激烈。③ 1901 年，清政府按照日本人的建议，开辟了一条新的航线：苏州—南浔—湖州—菱湖—杭州。④

上海与内地的交通联系便捷，除了航行北洋的沙船、航行南洋的南船，还有往来宁波的宁船、行驶长江的鸭尾船、无锡快船、江北快船等。停泊有定地、往来有定期的称为航船，“远自常熟、苏州、嘉兴、湖州等埠，近自华娄金奉青南川各境，其自邑境及南境沿浦者，皆逐日随潮往来”。国内轮船分为沿海轮船、沿江轮船、内河轮船。其中内河轮船又分为黄浦、吴淞（俗称苏州河）两类，从吴淞江可至苏州以及常熟、无锡，或者南下南浔、湖州；从黄浦江可到达杭州，或者沿黄浦江到达平湖，或者转入新场、大团、南汇、川沙，这些船正是之前航船的改良形式。⑤“内地通行小轮船，取费既廉，行驶亦捷，绅商士庶皆乐出于其途。沪上为南北要冲，商贾骈阗，

---

① 陆允昌编：《苏州洋关史料（1896—1945）》，南京大学出版社 1991 年版，第 225 页。

② 陆允昌编：《苏州洋关史料（1896—1945）》，南京大学出版社 1991 年版，第 95 页。

③ 陆允昌编：《苏州洋关史料（1896—1945）》，南京大学出版社 1991 年版，第 161 页。

④ 陆允昌编：《苏州洋关史料（1896—1945）》，南京大学出版社 1991 年版，第 87 页。

⑤ 吴馨等修，姚文楠等纂：《上海县志》卷十二，1935 年铅印本。

尤为他处之冠。每日小轮船之来往苏嘉湖等处者，遥望苏州河一带，汽管鸣雷，煤烟聚墨，盖无一不在谷满谷、在坑满坑焉。”①

关于长三角内河轮船的行驶情形，可参见聂宝璋编的《中国近代航运史资料》中的详细记录。地区枢纽性的中心港口主要有上海、苏州、镇江。西北至扬州、镇江，东到海门、南通，南到杭州、绍兴，这样一片区域中，密迩的河网轮船纵横，构成区域经济联系的基础，这样的物流空间促进并强化了长三角经济区的形成，并不断演化出层级分明的亚区。

1901 年，上海广生公司发布广告，备有轮船往来上海、吴淞、浒浦、通州②；1908 年，东清轮船沪局发布广告，称有小轮船等并公司船数艘，专走常熟、荡口、宝山、南桥、湘城、太仓、巴城等埠。③ 1906 年，常州商人陈英伯等购裕通忆江南轮船两艘，“逐日开行常州、宜兴、常湖州等处”④。1903 年，上海招商轮船公司在江苏宜兴分设招商内河轮船公司，北沿河航线自宜兴至常州、无锡、溧阳，逐日分班。⑤

作为长江、运河枢纽的镇江，轮船所发挥的整合物流空间的意义更加明显。1898 年，镇江“内河行驶小轮，创办之初，不过南至苏州，北至清江浦等埠。今丰和洋行另备一轮船，名曰新燕，专来往仙女庙、樊汶、兴化一带，将来愈推愈广，可以独揽利权”。1898 年，镇江“本埠小轮所至各埠，南至苏常，北至清江浦，东至三江营口岸一带，均以逐日开行，商民称便。惟西至十二圩入河口、瓜埠、六合各路，尚未有轮舶往来。现丰和公司添备一轮名曰新鸿，专行驶大江以西各处”。1898 年，苏州、常州、镇江内河创设“鸿安嘉记公司，来往于苏常无锡江阴一带，行驶于南京六合十二圩等处，商务之兴，于此可见”。1905 年，镇江华商张克生等创设

① 《申报》1899 年 8 月 4 日。

② 《申报》1901 年 7 月 3 日。

③ 《时报》1908 年 12 月 30 日，转引自聂宝璋编《中国近代航运史资料》，上海人民出版社 1983 年版，第 937 页。

④ 《东方杂志》1906 年第 7 期，第 159 页。

⑤ 陈善谟等修，徐宝庆等纂：《光宣宜荆续志》卷二，1920 年刊本。

华通公司，“置备小轮拖船，搭客运货，一开行通州、崇明、任家港等处，一来往扬州、清江等处”①。1906 年，镇江商人欧阳元龙等集股开设瑞丰公司，购置小轮四艘，“专往来苏州、常州、丹阳、无锡、镇江等处，已禀请关道立案”②。1907 年，镇江“近有华商设立大同轮船公司，购备小轮四艘，行驶清江、淮城等处。又有华商炳记小轮公司，置备坚快小轮两艘，专由镇江往来江宁，均已禀由关道荣观察批准立案”③。

（二）铁路、公路的兴起

1897—1898 年，吴淞铁路再度建成，主要用于客运，推动了上海城区向江湾的扩展。沪宁铁路 1908 年通车，自上海北站至南京下关车站，主要经由上海、昆山、苏州、无锡、常州、丹阳、镇江、龙潭、南京等站，大大便利了长江南岸沿途的客货运输，尤其是客运。沪杭铁路 1912 年全线通车。该年杭州海关报告载：“由于能与上海快速联系，本地的生活条件有了很大提高。”④ “自沪杭铁路开车，小轮船之往来淞沪者无法营业。”⑤“旅行者率贪铁路便捷，轮船所载，货多客少。”⑥ 铁路等基础设施的改良，提高了口岸与腹地的经济联通效率。

1914 年，沪甬铁路宁波曹娥段建成，1916 年，上海站至新龙华间的铁路建成，连接了沪宁、沪杭两条铁路和宁沪杭铁路。1931 年，宁杭铁路通车，经过湖州，并在句容有支线通镇江。⑦

铁路运货量比较有限，主要转运蚕茧、生丝，“各货装运铁路，所有的运费既较轮船水脚为轻，而所完厘金亦较海关税项为省”。“贵重货物，

---

① 本段文献分别来自《中外日报》1898 年 9 月 29 日、《中外日报》1898 年 10 月 19 日、《中外日报》1899 年 11 月 14 日、《中外日报》1905 年 2 月 21 日，转引自聂宝璋编《中国近代航运史资料》，上海人民出版社 1983 年版，第 941 ~ 944 页。

② 《东方杂志》1906 年第 10 期，第 204 页。

③ 《东方杂志》1907 年第 10 期，第 224 页。

④ 陈梅龙、景消波译编：《近代浙江对外贸易及社会变迁——宁波、温州、杭州海关贸易报告译编》，宁波出版社 2003 年版，第 253 页。

⑤ 雷君曜撰：《松江志料》，民国时抄本。

⑥ 龚嘉俊修，李榕纂：《杭州府志》卷一百七十五，1926 年本。

⑦ 张其昀编：《本国地理》（上册），南京钟山书局 1934 年版，第 101 页。

多由沪宁火车运沪”，从上海经铁路运往内地，“海关准许通行的唯一货运是运往沿线各条约口岸的已付关税而获得免税证明的外国商品”。① 因为铁路运输不受海关管辖征收厘金，在苏州“除丝绸以外，很少有货物从本地铁路运出”，在厘金等问题解决后，丹阳的牛羊与无锡的米、麦、豆、茧等通过铁路运到上海。②

1912—1920年，沪宁铁路客运量由488.2万人次增加到820万人次；货运量由49万吨增加到140万吨。1915—1920年，沪杭甬铁路客运量由337.9万人次增加到357.1万人次，货运量由48.2万吨增加到58.7万吨③，沪宁铁路运输业务比沪杭甬铁路发展快。

1937年，连接上海与长三角地区各地的主要公路干线，有沪桂干线、沪杭路、锡沪公路、苏沪公路、沪太路、上嘉路、上宝路、上松路、青沪路等。1932年，沪杭公路通车。1935年，上海至苏州、无锡等城市的公路陆续开通。小型公路把上海与长三角大多数中心市镇联系起来。公路的修建主要不是为了商业，而是为了旅行与一般汽车的通行，由于公路运行维护的成本高昂，汽车货运量极其微小④，相反地，在长三角地区可以便利地获得低廉的水运。沪宁铁路与京浦铁路不接，在下关须采用轮渡，于是自浦口至上海的轮船可以与铁路竞争。⑤ “地方大量笨重货物多利用轮船装载。客运方面以铁路迅速、正确之优点，有独占之势。”⑥

二、交易费用：不完全市场下经济区的边界

清政府无意在内地开埠经商，从刘坤一的奏折中也可以看出：“沿江、

① 徐雪筠等译编：《上海近代社会经济发展概况（1882—1931）》，上海社会科学院出版社1986年版，第162页。

② 陆允昌编：《苏州洋关史料（1896—1945）》，南京大学出版社1991年版，第102～103页。

③ 徐雪筠等译编：《上海近代社会经济发展概况（1882～1931）》，上海社会科学院出版社1986年版，第219～220页。

④ 徐思予：《江苏之公路运输》，载《国民经济建设》1936年第2期。

⑤ 上海浚浦总局：《上海港口大全》，1930年，第55页。

⑥ 柳诒征等编著：《首都志》卷九，1935年本。

内地多开口岸实属有害无利，盖内地与沿江断不虑有侵占，而于华洋杂处，制造皆有大损，且内地开口，沿途经由之地皆隐成口岸……而于商务未必真有利益。”①

市场发育的滞后，无疑不利于地方贸易与产业的发展。“新会县之栽桑，乃近十余年新起之工业，其利比稼穑较厚，然栽植面积不大（未及全县田亩的一成），但江门附近各乡则殆无不有之。因离临近桑市不远也。本县无茧市，但墟日或乡市中，常有担往发售者。”②

惠阳县第一区曾经发展蚕桑业，“嗣因惠属无茧市买卖，诸多不便，三四年间亦遂停辍，现时第一区业桑者殆全无矣”，第六、第十两区，从前也有蚕桑业，“只因同业人少，不成桑市，蚕失败者无可补救，卒至歇业”。③

地方货币的紊乱、税收的无章乃至苛压将会极大地抬高交易成本。1902 年《中英通商条约》要求中国采用一种“统一的全国通用的货币”，因为“一个地方的‘两’，无论是在重量上还是在‘成色’上，很少和另一个地方的‘两’相同，结果是产生无休止的、巧妙的兑换贸易”。④

英德县的一头羊经火车运到广州的费用为 2 元，“乡民以所及运费太过苛刻，由是裹足不前”，木材的情形类似，“运费多无利可图也”。⑤

广州中心未成为洋货转运内地的货源地的一个原因是：“大规模经营的外国商人致力于大宗交易，不熟悉内地贸易情况，也不专心关注，而小商人（此地不多）又觉得转运准单对他们用处不大，甚至认为对内地运输情况不了解，滥用‘准单’会招致麻烦。”⑥

---

① 《江督刘坤一致外部英使所开邮政圜法及口岸情弊请饬盛宣怀切实与辩电》（光绪二十七年十一月十一），见王彦威、王亮辑编《清季外交史料》卷一百五十，第 20 页。

② 国立中山大学农学院：《广东农业概况调查报告书》，1925 年，第 288 页。

③ 国立中山大学农学院：《广东农业概况调查报告书》，1925 年，第 9 页。

④ “粤海关十年报告（三）（1902～1911）”，见广州市地方志编纂委员会办公室等编译《近代广州口岸经济社会概况——粤海关报告汇集》，暨南大学出版社 1995 年版，第 964 页。

⑤ 国立中山大学农学院：《广东农业概况调查报告书》，1925 年，第 192 页。

⑥ “1876 年广州口岸贸易报告”，见广州市地方志编纂委员会办公室等编译《近代广州口岸经济社会概况——粤海关报告汇集》，暨南大学出版社 1995 年版，第 165 页。

1883 年 4 月 30 日，许应骙奏请免广西米谷厘金，“近因广西厘金过重，有落地出山入境出境等名目，计每万斤须完银十六两零，广东行销之米，均自洋舶运来，西江米艘，几于绝迹”①。1894 年 7 月 23 日，御史钟德祥的奏本相似，由于厘金的关系，桂米成本过高，无法和洋米竞争，但直到 1934 年千家驹等人进行广西省经济调查时，才发现西江中下游名目各异的税卡繁多。②

北江各县的纸业，“以无新法制造，遂致成本过巨，出品不良，产额亦少，运输又感不便，结果受外货之排挤，无法倾销，仅能供给出产地之部分需要”③。新会的蔬菜生产主要在江门与新会城，“每日约出产 60 ~ 100 余担”④，因为便于就近销售。

同样的情形也出现在长三角地区的口岸。“淞口以南接近沪埠，水陆交通尤适宜于工厂，故十年之间，江湾南境客商之投资建厂者，视为集中之地，而大势所趋，复日移而北，自棉织以外，凡金木玻璃卷烟以及化学制造之属略备。”⑤ 近如花边一业，发源于烟台，由上海传至浦东高桥一带，“其法纯恃手工，以洋线结成各式花边，美国上流妇女衣服恒以此为缘饰，航海销售，获利颇厚，又以吾国妇女工价低廉，习之亦极适宜，一时大场、江湾首先推行，城厢、罗店、月浦、杨行等处继之，花边公司之名乃大著”。宝山境内的工厂大多为棉织业，“一因妇女素谙纺织，改习极易；一因土布价落，设厂雇工兼足维持地方生活也”⑥。

此外，影响市场流通方式与经济区物流的主要因素为税收。例如，在

---

① 《清德宗实录》卷 161，页 266，见广东省地方志编委会编《清实录广东史料》（六），广东省地图出版社 1995 年版，第 73 页。

② 《清德宗实录》卷 343，页 389—390，见广东省地方志编委会编《清实录广东史料》（六），广东省地图出版社 1995 年版，第 277 页；千家驹：《广西省经济概况》，商务印书馆 1935 年版。

③ 广东省民政厅：《广东全省地方纪要》（第一册），1934 年，第 59 页。

④ 国立中山大学农学院：《广东农业概况调查报告书》，1925 年，第 285 页。

⑤ 张允高、钱淦等纂修：《宝山县续志》卷六，1921 年。

⑥ 张允高、钱淦等纂修：《宝山县续志》卷六，1921 年。

太平天国运动之前，徽茶是顺钱塘江而下运到杭州再由运河经嘉兴、松江，最后运抵上海①，自从开征海塘捐后，凡经过杭州的各种茶叶必须缴纳每担一两关平银的海塘捐②，吸引徽茶从宁波由汽轮运上海③。1896 年杭州开埠，杭州湾北岸地区嘉兴、湖州所产大宗生丝，不像茶叶一样受到限制，都是直接运上海出口。④ 这在某种程度上正如张公权的论述："因税收短再加捐税，捐税愈加人民愈穷，政府税收更少，越少则越加，捐税如此循环不已，不待共产之到农村，农村早已破坏无余了。"⑤

领事认为中国大部分人的极端贫穷制约了外国商品在内地的销售，但同时他认为洋货进入内地不正常的税收是一个重要的阻碍原因。"自从镇压了太平军叛乱以来，不断发展的贸易就成了征收战时税的对象，其税额几乎完全足以扼杀其增长。"各种厘金关卡没有明确的征额，"使商人心灰意懒的是：在任何关卡，他都可能被官员们任意扣留多少天，这种耽搁会使他陷入失去销路的危险……从而使他的货物加上许多沿途费用后还只好低价出售。奇怪的是，北京的中央政府竟然会忍受这种不仅妨碍国家恢复繁荣，而且还使国库承受严重损失的私下征税制度"，"其次还流行一种代税制度，这使富裕的中国商行每月缴纳国家税额就可以把产品随意运入内地，从而使他们能够以低于小商人们的售价出售产品"。⑥

新制度经济学认为制度变革决定交易成本，有效的制度变革促进经济的发展，反之则阻碍。从晚清至民国时期制度经济的演变来看，伴随着技术的发展，口岸与腹地之间的联系逐渐强化，制度变革推动下的物流空间

---

① 中华人民共和国杭州海关译编：《近代浙江通商口岸经济社会概况——浙海关、瓯海关、杭州关贸易报告集成》，浙江人民出版社 2002 年版，第 113、121、165 页。

② 龚嘉俊修，李榕纂：《杭州府志》卷六十五，1922 年。

③ 李必樟译编：《上海近代贸易经济发展概况 1854—1898 年——英国驻上海领事贸易报告汇编》，上海社会科学院出版社 1993 年版，第 157 页。

④ 中华人民共和国杭州海关译编：《近代浙江通商口岸经济社会概况——浙海关、瓯海关、杭州关贸易报告集成》，浙江人民出版社 2002 年版，第 122 页。

⑤ 张公权：《中国经济状态与救济方法：恢复农村生产，提倡国货工业，建设新经济区》，载《兴华》1932 年第 29 卷第 37 期。

⑥ 李必樟译编：《上海近代贸易经济发展概况 1854—1898 年——英国驻上海领事贸易报告汇编》，上海社会科学院出版社 1993 年版，第 417 ~418 页。

的变化，促进了经济区的形成，最终塑造了一个经济地理上的区域轮廓。与此相反，早期官府除了税收，放任市场自由流通，一般不会积极干预、扶植与推动经济变革。就国家的产业政策与市场培育而言，相对的政策支持严重滞后，抵消了技术革新与经济自然演化的积极成果。近代长三角与珠三角地区在经济空间的演化过程中，持续受到来自自由市场与政府规制这两个方面力量的制约与影响。

第三节　自然与规范之间的产业选择

在初步明晰经济区运行的经济地理与制度规范的取向之后，本节拟以产业变迁为例，讨论国家与社会资源配置中的产业政策与民众的选择过程。因为，就特定地区的经济变革而言，最重要的是产业的升级与演化；就特定地区的空间经济而言，最重要的还是产业的空间集聚与扩散。

一、资源配置：产业发展的社会政治空间

产业发展的资源配置，主要包括资金、技术、税收、社会安定，甚至是有效的市场、锐意进取的意识等发展经济的软环境，它们构成了产业发展的空间。

珠三角地区的发展情形表明，如果地方资金技术不到位，则产业发展的基础就比较脆弱。国家的税收、激励、扶植政策具有积极的效果，但是，政府的产业意识显然比较淡薄，相关的救助措施滞后，同时动荡的社会环境难以保证产业的持续发展。在一个市场与产业发展正在起飞的地区与阶段，资源的配置显然不够合理。

资本的缺乏一直是一个令人困扰的问题。“向来丝厂合本多在二万两之谱，从前四五百工之厂需建置银一万五六千两，近则需二万以上，故断无足本之丝厂，只靠银号揭用。”① 煤油工业，其规模较小者，则设备就

① 张凤喈等修，桂坫等纂：《宣统南海县志》卷四，清宣统三年刻本。

简，拥有数百元的装置即可营业。[①] 1934 年，针对化县大岭山民福公司产品运销的调查显示，“既无大规模之工厂，亦无大资本之商店。经济能力，极为薄弱。……（生产）除自给外，尚有贩售各地者，惟数量不多，获利甚微”[②]。

顺德“（近年）虽经县府呈请准予减免丝类各厘税，及财政部将出口税减免，为消极的救济……故先设立农业推广处，指导各乡农民种植其他需要农品，以期稍增生产，借资弥补”[③]。三水县“农民智识固陋，墨守旧法不知改良，遇有病虫之害则束手无策，应宜设立县农事试验场，将各种耕作新法及病虫害防除法试验推广，俾农民有所取法，北部多山岭，宜开辟公路以便运输，奖励农民造林，依法保护”[④]。台湾、爪哇等地改用新法制糖，品质良好而成本又低，对于广东土糖市场颇有威胁，于是地方当局实施糖业统制，同时经营种蔗制糖及运销事业，土糖产量年有增加，洋糖进口数量逐年减退。[⑤]

新会县生丝业扩展的失败在于地方的桑叶市场没有发展起来[⑥]，相反地，顺德县的生丝业获得成功，除了丝业银行的支持外，在于专业化的蚕茧、桑叶、蚕种市场。[⑦] 新会“县内有一丝厂，位于江门火车站之旁，为顺德人经理，资本则顺德人与新会人各半云。内有女工三百余，构造织机一如顺德者，现所出丝为蒸汽直缫六头之合丝，成立已一年，颇有获利

---

① 《广东经济年鉴》编纂委员会编：《广东经济年鉴》（1940 年度），广东省银行经济研究室，1941 年。

② 广东省民政厅：《广东全省地方纪要》（第一册），1934 年，第 51 页。

③ 广东省民政厅：《广东全省地方纪要》（第一册），1934 年，第 120 页。

④ 国立中山大学农学院：《广东农业概况调查报告书续编》（下卷），1933 年，第 28 页。

⑤ 《广东经济年鉴》编纂委员会：《广东经济年鉴》（1940 年度），广东省银行经济研究室，1941 年。

⑥ 国立中山大学农学院：《广东农业概况调查报告书》，1925 年，第 9、31、198 页；1929 年版，第 98 页。

⑦ David Faure, “The Plight of the Farmers: A Study of the Rural Economy of Jiangnan and the Pearl River Delta, 1870—1937,” *Modern China* 11, no. 1 (Jan. 1985), pp. 3 ~ 37.

云”。新会后有两个茧市，都是顺德人经营的，大概有四万斤的交易量。①

在农林专门学校的推动下，高州附近、德庆和肇庆之间的西南之地、仁化县的北江上游以及海丰县、粤东沿海附近，都出现了种桑高潮。由于使用陈旧的方法使蚕茧的质量日渐下降，政府做过一些努力，介绍科学养蚕的方法。② 新兴县“惜土人多墨守旧法，不善改良，以至生产品如烟叶、荔枝、柑橙等不能逐年加增，甚者日形减少，查其原因，实由于土地肥力不能维持，农工缺少之所致也”③。调查员陈泽霖对新会县发展农林业的主要意见如下：第一，设立农村学校、农林试验场；第二，建设农会，为民生方面着想；第三，发展交通；第四，促进生产。④

1908年5月11日，粤督张人骏奏请将同治二年（1863）因“矿场易聚匪滋事”而封禁的花县煤矿开放。“今则情形有别，民智日进，自宜因时变通，酌予弛禁，由官先择地开办。”1865年7月10日，总理衙门奏称“南海、番禺、顺德三县劫案甚多，获案者不过十之一二，州县官置民事于不问”⑤。清远县“近其更以盗贼纵横，牛畜被掠夺，遂致歇业者以有之，欲图挽救，不惟当求改良，尤其注意保护也”⑥。民国初年，三水县的乡村多遭盗贼骚扰，“水上居民……不得已相率而来河口，盖当时海关设定于此，得军队的保护，已免扰乱，且易谋生”⑦。

与珠三角地区相比，长三角地区的资源与经济基础显然优越很多，同

① 国立中山大学农学院：《广东农业概况调查报告书》，1925年，第288、291页。

② “粤海关十年报告（四）（1912～1921）”，见广州市地方志编纂委员会办公室等编译《近代广州口岸经济社会概况——粤海关报告汇集》，暨南大学出版社1995年版，第1029页。

③ 国立中山大学农学院：《广东农业概况调查报告书续编》（下卷），1933年，第62页。

④ 国立中山大学农学院：《广东农业概况调查报告书》，1925年，第387～388页。

⑤ 《清穆宗实录》，卷142，页357—358，见广东省地方志编委会编《清实录广东史料》（五），广东人民出版社1995年版，第304～305页。

⑥ 国立中山大学农学院：《广东农业概况调查报告书》，1925年，第210页。

⑦ 伍锐麟：《三水河口疍民调查报告》，载《岭南学报》1936年第2期。

样在国家的微弱推动下，地方产业却获得了相对有效的发展，尤其在无锡、南通、江阴、常州等地，从传统中孕育的近代工商业、近代农业获得了相对更为有效的发展机会。

南通现代工业的兴起，主要依赖张謇个人的积极开拓。1900 年，由于义和团运动而使洋纱进口量锐减，开张不久的大生纱厂的产品在市场畅销，供不应求，张謇从而考虑到急需解决纱厂的原料问题，遂决意“仿泰西公司集资”开垦荒滩，1901 年秋，正式集资建立通海垦牧公司，走上了废灶兴垦、发展近代农业的道路。通海垦牧公司的厂规规定：“本公司开办宗旨，原为纱厂谋纺织之根据地……公司与纱厂有甚重关系。所产之棉，应归公司收买，以充厂用，不得外溢。”① 这是中国第一家新式农垦企业。经过 10 年的努力，直到 1910 年，通海垦牧公司才显现出了投资的效益。该年，垦区佃户增至 5000 多户，耕种面积从 1904 年的 8104 亩增至 30413 亩。② 从 1911 年开始，垦牧公司获利渐增，概念纯利润达到了 38040 两，资本总额也增至 40 万两。③ 于是，继通海垦牧公司之后，张謇又开办了大有晋、大豫、中孚、大丰、通兴等垦牧公司。

在苏南地区，苏州商人朱文翰等集股 2 万元，1908 年在浒墅关创办永利垦牧公司；同年，又有绅商筹股 16 万元，购地 3. 3 万余亩，组织垦牧公司，并附设蚕事实验场。④ 在松江，商会议员姜望溪等集股创办兴纶蚕桑公司，开垦城内外闲荒，种桑养蚕。⑤ 在宜兴的阳羡公司有股本 10 万元（实收 5 万元），吉金公司有股本 10 万元，土地 2 万亩，宁镇地区更计划招股 500 万元，全面垦发江宁、镇江闲旷荒地。⑥ 在浙江，商人张文熊等

---

① 《通海垦牧公司开办十年之历史》，1911 年刊本，第 95 ~ 96 页。

② 李文治编：《中国近代农业史资料》（第一辑），生活 · 读书 · 新知三联书店 1957 年版，第704 ~ 705 页。

③ 虞晓波：《比较与审视——“南通模式”与“无锡模式”研究》，安徽教育出版社 2001 年版，第 40 页。

④ 《申报》1908 年 5 月 14 日，又 1909 年 1 月 15 日。

⑤ 《东方杂志》1906 年第 12 期，第 233 页。

⑥ 《申报》1907 年 2 月 23 日，又 1905 年 12 月 9 日；《大公报》1910 年 7 月 2 日；《东方杂志》1906 年第 6 期，第 131 页。

于1910年发起创办和济树畜公司，领垦原乍浦旗防营地。①

江阴土布一贯颇有名声，但参用机制纱以后，质地下降，横面太窄不宜裁剪，“其用不广，泥古不变，日就衰落”。吴增元、韩治等在东城创设布厂，“招女工改机具换织法宽其丈尺，遂成佳制，其花样五色俱备，多至四百余种，质美价廉，江阴布之名乃大著，数年后合邑风行继起者四十余家，于时邑人钱维锜、章成驹等见布业之日昌，虑纱利之外溢，更集资七十余万，购地三十余亩，建设纱厂于北外，用与布业相关联，并称江邑最巨之商业”。②

川沙花边业产品价廉物美，畅销国外。美艺花边公司，获得1914年菲律宾嘉年华比赛优等奖、农商部国货陈列一等奖。“一战”期间，该公司扩充资本，改组经营，在曹镇设立花边厂，同时，同业润昌号也在龚镇设立分公司，收发花边。此后，“顾镇、徐镇、高行南北镇、新港、合庆等处相继设立公司，传授女工。……全邑出品价值每年骤增至五六十万元以上，妇女所得工资达二十万元以上。贫苦之户，赖此宽裕者，数千家”③。

苏州道台为了改良属地农业，于1923年3月在苏州植物园设立了农业改进会，以资提倡。该年12月9日，苏州总商会在会所内设立了商品陈列所，陈列的大多是各省运苏的绸货，意在推销国货。④ 在上海县法华乡，1871年，“苏松太道归安沈秉成，捐廉购买柔桑数万株，谕城董设局，分给乡民种植，并刊发《蚕桑辑要》一书，规条精细，图说详明，种桑养蚕之家咸取法焉。后两江总督左宗棠亦购桑分给。今法华、徐家汇、小闸、漕河泾一带已蔚。当急图改良，以求进步”⑤。嘉兴“向不产桑，清同光间，州牧吴承璐于太仓设桑秧局，劝民领种。里人徐禹年、许敬贤等首先

---

① 《申报》1910年1月23日，又同年6月26日。

② 陈思修，缪荃孙纂：《江阴县续志》卷十一，1921年刻本。

③ 方鸿铠修，黄炎培纂：《川沙县志》卷六，1936年铅印本。

④ 陆允昌编：《苏州洋关史料（1896—1945）》，南京大学出版社1991年版，第281～282页。

⑤ 王钟编录，金祥凤抄补：《法华镇志》卷三，嘉庆十八年编，光绪末年增补抄本。

往领，植郭泽塘南岸，每岁育蚕、缫丝，获利颇厚。自是乡人多植之。光绪中叶里无不桑不蚕之家，时号小湖州”①。松江府的“蚕桑之事，吾郡至咸丰年后始盛。南汇知县罗嘉杰，于同治十二年设种桑局于养济院侧，买田四亩有奇，为桑园立章程四条，捐廉购桑，督民种植。各邑亦多讲求此事者”②。“种桑数百株，就嘉、湖等处雇工二名，栽植培剪，俾四乡知所则效焉。”③ 江阴县“钱维锜在无锡营办茧事，悉心考察知育蚕之法尚易，缫丝之术较难，欲推广蚕桑当从开设茧行收买鲜茧入手，遂于光绪十六年由锡设分庄于青旸容试为之……因集议合资，创设青旸豫昌、璜塘昌顺两茧行，是为江阴设行收茧之始，由是东南各乡咸知拾蚕之利，二十年来逐渐推广合邑茧行开设四十余家，岁有百数十万多或二百余万之茧款散注民间，小民生计实利赖焉。”④

二、有限理性的选择：民众的产业空间

斯科特考察了农民在面临有限的生存空间、更大的风险时，一般采用怎样的方式来获取最大化的收益，如何在面具的背后隐藏真实的想法。⑤

无数的文献记录了民众理性的产业选择。1900 年以来珠三角地区蚕桑业的成功，来自机器缫丝的引进，因此产出的高质量的蚕丝能够在国际市场上保持更高的单价。顺德龙山乡志记载了 1860 年以来因为稻米价格下降，桑基鱼塘获得了发展，高明县的经济更是有 10 倍的增长。⑥ 顺德县

---

① 童世高编：《钱门塘乡志》卷一，1963 年《上海史料丛编》本。

② 博润等修，姚光发等纂：《松江府续志》卷四十，光绪九年刊本。

③ 金福曾等修，张文虎等纂：《南汇县志》卷三，光绪五年刻本。

④ 陈思修，缪荃孙纂：《江阴县续志》卷十一，1921 年本。

⑤ James C. Scott, The *Moral Economy of the Peasant*: *Rebellion and Subsistence in Southeast Asia* (New Haven: Yale University Press, 1976); *Weapons of the Weak*: *Everyday Forms of Peasant Resistance* (New Haven: Yale University Press, 1985); *Domination and the Arts of Resistance*: *Hidden Transcripts* (New Haven: Yale University Press, 1990).

⑥ 佛山地区革命委员会《珠江三角洲农业志》编写组编：《珠江三角洲农业志》(四), 1976 年，第 7 ~ 23 页。

“人民生计大抵农居其六，工居其二，余则贸迁农业。以桑田之利为大宗”[①]。由于水果出口获利增加，番禺“县中山岭无几，故荒废者甚少，且近来农民多在山岭种荔枝、黑白榄等树”[②]。在清远县，种烟每亩可收获84.1元，“盖农家种烟概视为一种之良好副业，以其既能利用农闲，且迩来常获善价，获利颇优”[③]。

在蚕丝业鼎盛时期，全省丝厂共有180余家，茧栈200余所。至1931年能维持开工者仅120家，1933年只有68家，1934年只有22家，1935年因生丝销路略有起色，茧价亦平，故陆续复工者有三四十家。[④]

一旦出现不利的产业境况，民众即寻求规避。花县第三区“五六十年前亦多种茶，年产约万余担，近则多伐去茶树，而改种荔枝，约只存十分之一云”[⑤]。“近因受洋糖压迫，多已改种杂粮。”[⑥] 清远县在蔗糖衰落后，“又以蚕桑较为有利，因改行种桑者有之”[⑦]。博罗县“十年前糖业极盛，五年前因糖价低跌，种蔗因之衰落，近数年糖价较高，业此者遂复增多，然亦仅及十年前五分之三四而已云”[⑧]。1931年以后由于丝制品出口量的急剧下降，工厂倒闭，到处出现了毁桑种蔗或其他作物的情况。据1935年的统计，珠三角的桑地面积减少了约62%[⑨]，顺德县就有4万亩桑地改为水田。[⑩]

---

① 广东省民政厅：《广东全省地方纪要》（第一册），1934年，第119页。

② 国立中山大学农学院：《广东农业概况调查报告书续编》（下卷），1933年，第23页。

③ 国立中山大学农学院：《广东农业概况调查报告书》，1925年，第274页。

④ 《广东经济年鉴》编纂委员会：《广东经济年鉴》（1940年度），广东省银行经济研究室，1941年。

⑤ 国立中山大学农学院：《广东农业概况调查报告书》，1925年，第327页。

⑥ 广东省民政厅：《广东全省地方纪要》（第一册），1934年，第53页。

⑦ 国立中山大学农学院：《广东农业概况调查报告书》，第303页。

⑧ 国立中山大学农学院：《广东农业概况调查报告书》，第22页。

⑨ 佛山地区革命委员会《珠江三角洲农业志》编写组编：《珠江三角洲农业志》（四），1976年，第19页。

⑩ 《顺德县第一次蚕丝展览会纪念刊》，1934年。

在新会县的农业生产中，稻田占耕地面积的50%，葵田占10%，番薯地占5%，烟叶地和桑地大约各占10%不到，其余的种植蓝靛、薄丰、花生、甘蔗等。从投入产出的收益上计算，葵田利润较高，水田每亩收获稻谷4～10担，山田收获2～5担，同期新会上米价5元，下米4元（每担）（考虑到由谷脱米的折耗，谷价的取值为4），取中数，水田每亩总收入大约28元。葵田每亩8000～10000枝“玻璃笔”（一品种）或12000～13000枝“三旗叶”（另一品种），售价每万枝分别70～80元、60～70元，取中数，所获的总收入大约为67.5元、81.25元。种植葵叶肥料投入较多，“通常每亩施肥料约十二元”，但和水稻相比利润的优势还是明显的，正常年份出口葵扇300余万元，一枝独秀。① 沙土地区多种烟叶，烟叶每亩收获干叶200～300斤，平均每担30元，每亩有40～60元，蓝靛每亩10斗有余，每斗3～4元，每亩大约35元。② 相对而言，商品性经济作物的收益大于稻作，但是农民更多的还是选择了种植水稻。在成本收益核算的框架之内，民众的选择既是理性的，又受到非理性的影响。

罗定县2亩烟田，一年一共支出130元，可得240元，净收入110元。但是“因农家困顿异常，终日辛劳仅堪一饱，安有资本以种烟，当种烟时所需资本皆需借贷于富户，于是富户从中渔利，严订条约，即以当日所借出之资本，为预购将来之烟叶，其预购价格须比时价低一半”③。如此看来，理性选择的前提是有限的选择。

就地理空间而言，在珠三角核心的外围，产业可供选择的空间迅速缩小，主要受到后面将要论述的社会、经济与政治空间的制约。

高要县“养蚕者非如顺德之专门养蚕而不兼营他业者，盖该处农民当蚕造时则养蚕，否则兼营其他作物，查该二处虽无缫丝织造厂而每年出茧

① 广东省民政厅：《广东全省地方纪要》（第一册），1934年，第129页。

② 国立中山大学农学院：《广东农业概况调查报告书》，1925年，第278～283页，本段以上数据均根据此数页。

③ 国立中山大学农学院：《广东农业概况调查报告书》，1925年，第343～344页。

亦达数千万元云”①。

三水县“果树除龙眼有少数出产外，其他各类产额极少，然皆在各地屋旁余地散生，管理不法，无专辟园地栽种者”。赤溪县的果树“非专业经营，不过植于屋边余地”；蔬菜“均无大宗出口，只供自食”。②

长三角地区的情况也非常类似，当时大部分地区已经形成了经济作物种植的专业化生产，如松江、太仓一带的农民大多将种粮食的土地改种棉花。上海、南汇两县耕作用地，“禾稻仅十中之二”。无锡、苏州等太湖流域一带，则大多将种粮的土地用于桑蚕业。无锡县总人口为 804346 人，总户数约 166200 户，农业户数为 142134 户，其中养蚕户为 142005 户，占到总户数的 85. 44%，占农业户数的 99. 91%。③

江苏无锡当茧行未设、丝厂未兴之时，“栽桑之家，甚属寥寥”。20 世纪 20 年代起，无锡的丝厂陆续增设，1920 年新增 3 家，丝车 824 台；1922 年又增加 5 家，丝车增为 1580 台，从 1922 年到 1927 年，无锡的丝厂数从 18 个增至 25 个。“全境桑田，因应丝厂之需求，现占全县九百五十余方里，约占全面积十分之三有余。……城廓之外，桑麻毗连，几家家栽桑，户户养蚕矣。”④ 有人描述当时的苏南地区，各县蚕桑产区茧行林立，“每至收茧之时，人民担茧至行中求售者，势如潮涌，欲再觅旧式车缫丝者，不可复得矣”⑤。

机丝兴起以后，尽管土丝业日渐萎缩，但在江南地区各地农家植桑养蚕的数量有增无减。1919 年，苏州地区“桑树一项，则遍地皆是，居民稍有隙地，虽三弓五弓，亦必栽桑”。无锡“春夏秋三季，育蚕售茧，岁计六七百万元”⑥。据统计，无锡农家养蚕育茧，“少者可收鲜茧三四十斤，

---

① 国立中山大学农学院：《广东农业概况调查报告书续编》（下卷），1933 年，第 67 页。

② 国立中山大学农学院：《广东农业概况调查报告书续编》（下卷），1933 年，第 27、33 页。

③ 段本洛：《苏南近代社会经济史》，中国商业出版社 1997 年版，第 298 页。

④ 卢冠英：《江苏无锡县二十年来之丝业观》，载《农商公报》1921 年第 85 期。

⑤ 段本洛：《苏南近代社会经济史》，中国商业出版社 1997 年版，第 295 页。

⑥ 江苏省长公署第四科编：《江苏省实业视察报告书》，1919 年，第 120、140 页。

至最多可收百斤以上，三四百斤，甚至极少数有收鲜茧七百斤者”。蚕茧的价格1924年每担为80～90元，1926—1927年为100～200元。以茧价较低的1913—1920年每担50元计算，每亩农田种桑可获毛利65元。① 桑蚕之利的丰厚，使得当时无锡农民“育蚕所得（春蚕、夏蚕、秋蚕）亦属不赀，每户可获利三四十元不等。桑园之利厚，收入可三倍于他田”②。在吴江县，桑蚕收入一般占每户全年总收入的40%，“一般蚕农，全年生活，七个月靠稻田收入，其余五个月就全靠蚕桑收入”③。在浙江省杭县山桥乡，共有土地945亩，其中旱地156.39亩，“旱地栽植桑树，蚕桑在该村经济上所占比重很大”④。农副业收入的增加也改善了农民的生活质量，在20世纪30年代的浙江吴兴，“饮食方面，从前民风俭朴，不过粗茶淡饭蔬茶佐餐而已。但近数十年来风气愈下，乡民多好至镇市游遨，因而留连小饭馆，几为一般现象”。

据新中国成立初期的调查，苏南农村副业生产十分发达，全区棉田、豆田、桑田占耕地面积的20%，商品粮、商品蔬菜的生产十分普及，手工业和副业收入约占农民总收入的30%。⑤

根据吴县社会调查处调查，农家一年农闲时的五种副业情况如下：一女刺绣每年获纯利一百元，共有五十余家；二女制作成衣，每年获纯利五十余元，共有四十余家；一男一女负担贩卖，一日获一元多，共有七十余家；一男二女粘制火柴盒，每年获纯利十余元，共有三十余家；一男二女制作竹篮，每年获纯利三十余元，共有二十余家。⑥

根据1950年对1722个乡的统计，资本家在农村中占有土地面积占土

---

① 高景岳、严学熙：《近代无锡蚕丝业资料选辑》，江苏古籍出版社1981年版，第10、12页。

② 无锡县政府、无锡市政筹备处主编：《无锡年鉴》（第一辑），1930年。

③ 华东军政委员会土地改革委员会编：《江苏省农村调查》，1950年，第381页。

④ 华东军政委员会土地改革委员会编：《浙江省农村调查》，1951年，第189页。

⑤ 欧阳惠林：《苏南土地改革工作的报告》，江苏省档案馆，全宗号402，案卷号64，文件号7。

⑥ 黄蕴深编：《吴县城区附刊》，1931年铅印本，第77页。

地总面积的1.14%，其中以无锡、吴江、上海、川沙等县为多，资本家占有土地面积一般占土地总面积的2%甚至5%以上。丹阳、江宁、句容、高淳、扬中、江阴、吴县、昆山等县次之。资本家占有土地一般占土地总数的1%～2%。金坛、溧阳、溧水、宜兴等县较少，资本家占有土地一般不足1%。工商业资本已经有限度地投入到城市周边的农村，并呈现距离衰减的态势。①

临近上海的宝山县园艺业获得发展，“菜圃获利视农地为丰……城内外业此者甚多，近杨行、江湾、彭浦、真如等乡业此者亦复不少，菜花、生菜向为南洋群岛及广东等省产品始者试种，今则产量增加并有专业蔬果者用汽车运售供沪地之需要，其栽种花树出售或租供者亦日渐增加。”

以上有关长三角、珠三角地区民众的产业选择，反映了社会资源配置下个体家庭的产业发展空间。民众按照市场获益的多少，及时、积极地调整产业经营方式。家庭产业经营与各类副业的发展，奠定了民众的生活基础。开埠通商以来，直到民国中期，长三角地区市镇经济的繁荣，在很大程度上得益于地方产业经营的成果。同时，通商口岸周边或经济基础较好的地区，由于便利的条件或产业的集聚效应，民众的产业选择通常是积极有效的，相反，偏远地方则比较闭塞，民众的产业选择多是被动的。但是，民众的产业选择本身存在严重的不足。首先，其选择基于短期效益；其次，个体理性与集体非理性并存；再次，乡村家庭产业与城市现代工业基本分离。

就产业变革而言，近代长三角与珠三角的产业发展空间主要有两个方面：国家与社会提供的资源环境和民众在其中的实践。晚清以降，随着实业意识深入人心，政府与社会各界人士已经认识到实业经济的重要性，产业发展的环境出现了很大的改观。但是清末直至民国，大部分时间政府的实际救助相当有限，地方的不靖、政府自身的财政危机，使得产业发展实

① 中国共产党苏南区委员会农村工作委员会编：《苏南土地改革文献》，1952年，第501、768～769页。

际环境的改良比较有限。

同时，开埠早期自由商业发展时代国内的手工业优势，进入晚清后逐渐丧失殆尽。对外贸易条件与结构呈现下降的趋势，使得民众参与市场交换的实际收益逐渐下降。现代城市建立的工业确实产生了积极的效应，但是产业变革本身已经牺牲了腹地广大农家经营家庭工业的收益。于是伴随着城市经济与产业的发展，农家收益反而下降，这种情况不仅出现在城市周边地区，还同样出现在曾经“烟火万家”的江南大镇。于是，在新一轮的产业选择与被选择面前，经济区内的产业与财富格局发生了变化，资源向城市集中，以城乡差别加大的结果完成了近代经济区的构建。

简评：地理、市场与制度间的经济区

以上三节分别从经济地理与制度规范方面，讨论了地理、制度等因素影响下的近代经济区特征与绩效，并以产业发展为例，揭示了制度规范与社会背景下产业的选择空间与发展趋向。就经济区形成的几个标志而言，首先是中心城市的势能增大，中心城市及其现代工业获得发展；其次是经济区内的联系加强，地域产业分工出现。

1. 近代以来小珠三角经济区的特征与趋向

如前所述，近代珠三角经济圈因为核心腹地空间局限于地理上的珠三角。按照一般意义上所界定的经济区标准，小珠三角经济区已经形成，珠三角经济区尚在发展之中。

香港是近代珠三角口岸的门户与窗口，广州是内陆中心，但是正如之前多次讨论的那样，近代广州一直以商贸中心为特色，直到民国中期才建立起相应的轻工业。根据滨下武志的分析，珠江流域仅仅是香港十余个腹地中的一个，作为远东的主要转运口岸之一，近代香港对华南几乎没有实质上的产业转移。所以，按照经济区的标准而言，珠三角经济圈中心城市香港、广州对珠三角地区没有产生足够的牵引力与动力，但是，粤港已经与小珠三角地区的城镇建立起了密切的互动关系，并且组建了快捷的交通通道，粤港中心通过物流、金融、信息等方式，直接与小珠三角地区建立了密切的经济联系，初步形成了小珠三角经济区。

从经济地理上看，粤港澳门户中心形成了经济区的门户口岸与腹地中心。顺德、南海、番禺、香山、新会、三水、东莞、新安等县构成了经济区的地理空间，土货出口结构中占有50%～70%份额的生丝及其他手工品主要来自这些地方，这些地方成为珠三角与华南地区产业经济最为活跃的地区。

改革开放以来，珠三角地区经历了一个自由成长期，逐步形成了一个相对成形的经济区划。1996年广东省经济区规划的思路，是以广州作为珠三角交通网络的中枢，以广深、广珠作为两条主轴。1997年加上香港和澳门后，"大珠江三角洲经济区"这个概念出现。2000年，国家借用"旧金山湾区"一词，提出了"珠江口湾区"或"香港湾区"的概念，来类比以香港为龙头的珠江口经济区。珠三角地区内部也一直在考虑进一步的区域整合，开始的计划是形成大广州（广州、佛山）、大深圳（深圳、东莞、惠州）以及大中山（中山、珠海）三个城市经济圈，广州、佛山、东莞形成一个一体化的大都市，就是为了与香港竞争珠三角龙头的地位。

2. 近代以来长三角经济区的特征与趋向

根据以上讨论，就经济区的基本指标而言，长三角地区已经基本具备，即外部经济的刺激、区域专业化的分工、中心城市，以及其中形成的有效且具有"中心与边缘"差异的地域共同体。这表明晚清以降，上海及长三角区域的空间性生产已经基本形成，与前近代基于自然地理的市场交换圈相比，晚清以来形成的生产性地域经济共同体，在专业化、区域中心、区内区际联系、综合经济指标方面，都有着质的区别。

在专业化方面，上海、无锡、南通、苏州、常州的产业分工，出现了从垂直向水平方向的转变，区域中心城市上海借助市场一体化与金融运作，实现规模经济集聚，周边城市利用上海的"溢出效应"，融入以上海为中心的区域经济板块中，并形成众多的亚区。例如，偏离苏南的南通通过纱厂的前向与后向联系的效应，推动了通海地区棉花种植业与农民家庭棉纺织业的发展，形成植棉、机器纺纱、手工织布一条龙的产业链条，形成了一种工业与农业结合的发展方式。

20世纪50年代实行粮食统购统销以后，伴随着商业国有化、农村单一种植业的发展，各项副业萎缩，小城镇贸易流通减弱并逐渐萧条，快速发展起来的生产型大城市加速了经济的二元化发展。20世纪80年代以来，乡镇企业、农村产业结构调整，促进了小城镇的崛起，同时中等规模的城市也获得了持续性的发展。此时，长三角的地域上，开始界定出以上海为中心，以沪、苏、锡、常为核心，杭、嘉、湖和通、泰分属南北两翼的经济区，这一空间范围与近代形成的长三角经济区在某种程度上基本一致。

现代远洋航运与陆路交通的发展，使得制约区域空间经济格局的要素发生变化。同时，伴随着国家对外开放的深入，资本运行的市场经济形式逐渐建立，经济基础优越的苏南、浙北地区的经济空间再度整合。最为明显的表现是20世纪80年代以来，上海的中心位置相对下降，苏南、浙北的城市崛起。中央提出的开发浦东、振兴上海的决策，也引发了长三角地区的杭州湾化趋势。1982年政府划分的“上海经济区”，以上海为中心，加上苏州、无锡、常州、南通、杭州、嘉兴、湖州、宁波、绍兴，共10个市和所辖的55个县。此后，上海打造洋山深水港，实际上已经部分地将门户外移，这样必然要重新寻找中心城市。事实上，上海已经成为门户港口兼中心城市，这又必然需要重新调整现有的长三角城市关系，因为中心城市尤其是具有门户特征的中心城市，会通过交易网络的扩张，将周围县（市）纳入其交易空间，共同参与大区域的经济发展进程。正如近代以来的经验所示，上海经济区的有效运作是建立在内部城镇关系比较良好的基础上。从当前来看，上海的综合性经济中心发展逐步走向更为快速的轨道，同时，浙中地区比苏中地区（通泰）、宁镇扬地区更有基础与活力。所以，一方面，长江三角洲经济区更进一步提升与演化，面向全球城市的上海能够更进一步发挥经济区中心城市的功能；另一方面，长江三角洲经济区的核心腹地圈逐渐扩大，涵盖了更为广泛的区域，经济区的重心也从沪宁线南移到更靠近杭州湾的地带。

第六章　近代中国经济增长及其空间效应

近代中国的经济增长既具有时间性也具有空间性，从空间的视角可以观察到在时间维度上被平均以至于忽略不见的地方与部门差异。在这里，我们尝试从空间的角度理解近代长三角、珠三角地区的经济增长，试图从经济地理的角度来考察经济发展史上的议题，讨论近代经济发展之中的空间效应问题，拓展与增加现有认识的宽度与深度。此外，本章还将从时间演化的角度，分析外向化市场化经济下经济流通空间秩序的变化，讨论近代工业生产下的空间经济现象，关注近代中国经济增长进程中的空间效应及其机制。

第一节　经济史变迁中的地理发现

关于近代经济与产业发展问题的讨论，一度难以对其进行比较准确的度量，以至于聚讼纷纭，唯有尝试采用新维度的探究，这里试图从空间经济的角度进行补充。按照经济空间分析的基本理念，具有空间意义的经济行为及其形态，例如空间的积聚、扩散、优化，必然反映其经济内在的变革。例如第三章第三节通过对蚕桑业变革的分析发现，尽管政府的诸多努力一度产生积极的效果，但由于缺乏现代生产、经营与组织方式，最终蚕桑业还是趋于困境。如果将视野扩大，观察长三角地区的产业空间过程与空间机制，是否能从中发掘区域经济变迁的轨迹？因此，我们试图从空间形态优化的角度度量区域经济的变革。

一、发展的内涵与空间的优化

(一) 对“发展”与“现代化”内涵外延的界定

对于发展中国家而言，现代性是其目标，现代化过程是其基本路径，从本质上讲两者是一致的，但是现代性与现代化过程之间可能存在冲突，因为现代性的因素不一定必然有利于现代化，而非现代性的要素可能促进现代化的过程。现代化是变革的过程，是动态的过程，结果不能预料，而现代性是指由现代化及其成果所唤起的响应的精神状态与思想面貌，其中一个重要的问题就是如何把握适宜的度。

对发展作为一个概念的定义，始于“二战”后的十几年，其内在的目标与现代化有着一致性，原旨是传统向现代的转型。就我们对发展特征的定义而言[①]，从概念上讲，发展不完全等于富裕化、工业化、西方化、世界一体化；从具体的指标上来讲，不同的国家可以设定不同的参数；从发展本身来看，这个概念在不同的环境下有不同的意义，没有绝对的标准。我们反思现代化、反思发展，是一种多维的观察，表明了学术的进步，不等于矫枉过正地否定现代性的存在。

所以，对于“发展”的界定，最重要的是如何获得最有效的状态，无论是推进方式还是成长机制，最关键的还是有效性。从某种意义上看，有效发展概念是一种平稳递进的过程，具有充分化、节约化、民族化、共生化的特性。[②] 当然，这更是一种现代甚至后现代的视野，自亚当·斯密以来，直接用来解释工业革命的三大学说，可以归纳为贸易论、技术论、社会结构论，当然还有从文化、制度角度来解释工业革命与发展的理论，如果用一般的发展理论来看，工业革命的这几个方面或许都具备某些“发展”的特征。例如，英国工业革命时期70%的产品市场仍然在国内，但是

---

① 吴忠民:《渐进模式与有效发展——中国现代化研究》，东方出版社1999年版，第68~80页。

② 吴忠民:《渐进模式与有效发展——中国现代化研究》，东方出版社1999年版，第202页。

经济的有效性与产业进步性之间没有必然的逻辑关系，“传统”同样促进“发展”。发展的关键在于投入所获得的增长效益，这种效益又有不同的阶段性特征；对于技术进步而言，在工业革命时期同样也是以传统技术为主体，即便在发展最迅速的交通领域，传统的交通、通讯方式仍然占主体地位。从这个角度来看，“工业革命”至少不能作为一个革命的过程，但是我们都把它作为一种发展的楷模。

所以，结合不同地域独特的经济成长背景与方式来看，发展的核心应该是一种有效性的进步，不可能是一种突变，现代也不可能与传统断然割离，发展是建立在已有基础上的有效性的渐变。从这里出发，发展具有两个过程与两种形态。从逻辑上看，更多有效的方式可以促进一种从经济到社会结构的成长；从时间序列上看，多种新旧要素或混合或融合，甚至抵触性地共存（因为时间的先后并不必然地构成逻辑上的演进趋势）。因此，发展概念的外延可以大大地延伸：一种有效的经济增长方式就可以成为一种基本的发展形态。

（二）近代口岸与腹地的关系

关于口岸与腹地关系的争论，在“绪论”中多有说明。关于上海口岸与腹地的关系，有种代表性的意见认为，内地传统经济只有演化没有进化，口岸对内地只有市场渗透没有技术扩散、结构变迁，口岸的极化与农村发展的停滞同时存在。根据世界体系理论，上海是资本主义世界经济分工体系中的边缘，内地则是上海的边缘，依然落后、封闭、封建。上海的集聚效应不断增强，带来了农村资本的外流与衰退，现代资本主义无力向农村推进，农村新式经营难以展开。“上海向内地或农村的资本、技术扩散极少，周边江浙地区的一些工业，往往是上海口岸城市工业的附属加工业，与当地经济的关系甚少。”由于不平等交换的存在，上海中心的产业难以扩张到内地，口岸与内地之间未能形成正向循环。于是可以将这种情形归结为刘易斯二元结构的背向演化，称之为非原发性资本主义国家现代化进程中的“内质化二元结构”。①

---

① 樊卫国：《近代上海口岸市场对内地市场的辐射和制导》，载《学术月刊》2004年第12期。

根据上一章对上海所在的长三角经济区内的情况、中心城市与腹地的关系以及区内产业变迁的分析来看，口岸与腹地确实存在二元性，存在不平等，存在一定程度上的发展困境。但是更多的文献也表明，上海对江南农村存在技术、资本、信息、产业等方面的扩散。现代工业与农业同样在上海以外的江南地区生根发芽，周边地区与上海的产业分工与合作不仅广泛存在，而且已经与当地的经济相结合。由于中心口岸与内地的“中心—外围”结构在相当长的时间内不可能彻底改变，所以，口岸与腹地的二元结构必然存在。结构性与空间性的二元结构或者其变异体，在发展的前期必然存在。问题的关键是：各个地方详细的乡土资料，是否可以证明江南腹地城市与乡村在消除二元结构上做出了努力？取得了哪些绩效？否则，我们就无法回答近代区域经济变革尺度是前进还是后退，以及前进或后退的范围与程度。

如果像增长论者所言，城市在增长，乡村也在增长，同时，城市在极化，乡村在过密化，然后将所有的问题推给1949年的中国革命，似乎更是闪烁其词。中国后来进入的现代经济发展道路和英国完全不同，即首先通过社会革命来进行资本积累，而后通过农村的现代工业化来降低农村（部分地区）的人口压力。① 20世纪80年代初费孝通重返江村时，看到乡村工业的发展，从这里或许可以推导出，20世纪30年代的农村危机与城市凋敝给人的深刻印象，成了近代中国经济变革的一种被固定下来的画面，成为论述“糊口经济”“均衡陷阱”的源头，并与晚清以来人们意识中形成的中国落后与衰敝的印象“相互映衬”，成为一种潜在的“定论”。

事实上，在经济变革早期，地域景观的基本特征中，城乡差别、区域差别总是存在的，甚至是不可避免的。问题的关键是，地方的数据与经验表明已有的变革已经进步了不少。

二、空间过程中的“发展”

（一）上海城市的周边地区

关注近代上海口岸变革的诸多学者，基本认同上海中心与周边地区广

① ［美］黄宗智：《发展还是内卷？十八世纪英国与中国——评彭慕兰〈大分岔：欧洲，中国及现代世界经济的发展〉》，载《历史研究》2002年第4期。

泛存在经济联系与产业合作，并且联系的力度呈现空间递减的趋势。

首先是宝山县与上海县的空间差距。宝山县“自沪埠通商，需工日夥，艺术种类益繁，操是业者始渐发展”，主要的手工业有普通工艺、化学工艺，“皆手作之工，故俗称为手艺云”，例如铁工、木工、染工、织工等。化学工艺主要是“制造洋烛、洋皂、药水、牙粉以及化装品等”。例如，罗店汪锡寿薄荷油，“民国二年集股购备锅炉扩充出品，在苏沪汉口各埠分销”，其改进后屡获国内外陈列会优等奖，其他还有采用舶来原料制作的蜡烛等。① 与宝山相比，上海县设有县立农场、农事试验场、苗圃蔬菜果园农场。农业工艺品的层次都高出许多，除了一般的竹木、陶瓷、棉织类工艺，主要差别在于服饰、美术品、饮食、药品、日用品以及其他奢侈品，其中多数是仿照舶来品重新制作，例如仿制的西式呢帽、皮鞋、袜子。同时，先后设立数十家袜厂，销售内地。上海县草帽制造“原料为嘉定黄草，惟用人工制造，本过巨不久辍”②。1921 年前后，宝山县“邑境商业，坐贾居多，鲜能从事于海外贸易，近年洋商踵集，事业乃日渐扩张”。典当业“业主多半客籍”，“上海、甬、广各商以其本轻利重，争相影戳，闸北邑境尤多”。③

其次是宝山县内的空间差距。县内的新式产业代表如下。首先是丰华纱厂。“一战”促使沪上巨商聂云台、钱新之等谋挽回利权，1921 年集资 200 万元组织华丰纱厂，于吴淞蕰藻浜畔成立。永安纺织公司第二纱厂也在吴淞蕰藻浜畔。最大的长途汽车公司为沪太公司，总站在上海闸北太阳庙。电灯公司始于闸北，今则各乡镇多有组织公司开始营业④，基本上在吴淞商埠以及毗邻租界后来并入上海城区的闸北。宝山县相关的副业有园艺、林业、蚕桑、畜牧业、渔业。1924 年前后，宝山县江湾里“各项商

① 张允高、钱淦等纂修：《宝山县续志》卷六，1921 年本。
② 吴馨等修，姚文楠等纂：《上海县志》卷四，1935 年铅印本。
③ 张允高、钱淦等纂修：《宝山县续志》卷六，1921 年本。
④ 吴葭等纂修：《宝山县再续志》卷六，1931 年铅印本。

场，则以南境为多，如丝经、鬃革之类，集本经营，供制造之需要者，日增月盛，大都系公司性质，由侨商组织而成”①。

宝山县内各镇的商贸与产业发展差异，同样存在于与上海中心的空间距离递减的地区。彭浦镇，从前“市面狭小……以邻近闸北，又为刘河、罗店、大场等镇至沪之孔道，比年市况稍佳”。江湾镇因为“逼近租界，南乡结一等图，马路日辟，外人争租地杂居，经营商业，几与沪埠相衔接。……商铺三百余家，水道则有走马塘之运输，陆道则有淞沪铁路之便捷，其骎骎日上之势，殆将甲于全邑市乡”。江湾天通庵“本一小村集，近以毗连商埠，有丝厂、染织厂等，市面日繁，几与上海商场无异，迥非曩时村集气象矣”。江湾谈家桥“民国五年开设同茂丝厂，并建市房三四十幢，铺户居民渐见繁盛，翌年筑通新闸马路厂栈益增”。真如铁道站边的杨家桥，“前本荒村，以邻近车站，且设有商埠、警察派出所，故商铺续增，渐形热闹”。偏于浦东西北的盛桥乡，“地当海澨，析厂较晚，故街道狭隘，商铺甚少，昔时比屋而居者类皆，盖以茅茨，一望而知为贫瘠之乡镇，近来改建瓦屋已居多数，此系农产价昂亦收益稍丰之故，物产以鱼类为大宗”②。

以上反映的情形，证明了广泛影响并被接受的墨菲的论断，无疑是偏颇的。他认为近代上海是两种文明并存的城市：一方面，西方文明在这里有深刻的影响，从西方移植进来了贸易制度、司法制度、金融业、制造业、各种城市公共设施，煤气灯和电灯将房屋与道路照耀得通明，水道通向四面八方，还有轮船、电报、电话、铁路，这一切使得上海成为现代化程度很高的城市；另一方面，这里的基础却是农业文明，即使在 20 世纪 40 年代，人们仍旧可以在三四个小时内从外滩中段跑到农村，那里没有任何改变。

有关上海周边其他各县类似的文献比比皆是。青浦县“乡村妇女助耕

① 钱淦等纂：《江湾里志》卷五，1924 年铅印本。

② 张允高、钱淦等纂修：《宝山县续志》卷一，1921 年本。

馌饷之外兼事纺织为生，光绪中叶以后，梭布低落，风俗日奢，乡女沾染城镇习气，类好修饰，于是生计日促，一夫之耕不能兼养，散而受雇于他乡者比比矣，尤以上海为独多，利其工值昂也，谓之做阿婆”①。

崇明县“今海通大畅，殊方异化浸淫而败礼俗，邑密迩淞沪，海上华靡，不免有渐渍者”。以前“游食少而人足自给”，现在“惟富者衣裘，然金玉锦绣亦不恒御，屋宇卑隘，鲜楼居，不藏珍玩，不侈陈设……虽近俗趋末，而以视江南犹俭啬也”。②

1928年，黄炎培在川沙调查发现，61户农家，其中19户无副业或不详，42户所从事的副业中，工25户，商15户，农1户，教员1户，从事副业的农户种田过少，全靠副业维持他们的生活。男子从事的副业如木匠、泥水匠、炉匠、裁缝、鞋匠、渔夫等；女子从事的副业为制花边、制毛巾等。“北部工商副业大多依靠上海市。所以北乡四十一户中，十分之九，皆有副业。”③

以上为上海周边各县与上海中心的关系，大致遵从了近代上海中心与周边农村的关系，体现了相互的空间经济关系。

（二）长三角地区主要城镇与上海的空间关系

越过口岸城市的近郊，在上海中心与长三角地区主要次级城市之间，形成了另一轮的空间距离递减的经济联系。

苏南各地的技术工人大多在上海工作过，同时，苏南的企业采用上海的技术设备，上海的资金也扩散到苏南。无锡经营近代工业的荣、周、薛、杨、祝等资本集团，首先资本都是从上海积聚起来的，同时依赖上海销售产品。1895—1911年，江苏115位资本在5000银元以上的民族资本家，主要分布在无锡、南通、苏州、常州、江阴、武进、南京等地。投资主要集中在棉纺织业上，如无锡杨氏业勤纱厂、苏州苏纶纺织厂、南通大生纱厂。江苏南部共有缫丝厂15家，规模较大的有苏经缫丝厂、吴兴缫丝

---

① 张仁静修，钱崇威纂：《青浦县续志》卷二，1934年刊本。

② 王清穆修，曹炳麟纂：《崇明县志》卷四，1924年修，1930年刊本。

③ 方鸿恺修，黄炎培纂：《川沙县志》卷五，1936年铅印本。

厂、民祚绸纺织厂等。其他投资涉及碾米、榨油、火柴制造、造纸、印刷、制革、玻璃制造、机器制造、船舶修理、自来水等公共事业。① 无锡有些五金、百货、卷烟、西药等店号成为上海工厂、商店的特约经销店。上海有些商号也来无锡开设分号，20 世纪 20 年代，上海颜料商先后来无锡开设瑞润隆、大业、泰来、同仁等分号。②

1931 年，江苏省 95% 的产业工人集中在上海、无锡、苏州。在苏北，仅南通有一定数量的产业工人，而更北的扬州、盐城、阜宁等地只有为数不足 100 的产业工人。

前述无锡等地现代产业的崛起，意味着上海与邻近地区的产业分工出现从垂直向水平的趋向。上海利用区域市场一体化的机制，实现规模集聚经济，周边城市利用上海的“溢出效应”，融入以上海为中心的市场与区域经济板块中，例如松江等周边市镇，利用与上海毗邻的地缘优势，加快与上海的“接轨”，主动利用市场化手段与上海所提供的资源平台，进入上海经济圈的地域分工中。但是这种融入同样具有空间与结构上的差异。在结构上，上海的势能远大于其他城镇，其他城镇又远大于一般市镇；在空间上，随着距离远近而产生的便捷度变化，又存在着新一轮的空间势能差。

（三）上海与长三角市镇、边远地区的经济情形

就区域大中心上海而言，其与区内市镇之间的经济关系基本上存在三种情形。（1）基于生丝、面粉等产业内分工而形成的产业上下游链；（2）基于商贸往来而形成的市场联系；（3）基本上不存在经济上的直接联系。以下文献分别反映了这三种情形的地理空间。

以上海发展面粉业为例，截至 1911 年，已设有民族资本机器面粉厂 7 家，1912 年新开办 1 家，1913 年又增 3 家，至此共有 11 家，其资本总额为 230 余万元，年生产能力达 750 万包。为保证原料供应，这些面粉厂纷

① 彭泽益编：《中国近代手工业史资料》（第二卷），中华书局 1962 年版，第 221 ~ 224 页。

② 《无锡五金行业志》，1987 年，第 14、26 页。

纷派人到产地设庄收购，小麦价格逐步上扬，促使农民扩大了小麦种植面积。据统计，同上海麦源供应关系比较密切的江苏、安徽、江西、湖北诸省，小麦年产量从 1914 年的 5000 多万担逐年上升到 7000 多万担。①

民国中期，嘉善县“今则夥贩洋药洋货接踵于淞沪间，厘金输纳外，岁出洋银不下数十万，虽蚕丝较旺于前，所进不敌所出”②。

民国中期，甘泉县“工业尚未大兴，郡城（按指扬州）新设立者织布厂二，附郭制蛋厂二”。甘泉县主要产业有麻油、纸张、米谷，“有鸡鸭行贩运鸡鸭，江南为数甚巨”，“黄珏桥一带乡民多制草履转贩镇江、上海、江宁、芜湖等地，业虽微销行颇广”。螃蟹“昔年盈筐入市价甚廉，自轮舶火车通行贩运沪上，遂日见少且甚贵云”③。

1900 年前后，富阳县“商货较匪前繁盛数倍，然市厘铺户皆外来之人，土著只能以所出土货售客易钱，垄断之权任客操之。……北乡妇女惟佐其夫揭晒草纸，然所博甚微，南乡则除育蚕外绝无恒业”④。

光绪初年，浙西“孝丰地僻民希，人崇俭约，有邠风、稼穑之遗”⑤。但浙北平湖县，“尔来富家子弟专事浮华，费用愈奢，物力愈匮，时绌举羸，曷以为继?”⑥

宜兴县有羡余织布公司、达昌渔业公司、阳羡垦牧树艺公司。⑦

民国中期，浙西昌化县“刀耕火种力殚于山，畜畲刈获于地，楮漆薪炭货殖于商，率勤业，耻游堕，虽庾盈室丰者亦俭质无靡”⑧。

（四）社会经济变革中的空间差异

概而言之，以上所显示的上海中心与长三角区内的经济互动的空间差

---

① 上海市粮食局等编：《中国近代面粉工业史》，中华书局 1987 年版，第 113、120 页。

② 汪峰青等修，顾福仁等纂：《嘉善县志》卷八，1929 年刊本。

③ 钱祥保等修，桂邦杰纂：《甘泉县续志》卷六，1926 年刊本。

④ 汪文炳等修纂：《富阳县志》卷十五，光绪三十二年刊本。

⑤ 刘濬修，潘宅仁纂：《孝丰县志》卷一，光绪三年刊本。

⑥ 彭润章修，叶廉锷纂：《平湖县志》卷二，光绪十二年刊本。

⑦ 陈善谟等修，徐宝庆等纂：《光宣宜荆续志》，1920 年刊本。

⑧ 陈培廷修，潘秉哲纂：《昌化县志》卷六，1924 年铅印本。

异，可以视为区内口岸向腹地经济辐射的空间进程图景，也可以视为长三角地区近代社会经济变革的空间差异图。这可以理解为经济发展或变革的空间形态，凸显了近代长三角地区经济变革与发展的一个尺度——空间。

19世纪60年代末到70年代的方志中记述，上海地区“今俗奢靡无等，男子衣服无论士庶舆台，但力所可为即缎衣貂帽，亦所不忌，寻常宴会无山珍海错，群以为羞。《娄县续志》云向来商贾不敢衣锦，中人之家妇女不饰金珠，不蓄罗绮，士大夫一筵之费不过一二千钱，今则靡靡奢侈，此生计之所以日绌也”①。

江苏省昆山新洋县以前“民有老死未尝越境者，自苏沪铁路成，邑境实为孔道，商贾贸易繁盛于旧，而居民亦习于奢华，轻于出游，然纯朴之风尤胜他邑富厚之家，城市如乡居出门必徒步，男子不惮劳役，妇女躬执爨炊，此犹故俗之未变者，故邻邑大户犹有慕其俭约而卜居者焉”②。

据韩起澜的推算，扬州人、南通人比盐城人、淮阴人生活境遇要好，根据她总结的教育与职业对照表，南通人的受教育程度远高于淮安人；扬州人、海门人所从事的职业远远好于淮安人。如受过大学教育、专业学校教育、高中教育的人中，南通人的比例分别为0.3%、5.4%和19.8%，而淮安人为0.9%、0.6%和0.6%。又如从事的几种职业——律师、生意人、工厂工人，淮安人所占比例分别为0.3%、5.1%和26.6%，扬州人为5.0%、89.2%和0.8%，海门人为2.3%、37.2%和3.7%。③

三、腹地经济变革的绩效

相关研究认为，近代江南工商业资本家实际大多由城居地主蜕变而成，近代以来城居地主投资土地的热情并未稍减，而对农村其他方面的投资却日益扩大，如投资于农作物品种的改良，投资于经济作物的商品性生

---

① 博润等修，姚光发等纂：《松江府续志》卷五，光绪九年刊本。

② 连德英等修，李传元等纂：《昆新两县续补合志》卷一，1923年刊本。

③ ［美］韩起澜著，卢明华译：《苏北人在上海，1850—1980》，上海古籍出版社2004年版，第83～84页。

产，投资于新式农场，等等，对农村产业的改良起到一定的推动作用。①但是在近代，农村农业发展水平基本维持在“糊口”的水平线上，真正影响并改变腹地农村经济面貌的主要是乡村副业。

关于江村360户家庭职业分化的调查显示，农业274家，专门职业59家，渔业14家，无业13家，76%的家庭从事农业。其中59家从事专门职业之中，包括在城镇就业的（14家）、纺织工人（6家）、零售商（10家）、航船主（4家）、各种手工业与服务业（24家）。纺织工人人数较低的原因有两个，一是在村外丝厂工作的女工没有被视为城镇就业人员，二是各种手工业不完全专业化，大多不需要具有专门知识的农业劳动者。②纺织工人“为镇上的丝行工作，丝行从村民手里搜集土法缫制的生丝，质量不整齐，在出口或卖给丝织厂以前，必须通过反摇整理。这种整理工作由村民来做。丝行把原料分配给纺丝人，然后再收集起照工作量给予工资”③。

在番禺县，“县内近省会经营企业者，皆集中于广州，故内地均不甚发达，如市桥、高塘、江村、新造、东围等墟场，虽称县内繁盛之区，亦不过只有小商店及手工业而已”。在工商业颇为繁盛的新会县，中心城镇江门有商店三千家，新会县城有商店千余家，但是排在第三位的泷水口墟商店不过170家。民国时期的调查显示，尤其在靠近珠三角数县之外的毗邻地区，“县内交通便利地方则经济较为宽裕”。在惠阳（归善），“县民多事农业。商业以附城为特盛”④。光绪五年（1879）前后，香山县“邑惟南乡人多商于外，余则专恃田产。邑城富者置田，贸易非所长。村落小农概业于耕，故农伤则举邑疲弊”⑤。

---

① 黄敏、慈鸿飞：《城居地主与近代江南农村经济》，载《中国农史》2006年第3期。

② 费孝通：《江村农民生活及其变迁》，敦煌文艺出版社1997年版，第89～90页。

③ 费孝通：《江村经济》，上海人民出版社2006年版，第96页。

④ 广东省民政厅编：《广东全省地方纪要》（第一册），1934年，第195页。

⑤ 田明曜修，陈澧等纂：《香山县志》卷五，光绪五年本。

如果有限的经济发展能量仅仅停留在这些中心市镇，那么那些专业化大市镇的兴起，究竟是否意味着在市镇与口岸中心密切的经济互动中，它们以牺牲广大基层中心与腹地的比较收益作为代价？一如过去通常认为的那样：繁盛的区域性中心商业城镇的经济是建立在对中层市场中心以下腹地比较利益的掠夺之上。

如果再将视线延伸，观察珠三角地区中心与外围的关系，1934 年的增城县“工商事业亦形衰落。然而人民生活，尚较博罗、龙门各属为稍裕”①。同样积极开拓生丝生产的四会县，远远不及顺德、南海，“蚕桑不广，惟邑之西南各村间有之，故邑无丝市，缫毕则前往西南以求售，然不得善价，止可打线，不堪织绸”②。“当地农民所饲育之蚕种，均赖南海、顺德供给。所收获蚕茧，亦须向南海、顺德贩卖，蚕丝事业，向无联系组织。”③

到了 20 世纪 20 年代末至 30 年代，不仅腹地农村，一些主要的市镇经济同样凋敝，主要原因在于原来赖以生活的农产品与手工业品的销售出现困境。据研究工农产品比价的结果：近代农产品在城市的销售价格只有实际的 35% ~75%，工业品价格则比产地价格大约高出 100%。④ 这样的工农业产品剪刀差，长期以来剥削内地农村，直接影响到农村入超的增大。20 世纪 30 年代开始，农产外销已经空前滞缓，于是农村入超增大，本来就积累不多、具有“糊口经济”特征的乡村，仅有的资金流入城市，尤其是通商大埠，造成了腹地的普遍贫穷。⑤

有研究认为晚清苏州的商业与金融颇有发展，但城市工业几乎没有建立⑥，这种情形在民国中期获得了显著的改变。根据吴县社会调查处的数

---

① 广东省民政厅编：《广东全省地方纪要》（第一册），1934 年，第 304 页。

② 陈志喆、刘德恒修，吴大猷纂：《四会县志》编一，光绪二十二年本。

③ 广东农林局编：《广东蚕丝业概况》，新建设出版社 1941 年版，第 4 页。

④ 陈其广：《百年工农产品比价与农村经济》，社会科学文献出版社 2003 年版，第 216 页。

⑤ 吴承禧：《中国的银行》，商务印书馆 1935 年版。

⑥ 张海林：《从晚清苏州的商业变化看江南城市的开放格局》，载《江海学刊》2000 年第 3 期。

据，20世纪30年代苏州资本2000元以上的工厂有42家，其中200万元1家，50万~60万元3家，15万元1家，6万元1家，1万~5万元15家，2000~6000元21家。按资本多少排序，前十位依次为：苏州电气厂、苏纶纺织厂、苏州鸿生火柴厂、延昌恒丝厂、华成益记纸板厂、瑞记荷兰水厂、振亚织物厂、开源电机织绸厂、兴业织布厂、天孙丝织厂。① 现代城市工业的兴起，并没有为乡村的经济发展做出贡献，反而拉大了乡村与城市的距离。就经济区的运行而言，中心城市的成长没能带动腹地的发展。

费孝通在《乡土重建》中将传统社会的乡村经济结构概括为“工农混合的乡村经济”。江南家庭的手工业，在产棉区是手工棉纺织业，而在蚕桑区则为丝织业。“江浙太湖流域原是‘上有天堂，下有苏杭’的好地方，其所以富庶的原因之一就是农村里的丝绸业十分发达。有些农村，农业只够供给农民一些日用的粮食，其他生活费用全是从养蚕、制丝、织绸以及有关的手工业中得来。”② 腹地丝织业的近代发展得益于口岸开放的推动，而不是口岸腹地的二元性制约了内地生丝的发展。在19世纪末之前，从总体上看，新外贸结构造成的影响更多地在于刺激了江南农村以外贸为导向的商品生产的发展，丝、茶出口增长，相关的手工业勃兴。但是，当口岸与腹地之间的近代城市获得一定发展后，它们又反过来抑制了乡镇的成长。

回顾王家范先生提出的问题，可以做出如下的回答：近代口岸开放以来，上海因为独有的经济地理优势，加上外部经济的诱发，促成了早期上海以港兴市，并逐渐成长为综合性的都市。上海的经济繁荣与成长背后隐而不见的最大的推动因素，是开埠以来江南经济的发展，生丝、茶叶等出口为农家、市镇带来空前的比较收益，因此，正是长三角腹地支撑了上海口岸持久的繁荣。同样，上海取代苏州成为区域中心后，通过中心的力

---

① 黄蕴深编：《吴县城区附刊》，1931年铅印本，第83~84页。

② 费孝通：《芳草天涯——费孝通外访杂文选集》，苏州大学出版社1994年版，第26页。

量，给腹地提供物流、金融、技术、信息上的交换，又为长三角地区带来了新的成长机遇。通过考察空间尺度上三个层级的变革，我们可以发现上海的集聚与扩散效应主要体现在无锡、南通、苏州等长三角内部的中等城市，其次是上海周边地区与主要的交通线一带。江南市镇的活跃程度一度超过区内这些中等城市，但是由于乡村工业缺乏现代技术与理念的更新，最终在缺乏政府扶持的情形下趋于衰落，其中一个主要的环节在于江南中等城市产业发展的滞后，继中心口岸之后，它们难以进一步带动城市与腹地之间的良性互动。现代苏南经济重新崛起，正是得益于家庭与乡镇企业发展并带动了中等城镇的繁荣。

第二节　空间与经济增长[①]

一、重新寻找经济增长的证据

1. 简约回顾：促成经济增长的因素

为什么有些地方经济增长，有些类似的地方却没有，这一直是一个备受关注的问题。经济增长的源泉来自哪里？一般认为是资本投入或劳动投入的增长以及技术进步。

如果重新回顾一下自古典经济学出现以来对经济增长的论述，可以发现：亚当·斯密强调分工与专业化、绝对优势；李嘉图强调比较优势与自由贸易；马克思和恩格斯以及熊彼特强调创新；索洛等人则强调生产要素；贝克尔和舒尔茨强调教育与人力资本；罗默和卢卡斯强调内生性增长，特别是规模报酬递增的贡献，即内生性技术创新；诺斯等人强调制度创新对经济增长的作用；鲍默尔强调自由市场机制是资本主义经济增长的关键。

可以说，自然、资源、人力、社会资本等要素的投入，以及制度创新（尤其是产权安排与市场机制）、技术创新都能成为经济增长的动力。问题

① 本节以长三角地区为中心。

的关键是，在这些要素中，从经济历史演进的进程来看，在特定的发展阶段，是否存在某一种一般性的决定性因素或路径？

2. 能够验证近代中国的经济增长吗？

在前近代中国社会，以个体家庭为基本经济单位的小生产模式，与商人资本运动所形成的区域大市场的大流通方式，组成了前近代中国的“小生产、大流通”的社会再生产方式。① 近代以后，随着逐步融入世界市场，中国对外部市场的依存度提高，传统的均衡经济被打破，形成新一轮的经济增长，形成新的社会补偿与再生产机制，逐步形成“大流通、大生产”的方式。这是中国历史上首次形成的显著经济增长的样本。

此外，近代中国处于全球化浪潮第一波，其中显著的特征是贸易壁垒小，更多受制于资源禀赋、产业与服务分工不明显、产业间的贸易值微小。由于近代中国基本处于经济增长的起点阶段，较少地受制于产业的细化、国际投资、政策环境等方面的影响，这种简约的经济环境，比较适合验证中国经济的增长。

3. 为什么要选择发展地理学这一角度？

关于近代中国经济增长的估算，自刘大中、叶孔嘉以来，相关数据颇有分歧，主要源于对核算的估值不同。众所周知，我们在关注经济增长时，大多以“均质空间”作为逻辑前提，从经济地理学看来，这是难以理喻的。2009 年世界银行发布的世界发展报告从长时段关注经济发展过程中的地理变迁及其含义，分析了要素集聚、经济增长与区域经济不均衡发展的关系。②

对于增长非常不平衡的大国经济来说，全国的平均值无法相对准确地反映地区经济增长的绩效。所以，首先需要寻找“空间差异”，考虑非均质空间上要素与经济活动的分布，从而获得区域性的经济增长图景。马德

---

① 张忠民：《“小生产，大流通”——前近代中国社会再生产的基本模式》，载《中国经济史研究》1996 年第 2 期。

② 世界银行著，胡光宇等译：《2009 年世界发展报告：重塑世界经济地理》，清华大学出版社 2009 年版。

斌选择近代上海与江浙地区，估算了区域 GDP 的增长①，并试图从制度方面解释经济增长的原因。不过其研究结果对区域内部的经济差异仍然视而不见。确实，很多经济要素的空间分布难以清晰化，但是，从发展地理学的视角看来，经济增长的过程也就是空间经济结构优化的过程，空间的优化与经济增长是同步的。所以，如果特定区域长时段经济增长缺乏准确、连续、有效的计量数据，可以通过观察与计算经济空间的优化过程，来有效地度量其经济增长。

4. 如何从长江三角洲地区验证近代的经济增长？

这里重新考察近代长三角地区经济增长，避开单纯计算 20 世纪 30 年代 GDP 的静态数据（或者估算 1910 年前后的 GDP 数据，建立连续的剖面），关注经济增长的地理特征，将区域经济增长的平均数解析到各亚区，发掘不同地区近代经济增长的高低起伏，从生产与流通的环节和空间的角度，寻找近代经济增长的特征、演进过程、绩效。

众所周知，市场开放推动了近代中国的经济增长，因此，增长首先表现在流通环节，然后推进到生产领域。在流通领域，近代口岸开放所带来的商业革命，促进了商品与要素市场的发育。同时，随着市场准入度的提高与交通成本的降低，商业革命提升了市场交易的效率，增强了区域的要素流动。在生产领域，外向化农业、乡村手工业、城市工业的发展，提高了经济存量与再生产投入，增强了社会再生产的能力。通过观察近代长三角地区流通、生产两大领域经济空间结构的变动，我们可以寻找到区域经济增长的源头。

二、市场化与流通空间

按照库兹涅茨的总结，经济增长的表现特征有：产量增长率提高、增

---

① 其研究结果显示，1933 年长三角地区人均 GDP 大约比全国人均 GDP 高出 60%，比日据朝鲜、伪满洲国高出 40% ~50%，仅次于中国台湾与日本。Ma Debin, "Economic Growth in the Lower Yangzi Region of China in 1911—1937: A Quantitative and Historical Analysis," *The Journal of Economic History* 68, no. 2 (June 2008): pp. 355 ~392.

长的范围扩大、增长不平衡、生产率提高、经济结构加速变革。从传统向近代的转变进程中，经济的增长首先映射到市场，促进市场的形态从初级向高级演化。在近代长江三角洲地区，大约在1895年以后，传统的商品流通渠道逐渐改变，形成了一个以上海等通商口岸城市为中心，从口岸到内地与农村的商业网。随着市场交易的扩大与商业资本的发展，城乡之间形成了工业制成品与农副产品的劳动分工体系，乡村被纳入城市经济体系中，这就是近代的“商业革命”，并引发近代中国的“工业成长”。通过以下口岸贸易的数据，我们可以了解近代长三角地区的流通空间。

传统长三角地区的经济中心在苏州，至晚清末期，形成了以上海为龙头的有序的港口分工体系，宁波、镇江、南京、苏州、杭州等其他港口的国内外贸易大多要通过上海的转口来进行。晚清长三角地区各口岸城市的货物中转率①，基本上比较清晰地反映了这一流通大格局。据表6.1中选取的1900—1905年的数据，上海的中转率大约为60%，其他口岸都比较低，仅仅宁波与南京部分年份保持1%～2%。

表6.1　长三角地区口岸商品中转国内外比例（%）（晚清时期）

	1900年		1901年		1902年		1903年		1904年		1905年	
中转	外洋或香港	国内口岸(不包含香港)	外洋或香港	国内口岸(不包含香港)	外洋或香港	国内口岸(不包含香港)	外洋或香港	国内口岸(不包含香港)	外洋或香港	国内口岸(不包含香港)	外洋或香港	国内口岸(不包含香港)
芜湖	0.00	0.28	0.00	0.28	0.00	0.18	0.00	0.39	0.00	0.14	0.00	0.05
南京	0.00	0.43	0.00	0.22	0.00	0.24	0.00	0.22	0.00	1.31	0.00	0.24
镇江	0.24	0.70	0.14	0.39	0.10	0.43	0.03	0.53	0.05	0.51	0.01	0.31
上海	21.12	38.76	16.47	43.85	17.98	41.92	19.69	46.48	21.70	42.39	17.87	42.27
苏州	0.00	0.23	0.00	0.43	0.00	0.67	0.00	0.58	0.00	0.51	0.00	0.15

① 货物中转率的计算公式为：中转率 =（洋货复往外洋及香港 + 洋货复往通商口岸 + 土货复往外洋及香港 + 土货复往通商口岸）/进出口总值 × 100%。

（续表）

中转	1900年		1901年		1902年		1903年		1904年		1905年	
	外洋或香港	国内口岸(不包含香港)	外洋或香港	国内口岸(不包含香港)	外洋或香港	国内口岸(不包含香港)	外洋或香港	国内口岸(不包含香港)	外洋或香港	国内口岸(不包含香港)	外洋或香港	国内口岸(不包含香港)
杭州	0.00	0.31	0.00	0.16	0.00	0.11	0.00	0.09	0.00	0.07	0.00	0.12
宁波	0.00	1.21	0.00	0.99	0.00	0.99	0.00	1.23	0.00	1.18	0.00	1.54

数据来源：中国第二历史档案馆、中国海关总署办公厅编《中国旧海关史料(1859—1948)》，京华出版社2001年版。

此外，如果将晚清长三角地区各口岸城市之间的埠际贸易数据整理后，则可以发现贸易通道的强度与等级。表6.2计算了长三角地区内联系通道的物流系数。

表6.2　长三角地区内联系通道的物流系数（晚清时期）

	联系通道	物流系数	联系通道	物流系数	联系通道	物流系数	联系通道	物流系数
第一级	上海—杭州	21216.0	上海—镇江	19574.7	上海—宁波	18948.7	上海—芜湖	12027.3
第二级	上海—苏州	2525.6	上海—南京	2310.2				
第三级	镇江—芜湖	162.1	镇江—宁波	135.4	芜湖—宁波	126.7		
第四级	南京—镇江	34.7	苏州—杭州	21.7				
第五级	芜湖—南京	5.8	苏州—宁波	4.3	镇江—杭州	3.3	芜湖—苏州	2.8
	南京—宁波	1.4	南京—杭州	0.8	宁波—杭州	0.2		

（续表）

	联系通道	物流系数	联系通道	物流系数	联系通道	物流系数	联系通道	物流系数
第五级	芜湖—杭州	0.0	南京—苏州	0.0	镇江—苏州	0.0		

数据来源：中国第二历史档案馆、中国海关总署办公厅编《中国旧海关史料（1859—1948）》，京华出版社2001年版。

注：数据不足0.1，则标记为0；第一、二、三、四、五级通道的物流系数为12000～22000，2000～2600，100～150，21～100，0.2～5。

将表6.2的数据直观地反映到图6.1上，可以看出近代开埠以后区域经济要素流动通道的改变，形成了以上海为中心，上海—杭州、上海—宁

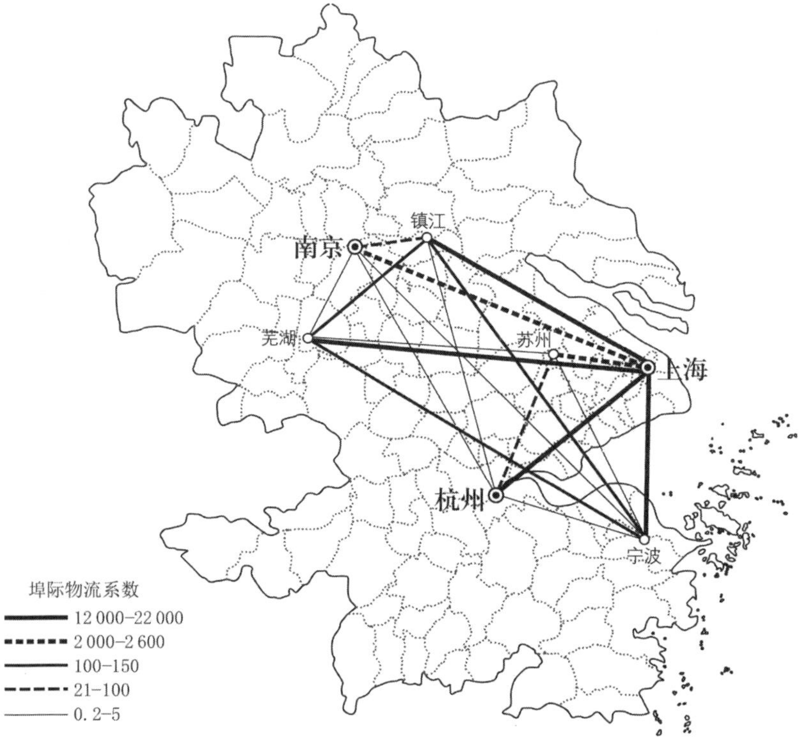

图6.1　长三角地区各口岸间物流系数（晚清时期）

数据来源：中国第二历史档案馆、中国海关总署办公厅编《中国旧海关史料（1859—1948）》，京华出版社2001年版。

波、上海—镇江、上海—芜湖为轴线的要素流动线路。由于晚清农业经济仍然占主导地位，区域内部的分割是广泛存在的常态，以城市间的点线轴联系为主。这些特征表明，近代早期长三角地区还处在经济增长的初始阶段。

及至民国时期，虽然口岸之间中转的绝对数量增加较多，但整体格局与晚清相比变化仍然不是很显著。上海的货物中转率略有下降，仍在60%左右，其他城市都有所上升，其中以镇江、南京比较明显，由1%以下增加到2%～5%。

表6.3、图6.2采用民国时期1936年的埠际贸易数量，表现了长三角地区口岸之间联系通道与强度的变化，可以看出，晚清到民国期间，长三角地区口岸间的物流量有所增长。就空间的联系通道而言，虽然主要的物流通道并没有显著的变化，但民国时期各口岸之间的回路联系增强，出现网络化联系的趋向，中心城市的要素集聚程度增强。这暗示着民国时期经济建设与地方产业的发展，地方化经济的显著增长以及产业内贸易的增强（这一特征得到第二小节工业投资数据的支持）。这与近代上海从贸易中心演进为经济中心，在时间轨迹上是一致的。

表6.3　长三角地区内联系通道的物流系数（1936年）

	联系通道	物流系数	联系通道	物流系数	联系通道	物流系数	联系通道	物流系数
第一级	上海—宁波	28614.8	上海—芜湖	26509.1	上海—杭州	20957.1	上海—南京	11843.1
第二级	上海—镇江	4194.5	上海—苏州	2592.4	南京—芜湖	2592.4		
第三级	镇江—南京	482.8	镇江—芜湖	391.3	南京—宁波	335.4	镇江—宁波	140.2
第四级	芜湖—宁波	67.7	芜湖—苏州	60.6	芜湖—杭州	23.3	宁波—杭州	21.8
第五级	苏州—杭州	0	苏州—宁波	0	南京—杭州	0	南京—苏州	0

（续表）

	联系通道	物流系数	联系通道	物流系数	联系通道	物流系数	联系通道	物流系数
第五级	镇江—杭州	0	镇江—苏州	0				

注：数据不足 0.1，则标记为 0；第一、二、三、四、五级通道的物流系数为 12000～29000，2600～4300，100～500，21～100，<21。

数据来源：韩启桐、郑友揆编纂《中国埠际贸易统计（1936—1940）》，中国科学院 1951 年版。

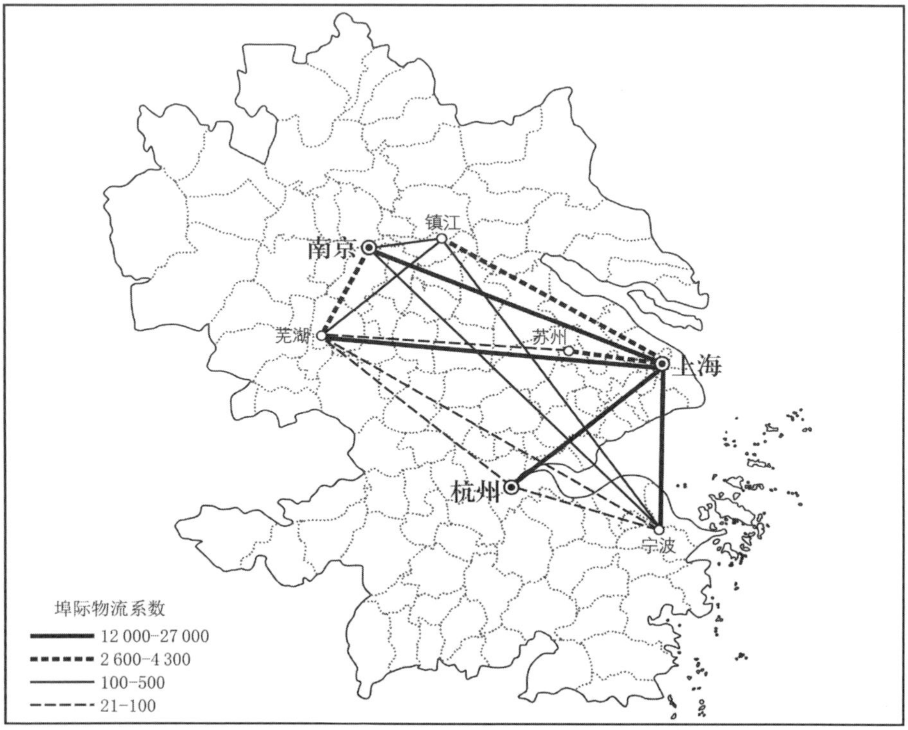

图 6.2　长三角地区各口岸间物流系数（民国时期）

数据来源：中国第二历史档案馆、中国海关总署办公厅编：《中国旧海关史料（1859—1948）》，京华出版社 2001 年版。

众所周知，单纯的商业活动只能改变物质财富的空间配置，并不能创造出新的物质财富。布罗代尔把贸易区分为两种不同类型：一种是低级形式，如集市、店铺、商贩等；另一种是高级形式，如交易会、交易所等。[①]低级形式的市场交易活动通常是与地方性的、自给自足的经济相联系，只能成为生产活动与消费活动的中介，而不能改变该地区的要素稀缺性与基本资源禀赋。被布罗代尔称之为高级的市场贸易方式，超越了地方的界限而日益演变成为全球性的贸易行为，能改变该地区的要素稀缺性与资源禀赋。近代长江三角洲地区的流通空间显示，区域商品与要素的流动已经促进了地方化经济与产业内贸易的形成，促进了中心城市的要素集聚与经济增长。

三、工业化与生产空间

口岸开放带动了沿海、沿江地区的外向化经济增长，口岸城市不仅是中国商业与交通最发达的地带，也是近代工业最集中的地点。[②] 口岸城市区域性贸易中心地位的确立，也诱导了资本与企业的集中，一些外国资本与民族资本开始在口岸城市建立近代工业，利用当地原料与劳动力生产工业制成品，就近销往内地。长三角地区与世界经济体系发生了前所未有的联系，推动了近代工业的产生和发展，加速了区域经济结构的变迁。

1895 年之前，上海是中国最大的贸易口岸以及商业贸易中心，20 世纪以后，上海迅速成长为中国乃至远东的工业、商贸、金融和经济中心。[③]上海人口在 1890 年不到 50 万，1910 年超过 100 万，1930 年达到 350 万。1900 年前后，上海开始从贸易中心向工业中心转变，尤其是轻工业中心。1902—1911 年的海关报告认为，“近几年来上海的特征有了相当大的变化，以前它几乎只是一个贸易场所，现在它成为一个大的制造业中心”[④]。据第

---

① ［法］费尔南·布罗代尔著，杨起译：《资本主义的动力》，生活·读书·新知三联书店 1997 年版，第 67 页。

② 吴松弟：《市的兴起与近代中国区域经济的不平衡发展》，载《云南大学学报（社会科学版）》2006 年第 5 期。

③ 张忠民：《近代上海经济中心地位的形成和确立》，载《上海经济研究》1996 年第 10 期。

④ 徐雪筠等译编：《上海近代社会经济发展概况（1882—1931）》，上海社会科学院出版社 1985 年版，第 158～159 页。

二节所述可知，大约到20世纪上半叶，在国内埠际贸易中，随着外贸埠际转运比例的下降，上海外贸中心的影响力有所下落，但工业中心地位则逐渐兴起。[①] 学界普遍认为到20世纪20年代至30年代，上海已经成为中国的工业中心。[②]

以往对近代中国GDP的估计，忽略了工业增长的地域特征。1930年前中国的工业与服务业增长不成比例地集中在上海，1933年上海的制造业产出占全国总产出的50%，上海的纱锭产量占全国的50%~60%，发电量占全国的50%。1931年上海吸收了外国在华投资（FDI）的34%，外国直接投资的制造业67%集中在上海，1896—1936年全国外贸的50%经过上海，1936年上海占有全国金融资产的47.8%。[③] 徐新吾、黄汉民辑录的上海历年工业总产值，证实了上海工业的快速增长，1896—1936年工业部门的年均增长率为8.7%，1912—1936年的年均增长率为9.6%。[④] 马德斌采用刘大中、叶孔嘉、巫宝三等人的研究数据，估算了1933年江苏、浙江两省（包括上海）13个部门的国内净生产值，以及它们在全国所占的比重，发现江浙二省现代工业占全国总产值的6.44%（全国的平均水平为2%），1933年江浙两省现代工业与制造业（包括传统形式的手工业）的净生产值比率为0.34%（全国的平均水平为0.24%）。[⑤] 从某种程度上看，江苏省南部、浙江省北部地区的经济结构，

① 唐巧天：《上海外贸埠际转运研究（1864—1930年）》，复旦大学2006年博士学位论文。

② 张仲礼主编：《近代上海城市研究（1840—1949年）》，上海文艺出版社2008年版，第17页。

③ 熊月之主编，陈正书著：《上海通史》第4卷《晚清经济》，上海人民出版社1999年版；张仲礼主编：《中国近代城市：企业·社会·空间》，上海社会科学院出版社1998年版。

④ 徐新吾、黄汉民主编：《上海近代工业史》，上海社会科学院出版社1998年版，第311~342页。

⑤ Ma Debin, "Economic Growth in the Lower Yangzi Region of China in 1911—1937: A Quantitative and Historical Analysis," *The Journal of Economic History* 68, no. 2 (June 2008): pp. 355~392.

已经明显有别于传统的农业经济。

如果能够进一步揭示工业生产的空间分布，就可以推进该项研究，并能对其中混沌之处给予解释。图 6.3 展示了 1933 年江浙两省长三角地区各市县工业企业的分布状况，图中所标示的工厂并不局限于使用动力的现代工厂，有些市县如绍兴、吴兴县等工业企业很多，但大部分工厂为丝织业小作坊，资本额较低，平均人数较少。大机器工业主要集中在上海市、无锡县、杭县、南通县、南京市，这五个地区的工厂资本额占长三角工厂资本总额的 85.61%，工人数占总工人数的 75.98%。如图 6.3 所示，资本总额较多的市县大都分布在沿江—沪宁—沪杭—杭甬沿线，而以沿江与沪宁沿线更为显著。

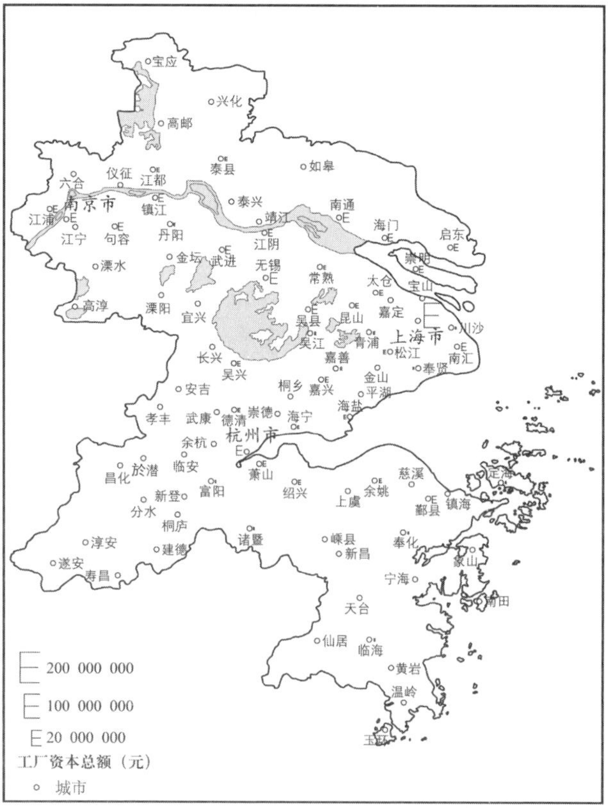

图 6.3　长三角地区工业分布（1933 年）

江苏省的近代工业主要集中于南京至上海的长江沿岸地区，分布在以沪宁铁路为中轴的长江南岸至太湖流域东北部的狭长地带，尤其是苏州（吴县）、无锡、常州（武进）、镇江、南京等地。这一经济走廊不仅是江苏省，也是全国棉纺织业、丝织业、粮食加工业及机器制造业最发达的地区之一，它集中了江苏全省工业投资额的75%，全省工业总产值的79%。① 此外，江苏省近代工业较为集中的另一地区是以南通为中心，北自扬州，南至启东、海门、崇明一带的长江北岸区域。南通主要以棉纺织工业为主，占江苏全省棉纺织工业总产值的36%，面粉工业也占总产值的8.9%。简而言之，江苏省内的近代工业分布是非常不均衡的，除了以上两个地带以外，全省其他地区的工业则极为薄弱，投资额只占全省的2%，产值只占全省的3%。②

相对江苏板块，近代浙江板块的工业不甚发达，仅仅杭县、鄞县等少数市县近代工业较为集中，其他大部分地区则比较弱。同样，近代安徽东部的工业也薄弱，1907年芜湖工业资本仅91万元，至1932年共有24家近代机器工厂（资本235万元，产值347万元）。③

从人口的密度来看，近代长江三角洲地区人口密度高的城市分别是上海、杭州、南京、无锡，以及人口密集分布带沪宁走廊。从工业投资的地区分布来看，现代工业主要集中在沪宁铁路沿线地带，尤其是上海、无锡等地。从要素流动的层面看，这也就解释了近代经济史学者比较困惑的特殊现象，即在长江三角洲地区内部，为什么近代的江苏板块与沪宁通道的经济增长速度比浙江板块与沪杭通道明显要快。

如上述讨论的那样，近代企业绝大部分建立在通商口岸或靠近通商口岸的地方，其中以上海为最多。除了矿场外，规模较大的工厂（如机器造船厂

---

① 在全省轻工业三大行业中，该经济走廊占有棉纺业总产值的64%、缫丝业总产值的100%、面粉业总产值的71.5%。

② 林刚、唐文起：《1927—1937年江苏机器工业的特征及其运行概况》，载《中国经济史研究》1990年第1期。

③ 逢壬：《芜湖近代工业之现状》，载《钱业月报》1933年第13卷第3期。

与纺纱厂，水、电、煤气工业和烟草工业）都集中在上海与少数几个通商口岸。上海等通商口岸提供了发展大工业所必需的现代金融、交通、动力、技术、信息等方面的有利条件，形成集聚效应。此外，由于租界享有各项特权，尤其是产权保护，这为经济增长奠定了良好的制度基础。无论是外资企业，还是本国资本的近代企业，绝大部分都集中在通商口岸地区，便于利用机器、熟练工人、资本集中等。此外，口岸是国内外市场的总汇，也是各类企业集聚之地，便于在产业的上下游联系中获得增长机会，例如附属于口岸的航运业需求，促进了船舶修造与机器修理厂的发展；进出口贸易的扩展，促进了仓库、报关、保险业的发展。所以，现代工业尤其是规模较大的工业，通过在口岸城市的集中，获得聚集经济所带来的报酬递增效应。

在经济发展的早期，经济要素迅速流动集中到城镇，资本、消费者、工人的集中迅速带来了生产优势，运输成本又限制了利益外溢。人口的集中有助于更好地保持城市地区基础设施与公共服务。农村地区的居民涌入城镇，减少了农业剩余劳动力，同时降低了农村劳动力市场工人之间的竞争，劳动力节约型的技术进步解放了劳动力，促使人们向城市移民，提高了劳动生产率。上海从其他地区吸引了劳动力进入，同时，上海的资本与企业反过来流向长江三角洲的其他地区，最显著的例子是无锡成为“小上海”，在20世纪30年代成为中国第五大工业城市。无锡的企业资本很大程度上来自上海，南通的情况也比较类似。

随着区域分工的深化，各区域经济发展的专业化倾向增强，同时，区域间竞争的加剧也使区域之间相互依赖的程度加深。按照产业经济学的原理，区域经济发展到一定的程度，必然要带来产业的“梯度转移”，实现经济发展的重心逐渐从沿海向内陆辐射，形成区域经济发展合作。通过合作可以冲破要素区际流动的障碍，促进要素向最优区位流动，使得区域资源配置得到优化。在上海、青岛、武汉、天津、无锡和南通六大纺织工业城市中，1913年上海的纱锭数名列第一，南通第三，无锡第四（1936年无锡上升为第三，南通第四）。[①] 从生产空间的变化来看，我们也可以发现

---

① 严中平等编：《中国近代经济史统计资料选辑》，科学出版社1955年版，第128页。

近代长三角区域经济增长进程中，中心与边缘的集聚扩散效应。

四、经济增长的路径与源泉

我们从发展地理学的角度，重新验证了近代长江三角洲地区的经济增长，发现在近代时期，经济增长是从流通领域萌生，然后扩散到生产领域，通过要素流动与效率的提升，以及商业资本的积累，促成经济起飞。这与斯密等市场主导学派的分工贸易、比较优势、自由市场机制的经验是一致的，或许，近代开放贸易与市场发育是经济增长的内在源泉。与库兹涅茨定义的“经济增长”不同，在自由市场机制下，通过资本积累、要素投入、制度创新，在内生性技术进步不足的情况下，同样可以形成一个显著的经济增长。以下将进行相对详细的阐述。

1. 近代经济增长的路径

农业依赖土地且缺乏规模经济，因而形成了分散的点状空间经济形态。在近代早期，人口主要分散在农村，即使区域最大城市（例如苏州）的规模也比较有限，城市居住区一般是城墙之内的街坊，这类城市一般毗邻交通要道（例如苏州在大运河沿岸），本身所生产的产品比较少，主要提供剩余农产品的交换，即“小生产、大流通”的形态。

近代商业发展起来后，快速增长的对外贸易带动了城乡的产业分工，要素的流动与效率的提升，促进了城市的发展与经济的增长，改变了经济增长的空间均衡。以进出口贸易带动的市场化，主要受益地区是上海等口岸城市及其毗邻地区，例如沪宁、沪杭沿线地带，江浙的边缘地区所获得的回报相对较少。只有比较多地参与国际分工，且能在分工中不断提高效率的产业或地区，才能够有效地提高产量与生产率，获得更多的比较收益与边际回报。

近代工业发展起来后，经济增长对土地的依赖程度相对下降，规模经济与空间集聚形成，加剧了经济增长的空间不平衡。同时，伴随着自给自足的封闭经济向开放经济的转变，在国际或区际贸易的推动下，经济活动将会高度集中在贸易成本最低的区域，比如沿海、沿江、交通线两侧或国家、区域的边界地区。

通过近代长江三角洲地区生产与流通空间所展示的图景，我们可以还原近代中国市场化与工业化背景下的经济增长路径。

2. 近代经济增长的源泉

为什么在近代中国首次出现显著的经济增长？

随着世界一体化程度的加深，世界市场对于区域发展的影响超过国内市场，近代中国市场潜力的提高归功于贸易的迅速增长，近代长三角地区的经济增长即肇始于此。通过参与世界贸易与分工，我国改变了社会资源的配置方式，同时通过对外交流获取知识、资源、资本（内陆地区通过口岸获取），并形成了区域之间的激励、学习机制。这一过程推动了区域城乡之间的产业演进，打破了前近代小农经济下的均衡状态。从这个意义上来说，近代自由市场机制的形成是经济增长的源泉。

库兹涅茨认为："一个国家的经济增长，可以定义为给居民提供种类日益繁多的经济产品的能力长期上升，这种不断增长的能力是建立在先进技术以及所需要的制度和思想意识之相应的调整的基础上的。"近代长江三角洲地区参与世界市场的分工，实现了经济产量的显著提升，获得了市场流通所形成的早期资本积累以及国内外的资本投入，在技术进步显著不足的情况下，却实现了显著的、持续的经济增长。这又是为什么呢？

从本节对近代长三角地区生产与流通空间的解析中，可以发现区域经济增长的空间路径：市镇（成为小区域产品中心）—中等城市（成为地方化经济中心）—大城市（成为创新、服务中心）。近代市场塑造了城镇网络，促进了早期资本在市镇、中等城市、大城市的积累，随着市场交易效率的提高，更多的要素被卷入，市镇提供初始的自然资源，中等城市进行初步的手工作坊式加工，大城市进行技术创新与交易服务，利用比较优势参与世界市场。大城市的经济集聚优势，尤其是租界城市相对完善的制度保障、信息与标准，与中小城市的廉价资源、人力资源相配合，形成区域经济增长的发动机、齿轮、传送带，使近代中国长三角地区获得显著持续的经济增长。

第三节　“地域化经济”及其机制[①]

一、近代经济增长中的一个空间现象

（一）概念与辨析

1. “地域/区域”“地域/区域经济”概念

“地域”一般是基于自然地貌或人文要素而形成的空间概念，多用于地理学，有别于人为划定的“区域”概念，后者多用于经济学。从起源来看，地理学更偏重于观察、记录等描述方法，直到晚近才转向科学化，故而，从地理空间角度讨论经济要素的变动，多采用“地域经济”之概念（与“区域经济”概念的问题意识相似）。

2. “地域化经济”“地方/地方化经济”之辨析

我们知道，经济的全球化与地域化是一对关系密切的反义词，只能从相对的一方那里才能理解自己。迈克尔·斯多珀用经济学的术语如此定义：“地域化的经济是由依赖地域特定资源的经济活动构成的，这种‘资源’可以是仅出自某一个地方的特殊要素，或者更复杂一点，只能从某种特定的组织内部或企业——市场关系中获得要素，包括地理邻近性，或者说地理邻近的关系比其他方式能够更有效地产生这种特殊要素。”[②] 从这里出发，我们可以看到地域化经济具有独特生成性、自我演进性、地理关联性，这比单纯地理上的地方经济，或因外部经济集聚的地方化经济，包含了更多的内容。

（二）近代中国的“地域化经济”现象

在前近代中国历史上只出现过地方性或区域性经济现象，无论是《货殖列传》中的描述，“苏湖熟”“湖广熟”的说法，还是古代中国基本经

① 本节以粤桂省区为中心。

② ［加］特雷弗·J. 巴恩斯、［美］杰米·佩克、［美］埃里克·谢泼德、［英］亚当·蒂克尔主编，童昕等译：《经济地理学读本》，商务印书馆 2007 年版，第 272 页。

济区的概念（冀朝鼎，1934），所呈现的均为农业经济主导下，跨区域间的生产交换状态。近代中国从农业经济向工商经济转变中，在深度参与国际劳动分工之下，首次出现“地域化”的经济现象。也就是说，在不同的自然地理禀赋下，在特定的地域内，形成了以工商城市为中心，以城市腹地为外围的流通、生产系统。该地域具有一些明显的特征：对外相对独立，内部联系密切，具有一定的层级结构，一般作为一个整体参与外区域、全球的分工体系。这是近代中国出现的一个新经济现象，也是“千年未有之变局”下的新陈代谢，对这一现象以往我们均忽略未见，其中是否还另有深意？

（三）相关说明

1. 论证的逻辑

关于近代中国经济成长，本来仅需关注生产领域亦可，但由于中国近代经济是外来移植的，在早期更为重要的活动是通商贸易，以及与此相关的服务经济，然后再切换到发展现代产业方面，我们从晚清商战以来所提倡的实业内容的变化中可以清楚地感受到。故而，这里将从时间演进的角度，首先分析外向化市场化经济下，地方与全国性经济流通秩序的异同，其次关注流通领域产品的生产地，尤其是工业生产的空间集聚现象，然后讨论空间视角下的近代经济增长机制。主要讨论两个方面的内容：第一，就流通服务领域而言，该地域“流动的空间”秩序是如何形成的；第二，在生产领域，地域化经济系统是如何生长、演进的。

2. 案例的选择原因

第一，以中国之大、地方之个性鲜明，挑选具有普遍性的例子，更能突出其细节特征；第二，粤桂省区体量适中且具有典型性，为最佳之案例。

二、地域化流通秩序的形成

近代中国最早大规模的要素流通是买办商业，一般被形象表述为“广搜各地物产，统办环球制品”，从而将国内生产物变成了商品，并通过流通促进生产的扩大，这就是近代海关贸易报表中不断增多的进出口商品名录、不断扩大的市场来源地与销售地，以及不断增长的农产品、原材料、手工业制品的出口，相应的机制品的进口。

就要素流动而言，虽然已有相关的研究论及，但在此我们还需要先简单交代说明。

1. 香港：执粤桂两省之牛耳

香港是东西方的一个转口港（中国南北、日本东洋、东南亚南洋、欧洲、美洲），1905 年进出口贸易吨位数位居世界第二。粤桂两省各外贸口岸的洋货进口，对香港的依存度在 98% ~99%，就土货出口而言，汕头最低，为 11. 90%，三水为 72. 04%，广州为 87. 71%，其他各口岸为 91% ~93%。香港得以执华南地区贸易流通之牛耳主要在于三端：港币、外商洋行、国际港口与航线。

2. 广州、汕头等次中心的位序

广州中心的覆盖范围主要为华南地区的内陆。粤商另名为“洋广商”，大多数洋货店是由其经营的，如梧州、南宁、柳州、贺县的 89 家洋货店中，粤商有 69 家，占 78%。① 以汕头为中心的韩江流域，时常游离于粤省之外，其他各口岸城市均依附于香港、广州。

3. 显著的距离衰减率

在香港、广州、汕头等中心城市所引领的粤桂省区中，要素流动呈现显著的距离衰减现象。正如布罗代尔所言，商业领域存在三个层次的模式：第一，形式多样、自给自足、墨守成规的“物质生活”；第二，建立在“物质生活”基础之上的市场竞争的经济生活；第三，资本主义生活。当然，在实际中，相邻层次之间的界线不清晰，且处在不断变动之中。

区域内部或区域之间的禀赋差异，促使要素向收益更高的地点流动，重新组成新的地方生产结构，形成更有效率的生产模式，以更少的投入获得更大的收益。无论是经验事实还是区域的集聚扩散理论，已经在这方面

---

① 广西统计局编：《广西年鉴》，1933 年，第 425 页。

积累了一些常识性的认知。简言之，合理的空间分布能够使生产要素获得更优的配置。网络具有开放性，其本身一直处于解构与重构之中，因此也是流动性的。

以下依据近代海关所记录的、具有方向性的埠际贸易数据，结合相关地理数据的计算，以求获得近代粤桂省区地域化流通秩序的形成与演变中更精确的计量结果。

首先，根据 Hakansson（1987）、聂锐、高伟（2008）构建的要素流动网络模型，将要素主体记为节点，它们之间的要素流动关系，则视为节点间的连边，则一个要素系统 G 可用一个有序四元组表示：

$G=(V, E, F, R)$

其中：$V=\{v_1, v_2, \cdots, v_n\}$ 为节点集，表示要素主体的集合；$E=\{e_{ij}\}$ 为边集，表示要素主体之间的要素流动关系；$F=\{f_1, f_2, \cdots, f_n\}$ 为要素集合，其中的元素是指网络中流动的要素（factor）；$R=\{r_1, r_2, \cdots, r_n\}$ 为区域集合，其中的元素是指区域（region）。

因此，可以给出如下一些定义作为对其特征的度量指标：

（1）度（degree）：节点的度是节点连边的数量，节点的度分为两种，出度 $K_i^{out}=\sum e_{ij}$ 和入度 $K_i^{in}=\sum e_{ji}$。（2）影响力：节点在系统中的重要程度，它等于节点度与系统总度数的比值，记为 $v_i(t)=K_i(t)/\sum k_j(t)$。（3）边权：节点与其一邻居间的链接强度，两节点在 t 时刻的边权值记为：$L_{ij}(t)=\eta_i(t)\eta_j(t)$。（4）最短路径：在生产要素流动中，最短路径在网络中对于要素的流动是一个重要的指标。测量路径长度一般采用平均最短路径的概念：$L=\frac{1}{N(N-1)}\sum_{i,j\in n} d_{ij}$。（5）群聚系数：相邻节点间存在关系的比重，反映了系统在此节点上的点密度。可记为：$C_i=2e_i/k_i(k_i-1)$，并可进一步地分析加权的群聚系数：$C_i^w=\frac{1}{s_i(k_i-1)}\sum_{j,h}\frac{l_{ij}+l_{ih}}{2}\delta_{ij}\delta_{ih}\delta_{jh}$，

其中 $\delta_{jh}=\begin{cases}1 & (j, h\text{ 之间存在要素流动}),\\ 0 & (j, h\text{ 之间不存在要素流动})。\end{cases}$

这里测算了 1885—1904 年、1936 年华南地区各口岸的埠际要素流动

网络①，地理计算中所获得的具体数据从略，将其分类概要映射于图 6.4、图 6.5。

排除因为数据缺失导致的图6.4、图6.5中所出现的空白之处，该组

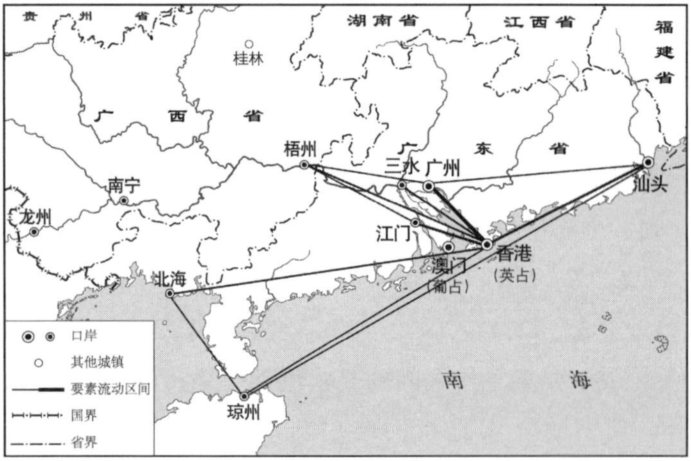

图6.4　华南口岸间要素流动（1894—1904 年）

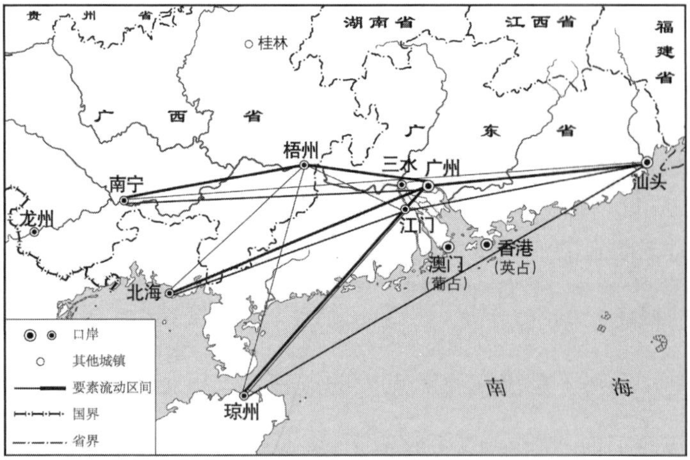

图6.5　华南口岸间要素流动（1937 年）

① 由于非口岸城市的数据不足，地图上出现了明显的空白之处，但这些区域属于中心城市的边缘腹地，并不影响相关的比较分析。

图显示出近代前后两个时段，粤桂省区地域要素流通秩序的变化，概括而言主要有两点。第一，随着时间的演进，区域内部的经济分割减少，经济联系增强，经济距离缩短，经济密度提升，区域内更多次一级的城市出现，并在经济流通体系中占有更重要的地位。第二，随着地域内部经济密度分布的变化，经济联系增强，经济距离缩短，特定地理范围内、相对独立有序的地域化流通秩序逐渐形成，并趋于稳定。此即依托于特定资源禀赋所形成的，具有其空间关系的地域化流通经济。同时，伴随着区内独立有序的经济流通系统的形成，地方化经济系统萌生，新的经济秩序逐渐形成。在前近代中国，长距离跨区域贸易一度比较活跃，但基于地方区域内、跨部门、高度依存的贸易经济一直未曾出现。

三、地域化生产系统的成长

如果说流通方面所显示的是外在或表面化的数据或图景，那么生产方面所揭示的将是其内在的形态，两者之间必然既有一定程度的吻合，也有一定的分离。

所谓的生产领域，应该包括三次产业，正如晚清以来实业建设的内容。但由于金融、交通方面的情形已经附于上节的流通部分，这里就从两个方面进行具体分析：第一，以农林业、手工业为主体的对外出口商品及其生产；第二，以现代性工业为主体的新式生产。

我们知道，以土货出品为载体的生产系统，一直是近代中国参与国际分工中显著可见的形式。以粤桂省区为例，表6.4选取了1904—1928年间，粤海关所代表的土货出口结构及其变化，以及参与国际劳动分工的主要产品的生产地。数据所显示的内容可以大概归纳为两点：第一，当时的外贸商品主要是以手工或简单机器生产，其他基本为初级原材料，这显示出粤桂省区处于全球分工价值链的低端，具有低回报性、脆弱性和不可续性；第二，出口产品主要来自广州及其邻近的珠三角地区，以及汕头、梧州、桂林等通商口岸市场所及的地区，并且尚未形成现代式生产系统，地方生产网络与全球网络、地方根植性与非地方根植性的有效结合并未有效形成。

表 6.4　粤海关土货出口结构（1904—1928 年）（%）

类别	1904	1908	1916	1920	1924	1928	平均值	主要产地
生丝	54.85	66.55	67.54	75.65	61.39	71.71	66.28	顺德、南海
地席	6.51	5.02	2.46	2.2	2.51	2.51	3.54	东莞、新安、番禺、香山
桂皮	2.7	3.29	1.48	4.44	3.24	0.85	2.67	浔州府、高要县、罗定州
爆竹	1.64	4.22	3.57	1.98	1.71	1.49	2.44	东莞、新安、番禺、香山
烟叶	1.35	1.58	1.92	3.38	2.57	2.73	2.26	鹤山、南雄、新会、南宁、桂林、梧州
熟皮	1.38	2.12	3.04	3.26	2.02	1.00	2.14	两广各地
织品、夏布	0.2	0.14	2.1	1.61	2.17	1.48	1.28	广州、兴宁、惠阳、汕头、玉林、桂林
茶叶	1.41	0.91	1.23	0.66	0.97	1.25	1.07	鹤山、罗定、河源、仁化、清远
豆类	1.05	1.82	0.51	0.26	0.36	0	0.67	转自东北地区
纸	0.79	0.74	0.58	0.37	0.35	0.58	0.57	佛山、龙门、南雄、信宜、都安、隆山
玻璃、手镯	0.87	0.69	0.63	0.44	0.26	0.12	0.50	广州、汕头
五金	0	0	1.07	0.76	0.36	0.47	0.44	
葵扇	0.53	0.34	0.22	0.17	0.35	1.04	0.44	
瓷器	0.36	0.42	0.46	0.56	0.62	0.18	0.43	
红糖	0.67	0.7	0.57	0.11	0.35	0.01	0.40	
铜扣	0.4	0.44	0.27	0.41	0.35	0.19	0.34	
矿砂	0	0	0	0	0	1.45	0.24	
人发	0.17	0.34	0.27	0.34	0.07	0.05	0.21	
蜜饯糖果	0.09	0.09	0.09	0.07	0.03	0.08	0.08	

（续表）

类别	1904	1908	1916	1920	1924	1928	平均值	主要产地
药材	0	0	0	0	0	0.43	0.07	
漆器	0.02	0.02	0.03	0.02	0.01	0	0.02	
五倍子	0.03	0.02	0	0	0	0	0.01	
水泥	0	0	0.04	0.01	0	0	0.01	
电器材料	0	0	0	0	0	0.04	0.01	
机器及零件	0	0	0	0	0	0.02	0.00	
以上合计	75.03	89.45	88.07	96.7	79.68	87.71	86.11	
土货总出口	100	100	100	100	100	100	100.00	

资料来源：*Return of Statistics of Canton for the year 1904 – 1928*，见中国第二历史档案馆、中国海关总署办公厅编《中国旧海关史料（1859—1948）》，京华出版社2001年版。

表6.5　粤桂两省主要县市工业统计（1933年）

	工厂数	%	资本额（元）	%	职工数	%	产品总值（元）	%
广州市	1104	52.52	13024470	62.05	32131	52.11	101569022	74.03
顺德县	492	23.41	771540	3.68	13167	21.35	11796284	8.60
汕头市	175	8.33	2197870	10.47	4555	7.39	4083726	2.98
惠阳县	49	2.33	188650	0.90	824	1.34	586162	0.43
新会县	40	1.90	508816	2.42	909	1.47	1148874	0.84
中山县	39	1.86	730730	3.48	418	0.68	5977972	4.36
南海县	36	1.71	1187615	5.66	6703	10.87	6579106	4.80
台山县	22	1.05	323593	1.54	453	0.73	444752	0.32
曲江县	9	0.43	53668	0.26	196	0.32	767279	0.56
东莞县	7	0.33	25120	0.12	120	0.19	1119100	0.82
三水县	2	0.10	50281	0.24	434	0.70	491427	0.36

（续表）

	工厂数	%	资本额（元）	%	职工数	%	产品总值（元）	%
广东省	1975	93.96	19062353	90.82	59910	97.16	134563704	98.08
南宁县	45	2.14	305900	1.46	768	1.25	847404	0.62
苍梧县（梧州）	38	1.81	1394292	6.64	709	1.15	1469230	1.07
桂林县	24	1.14	74900	0.36	113	0.18	117600	0.09
马平县（柳州）	20	0.95	152670	0.73	164	0.27	205660	0.15
广西省	127	6.04	1927762	9.18	1754	2.84	2639894	1.92
粤桂两省	2102	100	20990115	100	61664	100	137203598	100

资料来源：刘大钧《中国工业调查报告》（下册）《地方工业概况统计表》，1937年。民国《工厂法》规定的工厂为使用动力、雇佣工人30人以上的厂家，该编所做的统计，不限于符合《工厂法》之厂家。

表6.5以近代式工业生产为例，展示了工业生产的地域分布。其中呈现出的一个积极信号，与1899年前后M. 马歇尔在意大利北部对餐具业、毛纺织业观察所得结论相似，即小企业的地理集聚推动了地域化经济系统的形成。① 同时，从某一方面看，工业生产的地域不平衡现象也很突出，尤其是广州工业的比重（约占两省的62%）②，这表明该地域已经初步建立起新的

① 在粤桂两省的工业生产分布中，90%以上的电器机器、化学工业、制革、染炼、橡胶制品、油漆油墨，近60%或更多的印刷业、棉纺织业、机器制造修理业、食品饮料业等集中于广州；40% ~50%的针织业、细砂铁工业、食品业集中于汕头，30%的棉纺织业在惠阳，并且存在中山顺德碾米业、南宁烟业突出的现象。（参考刘大钧著《中国工业调查报告》（下册）《地方工业概况统计表》，1937年。）

② 如果以资本计，广东占比90.82%，其中广州市占比62.05%，珠三角地区占比80.09%，韩江三角洲地区占比10.47%，广西占比9.18%；如果以产品总值计，广东占比98.08%，其中广州市占比74.03%，珠三角地区占比94.56%，韩三角地区占比2.98%，广西占比1.92%。

工业生产系统，但同时，大宗生产与柔性生产方式的结合并没有形成，这一生产系统并非绩效显著。故而，从这个意义出发，近代粤桂省区地域化生产系统尚未最终形成，这与近代中国产业发展的普遍滞后是一致的。

四、地域化经济的动力与模式

从流通与生产方面，可以初步理解近代中国“地域化经济”系统变动成长中，内在的独特性、自我演进性、地理关联性以及相应秩序与结构的变动。为了理解这一进程的含义，还需要明晰其内在的动力方式，以及地理关联与演进中的一般性。

沿着张敏、顾朝林对要素流动的空间类型与重心的观察与计算的思路①，加入区域空间资源配置的要素，可知存在以下三种区域内部要素空间流动模式。结合第一节对华南地区的计算与分析，可以得出（表 6.6）：香港—广州之间是区域的“Ⅰ极核交互型”，已经形成；香港（广州）—汕头、三水、北海、琼州等属于次区域的“Ⅱ核心—边缘集散型”，正在萌芽状态，还没有形成；香港（广州）—江门、三水、惠州等属于更小地理尺度的“Ⅲ邻域渗透型”，正在形成中；香港（广州）对小珠三角逐渐开始的经济辐射属于中心“Ⅳ溢出型”，还没有形成。

表 6.6　要素流动空间模式示意

流动类型	模式（1）	……	模式（n）
辐射式	“点”—“点”（Ⅰ）	“点”—“线”（Ⅲ）	“点”—“线”—“面”（Ⅴ）
（图论）	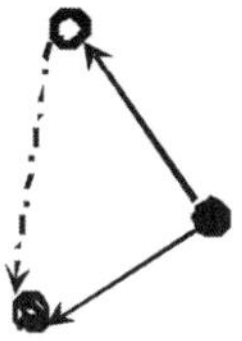	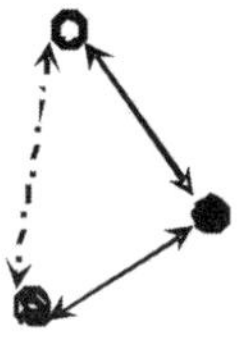	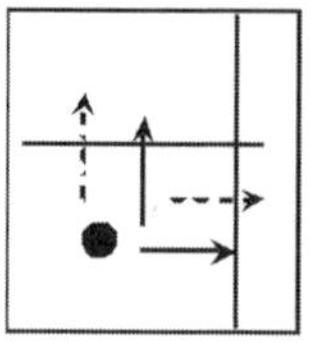

① 张敏、顾朝林：《近期中国省际经济社会要素流动的空间特征》，载《地理研究》2002 年第 3 期。

（续表）

流动类型	模式（1）	……	模式（n）
示例	香港—汕头、琼州、北海……	香港（广州）—三水、梧州……	香港（广州）—梧州、南宁
交互式	“点”—“点”（Ⅱ）	“点”—“面”（Ⅳ）	“点”—“线”—“面”（Ⅵ）
（图论）	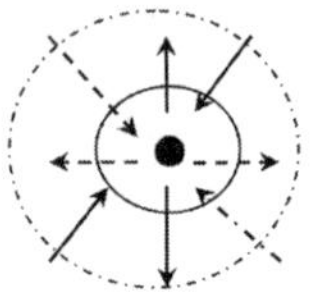	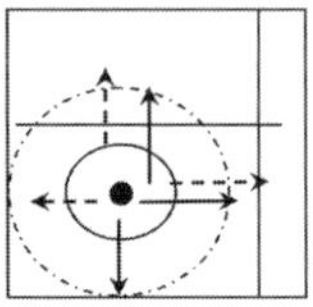	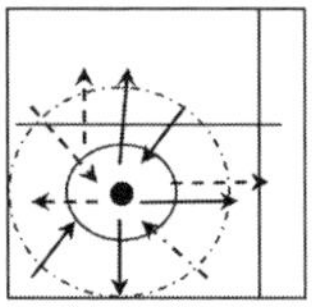
示例	香港—广州、汕头	香港—（广州）九龙、雷州	香港（广州）—三水、江门、梧州
空间模式	双核型	核心—边缘型	邻域渗透或溢出型

故而，可以将区域内部要素流动的微观基础分为三种模式：第一，（Ⅰ）“点”—“点”辐射式，（Ⅱ）“点”—“线”交互式；第二，（Ⅲ）“点”—“线”辐射式，（Ⅳ）“点”—“面”交互式；第三，（Ⅴ）“点”—“线”—“面”辐射式，（Ⅵ）“点”—“线”—“面”交互式。

就近代中国地域化经济形成过程而言，其动力来源有外生、内生之别。所谓的外生，是伴随着口岸开放、地方手工业发展而触发；所谓的内生是以自发的产业（工业）建设为目标。粤桂省区的案例表明，在相当长的时间内，这一动力主要来自外部，因为首先形成了地域化的流通秩序。只有伴随着现代国家（包括区域性）政权的建立，粤桂省区才能正式启动自发式的地域化经济建设，加速地域化经济的形成，摆脱“被殖民”的经济形态，形成地域化生产系统。

就近代地域化经济的形态而言，存在三种阶段性的演进模式：双核型、核心—边缘型、邻域渗透或溢出型。历史经验表明，只有中控型的政治城市是单一存在的，所有的经济型城市必然是系统中的一部分。在工商业经济形态下最容易形成双核型结构，即一个门户口岸、一个腹地产业中心，香港—广州、梧州、汕头等属于这一双核形态。所有的中心城市必然需要提供资源的腹地（边缘外围区），在近代中国有无数这样的案例，即在地域化经济系统的形成中，在保持一定的独特性或垄断性之余，同时推动地域内的经济扩散与一体化。

“地域化经济”新现象是近代式集聚经济所伴生的，这既是一个基于时间上的现代经济演进的历史，也是一个基于空间上的资源配置效率改善的过程。以粤桂省区为例，通过度量与观察，我们可以清晰地看到这一历史过程，以及其中所显示的阶段性特征。近代时期是一个“过渡时期”，存在着一些矛盾的过渡性特征，在具体的研究中比较容易被高估或低估，从而背离真实的情形。流通服务领域与生产领域的不同表现，再次揭示了在近代中国经济的演进路径与进程中，不同领域、不同部门的差异性。

正如我们知道的，治水与控制基本农业区，是古代中国长时段政治经济变动的线索之一。在近代中国，以商业为先导、工业为主体的策略，以及对基本工商业区的控制，依然是政治经济较量的线索之一。此外，近代中国所启动的“地域化经济”过程，虽然并未完成，但留下的有关产业发展结构、沿海与内地关系的探索，均在20世纪50年代以后被传承下来，并成为最近一次全球化时代经济史的遗产。

简评：经济增长及其空间回应

学术研究最大的期待就是希望从习以为常的评论中，发现一些平常不曾留意或者有误解的事实，以及其背后的逻辑关系。

在前近代中国历史上出现过地方或区域性的经济差异现象，无论是《史记·货殖列传》中的描述，“苏湖熟、湖广熟”的说法，还是古代中国基本经济区的概念①，所呈现的均为农业经济主导下，跨区域间的生产与

① 冀朝鼎著，朱诗鳌译：《中国历史上的基本经济区与水利事业的发展》，中国社会科学出版社1981年版。

贸易状态。从中国长时段的经济演化来看，近代是中国从农业文明向工业文明的转折点，也是中国经济史上的低谷，无数评论都曾述及。李大钊从生产关系的角度也注意到近代生产形式与组织方式的变化："我们可以晓得中国今日在世界经济上实立于将为世界的无产阶级的地位，我们应该研究如何使世界的生产手段和生产机关同中国劳工发生关系。"① 近代中国从农业经济向工商经济的转变过程中，在逐渐深入参与国际劳动分工的情况下，首次出现"地域化"的经济现象，也就是说，在不同自然地理禀赋下，在特定的地域内，形成以工商城市为中心，以腹地为外围的流通、生产系统。该地域具有一些明显的特征：对外相对独立，内部联系密切，具有一定的层级结构，一般作为一个整体参与外区域（以至于全球）的分工体系。从生产、流通与地理的角度，也许正如特雷弗·巴恩斯与埃里克·谢泼德（Trevor . J. Barnes & Eric Sheppard）在总结经济地理的艺术时所认为的那样：全球化是一种地理现象，传统的经济地理学有关流动空间、控制与生产地方的观点仍然是理解全球化的关键。②

近代中国出现的新经济现象，是"千年未有之变局"下的新陈代谢。对于这一现象，这其中隐藏着怎样的逻辑与启示，以往我们均忽略未见或仅仅提及并未深究。结合经济历史的转折与经济资源的空间组合，或许我们可以重新认识习以为常事实的"不同寻常"之处。

近一个世纪以来，中国经济史学界关注的中心话题之一即理解"现代中国"的形成，关于它的来源、过程，以及其内在、外在的机制，聚讼纷纭。③ 概而言之，有两类研究思路。第一，倾向于从经济增长的角度，测度近代中国各部门产出的变化，认为各类要素的投入促进了经济的增长。

---

① 李大钊：《由经济上解释中国近代思想变动的原因》，载《新青年》第 7 卷第 2 号（1920 年 1 月 1 日）。

② ［加］特雷弗·J. 巴恩斯、［美］杰米·佩克、［美］埃里克·谢泼德、［英］亚当·蒂克尔主编，童昕等译：《经济地理学读本》，商务印书馆 2007 年版。

③ 从墨菲（Rhoads Murphey）、费正清（J. K. Fairbank）、费维恺（Albert Feuerwerker）到郝延平、林满红、科大卫（David Faure）、罗斯基（Thomas G. Rawski）、彭慕兰（Kenneth Pomeranz）等均特别关注这一问题。

由于统计数据的不足与缺失，甚至是基础概念的模糊不清，各相关估值的分歧很大，目前“中间值”虽然更多地被认可，但尚缺少有力的证据。鉴于近代中国各经济部门、各地域的明显差异，经济整体上介于“发展”与“不发展”之间，殊难定论。第二，倾向于从外部或空间的角度出发，从近代中国新经济的发源地着手，认为近代口岸城市促进了东部沿海地区现代工商业的萌芽与发展，并逐渐局部地扩散到其他地区，最终形成近代中国经济的新图景。后一视角的讨论更多从经济空间秩序、经济体系着眼，比较多地依赖于文字分析、数字或图表，尚没有进行整体、全面的数值测算或估计，学术成果的数量与影响力相对较弱，甚至没有成为前一视角讨论的中心话题之一，这主要是学科与学术关注点的差异所致。

众所周知，传统经济学大厦的主要基石之一是劳动时间决定的价值观。这种观点认为，经济的节约归根到底是劳动时间的节约，因而一般的经济平衡也只有抽象的价值量平衡和实物平衡。① 然而，经济的运行以物质的运行为基础，而任何物质实体的存在都有时间和空间两种形式，经济的节约不仅在于劳动时间的节约，也在于劳动空间的节约和优化。②

从这里来看，关于近代中国经济增长，无论是从时间演化的角度，还是从空间变异的角度，所解析的是同一个问题的两个方面。

近代中国处在一个转折的时期，就经济领域而言，最显著的变化是从传统农业经济转向现代工商业经济，新经济首先是从商业流通领域激活，并逐渐扩展到工业生产领域。在流通领域，口岸开放所带来的商业革命，促进了商品与要素市场的发育，提升了要素流动的效率；在生产领域，外向化农业、乡村手工业、城市工业的发展，实现了社会再生产的循环，使

① 马歇尔在《经济学原理》中明确提到：相对于空间而言，时间因素对于区域变化与市场扩展的周期而言更为重要。但同时，他在“外部性”与“产业区位”的分析中，特别强调了“位置的价值”取决于人口的增长、运输效率的提高、与现有市场交流的增强等，强调产业区位与运输成本、市场区位之间的关系。

② 这一问题意识的缺失，直接导致人们在很长一段时间内，完全忽视了运输成本。

近代经济增长得以实现，因而具有显著的周期性与空间性。从空间的视角可以发现近代中国经济增长的另外一个侧面，推动这一议题的再讨论。

近代中国首次出现了显著的经济增长，从空间的视角来看，首先是地域经济部门的分工形成了增长的微观基础，其次是空间传导机制的形成。

1. 基于区域分工

根据分工理论，分工与专业化不仅仅能带来产品数量的增加，增加市场交易，促进市场规模的扩大，同时能够优化市场贸易方式，从而进一步推进分工与专业化发展，实现劳动分工与市场规模的循环累积演进。随着沿海口岸对外开放，区域经济成长的动力从内陆转向海洋，沿海口岸城市及其毗邻地区开始参与全球性的国际分工与贸易，国外工业品通过口岸城市行销内地，国内的农副产品也经口岸城市集中出口国外，外国机制工业品与中国农副手工业产品之间的交换更加密切，以口岸城市为中心的外向化市场流通体系，逐步取代了明清时期形成的内向化的市场体系。

如图 6.6、图 6.7，在近代中国的产业分工与创新图谱中，首先获得比较收益的是价值链底端、沿海乡村农家的商品化农业与手工业，众多的研究都证明了农民对价格的积极反应，即能够根据市场价格与预期收益及时地调整产业结构。① 其次是价值链两端的工业与服务业部门，无论是市镇传统的产业还是城市现代的产业部门，无论是现代化都市还是远离市场的农村，均参与了近代这一分工与专业化进程。近代时期伴随着区域经济资源的流动，经济生产及社会再生产的过程既是一个价值生产的过程，也是一个价值空间循环的过程。近代中国的城市、城镇、乡村（都市、都市近

---

① Chi-ming Hou, *Foreign Investment and Economic Development in China, 1840 – 1937* (Cambridge, Mass.: Harvard University Press, 1965); David Faure, *the Rural Economy of Pre-Liberation China: Trade Expansion and Peasant Livelihood in Jiangsu and Guangdong, 1870 to 1937* (East Asian Historical Monographs) (Oxford: Oxford University Press, 1989).［英］科大卫著，周琳、李旭佳译：《近代中国商业的发展》，浙江大学出版社 2010 年版；王良行：《上海贸易条件研究，1867—1931》，台湾科学委员会专题研究计划报告，1996 年；吴松弟主编：《中国百年经济拼图：港口城市及其腹地与中国现代化》，山东画报出版社 2006 年版。

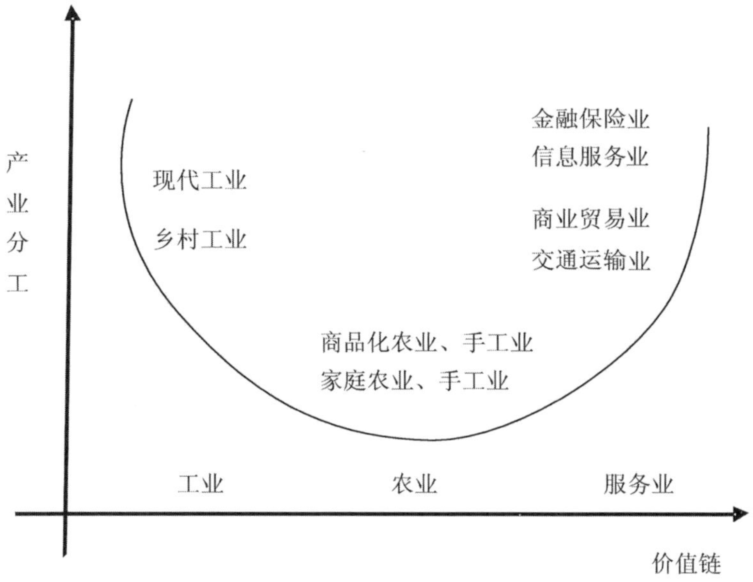

图6.6　近代产业分工中的曲线

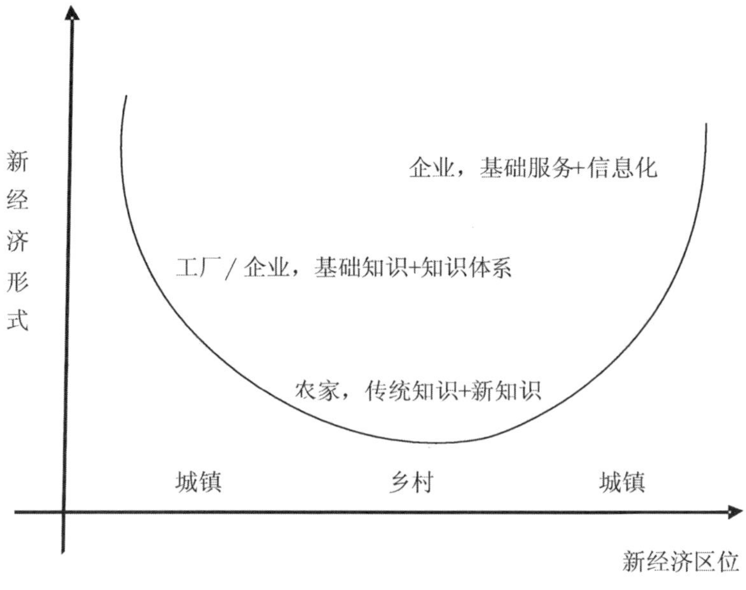

图6.7　近代产业创新中的曲线

郊或交通沿线、内地），采用各自的方式参与市场分工，基于不同的地理距离形成不同的“经济距离”与比较收益，但是，由于处在价值链的低端，其边际收益呈现不断下降的趋势。

2. 基于空间传导

由于要素在流动中改变了区域资源的配置，激发了闲置的要素，能够提高边际生产效率，故而，不同地理单元之间的要素流动，能够促进经济增长。

近代中国的经济增长，始于外向化、市场化经济下的流通网络的形成，改变了区域甚至全国的要素流动与再配置。图 6. 8 是以全国的尺度来看，以上海为代表的口岸城市重新塑造的近代中国经济的空间秩序。

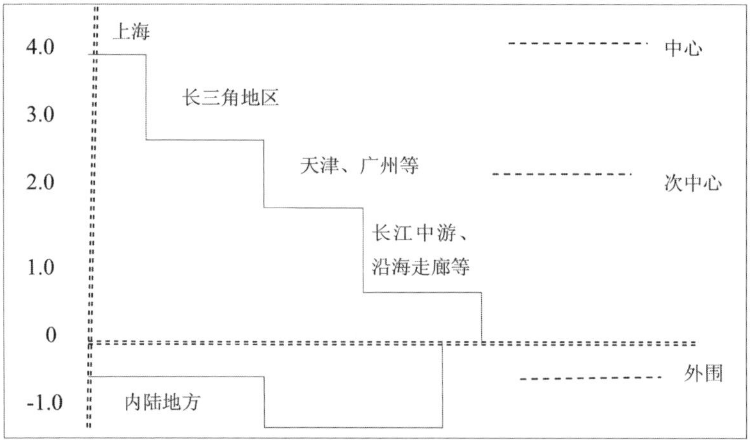

图 6. 8　近代中国经济区位示意

近代早期的经济增长建立在专业化分工与贸易基础上，现代经济的增长源于生产函数的变化，表现为知识（科学与技术）的积累与运用，以及随之而来的生产与生活方式的改变。一般认为，斯密式早期经济成长模式取决于市场规模及其扩大，主要是经济总量的增加，相反，库兹涅茨式增长模式则是 19 世纪以来的近代工业化式增长模式。

近代中国从完全的农业经济逐渐转向现代工商业经济。农业经济时代的要素资源更多受制于自然禀赋，呈星罗棋布状；现代工商业经济则呈点状集聚。故而与前近代相比，近代经济的空间特征更为显著，也更有影响力，空间首次成为经济增长的重要影响因素。

伴随着开埠与近代商业的发展，快速增长的对外贸易带动了城乡的产业分工，要素的流动与效率的提升促进了城市的发展与经济的增长，改变了经济增长的空间均衡状态。进出口贸易带动的市场化，主要受益地区是口岸城市及其毗邻地区，但是内陆腹地及边缘地区所获得回报相对较少。随着自给自足的封闭经济向开放经济的转变，在国际或区际贸易的推动下，经济活动将会高度集中在贸易成本最低的区域，比如沿海地区、沿江地区、交通线两侧或国家、区域的边界地区。故而，近代中国经济的增长不成比例地集中在沿海、沿江走廊地带，形成了显著可见的级差。

受制于资金、技术、人才、信息、安全等多重因素，近代工业率先在沿海口岸城市或其邻近地区发展起来，资本、消费者、工人的集中带来了生产优势，有助于更好地维持城市地区基础设施与公共服务，繁忙而安全的城市成为现代经济活动的中心。从文明的演进来看，所谓的“近代化”，即农业文明向工业文明、小生产向大生产的转化，这是一个不可逆的进程。同时，工业经济增长对土地的依赖性相对下降，规模经济与空间集聚形成，加剧了经济增长的空间不平衡。

从发展经济学与空间经济学的视角看，在第一次全球化的近代时期，中国经济的发展不仅是一个时间上的过程，也是一个空间上的资源配置过程。以往人们在研究近代中国的经济增长时，发现经济发展或不发展两种图景同时存在，这从地理空间的角度来看，只有一个答案。近代中国的经济增长，发端于口岸及其腹地的外向化经济，激活了从流通领域开始的社会经济再循环进程，就生产领域而言，更是不成比例地集中于口岸与沿海走廊。就市场流通秩序的演变而言，近代经济相对更加地域化、离散化，但是在生产领域，尤其是围绕生产的技术、资金、人才、安全等方面却趋向于集中，集聚于沿海地带。从整体来看，近代中国的经济增长受到外部空间约束，其程度始终没有减弱，沿海与内地如何相对均衡地分配资源越来越成为一个亟须考虑的问题。

主要参考文献

一、志书、年鉴、报纸杂志类

博润等修，姚光发等纂：《松江府续志》，光绪九年刊本。
蔡蓉升原纂，蔡蒙续纂：《双林镇志》，1917年本。
陈传德修，黄世祚纂：《嘉定县续志》，1930年铅印本。
陈及时等纂修：《始兴县志》，1926年刊本。
陈善谟等修，徐保庆等纂：《光宣宜荆续志》，1920年刊本。
陈思修，缪荃孙纂：《江阴县续志》，1920年本。
戴肇辰等修，史澄等纂：《广州府志》，光绪五年刊本。
单毓元等纂：《泰县志稿》，1931年修，1962年本。
方鸿铠修，黄炎培纂：《川沙县志》，1936年铅印本。
奉贤县文献委员会编：《奉贤县志稿》，1948年本。
龚嘉俊修，李榕纂：《杭州府志》，1922年铅印本。
金福曾等修，张文虎等纂：《南汇县志》，光绪五年刻本。
柯培鼎等纂：《平湖县续志》，1926年本。
厉式金主修，汪文炳等纂：《香山县志续编》，1923年刊本。
刘濬修，潘宅仁纂：《孝丰县志》，光绪三年刊本。
卢子骏纂：《潮连乡志》，1931年本。
马呈图纂辑：《宣统高要县志》，1938年重刊本。
钱祥保等修，桂邦杰等纂：《续修江都县志》，1926年刊本。
谭镳等编：《新会乡土志》，光绪三十四年本。

田明曜修，陈澧等纂：《光绪香山县志》，光绪五年本。

王思章修，赖际颐纂：《增城县志》，1921 年本。

吴葭等纂修：《宝山县志》，1921 年铅印本。

吴荣光：《佛山忠义乡志》，道光十一年本。

吴馨等修，姚文楠等纂：《上海县续志》，1918 年刊本。

吴馨等修，姚文楠等纂：《上海县志》，1935 年铅印本。

冼宝榦纂：《佛山忠义乡志》，1926 年本。

杨大璋纂：《望仙桥乡志续稿》，1927 年本。

殷惟龢纂：《江苏六十一县志》，1936 年本。

余丕承等修，桂坫等纂：《恩平县志》，1934 年铅印本。

余棨谋纂：《开平县志》，1933 年本。

张凤喈等修，桂坫等纂：《宣统南海县志》，宣统三年刻本。

张希京修，欧樾华等纂：《曲江县志》，光绪元年刊本。

张以诚修，梁观喜纂：《阳江县志》，1925 年刊本。

张允高、钱淦等纂修：《宝山县续志》，1931 年铅印本。

郑耀烈修，汪升远、王桂馨纂：《六合县续志稿》，1920 年本。

周朝槐等纂：《顺德县志》，1929 年刊本。

周庆云纂：《南浔志》，1922 年刻本。

国民经济建设运动委员会广东分会、广东省建设厅：《广东经济建设》（月刊）no. 1，4 –6，1937。

南京国立中央研究院社会科学研究所：《中国社会经济史研究集刊》vol. 1 no. 1 – 2，1932；vol. 2 no. 1 – 2，1933；vol. 3 no. 1 – 2，1935；vol. 4 no. 1，1936；vol. 5 no. 2，1937。

上海实业部国际贸易局：《工商半月刊》vol. 1 – 24，1929；vol. 2 no. 1 – 24，1930；vol. 3 no. 1 – 24，1931；vol. 4 no. 1 – 24，1932；vol. 5 no. 1 – 24，1933；vol. 6 no. 1 – 24，1934；vol. 7 no. 1 – 24，1935。

广东全省蚕业改良实施区总区：《广东蚕声》（月刊）vol. 1 no. 10，1935；vol. 2 no. 3，5 – 6，1936。

佛山地区革命委员会《珠江三角洲农业志》编写组编：《珠江三角洲农业志》（初稿），1976年。

建设委员会经济调查所统计课编：《中国经济志》，建设委员会经济调查所，1935年。

交通部邮政总局编：《中国通邮地方物产志》，商务印书馆1937年版。

李长傅：《（分省地志）江苏》，中华书局1936年版。

梁廷楠：《粤海关志》，台湾成文出版社1968年版。

广东省商会、广州市商会合编：《广东商业年鉴》，广州华英公司1931年版。

广东省地方史志编纂委员会编：《广东省志》系列，广东人民出版社1996年版。

《广东经济年鉴》编纂委员会编：《广东经济年鉴》，广东省银行经济研究室1941年。

广州市地方志编纂委员会编：《广州市志》，广州出版社1995年版。

广东省政府秘书处统计室：《广东统计汇刊》no. 1，1939。

广东省政府统计处：《广东统计月报》vol. 1 no. 1－3，1947。

广州岭南大学商学会编：《南大经济》，第3卷第1、2期，1933年。

王金绂编：《中国分省地志》，商务印书馆1927年版。

无锡县政府、无锡市政筹备处主编：《无锡年鉴》，1930年。

丁文江、翁文灏、曾世英编：《中华民国新地图》，上海申报馆1934年版。

谭其骧主编：《中国历史地图集》（第八册），中国地图出版社1982年版。

二、资料辑录类

Beasley, William Gerald. ed. *British Parliamentary Papers, Embassy and Consular Commercial reports, 1854－1899*. Shannon: Irish University Press, 1972.

中国第一历史档案馆、澳门基金会等合编：《明清时期澳门问题档案文献汇编（1~6)》，人民出版社1999年版。

贾桢等编：《筹办夷务始末（咸丰朝)》，中华书局1979年版。

上海浚浦总局：《上海港口大全》，商务印书馆1930年版。

太平天国历史博物馆编：《吴煦档案选编》（第六辑)，江苏人民出版社1983年版。

蔡尔康：《记闻类编》（风土民情类)，上海印书局1877年版。

蔡谦、郑友揆：《中国各通商口岸对各国进出口贸易统计（民国八年、十六年至二十年)》，商务印书馆1936年版。

陈梅龙、景消波译编：《近代浙江对外贸易及社会变迁——宁波、温州、杭州海关贸易报告译编》，宁波出版社2003年版。

戴鞍钢、黄苇主编：《中国地方志经济资料汇编》，汉语大词典出版社1999年版。

港澳研究所编：《香港经济统计资料汇编》，中国统计出版社1990年版。

高景岳、严学熙编：《近代无锡蚕丝业资料选辑》，江苏人民出版社、江苏古籍出版社1987年版。

广东省档案馆编：《陈济棠研究史料（1928—1936)》，广东省档案馆，1985年。

广东省档案馆编：《广东澳门档案史料选编》，中国档案出版社1999年版。

广东省政府统计室：《广东省物价指数》，1944年。

广州海关志学会、三水口岸办公室等合编：《近代三水口岸贸易概况》，1994年。

广州市地方志编纂委员会办公室、广州海关志编纂委员会编译：《近代广州口岸经济社会概况——粤海关报告汇集》，暨南大学出版社1995年版。

中国共产党苏南区委员会农村工作委员会编：《苏南土地改革文献》，

1952年。

中华人民共和国交通部编：《珠江水系货运运价率表》，人民交通出版社1956年版。

郑友揆、韩启桐编纂：《中国埠际贸易统计（1936—1940）》，中国科学院印行，1951年。

何廉主编：《中国六十年进出口物量指数、物价指数及物物交易率指数（1867—1927）》，南开社会经济研究委员会，1930年。

贾子彝编：《江苏省会辑要》，镇江江南印书馆1936年版。

交通铁道部交通史编纂委员会编：《交通史航政编》，1935年。

李必樟译编：《上海近代贸易经济发展概况——1854～1898年英国驻上海领事贸易报告汇编》，上海社会科学院出版社1993年版。

李允俊主编：《晚清经济史事编年》，上海古籍出版社2000年版。

李文海主编：《民国时期社会调查丛编·底边社会卷（上、下）》，福建教育出版社2005年版。

李文海主编：《民国时期社会调查丛编·人口卷》，福建教育出版社2004年版。

李文海主编：《民国时期社会调查丛编·社会组织卷》，福建教育出版社2005年版。

李文海主编：《民国时期社会调查丛编（二编）·乡村经济卷》，福建教育出版社2009年版。

陆允昌编：《苏州洋关史料（1896—1945）》，南京大学出版社1991年版。

中国第二历史档案馆、中国海关总署办公厅编：《中国旧海关史料（1859—1948）》，京华出版社2001年版。

莫世祥、虞和平、陈奕平编译：《近代拱北海关报告汇编》，澳门基金会1998年版。

孔敏主编：《南开经济指数资料汇编》，中国社会科学出版社1988年版。

南开大学历史系编：《清实录经济资料辑要》，中华书局1959年版。

聂宝璋：《中国近代航运史资料（第一辑）》，上海人民出版社1983年版。

聂宝璋、朱荫贵：《中国近代航运史资料（第二辑）》，中国社会科学出版社2002年版。

彭泽益主编：《中国工商行会史料集》，中华书局1995年版。

上海通社编：《上海研究资料》，中华书局1936年版。

上海通社编：《上海研究资料续集》，中华书局1939年版。

实业部国际贸易局编：《最近三十四年来中国通商口岸对外贸易统计》，商务印书馆1935年版。

王方中编著：《中国经济史编年记事（1842—1949年）》，中国人民大学出版社2009年版。

王铁崖编：《中外旧约章汇编》，生活·读书·新知三联书店1959年版。

王彦威纂：《清季外交史料》，书目文献出版社1987年版。

吴松弟整理：《美国哈佛大学图书馆藏未刊中国旧海关史料（1860—1949）》，广西师范大学出版社2014年版。

徐雪筠等译编：《上海近代社会经济发展概况（1882～1931）》，上海社会科学院出版社1985年版。

许道夫编：《中国近代农业生产及贸易统计资料》，上海人民出版社1983年版。

严中平等编：《中国近代经济史统计资料选辑》，科学出版社1955年版。

杨端六、侯厚培等：《六十五年来中国国际贸易统计》，国立中央研究院社会科学研究所，1931年。

姚贤镐编：《中国近代对外贸易史资料（1840—1895）》，中华书局1962年版。

张大年编：《五邑华侨文献选编》，饮水书室，1996年。

章开沅、刘望龄、叶万忠主编：《苏州商会档案丛编》，华中师范大学出版社1991年版。

章有义编：《中国近代农业史资料第三辑（1927—1937）》，生活·读书·新知三联书店1957年版。

中国民主建国会广州市委员会、广州市工商业联合会等合编：《广州工商经济史料》，广东人民出版社1986年版。

中国人民银行上海市分行编：《上海钱庄史料》，上海人民出版社1960年版。

中华人民共和国杭州海关译编：《近代浙江通商口岸经济社会概况——浙海关、瓯海关、杭州关贸易报告集成》，浙江人民出版社2002年版。

三、调查或统计类

蔡谦：《粤省对外贸易调查报告》，商务印书馆1939年版。

邓浩存等：《西江各县蚕丝业》，广东省地方农林试验场，1942年。

华东军政委员会土地改革委员会编：《浙江省农村调查》，1952年。

广东经济研究会编：《广东经济概况》，1935年。

广东粮食调节委员会编：《广东粮食问题》，1935年。

李泰初编译：《广东丝业贸易概况》，中华编译社1930年版。

广东省财政厅编：《广东省财政纪实》，文海出版社1989年版。

广东省民政厅编：《广东全省地方纪要》，1934年。

广东省营物产处：《广东省营物产一周年营业统计》，1935年。

广东省政府秘书处：《广东生丝统计》，1937年。

国立中山大学农学院编：《广东农业概况调查报告书》，1925年；《广东农业概况调查报告书（续编）》，1929年；《广东农业概况调查报告书（再编）》，1930年。

上海中支建设资料整备事务所编：《广东省调查报告书——基本工业、特殊工业、农村副业》，1942年。

国民政府西南政务委员会国外贸易委员会编：《广东工商业：丝》，1934年。

华东军政委员会土地改革委员会编：《江苏省农村调查》，1952年。

中国国民党中央委员会党史委员会编：《十年来之中国经济建设（1927—1937）》，1937年。

江苏省长公署第四科编：《江苏省实业视察报告书》，1919年。

凌鸿勋：《粤汉铁路通车后之情况及整理之步骤》，粤汉铁路管理局，1936年。

刘懋初编：《广东经济纪实》，1934年。

广东调查机关联合会事务局编：《珠江流域运输状况》，1943年。

上海特别市社会局编：《上海之工业》，中华书局1930年版。

粤汉铁路营业处编：《中华民国铁路粤汉线货物运价表》，1936年。

实业部国际贸易局编纂：《中国实业志·江苏省》，实业部国际贸易局，1933年。

实业部国际贸易局编纂：《中国实业志·浙江省》，实业部国际贸易局，1933年。

谭熙鸿、吴宗汾主编：《全国主要都市工业调查初步报告提要》，经济部全国经济调查委员会，1948年。

伍锐麟、黄恩怜：《旧凤凰村调查报告》，载《岭南学报》1935年第3期。

伍锐麟：《三水河口疍民调查报告》，载《岭南学报》1936年第2期。

羊冀成等编：《无锡米市调查》，1935年。

国立中山大学农学院：《广东农业概况调查报告书》，1925年。

周开庆主编：《中美农业技术合作团报告书》，台湾华文书局1967年版。

四、著作及学术论文

岑德彰：《上海租界史略》，上海勤业印刷所1930年版。

曾仲谋：《广东经济发展史》，广东省银行，1942 年。

陈翰笙编：《广东的农村生产关系与生产力》，中山文化教育馆，1934 年。

陈翰笙著，冯峰译：《解放前的地主与农民——华南农村危机研究》，中国社会科学出版社 1984 年版。

陈启辉：《广东土地利用与粮食产销》，台湾成文出版社有限公司（美国）中文资料中心 1977 年版。

广东建设厅农林局编：《减少本省入超充裕民生大量增加生产计划书》，广东建设厅农林局，1936 年。

［日］高柳松一郎著，李达译：《中国关税制度论》，商务印书馆 1926 年版。

广东建设厅农林局编：《广东建设厅农林局增加粮食生产之经过》，广东建设厅农林局，1938 年。

［美］亨特著，沈正邦译：《旧中国杂记》，广东人民出版社 1992 年版。

华民编：《中国海关之实际状况》，神州国光社 1933 年版。

黄菩生：《清代广东贸易及其在中国经济史上之意义》，抽印本，载《岭南学报》1934 年第 4 期。

乐嗣炳编：《中国蚕丝》，世界书局 1935 年版。

李泰初：《香港纸币与广州物价关系之初步研究》，广东省立勷勤大学商学院经济研究室，1936 年。

刘大钧：《上海工业化研究》，商务印书馆 1940 年版。

［美］马士著，张汇文、章异等合译：《中华帝国对外关系史》，生活·读书·新知三联书店 1957 年版。

潘文安：《粤桂印象》，上海生活书店 1936 年版。

漆树芬：《经济侵略下之中国》，生活·读书·新知三联书店 1954 年版。

上海市社会局编：《上海之机制工业》，中华书局 1933 年版。

吴知：《乡村织布工业的一个研究》，商务印书馆1936年版。

许涤新：《中国经济的道路》，新中国书局1949年版。

杨子嘉：《广东实业筹备计划书》，1921年。

张其昀编：《本国地理》，南京钟山书局1934年版。

［日］滨下武志著，马宋芝译：《香港大视野——亚洲网络中心》，香港商务印书馆1997年版。

陈柏坚、黄启臣：《广州外贸史》，广州出版社1995年版。

陈新文：《“封锁香港”问题研究（1868—1886）》，载《近代史研究》2003年第1期。

程浩编著：《广州港史（近代部分）》，海洋出版社1985年版。

邓健今主编：《广东公路交通史》，人民交通出版社1989年版。

邓开颂、陆晓敏主编：《粤港澳近代关系史》，广东人民出版社1996年版。

邓开颂、吴志良、陆晓敏主编：《粤澳关系史》，中国书店1999年版。

范毅军：《汕头贸易与韩江流域手工业的变迁（1867—1931）》，载《“中研院”近代史研究所集刊》1982年第11期。

范毅军：《广东韩梅流域的糖业经济（1861—1931）》，载《“中研院”近代史研究所集刊》1983年第12期。

方书生：《华南近代经济地理》，华东师范大学出版社2015年版。

关其学、刘光璞主编：《论经济中心——广州》，广东高等教育出版社1987年版。

广东省计划委员会、珠江三角洲经济区规划办公室编：《珠江三角洲经济区规划研究》上卷，广东经济出版社1995年版。

广东省文史研究馆编：《鸦片战争与林则徐史料选译》，广东人民出版社1986年版。

华南师范学院地理系编：《历史时期珠江三角洲河道变迁研究》，1979年。

黄启臣、庞新平：《明清广东商人》，广东经济出版社2001年版。

黄启臣、郑炜明：《澳门经济四百年》，澳门基金会 1994 年版。

霍启昌：《香港与近代中国》，香港商务印书馆 1992 年版。

蒋祖缘主编：《广东航运史（近代部分）》，人民交通出版社 1989 年版。

蒋祖缘、方志钦主编：《简明广东史》，广东人民出版社 1995 年版。

中国航海史研究会编：《珠江航运史》，人民交通出版社 1998 年版。

梁仁彩编著：《广东经济地理》，科学出版社 1956 年版。

梁钊、陈甲优主编：《珠江流域经济社会发展概论》，广东人民出版社 1997 年版。

廖建祥、关其学主编：《广东对外经济关系》，广东高等教育出版社 1988 年版。

林家劲、罗汝材等：《近代广东侨汇研究》，中山大学出版社 1999 年版。

罗一星：《明清佛山经济发展与社会变迁》，广东人民出版社 1994 年版。

毛立坤：《晚清时期香港对中国的转口贸易（1869—1911）》，复旦大学 2006 年博士学位论文。

莫世祥：《近代澳门贸易地位的变迁——拱北海关报告展示的历史轨迹》，载《中国社会科学》1999 年第 6 期。

［葡］施白蒂著，姚京明译：《澳门编年史（十九世纪）》，澳门基金会 1998 年版。

《广东历史地图集》编辑委员会编：《广东历史地图集》，广东省地图出版社 1995 年版。

司徒尚纪：《岭南历史人文地理——广府、客家、福佬民系比较研究》，中山大学出版社 2001 年版。

司徒尚纪：《珠江三角洲经济地理网络的嬗变》，载《中山大学学报论丛》1990 年第 4 期。

宋栋：《中国区域经济转型发展的实证研究——以珠江三角洲为例》，

经济科学出版社 2000 年版。

苏耀昌:《华南丝区——地方历史的变迁与世界体系理论》,中州古籍出版社 1987 年版。

谭棣华:《清代珠江三角洲的沙田》,广东人民出版社 1993 年版。

王尔敏:《广州对外通商港埠地区之演变(上)》,载《广州史志》1987 年第 2 期。

王尔敏:《广州对外通商港埠地区之演变(下)》,载《广州史志》1987 年第 3 期。

[美] 魏斐德著,王小荷译:《大门口的陌生人——1839—1861 年间华南的社会动乱》,中国社会科学出版社 1988 年版。

吴郁文编著:《广东经济地理》,广东人民出版社 1999 年版。

肖自力:《陈济棠》,广东人民出版社 2002 年版。

徐俊鸣:《广东自然地理特征》,广东人民出版社 1957 年版。

叶显恩:《粤商与广东的航运业近代化:1842—1911》,见张伟保、黎华标主编《近代中国经济史研讨会 1999 年论文集》,香港新亚研究所,1999 年。

叶显恩:《珠江三角洲社会经济史研究》,台湾稻乡出版社 2001 年版。

叶显恩、卞恩才主编:《中国传统社会经济与现代化——从不同的角度探索中国传统社会的底蕴及其与现代化的关系》,广东人民出版社 2001 年版。

张晓辉:《香港近代经济史(1840—1949)》,广东人民出版社 2001 年版。

张晓宁:《天子南库——清前期广州制度下的中西贸易》,江西高校出版社 1999 年版。

钟文典主编:《广西近代圩镇研究》,广西师范大学出版社 1998 年版。

周宏伟:《清代两广农业地理》,湖南教育出版社 1998 年版。

朱浤源:《从变乱到军省:广西的初期现代化,1860—1937》,载《“中研院”近代史研究所专刊》1995 年。

朱文晖：《走向竞合——珠三角与长三角经济发展比较》，清华大学出版社2003年版。

《上海港史话》编写组编：《上海港史话》，上海人民出版社1979年版。

［法］白吉尔著，王菊、赵念国译：《上海史：走向现代之路》，上海社会科学院出版社2005年版。

包伟民主编：《江南市镇及其近代命运（1840～1949）》，知识出版社1998年版。

曹幸穗：《旧中国苏南农家经济研究》，中央编译出版社1996年版。

陈敦平主编：《镇江港史》，人民交通出版社1989年版。

程潞主编：《上海市经济地理》，新华出版社1988年版。

陈正书：《关于近代东南沿海城市交通投资取向问题之考察》，载《史林》1995年第4期。

戴鞍钢：《港口·城市·腹地：上海与长江流域经济关系的历史考察（1843—1937）》，上海社会科学院出版社2019年版。

戴鞍钢：《发展与落差：近代中国东西部经济发展进程比较研究（1840—1949）》，复旦大学出版社2006年版。

吴松弟主编，戴鞍钢著：《中国近代经济地理》第2卷《江浙沪近代经济地理》，华东师范大学出版社2014年版。

丁日初主编：《上海近代经济史》第二卷，上海人民出版社1997年版。

丁贤勇：《新式交通与社会变迁——以民国浙江为中心》，中国社会科学出版社2007年版。

郭孝义主编：《江苏航运史（近代部分）》，人民交通出版社1990年版。

杜正贞：《上海城墙的兴废：一个功能与象征的表达》，载《历史研究》2004年第6期。

段本洛、张圻福：《苏州手工业史》，江苏古籍出版社1986年版。

段本洛主编：《苏南近代社会经济史》，中国商业出版社1997年版。

樊树志：《江南市镇：传统的变革》，复旦大学出版社2005年版。

樊卫国：《激活与生长——上海现代经济兴起之若干分析（1870—1941）》，上海人民出版社2002年版。

樊卫国：《近代上海口岸市场对内地市场的辐射和制导》，载《学术月刊》2004年第12期。

范毅军：《明中叶以来江南市镇的成长趋势与扩张性质》，载《"中研院"历史语言研究所集刊》2002年第3期。

方书生：《长江三角洲经济区演进与绩效研究（1842—2012）》，上海社会科学院出版社2016年版。

费孝通：《江村农民生活及其变迁》，敦煌文艺出版社1997年版。

龚山：《长江三角洲地区区际差异变动与空间经济整合研究》，华东师范大学1996年博士学位论文。

［美］韩起澜著，卢明华译：《苏北人在上海，1850—1980》，上海古籍出版社、上海远东出版社2004年版。

［美］黄宗智：《长江三角洲小农家庭与乡村发展》，中华书局1992年版。

李伯重：《江南的早期工业化（1550—1850年）》，社会科学文献出版社2000年版。

李伯重：《多视角看江南经济史（1250—1850）》，生活·读书·新知三联书店2003年版。

林刚：《长江三角洲近代大工业与小农经济》，安徽教育出版社2000年版。

刘石吉：《明清时代江南市镇研究》，中国社会科学出版社1987年版。

吕华清主编：《南京港史》，人民交通出版社1989年版。

马俊亚：《混合与发展：江南地区传统社会经济的现代演变（1900～1950）》，社会科学文献出版社2003年版。

马学强：《近代上海成长中的"江南因素"》，载《史林》2003年第

3 期。

茅伯科主编：《上海港史（古、近代部分）》，人民交通出版社 1990 年版。

单强：《工业化与社会变迁：近代南通与无锡发展的比较研究》，中国商业出版社 1997 年版。

单强：《江南区域市场研究》，人民出版社 1999 年版。

南京师范学院地理系江苏地理研究室编：《江苏城市历史地理》，江苏科学技术出版社 1982 年版。

上海社会科学院经济研究所等编：《上海对外贸易 1840—1949》，上海社会科学院出版社 1989 年版。

唐巧天：《上海外贸埠际转运研究（1864—1930 年）》，复旦大学 2006 年博士学位论文。

王家范：《从苏州到上海：区域整体研究的视界》，载《档案与史学》2000 年第 5 期。

王卫平：《明清时期江南城市史研究——以苏州为中心》，人民出版社 1999 年版。

熊月之主编，陈正书著：《上海港史》第 4 卷《晚清经济》，上海人民出版社 1999 年版。

徐新吾、黄汉民主编：《上海近代工业史》，上海社会科学院出版社 1998 年版。

叶美兰：《1912—1937 年江苏农村地价的变迁》，载《民国档案》1999 年第 1 期。

虞晓波：《比较与审视——"南通模式"与"无锡模式"研究》，安徽教育出版社 2001 年版。

章英华：《明清以迄民国中国城市的扩张模式——以北京、南京、上海、天津为例》，载《汉学研究》1985 年第 2 期。

张仲礼、熊月之、沈祖炜主编：《长江沿江城市与中国近代化》，上海人民出版社 2002 年版。

张仲礼主编：《近代上海城市研究（1840—1949年）》，上海文艺出版社2008年版。

张忠民：《经济历史成长》，上海社会科学院出版社1999年版。

张忠民：《上海：从开发走向开放（1368—1842）（修订版）》，上海社会科学院出版社2016年版。

童隆福主编：《浙江航运史（古近代部分）》，人民交通出版社1993年版。

浙江省汽车运输总公司编史组编：《浙江公路运输史》（第一册），人民交通出版社1988年版。

邹依仁：《旧上海人口变迁的研究》，上海人民出版社1980年版。

舒庆、周克瑜编著：《从封闭走向开放：中国行政区经济透视》，华东师范大学出版社2003年版。

安虎森主编：《空间经济学原理》，经济科学出版社2005年版。

［加］特雷弗·J. 巴恩斯、［美］杰米·佩克、［美］埃里克·谢泼德、［英］亚当·蒂克尔著，童昕等译：《经济地理学读本》，商务印书馆2007年版。

［法］白吉尔著，张富强等译：《中国资产阶级的黄金时代（1911～1937）》，上海人民出版社1994年版。

包亚明主编：《现代性与空间的生产》，上海教育出版社2003年版。

［日］滨下武志著，朱荫贵、欧阳菲译：《近代中国的国际契机——朝贡贸易体系与近代亚洲经济圈》，中国社会科学出版社1999年版。

［日］滨下武志著，高淑娟、孙彬译：《中国近代经济史研究——清末海关财政与通商口岸市场圈》，江苏人民出版社2006年版。

［日］滨下武志著，王玉茹等译：《中国、东亚与全球经济——区域和历史的视角》，社会科学文献出版社2009年版。

［英］卡尔·波兰尼著，冯钢、刘阳译：《大转型：我们时代的政治与经济起源》，浙江人民出版社2007年版。

［法］费尔南·布罗代尔著，杨起译：《资本主义的动力》，生活·读

书·新知三联书店1997年版。

曹树基：《中国人口史（清时期）》，复旦大学出版社2001年版。

陈才：《区域经济地理学基本理论问题研究》，东北师范大学出版社1987年版。

陈慈玉：《近代中国的机器缫丝工业（1860—1945）》，载《“中研院”近代史研究所专刊》，1989年。

陈翰笙：《陈翰笙集》，中国社会科学出版社2002年版。

陈其广：《百年工农产品比价与农村经济》，社会科学文献出版社2003年版。

陈诗启：《中国近代海关史》，人民出版社2002年版。

陈争平：《1895—1936年中国国际收支研究》，中国社会科学出版社1996年版。

［日］城山智子著，孟凡礼等译:《大萧条时期的中国：市场、国家与世界经济（1929—1937）》，江苏人民出版社2010年版。

戴一峰：《近代中国海关与中国财政》，厦门大学出版社1993年版。

［美］杜赞奇著，王福明译：《文化、权力与国家：1900—1942年的华北农村》，江苏人民出版社2003年版。

樊百川：《中国轮船航运业的兴起》，四川人民出版社1985年版。

费成康：《中国租界史》，上海社会科学院出版社1991年版。

费孝通：《江村经济（中国农民的生活）》，江苏人民出版社1986年版。

［美］费正清：《剑桥中国晚清史》，中国社会科学出版社1994年版。

［荷］皮尔·弗里斯著，苗婧译：《从北京回望曼彻斯特：英国、工业革命和中国》，浙江大学出版社2009年版。

傅衣凌：《明清农村社会经济》，生活·读书·新知三联书店1961年版。

［美］杰克·戈德斯通著，关永强译：《为什么是欧洲？世界史视角下的西方崛起（1500—1850）》，浙江大学出版社2010年版。

顾朝林：《中国城镇体系——历史·现状·展望》，商务印书馆1992年版。

高帆：《交易效率、分工演进与二元经济结构转化》，上海三联书店2007年版。

高进田：《区位的经济学分析》，上海人民出版社、格致出版社2007年版。

［日］顾琳著，王亚茹、张玮、李进霞译：《中国的经济革命：二十世纪的乡村工业》，江苏人民出版社2009年版。

［美］郝延平著，李荣昌等译：《十九世纪的中国买办——东西间桥梁》，上海社会科学院出版社1988年版。

［美］郝延平著，陈潮、陈任译：《中国近代商业革命》，上海人民出版社1991年版。

［美］黄宗智：《华北的小农经济与社会变迁》，中华书局2000年版。

［美］黄宗智主编：《中国研究的范式问题讨论》，社会科学文献出版社2003年版。

［美］黄宗智：《中国研究的规范认识危机》，牛津大学出版社1994年版。

侯杨方：《中国人口史　第六卷　1910—1953年》，复旦大学出版社2001年版。

冀朝鼎著，朱诗鳌译：《中国历史上的基本经济区与水利事业的发展》，中国社会科学出版社1981年版。

［英］科大卫著，周琳、李旭佳译：《近代中国商业的发展》，浙江大学出版社2010年版。

［英］G. L. 克拉克、［美］M. P. 费尔德曼、［加］M. S. 格特勒，刘卫东等译：《牛津经济地理学手册》，商务印书馆2005年版。

［美］柯文著，雷颐、罗检秋译：《在传统与现代性之间——王韬与晚清革命》，江苏人民出版社1998年版。

［美］柯文著，林同奇译：《在中国发现历史——中国中心观在美国的

兴起》，中华书局2002年版。

［英］尼尔·寇、［加］菲利普·凯利、［新加坡］杨伟聪著，刘卫东等译：《当代经济地理学导论》，商务印书馆2012年版。

［英］莱特著，姚曾廙译：《中国关税沿革史》，生活·读书·新知三联书店1958年版。

［德］奥古斯特·勒施著，王守礼译：《经济空间秩序——经济财货与地理间的关系》，商务印书馆1995年版。

李伯重：《中国全国市场的形成，1500—1840年》，载《清华大学学报（哲学社会科学版）》1999年第4期。

［英］E. A. 里格利著，侯琳琳译：《延续、偶然与变迁：英国工业革命的特质》，浙江大学出版社2013年版。

李燕：《古代中国的港口——经济、文化与空间嬗变》，广东经济出版社2014年版。

厉以宁主编：《区域发展新思路》，经济日报出版社2000年版。

林满红：《口岸贸易与近代中国——台湾最近有关研究之回顾》，见《近代中国区域史研讨会论文集》，"中研院"近代史研究所1986年。

刘素芬：《烟台贸易研究（1867—1919）》，台湾商务印书馆1990年版。

刘卫东等：《经济地理学思维》，科学出版社2013年版。

［美］威廉·阿瑟·刘易斯著，梁小民译：《增长与波动（1870—1913年）》，华夏出版社1987年版。

刘志高、尹贻梅：《经济地理学与经济学关系的历史考察》，载《经济地理》2006年第3期。

陆玉麒：《区域发展中的空间结构研究》，南京师范大学出版社1998年版。

陆玉麒：《区域双核结构理论》，商务印书馆2016年版。

罗玲：《近代南京城市建设研究》，南京大学出版社1999年版。

罗正齐：《港口经济学》，学苑出版社1991年版。

吕淑梅：《陆岛网络：台湾海港的兴起》，江西高校出版社1999年版。

［德］马克思著，郭大力等译：《资本论》（第三卷），人民出版社1975年版。

［美］马若孟著，史建云译：《中国农民经济》，江苏人民出版社1999年版。

聂宝璋：《聂宝璋集》，中国社会科学出版社2002年版。

［美］道格拉斯 C. · 诺思著，厉以平译：《经济史上的结构和变革》，商务印书馆1992年版。

彭凯翔：《从交易到市场：传统中国民间经济脉络试探》，浙江大学出版社2015年版。

［美］彭慕兰著，史建云译：《大分流——欧洲、中国及现代世界经济的发展》，江苏人民出版社2003年版。

彭雨新：《清代关税制度》，湖北人民出版社1956年版。

［美］德怀特 · 希尔德 · 珀金斯著，宋海文等译：《中国农业的发展（1368—1968年）》，上海译文出版社1984年版。

饶会林、苗丽静：《关于经济学的几个理论问题》，载《东北财经大学学报》2000年第4期。

［美］施坚雅著，史建云等译：《中国农村的市场和社会结构》，中国社会科学出版社1998年版。

［美］施坚雅著，叶光庭等译：《中华帝国晚期的城市》，中华书局2002年版。

［英］亚当 · 斯密著，郭大力、王亚南译：《国民财富的性质和原因的研究》，商务印书馆2009年版。

苏基朗著，李润强译：《刺桐梦华录：近世前期闽南的市场经济》，浙江大学出版社2012年版。

苏基朗、［美］马若孟编，成一农、田欢译：《近代中国的条约港经济：制度变迁与经济表现的实证研究》，浙江大学出版社2013年版。

汪敬虞：《中国资本主义的发展和不发展——中国近代经济史中心线

索问题研究》，经济管理出版社 2007 年版。

王如忠：《贫困化增长：贸易条件变动中的疑问》，上海社会科学院出版社、高等教育出版社 1999 年版。

王亚南：《中国半封建半殖民地经济形态研究》，人民出版社 1957 年版。

刘佛丁、王玉茹：《中国近代的市场发育与经济增长》，高等教育出版社 1996 年版。

王铮、邓悦等：《理论经济地理学》，科学出版社 2002 年版。

吴承明：《中国的现代化：市场与社会》，生活·读书·新知三联书店 2001 年版。

吴殿廷编著：《区域分析与规划高级教程》，高等教育出版社 2004 年版。

吴建伟：《国际贸易比较优势的定量分析》，生活·读书·新知三联书店、上海人民出版社 1997 年版。

吴松弟主编：《中国百年经济拼图：港口城市及其腹地与中国现代化》，山东画报出版社 2006 年版。

［美］萧公权著，汪荣祖译：《近代中国与新世界：康有为变法与大同思想研究》，江苏人民出版社 1997 年版。

新望：《村庄发育、村庄工业的发生与发展》，生活·读书·新知三联书店 2004 年版。

徐新吾主编：《中国近代缫丝工业史》，上海人民出版社 1990 年版。

许宝强、渠敬东选编：《反市场的资本主义》，中央编译出版社 2001 年版。

［美］阿瑟·恩·杨格著，陈泽宪、陈霞飞译：《一九二七至一九三七年中国财政经济情况》，中国社会科学出版社 1981 年版。

杨天宏：《口岸开放与社会变革——近代中国自开商埠研究》，中华书局 2002 年版。

叶显恩主编：《清代区域社会经济研究》（全二册），中华书局 1992

年版。

曾菊新：《现代城乡网络化发展模式》，科学出版社 2001 年版。

张东刚：《总需求的变动趋势与近代中国经济发展》，高等教育出版社 1997 年版。

张后铨主编：《招商局史（近代部分）》，人民交通出版社 1988 年版。

张丽等：《经济全球化的历史视角：第一次经济全球化与中国》，浙江大学出版社 2012 年版。

张培刚：《发展经济学通论》，湖南出版社 1991 年版。

张伟保、黎华标主编：《近代中国经济史研讨会 1999 年论文集》，香港新亚研究所 1999 年。

张小林：《乡村空间系统及其演变研究（以苏南为例）》，南京师范大学出版社 1999 年版。

张仲礼主编：《中国近代城市企业·社会·空间》，上海社会科学院出版社 1998 年版。

张仲礼、熊月之、沈祖炜主编：《长江沿江城市与中国近代化》，上海人民出版社 2002 年版。

赵冈、陈钟毅：《中国经济制度史论》，台湾联经出版事业公司 1989 年版。

朱德兰主编：《中国海洋发展史论文集》（第 8 辑），“中研院”中山人文社会科学研究所，2002 年。

庄维民：《近代山东市场经济的变迁》，中华书局 2000 年版。

庄英章：《林圮埔：一个台湾市镇的社会经济发展史》，上海人民出版社 2000 年版。

Alonso, William. *Location and Land Use*. Cambridge, MA.: Harvard University Press, 1964.

Amin, Ash, and Nigel Thrift. *Globalization, Institutions, and Regional Development in Europe*. Oxford: Clarendon Press, 1996.

Brakman, Steven, Harry Carretsen, and Charles van Marrewijk. *An Intro-*

duction to Geographical Economics: *Trade*, *Location and Growth.* Cambridge: Cambridge University Press, 2001.

Buck, David D. *Urban Change in China*: *Politics and Development in Tsinan*, *Shantung*, *1890 - 1949.* Madison: University of Wisconsin Press, 1978.

Dunn, Edgar S. "The Market Potential Concept and the Analysis of Location." *Papers in Regional Science* 2, no. 2 (Jan. 1956).

Fairbank, John King. *Trade and Diplomacy on the China Coast*: *The Opening of the Treaty Ports*, *1842 - 1854.* Cambridge: Harvard University Press, 1953.

Feuerwerker, Albert. *The Chinese Economy*, *1870 - 1911*, *1912 - 1949.* Michigan: Michigan University Press, 1968.

Fujita, Masahisa, Paul Krugman, and Anthony J. Venables, *The Spatial Economy*: *Cities*, *Regions*, *and International Trade.* Cambridge: The MIT Press, 2001.

Clark, Gordon L., et al *The Oxford Handbook of Economic Geography.* Oxford: Oxford University Press, 2000.

Hou, Chi-ming, *Foreign Investment and Economic Development in China*, *1840 - 1937*, Cambridge, Mass.: Harvard University Press, 1965.

Hsiao, Liang-lin. *China's Foreign Trade Statistics*, *1864 - 1949.* Cambridge, Mass.: Harvard University Asia Center, 1974.

Krugman, Paul. *Geography and Trade.* Cambridge: The MIT Press, 1991.

Lavely, William. "The Spatial Approach to Chinese History: Illustrations from North China and the Upper Yangzi," *Journal of Asian Studies* 48, no. 1 (1989).

Morley, Neville. The City of Rome and the Italian Economy 200 B. C. - A. D. 200. Cambridge: Cambridge University Press, 1996.

Pomeranz, Kenneth. *The Making of a Hinterland*: *State*, *Society*, *and Economy in Inland North China*, *1853 - 1937.* Berkeley: University of California Press, 1993.

Rawski, Thomas G. *Economic Growth in Prewar China.* Berkeley: University of California Press, 1989.

Rawski, Thomas G. and Lillian M. Li, eds. *Chinese History in Economic Perspective.* Berkeley: University of California Press, 1992.

Rowe, William. "Introduction." in *Cities of Jiangnan in Late Imperial China*, edited by Linda Johnson. New York: State University of New York Press, 1993.

Rozman, Gilbert. *Urban Networks in Ch'ing China and Tokugawa Japan.* Princeton: Princeton Univensity Press, 1973.

Scott, Allen J. *Regions and the World Economy: The Coming Shape of Global Production. Competition, and Political Order.* Oxford: Oxford University Press, 1998.

Wong, R. Bin. *China Transformed: Historical Change and the Limits of European Experience.* Ithaca: Cornell Uiversity Press, 1997.

World Bank. 2009. World Development Report 2009: Reshaping Economic Geography. World Bank. © World Bank. https://open knowledge. world bank. org/handle/1098615991 License: CCBY 3.0 IGO.

Cheng, Yu-Kwei. *Foreign Trade and Industrial Development of China: An Historical and Integrated Analysis Through* 1948. D. C. Washington: University Press of Washington, 1978.

Darwent, Charles Ewart. *Shanghai: A Handbook for Travellers and Residents to the Chief Objects of Interest in and around the Foreign Settlements and Native City.* Shanghai: Kelly & Walsh, Ltd., 1920.

Morrison, John Robert. *A Chinese Commercial Guide 1814 – 1843.* Canton: Albion Press, 1848.

Wright, Arnold. *Twentieth Century Impressions of Hong Kong, Shanghai, and Other Treaty Ports of China.* London: Lloyds Greater Britain Publishing Company, 1908.

Carpenter, Francis Ross. *The old China Trade: American in Canton, 1784 – 1843*. New York: Coward, McCann & Geoghegan, Inc. , 1976.

Faure, David. "What Made Foshan a Town? The Evolution of Rural – Urban Identities in Ming-Qing China." *in Late Imperial China* 11, no. 2 (1990).

Faure, David. "The Plight of the Farmers: A Study of the Rural Economy of Jiangnan and the Pearl River Delta, 1870 – 1937." *Modern China* 11, no. 1 (Jan. 1985).

Faure, David and Helen, F. Siu. *Down to Earth: The Territorial Bond in South China.* Stanford: Stanford University Press, 1995.

Faure, David. *The Rural Economy of Pre-Liberation China: Trade Expansion and Peasant Livelihood in Jiangsu and Guangdong, 1870* to *1937* (East Asian Historical Monographs) . Oxford: Oxford University Press, 1989.

Freedman, Maurice. *Chinese Lineage and Society: Fukien and Kwangtung.* London: The Athlone Press, 1971.

Lin, Alfred H. Y. *The Rural Economy of Guangdong, 1870 – 1937: A Study of the Agrarian Crisis and Its Origins in Southernmost China.* London: Macmillan Press Ltd. , 1997.

Marks, Robert. *Tigers, Rice, Silk, and Silt: Environment and Economy in Late Imperial South China.* Cambridge: Cambridge University Press, 1998.

Potter, Jack M. *Capitalism and the Chinese Peasant: Social and Economic Change in a Hong Kong Village.* California: University of California Press, 1968.

Rawski, Evelyn Sakakida. *Agricultural Change and the Peasant Economy of South China.* Cambridge: Harvard University Press, 1972.

Sung, Yun-Wing. *Hong Kong and South China: The Economic Synergy.* Hong Kong: City University of Hong Kong Press, 1998.

Mazumdar, Sucheta. *Sugar and Society in China: Peasants, Technology and the World Market.* Cambridge: Harvard University Press, 1998.

Munn, Christopher. *Anglo-China: Chinese People and British Rule in Hong*

Kong, *1841 – 1880*. Hong Kong: Hong Kong University Press, 2009.

Bell, Lynda S. *One Industry, Two Chinas: Silk Filatures and Peasant-Family Production in Wuxi County, 1865 – 1937*. Stanford: Stanford University Press, 1999.

Johnson, Linda Cooke. "The Decline of Soochow and the Rise of Shanghai: A Study in the Economic Morphology of Urban Change, 1756 – 1894". Ph. D. diss. Santa Cruz: University of California, Santa Cruz, 1986.

Johnson, Linda Cooke. *Cities of Jiangnan in Late Imperial China*. New York: State University New York Press, 1993.

Johnson, Linda Cooke. *Shanghai: From Market Town to Treaty Port, 1074 – 1858*. Stanford: Stanford University Press, 1995.

Ma, Debin. "Economic Growth in the Lower Yangzi Region of China in 1911 – 1937: A Quantitative and Historical Analysis." *The Journal of Economic History* 68, no. 2 (June 2008).

Murphy, Rhoads. *Shanghai, Key to Modern China*. Cambridge: Harvard University of Press, 1953.

Murphey, Rhoads. *The Treaty Ports and China's Modernization: What Went Wrong?* Ann Arbor: University of Michigan, Center for Chinese Studies, 1970.

后　记

行文至此，往事又历历浮现，或近或远，或是或非，或清晰或朦胧，或酸甜或苦辣。感恩读书及工作以来师长与朋友的指教与引领，我才得以在一路蹒跚之余，始终未曾迷失。学术研究犹如孩童的海滩拾贝，一边是偶遇的小确幸，另一边则是浩瀚的海洋。自己的学术研究起步于历史地理学，再融入理论经济学，正汇入经济史学，一直徜徉在多个不同学科的边缘，却始终惦念着学科的核心议题。学科发展史中，唯有主流才是正途，只是正流亦会变道或盈亏，边缘亦可缔造中心并拓展为新主流之一。

求诸往昔，对于历史经济的认识，无外乎有三种主要的途径：经济表现和主导经济活动的主体、时间上的演化、空间上的形态。所对应的正是理解历史经济的三个维度：事实及创造事实的主体、时间、空间。新世纪以来，学界对第三种途径（即空间）的关注和研究不断成形并方兴未艾。这一方面比较有代表性的成果是九卷本《中国近代经济地理》（华东师范大学出版社 2014—2016 年出版），在 2018 年和 2020 年先后获得上海市哲学社会科学和教育部高等学校科学研究一等奖。这也许是一种认可，亦是一种勉励。自己有幸参与到这一较为漫长的学习、研究、写作和出版的进程之中，并完成了第五卷《华南近代经济地理》。本书则是近年来新磨就的一块顽石。在此以及之前论著的基础上，2020 年以来通过《近代中国经济空间秩序的形式与内容》《时间：中国经济地理学研究的新菜单》《近代华南地区经济的地理性质》这三篇或长或短的学术论文，我对空间视角下的历史经济研究进行了一些阶段性的小结，站在学术史的台阶之上回望、观望与展望，冀求更好地理解时空舞台之上的经济历史。

后记

在热闹的日常生活中，地理或空间并不是最耀眼的元素，它一直在默默地潜行。例如，如果我们询问上海的餐食来自哪里。大米可能来自东北或东南亚，水果可能来自新疆或山东，牛肉可能来自内蒙古或澳洲，蔬菜可能来自山东或城郊，如此等等，不一而足，食物来源地图极其复杂。如果让我们再想象一下100年前上海民众，他们的餐食又来自哪里？有哪些联系或距离？又有哪些增加或减少？也许，对于一位食者而言，无须知道这么多的现在与过去，只要拿出货币支付即可享用，所需要关注的仅仅是口袋中货币存量而已。然而，在另一个空间与时间的维度中，已经发生、正在发生、即将发生的与空间有关的资源与要素的生产与流动，资源的配置和循环，正在不为人所注意的习以为常中运转着，也许这就是经济地理的性质。在时空之间、在全球性或区域性的生产与服务体系之中、在产品生产与价值流动之中，形成一个没有起点与终点的循环链，在这个价值循环与资源配置的空间里，只有方向没有尽头，只有新陈代谢没有恒久不变。

在当前的新时代，我国社会主要矛盾为人民日益增长的美好生活需要和不平衡不充分的发展之间的矛盾。这一不平衡包括历史上所形成的，尤其是近代时期第一次比较深度地卷入全球化时代所形成的经济空间不平衡，以及其中的经济地理形态。改革开放四十多年来，由此上溯到七十多年来，以至于一百八十多年来，在现代经济萌芽与生长的土壤中留下了一串串历史的、地理的、文化的基因，这些吸引着众多学者的探寻之旅。对于正热议的国际国内双循环中的国内经济循环，如何理解国内循环之中的空间价值循环与空间资源配置优化是关键点之一。近代中国第一次比较深度地卷入全球化时代的长三角和珠三角地区的经验，为我国方兴未艾的经济地理演化提供了一个新的参照系，以便我们能更好地理解一百八十多年来我国现代经济地理的来源，更好地寻找当前正在进行的经济地理变迁的历史源头和演化路径，以及其中的特有经验与通用法则。本书试图对这一历史与现实、历史与地理、历史与经济相缠绕的核心议题有所探究，也许仍力有不逮，唯有期待来者。“理论是灰色的，生命之树常青”，已有的探究均是灰色的，唯有新的探索之路常青。

2020 年 6 月